Yuval Noah Harari 2002'de Oxford Üniversitesi'nde tarih doktorasını tamamladı, halen Kudüs İbrani Üniversitesi Tarih Bölümü'nde dünya tarihi dersleri vermektedir. 2014'te yayımlanan *Hayvanlardan Tanrılara: Sapiens* ve 2017'de yayımlanan *Homo Deus: Yarının Kısa Bir Tarihi* onlarca dile çevrilmiş, dünya çapında çoksatanlar listelerini altüst etmiştir.

Yazarın şu an üzerinde çalıştığı makro-tarihsel sorular şunlardır: *Homo sapiens* ve diğer hayvanlar arasındaki en temel fark nedir? Tarihle biyoloji arasında nasıl bir ilişki kurulabilir? Tarihte adalet var mıdır? Tarihin bir istikameti var mıdır?

Yayıncının Notu: Bu kitapta yer alan yerelleştirmeler yazarın isteği ve izni dahilindedir.

21. Yüzyıl İçin 21 Ders

Yuval Noah Harari

kolektif kitap

Kolektif Kitap ~ 128

21. Yüzyıl İçin 21 Ders

Özgün Adı:
21 Lessons for the 21st Century

ISBN: 978-605-2205-08-2

Türkçesi: Selin Siral, 2018
Yayıma Hazırlayan: Eda Çaça
Son Okuma: Cihan Kara
Sayfa Düzeni: Semih Büyükkurt
Kapak Tasarımı: Kolektif Tasarım

1. Baskı, Eylül 2018, İstanbul
Sertifika No: 25574

Baskı ve Cilt: Berdan Matbaacılık
Güven Sanayi Sitesi C Blok No: 215-216
Topkapı, İstanbul - 0212 613 11 12
Sertifika No: 12491

kolektif. kitap, bilişim ve tasarım ltd. şti.

Kuloğlu Mah. Turnacıbaşı Cad. No: 26/5 - Beyoğlu, İstanbul
www.kolektifkitap.com - info@kolektifkitap.com
T: 0212 252 89 30 - F: 0212 243 96 39

21. Yüzyıl İçin
21 Ders

Yuval Noah Harari

Türkçesi: Selin Siral

kolektif
kitap

YUVAL NOAH HARARI'NİN DİĞER KİTAPLARI

Hayvanlardan Tanrılara Sapiens: İnsan Türünün Kısa Bir Tarihi

Homo Deus: Yarının Kısa Bir Tarihi

Yıllar boyunca sevgi ve desteklerini esirgemeyen eşim Itzik,
annem Pnina ve büyükannem Fanny'e.

İÇİNDEKİLER

Giriş

Yerli yersiz bilgi yağmuruna tutulan bir dünyada net olmak güç demektir. Teoride herkes insanlığın geleceği hakkında fikir yürütebilir ama net bir görüyü muhafaza etmek son derece zordur. İnsanlığın geleceğine dair süregiden tartışmanın ya da konuya dair asli soruların neler olduğunun farkında bile değiliz çoğunlukla. Milyarlarca insan bu konuyu araştırma lüksünden yoksun çünkü yapılacak daha önemli işleri var: çalışmak, çocuklara bakmak, yaşlı anne babalarla ilgilenmek gerekiyor. Fakat maalesef tarih affetmiyor. Siz çocukların yemesi içmesi, kılık kıyafetiyle meşgulken insanlığın geleceği karara bağlanırsa ortaya çıkan sonuçlardan ne siz muaf tutulursunuz ne de çocuklarınız. Bu hiç de adil değil ama kim demiş tarih adildir diye?

Bir tarihçi olarak insanların yemek veya kıyafet ihtiyaçlarını karşılayamam ama duruma bir nebze açıklık getirmeye çalışarak küresel oyun sahasının düzenlenmesine katkı sağlayabilirim. Bu çabam hepi topu bir avuç insana daha türümüzün geleceği hakkındaki tartışmaya katılma şevki verirse, kendimi görevimi yerine getirmiş sayarım.

İlk kitabım *Sapiens* insanın önemsiz bir maymundan nasıl dünyanın efendisine dönüştüğünü mercek altına almıştı.

İkinci kitabım *Homo Deus* hayatın uzun vadeli geleceğini sorgulayarak insanların tanrı mertebesine yükselme olasılığını ve zekâyla bilincin nihai kaderinin ne olabileceğini göz önüne sermişti.

Bu kitaptaysa günümüze yakından bakmak istiyorum. Odağımı güncel meselelere ve insan toplumlarının yakın geleceğine çeviriyorum. Şimdi ne oluyor? Şimdi karşımızdaki en büyük zorluklar ve seçimler neler? Nelere dikkat etmeliyiz? Çocuklarımıza neleri öğretmeliyiz?

Elbette yedi milyar insanın yedi milyar gündemi var ve daha önce de belirttiğim gibi büyük resim hakkında kafa yormak, görece nadir rastlanan bir lüks. Gecekondu mahallesinde tek başına iki çocuk büyütmeye çalışan bir annenin derdi bir sonraki öğünü nasıl çıkaracağı, Akdeniz'in ortasında şişme bir botla yol alan göçmenlerin derdi karaya nasıl ulaşacakları, büyük şehirdeki kalabalık bir hastanede ölüm döşeğinde yatan adamın derdi kalan son gücüyle bir nefes daha alabilmek. Hepsinin küresel ısınma ya da liberal demokrasinin içine düştüğü krizden çok daha mühim sorunları var. Tüm bunların hakkını vermeye hiçbir kitabın gücü yetmez ve benim elimde de böyle dertlerle boğuşan insanlara verebileceğim bir ders yok. Onlardan ders almayı umabilirim sadece.

Bu kitapta gündemim küresel. Dünya genelinde toplumları şekillendiren ve gezegenimizin tamamının geleceğini etkileme olasılığı taşıyan önemli etmenleri ele alıyorum. İklim değişikliği ölüm kalım savaşı veren insanları alakadar etmeyebilir ama bu sorun gün gelip gecekonduları yaşanmaz hale getirebilir, Akdeniz'de yeni göçmen dalgalarına sebep olabilir ve sağlık hizmetlerinin dünya çapında açmaza girmesine yol açabilir.

Gerçeklik pek çok silsileden oluşur ve bu kitap eksiksiz olma iddiası taşımadan küresel ahvalimizin farklı hususlarına değinmeye çalışıyor. *Sapiens* ve *Homo Deus*'un aksine bu kitap tarihsel bir anlatı olarak değil bir ders seçkisi şeklinde tasarlandı. Bu dersler basit cevaplara ulaşmaya çalışmıyor. Amaçları daha fazla düşünmeye teşvik etmek ve okurların günümüzün önemli tartışmalarından bazılarına katılabilmelerine yardımcı olmak.

Esasen bu kitap insanlarla diyalog halinde kaleme alındı. Bölümlerin çoğunu okurların, gazetecilerin ve meslektaşlarımın sorularına cevaben yazdım. Kimi kısımların ilk halleri farklı yerlerde, farklı formatlarda yayımlandı ve bu da bana gelen geribildirimler doğrultusunda argümanlarımı elden geçirme fırsatı tanıdı. Bölümlerin bazıları teknolojiye, bazıları siyasete, bazıları dine, bazılarıysa sanata odaklanıyor. Birtakım bölümler insan bilgeliğini överken diğerleri insan aptallığının can alıcı rolünün altını çiziyor. Fakat hepsini kapsayan soru aynı: Günümüzde dünyada neler oluyor ve bu olayların altında yatan anlam ne?

Donald Trump'ın yükselişi neyin göstergesi? Yalan haber salgını karşısında ne yapabiliriz? Liberal demokrasi neden krizde? Tanrı geri mi döndü? Yeni bir dünya savaşı yolda mı? Dünyaya hangi medeniyet hâkim: Batı, Çin, İslam? Avrupa kapılarını göçmenlere açık tutmalı mı? Eşitsizlik ve iklim değişikliğinin açtığı dertlere milliyetçilik deva olabilir mi? Terörizm konusunda ne yapmalıyız?

Kitabın küresel bir perspektifi olsa da bireysel düzlemi göz ardı etmiyorum. Aksine çağımızın büyük devrimleriyle bireylerin iç dünyası arasındaki bağlantıları vurgulamak istiyorum. Örneğin terörizm hem küresel bir siyasi sorunken hem de içsel, psikolojik bir mekanizma. Terörizm zihinlerimizin derinliklerinde yatan korku butonlarına basıp milyonlarca bireyin şahsi imgelemini gasp etmek suretiyle işliyor. Benzer şekilde liberal demokrasi krizi de sadece meclis ve oy sandıklarında değil aynı zamanda nöron ve sinapslarda cereyan ediyor. Kişisel olanın siyasal olduğunu dile getirmek klişe olsa da biliminsanlarının, şirketlerin ve hükümetlerin insan beynini hacklemeyi öğrendiği bir dönemde herkesçe bilinen bu gerçek her zamankinden daha netameli. Bu doğrultuda bu kitap toplumların geneli hakkında olduğu kadar bireylerin tutumları hakkında da gözlemler içeriyor.

Küresel dünya kişisel tutum ve ahlakımız üzerinde eşi benzeri görülmemiş bir baskı yaratıyor. Her birimiz her yeri kaplayan sayısız örümcek ağına yakalanmış vaziyetteyiz. Bu ağlar hareketlerimizi sınırlamakla birlikte en ufak bir kıpırdanışımızı bile çok uzak istikametlere iletiyor. Gündelik alışkanlıklarımız dünyanın öbür ucundaki insanların ve hayvanların hayatını etkiliyor ve kimi kişisel tavırlar beklenmedik şekilde tüm dünyayı ayağa kaldırabiliyor; Muhammed Buazizi'nin Tunus'ta kendini yakmasının Arap Baharı'nı ateşlemesi ve cinsel taciz hikâyelerini paylaşan kadınların #MeToo akımını körüklemesinde olduğu gibi.

Şahsi hayatlarımızın böyle küresel bir boyut taşıması dini ve siyasi önyargılarımızın, ırk ve toplumsal cinsiyet ayrıcalıklarımızın, kurumsal zulümlere farkında olmaksızın yardım ve yataklık edişimizin su yüzüne çıkarılmasının her zamankinden daha önemli olduğu anlamına geliyor. Peki bu gerçekçi bir girişim mi? Ufkumu aşan, bütünüyle insan kontrolünün dışında dönen ve tüm tanrılarla ideolojilere gölge düşüren bir dünyada sağlam bir etik zemin bulmam mümkün mü?

Kitap mevcut siyasal ve teknolojik açmazları inceleyerek başlıyor. 20. yüzyıl sona ererken faşizm, komünizm ve liberalizm arasındaki büyük ideolojik çatışmalar liberalizmin ezici üstünlüğüyle sonuçlanmış izlenimi veriyordu. Demokratik siyaset, insan hakları ve serbest piyasaya dayalı kapitalizm tüm dünyayı ele geçirmeye namzet gibiydi. Ama alışılageldiği üzere tarih beklenmedik bir şekilde çark etti ve faşizmle komünizmin çöküşünün ardından liberalizm de çıkmaza girdi. Öyleyse nereye doğru gidiyoruz?

Bu soru bilhassa vahim çünkü tam da bilişim teknolojileriyle biyoteknolojinin yarattığı ikili devrim, bizi türümüzün şimdiye dek karşı karşıya kalmadığı büyüklükte zorluklarla yüzleştirirken liberalizm itibar kaybediyor. Biyoteknoloji ve bilgi teknolojilerinin kaynaşması kısa süre sonra milyarlarca insanı iş dünyasının dışına itebilir ve özgürlükle eşitliği sarsabilir. Büyük veri algoritmaları yüzünden iktidar tümüyle bir avuç seçkinin eline geçerek çoğunluğun sadece istismar edilebilir değil, çok daha kötüsü, gereksiz konumuna düşmesine sebep olacak dijital diktatörlükler ortaya çıkarabilir.

Biyoteknoloji ve bilgi teknolojilerinin kaynaşması konusunu *Homo Deus*'ta etraflıca ele almıştım. Fakat o kitapta uzun vadeli, yüzyıllar, hatta bin yıl sonrasını ilgilendiren olasılıklar üzerinde odaklanırken, bu kitapta daha ivedi toplumsal, ekonomik ve siyasal krizlere yoğunlaşıyorum. Burada inorganik yaşamın yaratılma olasılığından ziyade, sosyal devlet yapısıyla Avrupa Birliği gibi belli başlı kurumların karşılaştığı tehditlerle ilgileniyorum.

Kitapta yeni teknolojilerin yarattığı tüm etkileri ele almaya çalışmıyorum. Teknoloji pek çok muhteşem gelişmeye gebe olsa da benim buradaki amacım bilhassa tehdit ve tehlikelere dikkat çekmek. Teknolojik devrimi yönlendiren şirketler ve girişimciler, doğal olarak, yaratılarına methiyeler düzüp durduklarından, ikaz etmek ve tehlike sinyallerini vermek ve bir şeylerin bin bir türlü yolla feci şekilde ters gidebileceğini ortaya koymak benim gibi tarihçilere, sosyologlara ve filozoflara kalıyor.

Önümüzdeki zorlukları kısaca ortaya koyduktan sonra, kitabın ikinci kısmında bu zorluklara karşı geliştirilebilecek bir dizi potansiyel tepkiyi ele alıyoruz. Facebook mühendisleri yapay zekâ kullanarak insanların özgürlük ve eşitliğini koruma altına alacak küresel bir topluluk oluşturabilir mi? Küreselleşme sürecini tersine çevirip ulus-devlete yeniden güç kazandırmak çözüm olabilir mi? Yoksa daha da gerilere dönüp kadim dini gelenekler membaından mı medet umalım?

Üçüncü kısımda, eşi benzeri görülmemiş sözkonusu teknolojik zorluklara ve son derece şiddetli siyasal uzlaşmazlıklara rağmen, korkularımızı kontrol altında tutup görüşlerimiz konusunda bir nebze daha alçakgönüllü olduğumuz takdirde, insanlığın bu durumun üstesinden gelmesinin gayet mümkün olduğunu göreceğiz. Bu kısımda terörizm belası, küresel savaş ve bu tarz uyuşmazlıkları ateşleyen önyargılar ve düşmanlıklar masaya yatırılıyor.

Dördüncü kısım, hakikat sonrası (*post-truth*) olgusu üzerinde duruyor ve hâlâ küresel gelişmeleri anlamamızın ve haksızlığı adaletten ayırabilmemizin bir yolu olup olmadığını sorguluyor. *Homo sapiens* yarattığı dünyayı anlamlandırma yetisine sahip mi? Gerçekliği kurmacadan ayıran belirgin bir sınır kaldı mı?

Beşinci ve son kısımda farklı izlekleri bir araya getirip eski anlatıların çöküp yerine yenilerinin gelmediği bu şaşkınlık çağında yaşamı daha genel bir şekilde değerlendiriyorum. Biz kimiz? Hayatımızı ne yaparak geçirmeliyiz? Ne tür becerilere ihtiyacımız var? Bilim, Tanrı, siyaset ve din hakkında bilip bilmediğimiz her şeyi göz önüne alacak olursak, günümüzde hayatın anlamı hakkında ne söylenebilir?

Kulağa fazla iddialı gelebilir ama *Homo sapiens*'in beklemeye vakti yok. Felsefe, din ve bilim topyekûn vadesini doldurmak üzere. İnsanlar binlerce yıldır hayatın anlamını tartışıp duruyor. Bu tartışmayı sonsuza kadar sürdüremeyiz. Ufuktaki ekolojik kriz, giderek artan kitle imha silahları tehlikesi ve sıçrama yaratacak nitelikte yeni teknolojilerin ortaya çıkması buna mahal vermeyecek. Belki de en önemlisi şu ki yapay zekâ ve biyoteknoloji, insanlığa yaşamı yeniden şekillendirip tasarlama gücü bahşediyor. Çok kısa süre sonra birinin çıkıp hayatın anlamına dair örtük ya da aleni bir anlatı çerçevesinde, bu gücün nasıl kullanılacağına karar vermesi gerekecek. Filozoflar son derece sabırlı insanlar ama mühendisler o kadar sabırlı değil, yatırımcılarsa hiç değil. Hayatı tasarlama gücüyle ne yapacağınızı bilmezseniz, piyasayı idare edenler bir karara varmanız için bin yıl oturup beklemeyecektir. Piyasanın görünmez eli, el yordamıyla bulduğu kendi cevabını dayatacaktır. Hayatın geleceğini üç aylık gelir raporlarının insafına bırakmaya razı değilseniz, yaşamın ne ifade ettiği konusunda belirgin bir fikre sahip olmanız gerekir.

Bu son kısımda, türümüzün rol aldığı sahnenin perdeleri kapanıp bambaşka bir tiyatro oyunu başlamadan önce, oyun arkadaşlarından birine seslenen bir *Sapiens* misali birkaç kişisel görüşümü paylaşıyorum.

Bu düşünsel yolculuğa çıkmadan önce altını çizmek istediğim önemli bir nokta var. Kitabın büyük bir kısmı liberal dünya görüşünün ve demokratik sistemin yetersiz kaldığı noktaları tartışıyor. Böyle olmasının sebebi liberal demokrasinin temelde sorunlu olduğuna inanmam değil, aksine insanların modern dünyanın zorluklarıyla başa çıkmak için geliştirdiği şimdiye kadarki en başarılı ve kapsamlı siyasal model olduğuna inanıyor olmam. Gelişimin farklı aşamalarındaki farklı toplumların hepsi için uygun bir model olmasa da diğer seçeneklere kıyasla daha çok toplumda ve daha çok durumda rüştünü ispatlamış bir model. Dolayısıyla önümüzde yatan yeni zorlukları ele alırken liberal demokrasinin sınırlarını anlamak ve bu sistemin mevcut kurumlarını nasıl dönüştürüp geliştireceğimizi sorgulamak önem taşıyor.

Ne yazık ki içinde bulunduğumuz siyasal ortamda liberalizm ve demokrasiye dair her tür eleştirel düşünce insanlığın geleceğini dürüstçe tartışmak yerine, tek derdi liberal demokrasinin itibarını sarsmak olan otokratlarla farklı dar görüşlü akımlar tarafından gasp edilip kullanılabiliyor. Bu tarz yaklaşımlar liberal demokrasinin sorunlarını masaya yatırmaktan hoşnutken kendilerine yöneltilen eleştirilereyse neredeyse hiç tahammülleri yok.

Bu yüzden bir yazar olarak zorlu bir karar vermem gerekti. Aklımdan geçenleri olduğu gibi dile getirip sözlerimin bağlam dışına çıkarılarak serpilmekte olan otokrasileri doğrulamak adına kullanılması riskini mi göze alacak, yoksa kendime sansür mü uygulayacaktım? Özgür ifadeyi kendi sınırları dışında bile zora koşmak tutucu rejimlerin alametifarikasıdır. Bu tarz rejimlerin gitgide yaygınlaşması sonucu türümüzün geleceği hakkında eleştirel düşünce üretmek günbegün daha da tehlikeli hale geliyor.

Bir süre vicdan muhasebesi yaptıktan sonra özgür ifadeyi kendime sansür uygulamaya yeğledim. Liberal modeli eleştirmeden onun hatalarını düzeltmemiz ya da onu aşmamız mümkün değil. Ama lütfen unutmayın ki bu kitabın yazılmasını mümkün kılan, insanların istediklerini düşünmekte ve kendilerini diledikleri gibi ifade edebilmekte hâlâ bir derece özgür olmasıdır. Bu kitabı değerli buluyorsanız ifade özgürlüğünü de değerli bulmalısınız.

I. Kısım

TEKNOLOJİK ZORLUK

Biyoteknoloji ve bilgi teknolojileri insanlığın daha önce karşılaşmadığı zorluklar çıkarırken, insanlık geçtiğimiz onyıllar boyunca küresel siyasete hâkim liberal anlatıya inancını yitiriyor.

1

Uyanış

Tarihin sonu ertelendi

İnsanlar bulgular, sayılar veya denklemlerden ziyade anlatılar üzerinden düşünür ve anlatı ne kadar basitse o kadar iyidir. Her insanın, grubun ve milletin kendi öyküleri ve mitleri vardır. Fakat 20. yüzyılda New York, Londra, Berlin ve Moskova'da dünyaya şekil veren seçkinler tüm dünyanın geçmişini açıklama ve geleceğini öngörme iddiası taşıyan üç büyük anlatı formüle ettiler: faşist anlatı, komünist anlatı ve liberal anlatı. II. Dünya Savaşı faşist anlatıyı devirdi ve 1940'ların sonlarından 1980'lerin sonlarına kadar dünya sadece iki anlatının savaş alanıydı: komünizm ve liberalizm. Sonra komünist anlatı çöktü ve liberal anlatı baskın bir biçimde, en azından dünya çapındaki seçkinlere göre, insanlığın geçmişine rehber ve dünyanın geleceğinin olmazsa olmaz kılavuzu haline geldi.

Liberal anlatı özgürlüğün değerini ve gücünü el üstünde tutar. Bu anlatıda insanlığın binlerce yıldır bireylere son derece kısıtlı siyasal haklar, ekonomik imkânlar ve kişisel özgürlükler tanıyan; bireylerin, fikirlerin ve malların dolaşımını kısıtlayan baskıcı rejimler altında yaşadığı anlatılır. Ama insanlar özgürlükleri için savaştı ve özgürlük yolunda adımlar atıldı. Vahşi diktatörlüklerin yerini demokratik rejimler aldı. Serbest girişimler ekonomik kısıtlamaları alt etti. İnsanlar körü körüne bağnaz din adamlarına ve tutucu geleneklere itaat etmeyi bırakıp kendileri için düşünmeyi ve yüreklerinin sesini dinlemeyi öğrendi. Duvarların, hendeklerin ve dikenli tellerle çevrili çitlerin yerini açık yollar, sağlam köprüler ve vızır vızır işleyen havalimanları aldı.

Liberal anlatı dünyada her şeyin yolunda olmadığını ve üstesinden gelinecek daha pek çok engel olduğunu kabul eder. Gezegenimizin büyük kısmına zorbalar hâkimdir ve en liberal ülkelerde bile çoğu vatandaş yoksulluk, şiddet ve baskıdan mustariptir. Ancak en azından bu sorunların üstesinden gelmek için ne yapılması gerektiğini biliyoruz: İnsanlara daha çok özgürlük tanımalıyız. İnsan haklarını korumalı, herkese oy hakkı tanımalı, serbest piyasalar oluşturmalı ve bireylerin, fikirlerin ve malların küresel dolaşımını mümkün mertebe kolaylaştırmalıyız. Ufak farklılıklar barındırmakla birlikte, George W. Bush'un da Barack Obama'nın da uygun bulduğu bu liberal sihirli iksire göre siyasi ve ekonomik sistemlerimizi özgürleştirmeye ve küreselleştirmeye devam ettiğimiz müddetçe herkesi kapsayacak bir barış ve refah ortamı sağlayabiliriz.[1]

Bu engellenemez gelişim yoluna giren ülkeler barış ve refahtan paylarını daha kısa sürede alacak. Kaçınılmaz olana direnen ülkelerse sonunda doğru yolu bulup sınırlarını açana, toplumlarını, siyasetlerini ve piyasalarını özgürleştirene dek cezalarını çekecek. Zaman alabilir ama nihayetinde Kuzey Kore, Irak ve El Salvador da Danimarka'ya ya da Iowa'ya benzeyecek.

1990'larda ve 2000'lerde bu anlatı küresel bir düstur haline geldi. Brezilya'dan Hindistan'a pek çok ülke bu amansız tarih geçidine katılma amacıyla liberal reçeteler uygulamaya soktu. Bu yolu izlemeyi beceremeyenler eski çağlardan kalma fosiller gibi görünüyordu. 1997'de ABD başkanı Bill Clinton, kendinden emin bir şekilde, Çin hükümetinin Çin siyasetini liberalleştirmeyi reddetmesinin onu "tarihin yanlış tarafında" konumlandırdığını ifade etmişti.[2]

Fakat 2008'de yaşanan küresel finans krizinin ardından liberal anlatı, dünyanın dört bir yanında gittikçe daha fazla insanı hayal kırıklığına uğratıyor. Duvarlar ve güvenlik duvarları tekrar su yüzüne çıkıyor. Göç ve ticaret anlaşmalarına karşı direniş tırmanışa geçti. Sözde demokratik devletler hukuk sistemini hiçe sayıyor, basın özgürlüğünü kısıtlıyor, her tür muhalefeti hainlik diye nitelendiriyor. Türkiye ve Rusya gibi ülkelerin başındaki iktidar sahipleri yeni bağnaz demokrasi tipleri deneyip düpedüz diktatörlük uyguluyorlar. Günümüzde pek az insan çıkıp Çin Komünist Partisi'nin tarihin yanlış tarafında olduğunu iddia edebilir.

Britanya'daki Brexit oyları ve ABD'deki Donald Trump'ın yükselişinin damgasını vurduğu 2016 yılı bu uyanış dalgasının Batı ve Kuzey Amerika'nın merkezindeki liberal devletlere ulaştığı dönem olarak dikkat çekiyor. Amerikalı ve Avrupalılar bundan birkaç sene önce Irak ve Libya'yı silah zoruyla özgürleştirmeye çalışırken, Kentucky ve Yorkshire'daki çoğu insan liberal görüşü ya nahoş ya da erişilemez bir şey olarak kabul etti. Kimileri eski hiyerarşik yapıya sahip dünyaya sempati duymaya başladı ve ırk, millet ve toplumsal cinsiyete dayalı ayrıcalıklarını ellerinde tutmak ister oldu. Kimileri de (doğru ya da yanlış bir biçimde) liberalleşme ve küreselleşmenin çoğunluğu hiçe sayan bir avuç seçkini kayırmaya yönelik bir düzenbazlıktan ibaret olduğu sonucuna vardı.

1938'de insanların tercih edebileceği üç küresel anlatı mevcuttu, 1968'de sadece iki, 1998'deyse tek bir anlatı hüküm sürüyor gibiydi; 2018'e gelindiğindeyse elimiz boş kaldı. Dünyaya hâkim liberal seçkinlerin geçtiğimiz yıllarda sarsılmış ve afallamış olmasına şaşmamalı. Tek bir anlatı olması kadar güven verici bir durum yoktur. Her şey tamamen ortadadır. Birdenbire anlatıdan yoksun kalmak dehşet vericidir. Hiçbir şey bir anlam ifade etmez. 1980'lerin Sovyetler Birliği'nin seçkinleri gibi liberaller de tarihin önceden belirlenmiş izleğinden nasıl saptığını anlamıyor ve ellerinde gerçekliği yorumlamaya yarayacak başka bir mercek de yok. Kafa karışıklığı sebebiyle durumu kıyamet alameti, tarihin öngörülen mutlu sona ulaşmaması, olsa olsa mahşer yerine doğru gidildiği yönünde değerlendiriyorlar. İnsan zihni gerçekliği değerlendirmekten aciz kalınca felaket senaryolarına sarılır. Nasıl ki korkunç baş ağrısı çeken bir insan beyninde tümör olduğu fikrine kapılır, çoğu liberal de İngiltere'nin Avrupa Birliği'nden ayrılmasının ve Donald Trump'ın başa geçmesinin medeniyetin sonunun geldiğine delalet olmasından korkuyor.

Sinek avından düşünce avına

Yaşanan sersemlik ve kapıya dayanan kıyamet hissi teknolojik sıçrama hızının artışıyla daha da şiddetleniyor. Buharlı makineler, petrol rafinerileri ve televizyonları idare etmek için sanayi çağında şekillendirilmiş liberal siyasal sistem, bilişim teknolojileriyle biyoteknoloji alanlarında süregiden devrimlerle başa çıkmakta zorlanıyor.

Siyasetçilerle seçmenler yeni teknolojileri ve bu teknolojilerin çığır açıcı potansiyellerini işlevsel kılmak şöyle dursun, ne olduğunu bile zar zor anlıyorlar. İnternet devrimi siyasi partilerden ziyade mühendisler tarafından yönlendirilmiş olsa da internet dünyayı 1990'lardan bu yana herhangi başka bir etkenden çok daha fazla değiştirdi denilebilir. İnternet hakkında bir oylamaya katıldığınız oldu mu? Demokratik sistem başına ne geldiğini anlamakta hâlâ güçlük çektiği gibi yapay zekânın yükselişi ve blok zincir devrimi gibi yeni sıçramalara neredeyse hiç hazırlıklı değil.

Bilgisayarlar finansal sistemi daha şimdiden pek az insanın anlayabileceği düzeyde karmaşıklaştırmış durumda. Kısa sürede gelişim kaydeden yapay zekâ karşısında hiç kimsenin finanstan anlamadığı bir noktaya gelebiliriz. Böyle bir durumda ne tür bir siyasi süreç yaşanacak? Eli kolu bağlı bir şekilde bütçenin ya da yeni vergi reformunun bir algoritma tarafından onaylanmasını bekleyen bir devlet hayal edebiliyor musunuz? Öte yandan uçtan uca blok zinciri ağları ve bitcoin gibi kripto para birimleri mali sistemin yüzünü bütünüyle değiştirip radikal vergi reformlarını kaçınılmaz kılabilir. Örneğin çoğu ticari işlem bir milli para birimi ya da esasen herhangi bir para birimi değiş tokuşu gerektirmeyeceğinden, dolar üzerinden vergilendirme yapmak imkânsız ya da yersiz hale gelecektir. Dolayısıyla hükümetler tamamen yeni vergiler icat etmek durumunda kalabilirler, mesela (ekonomideki en önemli malvarlığı ve çoğu alışverişte değiş tokuş edilen tek şey haline gelecek) bilginin vergisi kesilebilir. Siyasal sistem paralar suyunu çekmeden bu krizle başa çıkabilecek mi?

Daha da önemlisi bilişim ve biyolojik teknolojiler ikilisi, ekonomiler ve toplumların yanı sıra bedenlerimizi ve zihinlerimizi yeniden şekillendirebilir. Biz insanlar geçmişte dış dünyayı kontrol etmeyi öğrendik ama iç dünyamız üzerinde çok az kontrole sahiptik. Baraj inşa edip nehirlerin akışını durdurmayı biliyorduk ama bedensel yaşlanma nasıl durdurulur bilmiyorduk. Kanalizasyon sistemi tasarlamayı biliyorduk ama beynin nasıl tasarlandığı konusunda hiçbir fikrimiz yoktu. Kulağımızın dibinde vızıldayıp uykumuzu kaçıran sinekleri avlamak bildiğimiz bir şeydi fakat zihnimizi meşgul eden bir düşünceden ötürü uyuyamadığımızda, çoğumuz bu düşünceyi nasıl avlayacağını bilmiyordu.

Biyoteknoloji ve bilişim teknolojisi alanlarındaki devrimler bize iç dünyamızın kontrolünü bahşedecek, yaşam üretimi ve mühendisliği yapabilmemizi sağlayacak. Beyinler tasarlamayı, yaşam sürelerini uzatmayı ve uygun gördüğümüz vakit düşünceleri avlamayı öğreneceğiz. Ortaya çıkacak sonuçların neler olacağını kimse bilmiyor. İnsanlar oldum olası, aletler icat etmekte aletleri akıllıca kullanmaktan daha başarılı olmuştur. Üzerine baraj inşa edip nehrin akışına müdahale etmek, bunun ekolojik sistemde yaratacağı karmaşık sonuçları öngörmekten daha kolaydır. Benzer şekilde zihinlerimizin akışını yönlendirmek, bunun psikolojimiz ya da toplumsal sistemler üzerindeki etkisinin ne olacağını tahmin etmekten daha kolay olacaktır.

Geçmişte etrafımızdaki dünyayı şekillendirme, tüm bir gezegeni yeniden biçimlendirme gücüne nail olmuştuk ama küresel ekolojinin karmaşıklığına vâkıf olmadığımızdan yol açtığımız değişiklikler, kasıtlı olmasa da tüm ekolojik sistemi bozduğu için şimdi ekolojik çöküşle karşı karşıyayız. Önümüzdeki yüzyılda biyoteknoloji ve bilişim teknolojisi sayesinde iç dünyamızı şekillendirme ve kendimizi yeniden biçimlendirme gücüne erişeceğiz ama kendi zihinlerimizin karmaşıklığına vâkıf olmadığımız için yol açacağımız değişiklikler zihinsel sistemimizi arızaya sebep verecek ölçüde altüst edebilir.

Biyoteknoloji ve bilişim teknolojisindeki devrimler, verdikleri kararların potansiyel siyasi sonuçlarının pek de farkında olmayan ve hiç şüphesiz kimseyi temsil etmeyen mühendisler ve yatırımcıların elinde. Meclisler ve partiler duruma müdahale edebilir mi? Halihazırda öyle görünmüyor. Teknolojik sıçrama siyasi gündemin başat maddelerinden biri bile değil. O yüzden 2016 ABD başkanlık yarışında teknolojik kargaşa Hillary Clinton'ın elektronik postaları fiyaskosundan[3] ibaretti ve insanların işlerini kaybedeceğinden söz açılsa da adayların hiçbiri otomasyonun potansiyel etkilerine değinmedi. Donald Trump seçmenleri Meksikalıların ve Çinlerin işlerini ellerinden alacağı konusunda uyarıp Meksika sınırına duvar çekmeleri gerektiğini belirtti.[4] Algoritmaların işlerini ellerinden alacağı gibi bir uyarıda asla bulunmadığı gibi Kaliforniya sınırına güvenlik duvarı çekme önerisi bile getirmedi.

Liberal Batı'nın kalbinin attığı yerlerdeki seçmenlerin bile liberal anlatı ve demokratik sürece inançlarını kaybediyor olmalarının sebeplerinden biri de bu olabilir (tabii tek sebep bu değil). Sıradan insanlar yapay zekâ ya da biyoteknolojiyi anlamayabilirler ama geleceğin ellerinden kayıp gittiğini sezinleyebiliyorlar. 1938'de SSCB, Almanya ya da ABD'de yaşayan alelade bir vatandaş vahim durumda olabilirdi ama bu vatandaşa durmadan dünyadaki en önemli şeyin kendisi olduğu ve geleceği temsil ettiği söyleniyordu (elbette "sıradan bir insan" olması yani Yahudi ya da Afrikalı olmaması koşuluyla). Genellikle madencilerin, demir çelik işçilerinin ve ev kadınlarının kahramanca pozlarda resmedildiği propaganda afişlerinde kendini görebiliyordu: "Bu afişteki benim! Geleceğin kahramanı benim!"[5]

2018'de yaşayan alelade bir vatandaş kendini gitgide daha işe yaramaz hissediyor. TED konuşmalarında, hükümetlerin düzenlediği beyin takımı toplantılarında, ileri teknoloji konferanslarında herkesin ağzına pelesenk olan bir dizi gizemli kelime heyecanla telaffuz ediliyor (küreselleşme, blok zinciri, genetik mühendisliği, yapay zekâ, makine öğrenmesi) ve sıradan insanlar bu kelimelerin hiçbirinin kendileriyle bir alakası olmadığını varsaymakta haklı sayılırlar. Liberal anlatı sıradan insanların anlatısıydı. Siborg ve ağ tabanlı algoritmaların dünyasında geçerliliğini nasıl koruyabilir?

20. yüzyılda halk kitleleri sömürüye karşı ayaklanıp ekonomideki hayati rollerini siyasi güce dönüştürmeye çabalamıştı. Artık halk kitleleri işlevsiz

kalma korkusu taşıyor, ellerinde kalan siyasi gücü çok geç olmadan kullanabilmek için debeleniyor. Bu sebeple Brexit ve Trump'ın seçilmesi geleneksel sosyalist devrimlerin aksi istikametinde seyredildiğini gözler önüne seriyor olabilir. Rus, Çin ve Küba devrimleri siyasi güçten yoksun ama ekonomide hayati rol oynayan insanlar tarafından gerçekleştirilmişti; 2016'da Trump ve Brexit halen siyasi güce sahip olsalar da ekonomik değerlerini yitirme korkusu taşıyan insanlar tarafından desteklendi. Belki de 21. yüzyılda halk ayaklanmaları insanları sömüren sermaye sahiplerine karşı değil de artık kendilerine ihtiyaç duymayan sermaye sahiplerine karşı yapılır.[6] Ama bu savaşın sonunda zafer elde edilemeyebilir. İşlevsizliğe karşı mücadele sömürüye karşı mücadeleden çok daha zordur.

Liberal Zümrüdüanka

İlk defa özgüven kriziyle karşı karşıya kalmıyor liberal anlatı. Bu anlatı 19. yüzyılın ikinci yarısında küresel nüfuz elde ettiğinden bu yana dönem dönem böyle krizler atlatıldı. Küreselleşme ve liberalleşmenin ilk dönemi, küresel ilerleme adımlarının imparatorlukların iktidar politikaları tarafından sekteye uğratıldığı I. Dünya Savaşı'nda ortalığın kan gölüne dönmesiyle sona erdi. Arşidük Franz Ferdinand'ın Saraybosna'da öldürülmesini takip eden günlerde, büyük güçlerin liberalizmden ziyade emperyalizme inandığı ortaya çıktı ve bu güçler özgür ve barışçıl ticaret aracılığıyla dünyayı birleştirmek yerine kaba kuvvet yoluyla yerküreden daha büyük bir dilim kapma yoluna gitti. Yine de liberalizm Franz Ferdinand vakasını atlatıp bu büyük fırtınadan güçlenerek çıktı ve yaşanan savaşın "tüm savaşları sonlandıran savaş" olduğu vaadinde bulundu. Eşi benzeri görülmemiş bu katliam, güya insanlığa emperyalizmin korkunç sonuçlarını göstermişti ve artık insanlık özgürlük ve barış ilkeleri çerçevesinde yeni bir dünya düzeni kurmaya nihayet hazırdı.

Sonra 1930'larla 1940'ların başlarında, bir süreliğine çok cazip görünen faşizmle birlikte Hitler vakası peydahlandı. Bu tehlikenin mağlup edilmesi adeta bir sonrakinin habercisiydi. 1950'lerle 1970'ler arasında Che Guevara rüzgârları eserken yine liberalizm yıkılacak ve gelecek komünizmin eline geçecek gibi görünüyordu. Sonuçta yıkılan komünizm oldu. Süpermarketler gulag kamplarından güçlü çıktı. Daha da önemlisi liberal anlatı diğer tüm rakiplerinden daha esnek ve dinamik çıktı. Emperyalizmi, faşizmi ve komünizmi, bu anlatıların en parlak fikir ve uygulamalarını bünyesine alarak alt etti. Özellikle de komünizmden empati çemberini genişletmeyi ve özgürlüğün yanı sıra eşitliğe de değer vermeyi öğrendi.

Başlangıçta liberal anlatı esasen ortasınıf Avrupalı erkeklerin özgürlükleri ve ayrıcalıklarını umursuyordu ve işçi sınıfı, kadınlar, azınlıklar ve Batılı olmayanlara duyarsız görünüyordu. 1918'de savaştan galip çıkmış Britanya ve Fransa özgürlük söylevleri verirken dünyanın dört bir yanına yayılmış imparatorluklarındaki tebaaları akıllarına gelmiyordu bile. Mesela Hindistan'daki özerklik taleplerine 1919'da Amritsar katliamıyla karşılık verilmiş ve yüzlerce silahsız gösterici İngiliz ordusu tarafından katledilmişti.

Batılı liberaller II. Dünya Savaşı'nın ardından bile sözde evrensel değerlerini Batılı olmayanları içerecek şekilde uygulamakta büyük zorluk çekiyordu. Buna istinaden 1945'te beş yıllık Nazi işgali zulmünden kurtulan Hollanda'nın yaptığı neredeyse ilk şey, bir ordu tertip edip bu orduyu eski kolonileri Endonezya'yı yeniden işgal etmek için dünyanın öbür ucuna göndermek oldu. 1940'ta kendi bağımsızlığını dört günü anca geçen kısa süreli bir mücadelenin ardından teslim eden Hollanda, dört yılı aşkın zorlu seneler boyunca Endonezya'nın bağımsızlığını ortadan kaldırmak için savaştı. Çoğu milli özgürlük hareketinin umutlarını, kendilerini özgürlük savunucusu ilan eden Batılılara değil de Moskova ve Pekin'e bağlamasına şaşmamak gerek.

Ancak liberal anlatı yavaşça ufkunu genişletti ve en azından teoride, ayrım gözetmeksizin tüm insanların özgürlüklerini ve haklarını gözetir oldu. Özgürlük çemberi genişlerken, liberal anlatı sınırları içinde komünist tarzda sosyal yardım programları uygulamanın önemi de fark edildi. Bir tür sosyal güvenlik ağıyla desteklenmediği müddetçe özgürlüğün pek bir değeri yoktur. Sosyal demokrat devletler demokrasi ve insan haklarını devlet destekli eğitim ve sağlık hizmetleriyle birleştirdi. Ultra kapitalist ABD bile özgürlüğün korunmasının, en azından bir ölçüde, devlet destekli sosyal hizmete ihtiyaç duyduğunu kabul etti. Açlık çeken çocukların özgürlüğünden söz edilemez.

1990'ların başına gelindiğinde düşünürler de siyasetçiler de "Tarihin Sonu" geldi diye haykırıyor, kendilerinden emin bir şekilde geçmişin tüm siyasi ve ekonomik sorunlarının karara bağlandığını, geriye kalan tek şeyin demokrasi, insan hakları, serbest piyasalar ve devlet destekli sosyal hizmetlerle donatılmış liberal paket olduğunu ileri sürüyorlardı. Dünyanın dört bir yanına ulaşmak, tüm engelleri aşmak, tüm ulusal sınırları kaldırmak ve insanlığı özgür bir küresel topluluğa dönüştürmek bu paketin alın yazısıydı sanki.[7]

Ama tarihin sonu gelmedi ve Franz Ferdinand vakası, Hitler vakası ve Che Guevara vakasının ardından şimdi de Trump vakasıyla karşı karşıyayız. Ancak bu defa liberal anlatının karşısında emperyalizm, faşizm ya da komünizm gibi tutarlı bir ideolojik rakip yok. Trump vakası çok daha nihilist bir ortamda cereyan ediyor.

20. yüzyılın anaakımlarının hepsi, ister küresel hâkimiyet ister devrim ya da özgürleşme olsun, tüm insanları kapsayan bir görüşe sahipken Donald Trump böyle bir şey sunmuyor. Tam aksine. Trump'ın temel mesajı ABD'nin küresel bir görüş belirleme ve geliştirme gibi bir görevi olmadığı yönünde. Benzer şekilde Brexit destekçisi İngilizler de Ayrık Krallık'ın geleceği hakkında elle tutulur bir plana sahip değiller; Avrupa'nın ve dünyanın geleceği görüş açılarının fersah fersah dışında kalıyor. Trump'a ve AB'den ayrılmaya oy verenlerin çoğu liberal paketi topyekûn reddetmiş değil, daha ziyade küreselleşme kısmına inançlarını yitirmiş durumdalar. Demokrasiye, serbest piyasaya, insan haklarına ve sosyal sorumluluğa inanmayı sürdürüyorlar ama bu latif fikirlerin belli sınırlar içinde kalabileceğini düşünüyorlar. Hatta Yorkshire ya da Kentucky'de hürriyet ve saadeti korumak için sınırlara duvar örüp yabancılara hoşgörüsüz davranmanın uygun bulunabileceğine inanıyorlar.

Yükselen süpergüç Çin de neredeyse tam tersi bir görüntü sergiliyor. Yerel siyaseti liberalleştirmekten sakınsa da dünyanın geri kalanına karşı çok daha liberal bir yaklaşım sergiliyor. Hatta serbest ticaret ve uluslararası işbirliği sözkonusu olduğunda, Xi Jinping için Obama'nın gerçek vârisi denilebilir. Marksist-Leninist ideolojiyi rafa kaldıran Çin, liberal dünya düzeninden son derece hoşnut görünüyor.

Yeniden dirilen Rusya kendini liberal düzenin çok daha dişli bir rakibi olarak görüyor ama askeri gücünü toparlamış olsa da ideolojik açıdan cebi delik. Hiç şüphesiz Vladimir Putin hem Rusya'da hem de dünyanın çeşitli yerlerindeki sağcı akımlar arasında popüler bir isim, fakat kendisinin İspanyol asıllı işsizleri, durumlarından şikâyetçi Brezilyalıları ya da Cambridge'de okuyan uçarı öğrencileri cezbedecek küresel bir dünya görüşü yok.

Rusya liberal demokrasiye alternatif bir model sunuyor ama bu model tutarlı bir siyasi ideoloji değil. Bu daha ziyade oligarşiyi benimsemiş birtakım yöneticilerin, ülkenin varlıklarının ve iktidar alanlarının çoğunu tekellerine alıp basın yayın organları üzerindeki kontrollerini kullanarak etkinliklerini gizleme ve egemenliklerini pekiştirme amacı güttüğü siyasi bir uygulama. Demokrasi Abraham Lincoln'ın, "Tüm insanları bir süre kandırabilirsiniz, birtakım insanları sürekli kandırabilirsiniz ama tüm insanları sürekli kandıramazsınız," prensibi üzerine kuruludur. Bir hükümet yozlaşmış ve insanların hayatını iyileştirmekten acizse, eninde sonunda yeterli sayıda vatandaş durumu idrak eder ve bu hükümetin yerine başkasını getirir. Ancak hükümetin medya üzerindeki kontrolü Lincoln'ın mantığını boşa çıkarır çünkü bu durum vatandaşların hakikatin farkına varmasını engeller. Medyayı tekeline alan oligarşi tüm başarısızlıklarını tekrar tekrar başkalarının üzerine atıp dikkati hayali ya da gerçekdışı mihraklar üzerine çeker.

Böyle bir oligarşide yaşadığınızda öncelik, sağlık hizmetleri ve çevre kirliliği gibi sıkıcı konular değil her daim patlak veren şu veya bu krizdir. Millet dış saldırılara ya da şeytani darbelere maruzken, dolup taşan hastaneleri ve kirli dereleri kim kafaya takar ki? Yozlaşmış bir oligarşi dur durak bilmeyen kriz selini bahane ederek egemenlik süresini dilediğince uzatabilir.[8]

Uygulamada süreklilik gösterse de bu oligarşi modeli kimseye çekici gelmez. Görüşlerini gururla ilan eden diğer ideolojilerin aksine yönetimdeki oligarşiler uygulamalarından gurur duymazlar ve başka ideolojileri sis perdesi olarak kullanır. Dolayısıyla Rusya demokrasi taklidi yapar ve yöneticileri oligarşiye değil Rus milliyetçiliği ve Ortodoks Hıristiyan değerlerine bağlılıklarını beyan ederler. Fransa ve Britanya'daki aşırı sağcılar Rusya'dan medet umup Putin'e hayranlıklarını dile getirseler de bu seçmenler bile gerçekten Rus modelinin kopyası olan, yolsuzluğun kol gezdiği, hizmetlerin işlemediği, hukukun üstünlüğünün olmadığı, sarsıcı bir eşitsizliğin hüküm sürdüğü bir ülkede yaşamak istemezler. Birtakım ölçümlere göre Rusya eşitsizlik konusunda ön sıralarda yer alıyor; nüfusun en zengin yüzde 10'u servetin yüzde 87'sini elinde bulunduruyor.[9] *Front National*'ın işçi sınıfına mensup kaç destekçisi böyle bir servet dağılımını Fransa'ya aktarmak ister?

İnsanların oylarını ayakları ele verir. Dünyayı gezip dolaşırken ABD, Almanya, Kanada ya da Avustralya'ya göç etmek isteyen bir sürü insanla tanıştım. Tanıştıklarım arasında Çin'e ya da Japonya'ya göç etmek isteyenler de vardı. Ama bugüne bugün Rusya'ya göç etme hayali kuran biriyle karşılaşmadım.

"Küresel İslam" konusuna gelince, bunu cazip bulanlar genellikle zaten bunun içine doğmuş olanlar. Suriye ve Irak'taki bazı insanlara hatta Almanya ve Birleşik Krallık'taki yabancılaştırılmış Müslüman gençlere hitap etse de (Kanada veya Güney Kore şöyle dursun) Yunanistan ya da Güney Afrika gibi ülkelerin dertlerine deva bulmak için küresel bir halifeliğe katılacağını düşünmek zor. İnsanların oyunu bu hususta da ayakları ele veriyor. Müslüman bir teokrasi altında yaşamak için Almanya'dan Ortadoğu'ya giden her genç başına muhtemelen yüzlerce Ortadoğulu genç ters istikamette seyahat etmeyi ve liberal Almanya'da yeni bir hayat kurmayı arzuluyor.

Bu da günümüzde yaşanan inanç krizinin öncekilerden daha hafif olduğuna işaret edebilir. Son birkaç yılın olayları karşısında umutsuzluğa düşen bir liberalin, durumun 1918, 1938 ya da 1968'de ne denli daha kötü göründüğünü kendine hatırlatması kafi gelecektir. Sonuçta insanlık liberal anlatıyı bir kenara atmayacak çünkü elinde başka bir seçenek yok. İnsanlar hiddete kapılıp sistemin karnına tekmeyi basabilir ama gidecek başka yerleri olmadığından eninde sonunda geri dönecekler.

Buna alternatif olarak, insanların küresel anlatıdan tamamen vazgeçmesi ve yerel milliyetçi ve dini anlatılara sığınması da mümkün. 20. yüzyılda milliyetçi hareketler son derece önemli siyasi aktörlerdi ama gezegenin bağımsız ulus-devletlere bölünmesini desteklemek dışında dünyanın geleceğine dair tutarlı bir görüşe sahip değillerdi. Bu doğrultuda Endonezyalı milliyetçiler Hollanda hâkimiyetine karşı savaştı ve Vietnamlı milliyetçiler özgür bir Vietnam arzuladı ama insanlığın bütününü ilgilendiren bir Endonezya ya da Vietnam anlatısı yoktu ortada. Endonezya, Vietnam ve tüm diğer bağımsız milletlerin birbiriyle nasıl ilişkileneceği ve insanların nükleer savaş gibi küresel sorunlarla nasıl başa çıkacağı gibi meselelerde, milliyetçiler istinasız bir şekilde ya liberal ya da komünist fikirlere başvurdular.

Ama artık hem liberalizm hem de komünizm gözden düştüğüne göre insanların tek bir küresel anlatı fikrini toptan bir kenara atması gerekir mi? Ne de olsa tüm bu küresel anlatılar, komünizm bile, Batı emperyalizminin ürünü değil miydi? Vietnamlı çiftçiler neden Trier'li bir Alman'ın ve Manchester'lı bir sanayicinin buluşuna bel bağlasın ki? Belki de her ülke kendi kadim geleneği tarafından şekillendirilmiş, farklı ve kendine özgü bir yol izlemelidir? Hatta Batılılar da dünyayı yönetmeye çalışmaktan vazgeçip bu defa kendi işlerine mi baksa?

Tüm dünyada olup bitenler de zaten biraz bu minvalde, zira liberalizm çökünce ortaya çıkan boşluk bir süreliğine eski güzel günler nostaljisiyle dolduruluyor. Donald Trump ABD'yi soyutlama politikasının yanına Amerika'yı eskisi gibi harika bir yer haline getirme sözü de serpiştirmişti ("Make America Great Again"); sanki 1980'lerin ya da 1950'lerin Amerika'sı kusursuz bir toplumdu da Amerikalılar aynısını 21. yüzyılda yeniden yaratmalıydı. Brexit destekçileri hâlâ Kraliçe Victoria döneminde yaşıyorlarmış ve "şaşaalı tecrit siyaseti", internet ve küresel ısınma çağında uygulanabilirmiş gibi Britanya'yı bağımsız bir güç haline getirme hayali kuruyorlar. Çin'li seçkinler Batı'dan ithal ettikleri müphem Marksist ideolojiye eşlik edecek hatta onu ikame edecek yerel imparatorluklarını ve Konfüçyüsçü miraslarını yeniden keşfetti. Rusya'da Putin'in resmi görüşü yolsuzluğa bulaşmış bir oligarşi inşa etmek değil eski çarlık rejimini diriltmek. Bolşevik Devrimi'nden yüz yıl sonra Putin Baltık Denizi'nden Kafkaslara uzanan Ortodoksluğa sarılmış otokrat bir hükümetle Rus milliyetçiliği eşliğinde eski çarlığın şaşaasını vadediyor.

Milliyetçi bağlarla dini gelenekleri kaynaştıran benzer nostaljik hayaller Hindistan, Polonya, Türkiye ve birçok başka ülkedeki rejimlerin belirleyici özelliğidir. Bu tür fantezilerin en şiddetli tezahürleri de Ortadoğu'da görülüyor: İslamcılar 1400 yıl önce Hz. Muhammed tarafından Medine'de kurulan sistemi diriltme peşindeyken, köktendinci Yahudiler onların bir adım ötesine gidip 2500 yıl öncesine, Tevrat zamanlarına dönme hayali kuruyorlar. İsrail'in başındaki koalisyon hükümetinin üyeleri modern İsrail'in sınırlarını Tevrat'ta bahsi geçen sınırlara yakınlaştırma, Tevrat kanunlarını yürürlüğe koyma ve hatta Kudüs'teki Mescid-i Aksa'nın yerine eski Süleyman Tapınağı'nı inşa etme umutlarından açık açık bahsediyorlar.[10]

Liberal seçkinler bu gelişmeleri dehşet içinde izleyip insanlığın bir felaket yaşanmadan liberal çizgiye geri dönmesini umuyor. Başkan Obama 2016'da Birleşmiş Milletler'e son defa hitap ederken dinleyicileri, "Nuh Nebi'den kalma millet, kabile, ırk ve din ayrımları doğrultusunda keskin bir biçimde bölünmüş ve sonuç olarak çatışma içine düşmüş bir dünyaya" doğru gerilemek konusunda uyarmıştı. Bunun aksine, "Serbest piyasalar ve sorumluluk sahibi yönetimlerin, demokrasinin ve insan haklarının ve uluslararası hukukun ilkeleri (...) insanlığın gelişimi için yüzyılımızın en sağlam temelleridir," demişti.[11]

Obama liberal paketin çeşitli yetersizliklerine rağmen, diğer seçeneklerden daha parlak bir sicili olduğunu ifade etmekte haklıydı. Pek çok insan 21. yüzyıl başlarındaki liberal düzenin himayesinde yaşanan barış ve bolluğu daha önce hiç tatmamıştı. Tarihte ilk defa salgın hastalıktan ölen insan sayısı yaşlılıktan ölenlerden, kıtlıktan ölenlerin sayısı aşırı kilodan ölenlerden ve zorbalıktan ölenlerin sayısı trafik kazalarında ölenlerden daha az.

Ancak liberalizmin karşımızdaki en büyük sorunlara, ekolojik çöküş ve teknolojik sıçramaya verebildiği net bir cevap yok. Liberalizm geleneksel olarak ekonomik büyümenin zorlu toplumsal ve siyasi sorunları sihirli bir şekilde çözeceğine inanıyordu. Herkese pastadan daha büyük bir pay vadederek proletaryayı burjuvaziyle, inançlıları ateistlerle, yerlileri göçmenlerle, Avrupalıları Asyalılarla uzlaştırmıştı. Pastanın boyutları büyüyüp durduğu için böyle bir şey mümkündü. Ne var ki ekonomik büyüme küresel ekosistemi kurtarmayacak, aksine ekolojik krizin sebebi. Ekonomik sistem teknolojik sıçramanın getirdiği sorunları da çözemeyecek, aksine varlığı, sıçrama yaratacak teknolojiler icat edilmesine bağlı.

Liberal anlatı ve serbest piyasa kapitalizmi mantığı, insanları muazzam beklentilere sürükler. 20. yüzyılın son dönemlerinde, ister Houston ya da Şanghay'da ister İstanbul'da ya da São Paulo'da yaşıyor olsun, her nesil öncekinden daha iyi bir eğitim, daha gelişmiş bir sağlık hizmeti ve daha fazla gelirin tadını çıkardı. Fakat önümüzdeki yıllarda teknolojik sıçramayla ekolojik çözülmenin ortak etkisi sonucunda genç kuşaklar için aynı seviyeyi tutturmak bile şans sayılır.

Mütemadiyen dünyanın güncellenmiş bir anlatısını yaratma göreviyle baş başa kalıyoruz. Sanayi Devrimi'nin yarattığı büyük değişikliklerin 20. yüzyılın yeni ideolojilerini doğurması gibi önümüzdeki bilişim teknolojileri ve biyoteknoloji devrimlerinin de yeni bir bakış açısı getirmesi muhtemel. Bu yüzden önümüzdeki senelerin belirleyici özelliği yoğun bir içsel sorgulama ve yeni toplumsal ve siyasi modellerin geliştirilmesi olabilir. Liberalizm 1930'lar ve 1960'larda yaşanan krizlerde olduğu gibi bir kez daha kendini yeniden şekillendirip öncekinden daha cazip hale gelebilecek mi? Liberallerin bulamadığı cevabı geleneksel dinler ve milliyetçilik bulup kadim bilgileri güncel bir dünya görüşü yaratmakta kullanabilir mi? Yoksa geçmişe sünger çekip sadece eski tanrılar ve milletlerin değil özgürlük ve eşitliğin de ötesine geçen bütünüyle yeni bir anlatı kurgulamanın vakti geldi mi?

İnsanlık halihazırda bu sorular üzerinde uzlaşmaya varmaktan çok uzak. İnsanların eski anlatılara inancını yitirip henüz yeni bir anlatıya kucak açmadığı, hayal kırıklığı ve kızgınlığın yarattığı nihilist aşamadayız hâlâ. Peki sırada ne var? İlk adım, kıyamet kehanetlerinin sesini kısıp panik durumundan şaşkınlık durumuna geçmek. Panik bir kibir biçimidir. Dünyanın ne yöne (aşağı doğru) ilerlediğini bildiğine emin bir histen kaynaklanır. Şaşkınlık duymak daha mütevazı, dolayısıyla daha sağduyuludur. İçinizden kendinizi sokağa atıp, "Kıyamet geliyor!" diye bağırmak geliyorsa, kendinize şunu söylemeyi deneyin: "Yok, öyle değil. İşin aslı dünyada neler olup bittiğini anlamıyorum, o kadar."

İlerleyen bölümlerde önümüzdeki birtakım şaşkınlık verici yeni olasılıkları ve bu noktadan nasıl ilerleyebiliriz sorusunu açıklığa kavuşturmaya çalışacağım. Ama insanlığın ahvaline ilişkin muhtemel çözümleri masaya yatırmadan önce teknolojinin önümüze çıkardığı zorlukları daha iyi kavramamız gerekiyor. Bilişim ve biyoteknoloji devrimleri henüz emekleme çağında ve bunların liberalizmin içine düştüğü bu krizden gerçekten ne denli sorumlu oldukları tartışmalı bir konu. Birmingham, İstanbul, St. Petersburg ve Mumbai'de yaşayan çoğu insan yapay zekânın yükselişi ve bunun hayatları üzerindeki potansiyel etkilerinin olsa olsa çok az farkındadır. Oysa önümüzdeki yıllarda teknolojik devrimlerin ivme kazanacağı ve bunun insanlığı eşi benzeri görülmemiş zorlukta sınamalara tabi tutacağı su götürmez bir gerçek. İnsanlığı kendisine çekme amacı güden herhangi bir anlatı her şeyden önce bilişim ve biyoteknolojiden oluşan çifte devrimle başa çıkma yetisi üzerinden değerlendirilecek. Liberalizm, milliyetçilik, İslam veya yeni bir öğreti 2050'nin dünyasını şekillendirmek istiyorsa, sadece yapay zekâyı değil, büyük veri algoritmalarını ve biyomühendisliği de anlamlandırması ve bunları anlamlı bir yeni anlatının içine yedirmesi gerekecek.

Bu teknolojik zorluğun doğasını anlayabilmek için öncelikle iş piyasasına bakmak yerinde olabilir. 2015'ten bu yana dünyayı dolaşıp insanlığın durumu hakkında devlet memurları, işinsanları, aktivistler ve öğrencilerle konuşuyorum. Yapay zekâ, büyük veri algoritmaları ve biyomühendislik konularında dönen muhabbetten ne zaman sıkılsalar, ilgilerini geri kazanmak için tek bir kelime sarfetmem yetiyor: iş. Teknolojik devrim kısa süre içinde milyarlarca insanı iş dünyasının dışına atıp mevcut hiçbir ideolojinin nasıl başa çıkılacağını bilmediği, ani toplumsal ve siyasi değişimlere sebep verecek genişlikte işlevsiz bir kitle oluşmasına yol açabilir. Teknoloji ve ideoloji konuları kulağa son derece soyut ve uzak gelebilir ama kitlesel işsizlik ya da kişisel işsizlik gibi son derece gerçek olasılıklar karşısında kimse kayıtsız kalamaz.

2

İş

Büyüdüğünüzde işsiz kalabilirsiniz

2050'de iş piyasasının neye benzeyeceği konusunda hiçbir fikrimiz yok. Makine öğrenmesi ve robot teknolojisinin yoğurt yapımından yoga eğitmenliğine hemen her iş alanını etkileyeceği yaygın bir kanı. Sadece değişimin doğası ve ne zaman gerçekleşeceği hususlarında karşıt görüşler var. Kimilerine göre on ila yirmi sene gibi kısa bir sürede milyarlarca insan ekonomik düzenin sürdürülmesi için işlevsiz hale gelecek. Kimileri de uzun vadede bile otomasyonun yeni iş kolları yaratmaya devam edeceği ve herkes için refah sağlayacağı görüşünde.

Peki dehşet verici bir dönüşümün mü kıyısındayız, yoksa bu tarz tahminler asılsız temellere dayanan Luddite hareketi benzeri histerilere bir başka örnek mi? Söylemesi zor. Otomasyonun kitlesel işsizliğe yol açacağına dair korkular 19. yüzyıla kadar uzanıyor ve şimdiye kadar bu korkuların gerçeğe dönüştüğü görülmedi. Sanayi Devrimi'nin başından itibaren makinelere kaptırılan her iş koluna karşılık en azından bir adet yeni iş kolu yaratıldı ve ortalama hayat standardı çarpıcı biçimde arttı.[1] Yine de bu defa meselenin farklı olduğunu ve makine öğrenmesinin oyunun kurallarını değiştireceğini düşünmek için geçerli sebepler var.

İnsanlar fiziksel ve zihinsel olmak üzere iki tür beceriye sahipler. Geçmişte makineler çoğunlukla doğrudan fiziksel beceriler alanında insanlarla yarışıyor, insanlar makinelere karşı muazzam zihinsel avantajlarını koruyorlardı. Buna istinaden tarım ve sanayide elle yürütülen işler otomasyona geçince işleyişi sağlamak için ortaya yeni çalışma alanları çıktı ve bunlar sadece insanların zihinsel becerilerini gerektiriyordu: öğrenme, analiz etme, iletişim kurma ve her şeyden önemlisi insan duygularını anlama. Fakat yapay zekâ artık bu becerilerin, insan duygularını anlamak dahil, pek çoğunda gitgide insanları aşacak bir seviyeye geliyor.[2] Fiziksel ve zihinsel alanın dışında insanların avantajı ellerinde tutmaya devam edebileceği üçüncü bir faaliyet alanından haberdar değiliz.

Yapay zekâ devriminin yalnızca bilgisayarların daha hızlı ve daha akıllı hale gelmesinden ibaret olmadığını idrak etmek son derece elzem. Bu devrim fen bilimleri ve sosyal bilimlerdeki ilerlemelerden de besleniyor. İnsan duygularına, arzularına ve tercihlerine zemin oluşturan biyokimyasal mekanizmaları ne kadar iyi anlarsak, bilgisayarlar da insan davranışlarını analiz etmek, insanların tercihlerini kestirmek ve insan şoförlerin, bankacıların ve avukatların yerine geçmekte o kadar başarılı olurlar.

Geçtiğimiz yıllarda yapılan sinirbilim ve davranışsal ekonomi gibi alanlardaki araştırmalar, biliminsanlarının insanların işletim sistemine erişim sağlamasına ve özellikle de nasıl tercih yaptıklarını daha iyi kavramalarına imkân tanıdı. Ne yiyeceğimizden tutun da kiminle çiftleşeceğimize kadar verdiğimiz türlü kararın, gizemli bir özgür iradeye değil olasılıkları bir salisede hesaplayan milyarlarca nörona bağlı olduğu ortaya çıktı. Yere göğe sığdırılamayan "insani sezgiler" esasen "örüntü tanıma" yetisidir.[3] İyi şoförlerin, bankacıların ve avukatların trafik, yatırım ve müzakere konularında sihirli sezgileri yok; yaptıkları şey tekrar eden örüntüleri idrak ederek dikkatsiz yayaların, uygunsuz kredi talebinde bulunanların ve yalancı hırsızların farkına varıp bunlardan uzak durmaya çalışmak. Ayrıca insan beyninin biyokimyasal algoritmalarının hiç de mükemmel olmadığı ortaya çıktı. Bunlar şehrin keşmekeşine değil Afrika savanasına adapte olmuş, kestirmelere ve kısa yollara başvuran köhne devreler. İyi şoförlerin, bankacıların ve avukatların da kimi zaman hata yapmasına şaşmamak gerek.

Bu demek oluyor ki yapay zekâ, "sezgi" gerektirdiği varsayılan işlerde bile insanlara üstün gelebilir. Yapay zekânın insanlarla rekabetini esrarengiz önseziler üzerinden sürdüreceğini düşünürseniz bu kulağa imkânsız gelir. Ama yapay zekâ, sinir ağlarıyla olasılık hesabı ve örüntü tanıma dalında yarışacaksa bu daha az ürkütücü gelecektir.

Yapay zekâ bilhassa *başka insanlar hakkında* sezgi gerektiren işlerde daha iyi bir performans sergileyebilir. Yayaların dolaştığı bir sokakta araba sürmek, yabancılara borç para vermek ve iş anlaşması pazarlığı yapmak gibi çoğu iş dalı başka insanların his ve arzularını doğru değerlendirme yetisi gerektirir. Şu çocuk yola mı atlayacak? Karşımdaki takım elbiseli adam paramı alıp tüyecek mi? Bu avukat tehditlerinde ciddi mi yoksa blöf mü yapıyor?

Bu tarz duygu ve arzulara maddi olmayan bir ruhun yol açtığını düşündüğünüz vakit, bilgisayarların asla ve asla insan şoförlerin, bankacıların ve avukatların yerini alamayacağı gün gibi aşikâr. Bir bilgisayar, kutsal yaratının ürünü insan ruhunu nasıl anlayabilir? Fakat bu duygu ve arzular esasında biyokimyasal algoritmalardan ibaretse bilgisayarların bu algoritmaları deşifre edememesi ve bunu herhangi bir *Homo sapiens*'ten daha iyi yapamaması için hiçbir sebep yok.

Yayanın niyetini öngören bir şoför, muhtemel kredi talebinin güvenilirliğini değerlendiren bir bankacı ve müzakere ortamının nabzını tutan bir avukat büyücülüğe başvurmaz. Onun yerine, kendileri de farkında olmadan, beyinleri yüz ifadelerini, ses tonlarını, el kol hareketlerini ve hatta vücut kokularını analiz ederek gözlemlediği biyokimyasal örüntüleri tanır. Doğru sensörlerle donatılmış bir yapay zekâ tüm bunları bir insandan daha isabetli ve güvenilir biçimde yapabilir.

Dolayısıyla iş kaybı tehdidinin tek kaynağı bilişim teknolojilerinin yükselişi değil. Bu tehdit bilişim teknolojisinin biyoteknolojiyle kesişiminden doğuyor. fMRI tarayıcıdan iş piyasasına çıkan yol uzun ve çetrefilli, yine de bu yolun önümüzdeki elli yıl içinde katedilmesi mümkün. Beyinle uğraşan biliminsanlarının amigdala ve beyincik hakkında bugün öğrendikleri, 2050'ye gelindiğinde bilgisayarların insan psikiyatristleri ve bar fedailerini aşmasına imkân tanıyabilir.

Yapay zekâ sadece insanları hackleyip şimdiye kadar insanlara has sayılan becerilerde onlardan daha iyi performans sergilemeye gebe değil. Bunun yanı sıra insan olmayanlara has becerileri de var. O yüzden yapay zekâyla insan işçi arasındaki fark sadece seviye değil, onun ötesinde bir nitelik meselesi. Yapay zekânın sahip olduğu insandışı becerilerden bilhassa önem taşıyan ikisi, birbirine bağlanabilir ve güncellenebilir olmalarıdır.

Birer birey olduklarından insanları birbirine bağlamak ve hepsinin güncelliğini sağlamak zordur. Bilgisayarlarsa tam aksine birer birey olmadığı gibi onları tek bir değişken ağın bünyesine dahil etmekse çok kolay. Dolayısıyla mevzubahis olan milyonlarca tekil şahıs işçinin yerine milyonlarca tekil robot ve bilgisayarın geçmesi değil, mümkün görünen insan bireylerin yerine bütünleşik bir ağın doldurulması. Bu yüzden otomasyonu değerlendirirken tek bir insan şoförü tek bir otonom arabayla ya da tek bir insan doktoru tek bir yapay zekâ ürünü doktorla karşılaştırmak yanlış olur. Yapmamız gereken bir grup insanın becerilerini bütünleşik bir ağın becerileriyle kıyaslamak.

Mesela pek çok sürücü değişen trafik kurallarından haberdar değil ve sık sık kuralları ihlal ediyor. Ayrıca her araba otonom bir birim olduğundan iki araç bir kavşağa aynı anda yaklaştığında, sürücülerin niyetlerini birbirine doğru şekilde iletememesi ve çarpışması mümkün. Otonom arabalarsa topluca birbirine bağlanabiliyor. Bu tarz iki araç aynı kavşağa yaklaştığında, esasında sözkonusu olan iki ayrı birim değil aynı algoritmanın parçalarıdır. Bu yüzden yanlış anlaşıp çarpışmaları çok daha düşük bir ihtimaldir. Ulaştırma Bakanlığı birtakım trafik kurallarını değiştirmeye karar verirse, otonom arabaların tamamı aynı anda güncellenebilir ve programda bir aksaklık yaşanmadığı sürece hepsi yeni kuralları harfi harfine uygulayabilir.[4]

Buna benzer şekilde, Dünya Sağlık Örgütü'nün tespit ettiği yeni bir hastalık ya da bir laboratuvarda üretilen yeni bir ilaç gibi gelişmeler hakkında dünyanın dört bir yanındaki tüm doktorların bilgilerini güncellemek neredeyse imkânsız. Oysa dünya üzerinde her biri tek bir insanın sağlık durumunu gözetim altında tutan yapay zekâ ürünü 10 milyar doktor bile olsa, hepsini şıp diye güncelleyebilirsiniz ve hepsi bu yeni hastalık ya da ilaçla ilgili geribildirimlerini birbiriyle paylaşabilir. Bağlanabilir ve güncellenebilir olmanın muhtemel avantajları öylesine çok ki münferit olarak kimi insanlar her halükârda makinelerden daha iyi iş çıkarıyor olsa bile, en azından kimi iş dallarında *tüm* insanların yerine bilgisayarları geçirmek mantıklı olabilir.

İnsan bireylerden bilgisayar ağına geçiş yaparsak, özgünlüğün getirdiği avantajları kaybedeceğimizi öne sürebilirsiniz. Örneğin insan bir doktor yanlış karar aldığında dünyadaki tüm hastaların ölümüne neden olmuyor ve yeni ilaçlar geliştirilmesinin önünü topyekûn tıkamıyor. Oysa bütün doktorlar aslında tek bir sistemse ve bu sistem herhangi bir hata yaparsa büyük bir felaket yaşanabilir. Ancak işin aslı, bütünleşik bir bilgisayar sistemi özgünlüğün faydalarından ödün vermeden bağlantının avantajlarını azami seviyeye yükseltebilir. Aynı ağ dahilinde pek çok algoritma yürütebilirsiniz ve böylece ormanın içinde ıssız bir köyde yaşayan bir hasta akıllı telefonunu kullanarak tek bir yetkili doktora değil de performansları mütemadiyen birbiriyle kıyaslanan yüzlerce yapay zekâ ürünü doktora erişebilir. IBM doktorunun dediklerinden hoşlanmadınız mı? Sorun değil. Klimanjaro'nun eteklerinde mahsur kalmış olsanız da ikinci bir görüş almak için kolaylıkla Baidu doktoruna başvurabilirsiniz.

İnsan toplumu adına böyle bir şeyin muazzam faydaları var. Yapay zekâ ürünü doktorlar milyarlarca insana, özellikle de mevcut durumda hiçbir sağlık hizmeti alamayanlara çok daha iyi ve ucuz bir sağlık hizmeti sağlayabilir.

Az gelişmiş ülkelerin yoksul köylüleri akıllı telefonları aracılığıyla öğrenim algoritmaları ve biyometrik sensörler sayesinde günümüzde en zengin insanların en gelişmiş şehir hastanelerinde aldığından çok daha iyi bir sağlık hizmetine ulaşabilir.[5]

Aynı şekilde otonom arabalar da insanlara çok daha iyi bir ulaşım hizmeti sunacak ve özellikle trafik kazalarının yol açtığı ölümler azalacaktır. Günümüzde her sene 1,25 milyona yakın insan hayatını trafik kazalarında kaybediyor (bu sayı savaş, suç ve terör kaynaklı ölümlerin toplamının iki katı).[6] Bu kazaların yüzde 90'ından fazlası düpedüz insan hatalarından kaynaklanıyor: alkollü araç kullanmak, direksiyon başında kısa mesaj yollamak, uyuyakalmak, yola dikkat edeceğine dalıp gitmek. ABD Ulusal Karayolu Trafik Güvenliği İdaresi 2012'de ABD'de gerçekleşen ölümcül kazaların yüzde 31'inin alkol kullanımı, yüzde 3'ünün hız, yüzde 21'inin de dikkat dağınıklığı sebebiyle yaşandığını söylüyor.[7] Otonom arabalar bunların hiçbirini yapmayacak. Bu taşıtların kendi sorunları ve sınırları bulunsa da (ve kimi kazalar kaçınılmaz olsa da) tüm insan sürücülerin yerini bilgisayarlar aldığında trafik kazalarının neden olduğu yaralanma ve ölümlerin yüzde 90 oranında azalması bekleniyor.[8] Bir başka ifadeyle, otonom arabalara geçilmesi yılda bir milyon hayatı kurtaracak.

Bu açıdan bakınca, ulaşım ve sağlık hizmeti alanlarında sırf insanları işlerinden etmemek için otomasyonun önüne geçmek delilik olur. Sonuçta esas korumamız gereken insanların kendisi, işleri değil. İşinden olan şoför ve doktorların yapacak başka bir şey bulmaları gerekecek.

Makinedeki Mozart

Yapay zekâ ve robot teknolojileri en azından kısa vadede tüm iş alanlarını tamamen ortadan kaldıracak değil. Kısıtlı bir alanda bir dizi rutin faaliyet üzerinde uzmanlaşma gerektiren işler otomasyona tabi tutulacak. Ama o kadar rutin olmayan, geniş bir beceri yelpazesinin eşzamanlı kullanımını ve öngörülemeyen senaryolarla başa çıkmayı gerektiren işlerde, insanların yerine makineleri getirmek o kadar kolay olmayacak. Örneğin sağlık hizmetlerine bakalım. Çoğu doktor neredeyse tamamen eldeki bilgileri değerlendirmeye odaklanıyor: tıbbi verileri algılıyor, analiz ediyor ve teşhis koyuyor. Oysa hemşireler can acıtan iğneler yapmak, sargıları değiştirmek ya da şiddet sergileyen bir hastayı zaptetmek için hem motor hem de duygusal beceriler kullanmak zorunda. Dolayısıyla güvenilir bir robot hemşireden yıllar yıllar önce, akıllı telefonumuzla ulaşabildiğimiz yapay zekâ ürünü bir aile doktoru edinmemiz daha muhtemel.[9] Hastaların, çocukların ve yaşlıların bakımını üstlenen bakım sektörü uzun bir süre daha insanların kalesi olarak kalacak gibi görünüyor. Hatta büyük ihtimalle insan ömrü uzayıp doğum sayısı azaldıkça yaşlı bakımı insan emeği piyasasının hızla büyüyen sektörlerinden biri haline gelecek.

Bakımın yanı sıra yaratıcılık da otomasyonun karşısına ziyadesiyle zor engeller çıkarıyor. Müziği pazarlamak için insanlara artık ihtiyacımız yok; şarkıları iTunes'dan indirebiliyoruz ama besteciler, müzisyenler, şarkıcılar ve DJ'ler halen et ve kemikten mürekkep. Sadece yeni müzik üretilmesi için değil akıl almayacak genişlikteki mevcut repertuvardan seçkiler yapmak için de onların yaratıcılığına itimat ediyoruz.

Yine de uzun vadede hiçbir iş otomasyondan paçasını kurtaramayacak. Sanatçılar bile. Modern dünyada sanat her daim insan duygularıyla ilişkilendiriliyor. Sanatçıların içsel psikolojik enerjilerini açığa çıkardığını ve sanatın nihai amacının bizi duygularımızla iletişime geçirmek ve içimizde yeni duygular uyandırmak olduğunu düşünürüz genellikle. Bu sebeple sanatı değerlendirirken hedef kitle üzerindeki duygusal etkisini göz önünde bulundururuz. Fakat sanatı belirleyen insani duygularsa, harici algoritmalar insanların duygularını Shakespeare'den, Frida Kahlo'dan ya da Beyoncé'den daha iyi kavrayıp yönlendirebilir hale geldiğinde ne olacak?

Ne de olsa duygular esrarengiz fenomenler değil; biyokimyasal bir sürecin sonucunda ortaya çıkıyorlar. Bu yüzden çok uzak olmayan bir gelecekte makine öğrenmesine muktedir algoritmalar beden üzerinde ve içindeki sensörlerden iletilen biyometrik verileri analiz edip kişilik tipinizi ve değişen haletiruhiyenizi analiz ederek belli bir şarkının ve hatta belli bir akordun üzerinizde yaratabileceği etkiyi hesaplayabilir.[10]

Tüm sanat dalları içinde büyük veri analizine muhtemelen en yatkın olanı müzik çünkü bu dalda hem girdiler hem de çıktılar matematiksel olarak ifade edilmeye müsait. Girdiler ses dalgalarının matematiksel modelleri, çıktılarsa sinir fırtınalarının elektrokimyasal modelleri. Önümüzdeki yıllarda milyonlarca müzik deneyimini tarayan bir algoritma hangi girdilerin hangi çıktılara yol açtığını tahmin edecek duruma gelebilir.[11]

Diyelim ki sevgilinizle kavga ettiniz. Ses sisteminizden sorumlu algoritma hemen içinizde kopan duygu fırtınasını algılayıp kişiliğiniz ve genel insan psikolojisi hakkında bildikleri doğrultusunda, üzüntünüze denk düşecek ve sıkıntınızı yansıtacak şarkılar çalmaya başlayacak. Sözkonusu şarkılar başka insanlar için bir şey ifade etmeyebilir ama sizin kişilik tipinize birebir uygun.

Hüznünüzün derinlikleriyle yüzleşmenize yardımcı olduktan sonra aynı algoritma, belki sizin bile farkında olmadığınız, mutlu bir çocukluk anınızı çağrıştırdığı için dünyada sizi neşelendirmesi muhtemel o yegâne şarkıyı çalacak. Böyle bir yapay zekâyla hiçbir insan DJ boy ölçüşemez.

Bu gerçekleştiğinde, yapay zekânın tesadüfleri ortadan kaldıracağını ve bizi daha önce beğendiğimiz şeyler doğrultusunda biçimlenen dar bir müzik kozasına hapsedeceğini ileri sürebilirsiniz. Bu şekilde yeni müzik zevkleri ve türleri nasıl keşfedilecek? Dert değil. Algoritmayı seçkinin yüzde 5 gibi bir kısmını tamamıyla rastlantısal bir şekilde belirlemeye ayarlayabilir, karşınıza beklenmedik bir şekilde Endonezya'ya özgü bir potpuri, Rossini'nin yazdığı bir opera ya da Kore menşeli bir pop şarkısı çıkarmasını sağlayabilirsiniz. Yapay zekâ zaman içinde tepkilerinizi gözlemleyerek rastlantısallığı en uygun seviyeye getirip hoşnutsuzluğa sebep olmadan keşif yapabilmenizi sağlamak için tesadüf düzeyini yüzde 3'e indirme ya da yüzde 8'e çıkarma yoluna gidebilir.

İleri sürülebilecek bir başka nokta da algoritmanın hangi duyguyu hedefleyeceğini nereden bileceği. Sevgilinizle kavganızın ardından algoritma sizi hüzünlendirmeli mi, neşelendirmeli mi? Keskin bir şekilde "iyi" duygular ve "kötü" duygular diye belirlenmiş bir ölçeği körü körüne takip mi edecek? Bu hayatta hüzünlenmenin de iyi geldiği anlar yok mu? Elbette aynı soru insan müzisyenlere ve DJ'lere de yöneltilebilir. Fakat sözkonusu bir algoritma olduğunda bu bilmecenin pek çok ilginç çözümü var.

Seçeneklerden biri tercihi müşteriye bırakmak. Duygularınızı istediğiniz şekilde değerlendirebilirsiniz ve algoritma da sizin direktiflerinize uyar. Kendinize acıyarak debelenmek ya da sevinçten taklalar atmak isteyebilirsiniz, algoritma emrinize amade. Hatta siz ne istediğinizin açık seçik farkında olmasanız da algoritma dilediğiniz şeyin ne olduğunu algılamayı öğrenebilir.

Bunun yanı sıra eğer kendinize güvenmiyorsanız, tanınmış psikologlardan hangisine güveniyorsanız onun tavsiyesi doğrultusunda hareket etme direktifi de verebilirsiniz. Neticede sevgiliniz sizi terk ederse, algoritma yas sürecinin beş resmi aşamasından geçmenize önayak olabilir: önce olan biteni inkâr etmenize yardımcı olmak için Nilüfer'den "Boş Vermişim Dünyaya", sonra öfkenizi kamçılamak için Esmeray'dan "Unutma Beni", sizi pazarlığa teşvik etmek için Sezen Aksu'dan "Geri Dön", bunalımın dibine vurmanız için Gülden Karaböcek'ten "Sürünüyorum" ve Neşe Karaböcek'ten "Kemancı", son olarak da durumu kabullenmenize yardımcı olmak için Ajda Pekkan'dan "Bambaşka Biri" parçalarını *çalar.*

Algoritmanın geçeceği bir sonraki aşama şarkılar ve melodilerle oynamaya başlamak, onları sizin eğilimlerinize göre az biraz değiştirmek. Belki bir şarkıyı, tek bir yeri hariç muhteşem buluyorsunuz. Algoritma bunu anlıyor çünkü ne zaman bu nahoş kısmı duysanız kalbiniz farklı atıyor ve oksitosin seviyeniz azıcık düşüyor. Algoritma bu rahatsız edici notaları değiştirebilir ya da çıkarabilir.

Algoritmalar zamanla sıfırdan beste yapmayı öğrenip insanların duygularıyla, bu duygular piyanonun tuşlarıymış gibi oynayabilir. Biyometrik verilerinizi kullanarak size özel, koca kâinatta bir tek sizin zevkinize uygun melodiler üretebilir.

İnsanların sanatla ilişkilerinin sanat eserlerinde kendilerini bulmalarına dayandığı söylenegelmiştir. Mesela Facebook hakkınızda bildiği her şeye dayanarak size özel sanat eserleri yaratmaya başlarsa, bu durum şaşırtıcı ve bir miktar da tüyler ürpertici sonuçlara yol açabilir. Sevgiliniz sizi terk ederse, Facebook size Ajda Pekkan'ın ya da Sezen Aksu'nun kalbini kırmış meçhul şahıs hakkındaki şarkıyı değil, bizzat sizin kalbinizi kıran o aşağılık şahıs hakkında yazılmış özel bir şarkı sunabilir. Şarkı ilişkiniz sırasında gerçekten yaşanmış, başka kimsenin haberi olmayan olayları bile hatırlatabilir size.

Elbette kişisel sanat asla rağbet görmeyebilir çünkü insanlar herkesin sevdiği evrensel hitlerden hoşlanmayı sürdürecektir. Sizden başka kimsenin bilmediği bir şarkıyı birlikte söylemek ya da böyle bir şarkıyla hep beraber dans etmek mümkün olabilir mi? Ama algoritmalar dünya çapında tutacak parçalar üretmekte, nevi şahsına münhasır şarkılar yazmaktan daha başarılı olabilir. Algoritma milyonlarca insandan elde edilmiş büyük çaplı biyometrik veritabanlarını kullanarak, herkesi deliler gibi dans ettirecek dünya çapında bir hit üretmek için hangi biyokimyasal unsurları tetiklemek gerektiğini bilebilir. Sanat gerçekten de insan duygularını harekete geçirmekle (ya da yönlendirmekle) ilgiliyse, böylesi bir algoritmayla boy ölçüşmek çok az insan müzisyenin harcıdır (belki de hiçbirinin); sonuçta hiçbir müzisyen tellerini tıngırdattığı esas enstrümanı, yani insanların biyokimyasal sistemini, böyle bir algoritma kadar iyi anlayamaz.

Tüm bunlar muhteşem sanat eserleri ortaya çıkmasını sağlar mı? Bu sorunun cevabı sanatın nasıl tanımlandığına bağlı. Bir eserin güzel olup olmadığı dinleyicinin beğenisine kalıyorsa ve müşteri daima haklıysa, biyometrik algoritmaların tarih boyunca üretilmiş en iyi sanat eserlerini ortaya çıkarma olasılığı yüksek. Sanat insanların duygularından daha derinse ve biyokimyasal titreşimlerin ötesinde bir hakikate işaret ediyorsa, biyometrik algoritmalardan pek de iyi sanatçılar çıkmayabilir. Ama çoğu insandan da çıkmıyor zaten. Sanat piyasasına girmek ve çoğu insan besteci ve performansçının yerini almak için ille de Çaykovski'yi gölgede bırakmaları gerekmiyor. Britney Spears'ı aşsalar yeter.

Yeni meslekler?

Sanattan sağlık hizmetlerine her alanda pek çok geleneksel mesleğin elden gitmesi, insanlar için yeni mesleklerin yaratılmasıyla kısmen telafi edilebilir. Bilinen hastalıkları teşhis eden ve alışılageldik tedaviler uygulayan pratisyen hekimlerin yerine yapay zekânın geçmesi mümkün. Ama tam da bu yüzden çığır açıcı araştırmalar yapmaları ve yeni ilaçlar ya da cerrahi uygulamalar geliştirebilmeleri için insan doktorlara ve laboratuvar asistanlarına ödenebilecek çok daha fazla para bulunacak.[12]

Yapay zekâ insanlar için başka işler yaratılmasını da sağlayabilir. İnsanlar yapay zekâyla yarışmak yerine yapay zekânın idame edilmesi ve desteklenmesine odaklanabilirler. Örneğin insan pilotların yerini insansız uçakların almasıyla kimi meslekler ortadan kalkarken bakım, onarım, uzaktan kumanda, veri analizi ve siber güvenlik alanlarında yeni iş olanakları doğdu. ABD silahlı kuvvetleri, Predator ya da Reaper modeli insansız uçakların Suriye'nin tepesinde uçurulması için uçak başına otuz kişiye ihtiyaç duyuyor ve uçuşların sonucunda toplanan bilgilerin analiz edilmesi için en az seksen kişi daha gerekiyor. ABD Hava Kuvvetleri 2015'te tüm bu görevler için gerekli eğitimli personelden yoksundu ve dolayısıyla insansız uçakları idare edecek insan bulamamak gibi ironik bir krizle karşı karşıya kaldı.[13]

Durum böyle olursa, 2050'nin iş piyasasının çehresini insanlarla yapay zekâların rekabetinden ziyade bu ikisinin işbirliği belirleyebilir. İnsanla yapay zekânın bir araya gelmesinden oluşan ekipler asayişten bankacılığa pek çok alanda hem insanları hem de bilgisayarları aşan bir performans sergileyebilirler. 1997'de IBM'in satranç programı Deep Blue, Gary Kasparov'u yendikten sonra insanlar satranç oynamayı bırakmadı. Aksine satranç ustası insanlar, yapay zekâ ürünü antrenörler sayesinde her zamankinden daha iyi bir seviyeye geldi ve "sentorlar" tabir edilen insan ve yapay zekânın birlikteliğinden oluşan satranç ekipleri, bir süreliğine de olsa, hem insanları hem de bilgisayarları alt etti. Yapay zekâ aynı şekilde gelmiş geçmiş en iyi dedektiflerin, bankacıların ve askerlerin yetiştirilmesine yardımcı olabilir.[14]

Fakat bu tarz yeni mesleklerin genel sorunu, hepsinin muhtemelen yüksek düzey uzmanlık gerektirecek olması ve dolayısıyla vasıfsız emekçilerin işsizlik sorununu çözmeyecek olması. İnsanlar için yeni meslekler yaratmak, insanları bu meslekleri dolduracak şekilde yeniden eğitmekten daha kolay olabilir. Önceki otomasyon dalgalarında insanlar genellikle düşük vasıflı bir işten diğerine geçiş yapabiliyordu. 1920'lerde tarımda makineleşme sonucu işten çıkarılan bir toprak işçisi traktör üreten bir fabrikada yeni bir iş bulabiliyordu. 1980'lerde işsiz kalmış bir fabrika işçisi süpermarkette kasiyer olarak çalışmaya başlayabiliyordu. Bu tür meslek değişikleri makuldü çünkü tarladan fabrikaya, fabrikadan süpermarkete geçiş için kısa bir eğitim süreci yeterliydi.

Ama 2050'de işini robotlara kaptıran bir kasiyer ya da tekstil işçisinin kanser araştırmacısı, insansız uçak operatörü ya da yarı insan, yarı yapay zekâdan oluşan bir bankacı ekibinin parçası olarak çalışmaya başlaması çok zor. Bu insanlar gerekli eğitime sahip olamayacak. I. Dünya Savaşı'nda binlercesi ölecek milyonlarca eğitimsiz genci askere alıp makineli tüfeklerin başına geçirmek akla yatkındı. Bu gençlerin bireysel becerileri büyük önem taşımıyordu. Günümüzde ABD Hava Kuvvetleri insansız uçak operatörü ve analist açığına rağmen personel ihtiyacını süpermarketteki işinden ayrılmış insanlarla doldurmaya yanaşmıyor. Deneyimsiz askerlerin bir Afgan düğününü yüksek düzey Taliban üyelerinin katıldığı bir toplantı sanması arzu edilen bir durum değil.

Bu nedenle, insanlar için pek çok yeni meslek ortaya çıksa da "işlevsiz" bir sınıfın doğmasına tanıklık edebiliriz. Eşzamanlı bir şekilde hem yüksek işsizlik oranı hem de nitelikli işçi eksikliğinin yaşandığı iki yönlü bir belayla uğraşmak zorunda kalabiliriz. Çoğu insan, 19. yüzyılda at arabası sürücüsüyken taksi şoförlüğü yapmaya başlayanların değil, 19. yüzyılda büyük bir hızla iş sahasının bütünüyle dışına atılan atların kaderini paylaşabilir.[15]

Buna ilaveten, arta kalan hiçbir meslek otomasyonun gelecekte teşkil edeceği tehditlerden azade olmayacaktır zira makine öğrenmesiyle robot bilimi ilerleme kaydetmeyi sürdürecektir. Kırk yaşında işsiz kalmış bir süpermarket kasiyeri, olur da insanüstü bir çabayla kendini insansız uçak pilotu olarak yeniden yaratabilirse, bu insanın bir on sene sonra kendini yine yeni baştan yaratması icap edecektir çünkü o süre zarfında insansız uçakların uçurulmasında da muhtemelen otomasyona geçilecektir. Bu gelip geçicilik yüzünden sendika kurmak ya da işçi haklarını güvenceye almak daha da zorlaşacaktır. Şimdi bile gelişmiş ekonomilerdeki çoğu yeni meslek güvence altına alınmayan geçici işler, serbest meslek ve tek seferlik projeler sınıfına giriyor.[16] On yıllık bir sürede mantar gibi bitip yok olan bir mesleğin sendikası nasıl kurulur?

Aynı şekilde insanla bilgisayardan oluşan sentor ekipleri de hayat boyu ortaklık anlaşması yerine insanla bilgisayar arasında daimi bir çekişmeye gebe. Sherlock Holmes ve Dr. Watson gibi sadece insanlardan oluşan ekiplerde çoğunlukla yerleşik bir hiyerarşi ve yıllar boyu devam eden belli davranış biçimleri görülür. Ama IBM'in Watson adlı bilgisayar sistemiyle (2011 yılında ABD'de yayınlanan *Jeopardy!* adlı yarışma programını kazanınca meşhur olmuştu) eşleşen insan dedektif her davranış biçiminin aksaklığa, her tür hiyerarşinin de devrime davet çıkardığını görebilir. Dünün yancısı geleceğin şefine dönüşebilir, tüm protokol ve kılavuzların her sene baştan yazılması gerekecektir.[17]

Satranç dünyasına daha yakından bakarak uzun vadede işlerin nereye doğru gittiğine dair çıkarımlarda bulunabiliriz. Deep Blue'nun Kasparov'u yenmesini takip eden yıllarda satranç alanında insanlarla bilgisayarların işbirliğinin geliştiği doğru. Ancak son yıllarda bilgisayarlar o kadar iyi satranç oynamaya başladı ki kendilerine eşlik eden insanlar değerlerini yitirdiler. Çok yakında ekipte bir insan bulunması tamamen lüzumsuz hale gelebilir.

7 Aralık 2017'de kritik bir dönüm noktasına gelindi: bir bilgisayarın bir insanı yenmesi değildi sözkonusu olan (satrançta bunun herhangi bir haber değeri kalmadı), Google'ın AlphaZero programının Stockfish 8 programını yenmesiydi. Stockfish 8, 2016 yılının bilgisayarlararası satranç şampiyonu. İnsanlardan gelen yüzlerce yıllık satranç deneyiminin yanı sıra onca yıllık bilgisayar deneyimine de erişimi vardı. Saniyede 70 milyon satranç hamlesi hesaplayabiliyordu. Oysa AlphaZero saniyede sadece 80 bin hamle hesaplayapabiliyordu ve insan yaratıcıları kendisine hiçbir satranç stratejisi öğretmemişti; standart açılışları bile. Onun yerine AlphaZero en son makine öğrenmesi prensiplerini kullanarak satrancı kendi kendine oynayarak öğrenmişti. Çaylak AlphaZero buna rağmen Stockfish karşısında yüz oyundan yirmi sekizini kazandı ve yetmiş ikisinde de berabere kalmayı başardı. Bir kere bile yenilmedi. AlphaZero insanlardan hiçbir şey öğrenmediği için kazanmasını sağlayan hamleler ve stratejiler insanlara sıradışı geldi. Bütünüyle dahice olmanın ötesinde yaratıcıydı da.

AlphaZero'nun sıfırdan satranç öğrenip Stockfish'le karşılaşmaya hazırlanması ve böylesine dahice içgüdüler geliştirmesi ne kadar sürdü dersiniz? Dört saat. Bu bir yazım hatası değil. Satranç yüzyıllar boyunca insan zekâsının en parlak örneklerinden biri sayılmıştır. AlphaZero kara cahillikten yaratıcı usta statüsüne dört saatte, hiçbir insanın yardımı olmaksızın ulaştı.[18]

Ortadaki tek yaratıcı yazılım AlphaZero değil. Artık pek çok program sadece kaba hesap açısından değil "yaratıcılık" açısından da insanlara her zaman üstün geliyor. Sadece insanların yarıştığı satranç turnuvalarında hakemler gizlice bilgisayar yardımı alarak hile yapmaya çalışan oyuncu var mı diye tetiktedirler. Hilebazları yakalamanın yollarından biri de oyuncuların sergilediği özgünlük seviyesini takip etmektir. Oldukça yaratıcı bir hamle yapıldığında, hakemler çoğunlukla bunun insan işi olamayacağından, bilgisayar tarafından yapılmış bir hamle olması gerektiğinden kuşkulanıyorlar. En azından satranç alanında, yaratıcılık bilgisayarların alametifarikası haline geldi! Satrancı bir çeşit felaket habercisi sayarsak, uyarı sinyali verilmiştir diyebiliriz. Günümüzde satranç oynayan insan-yapay zekâ ekiplerinin başına gelen, ilerde asayiş, tıp ve bankacılık alanlarında oluşturulacak insan-yapay zekâ ekiplerinin de başına gelebilir.[19]

Sonuç olarak, yeni meslekler yaratılması ve bu mesleklere atanacak insanların eğitilmesi için tek seferlik bir çaba yeterli değil. Yapay zekâ devrimi peşi sıra yeni bir yerleşik iş piyasası dengesinin kurulduğu tek seferlik bir dönüm noktası değil. Aksine daha büyük sıçramaların önünü açacak bir kırılma. Çalışanlar şimdi bile tüm hayatlarını tek bir işte çalışarak geçirmeyi beklemiyor.[20] 2050'ye gelindiğinde "ömür boyu tek meslek" kavramının yanı sıra "ömür boyu tek uzmanlık" kavramı da fi tarihinden kalma bir olgu muamelesi görebilir.

Durmadan yeni meslekler icat edip işgücünü baştan eğitebilsek bile, ortalama insanın sonu gelmeyen iniş çıkışlarla dolu bir hayatın gerektirdiği duygusal dayanıklılığa sahip olup olamayacağı şüphe götürür. Değişim her daim stres kaynağıdır ve 21. yüzyılın başlarında yaşanan çalkantılı dönem de küresel bir stres salgınına yol açtı.[21] İnsanlar iş piyasası ve bireysel kariyerlerdeki gelip geçiciliğin daha da artmasıyla başa çıkabilecek mi? Büyük ihtimalle *Sapiens*'in zihnini ayakta tutabilmek için ilaçlar ve sinirsel geribildirim yöntemlerinden meditasyona uzanan bir yelpazede, çok daha etkin stres azaltma tekniklerine ihtiyaç duyacağız. 2050'ye gelindiğinde sadece hiçbir iş olmadığından ya da uygun eğitim eksikliğinden kaynaklanmayan, aynı zamanda zihinsel dayanma gücünün yetersizliğine bağlı bir "işlevsiz" sınıf ortaya çıkabilir.

Elbette bunların çoğu varsayımdan ibaret. 2018'in başında bu satırlar kaleme alınırken, otomasyon pek çok endüstriye sirayet ettiği halde kitlesel işsizliğe yol açmış değil. Esasen ABD gibi pek çok ülkede işsizlik oranı en düşük seviyelerinde seyrediyor. Kimse yapay zekâ ve otomasyonun gelecekte farklı meslekler üzerinde ne gibi bir etki yaratacağını tam olarak bilemez ve bu konularla ilişkili gelişmelerin takvimini kestirmek son derece zor; özellikle de tamamıyla teknolojik atılımlara bağlı olduğu kadar siyasi kararlara ve kültürel geleneklere de bağlı olduğu için. Bu yüzden otonom arabaların insan sürücülerden daha emniyetli ve ucuz olduğu anlaşılsa bile siyasetçiler ve tüketiciler bütün bunlara rağmen yıllarca ve hatta onlarca yıl boyunca değişimin önüne taş koyabilir.

Ancak kayıtsız kalmak gibi bir seçeneğimiz yok. Kaybedilenlerin yerine yeterli sayıda yeni meslek çıkacağını varsaymak tehlikelidir. Önceki otomasyon dalgalarında böyle olmuş olması, 21. yüzyılın bambaşka koşullarında da öyle olacağı anlamına kesinlikle gelmiyor. Potansiyel toplumsal ve siyasal kırılmalar o denli endişe verici ki sistemik kitlesel işsizlik olasılığını, düşük dahi olsa, fazlasıyla ciddiye almamız şart.

Sanayi Devrimi 19. yüzyılda mevcut toplumsal, ekonomik ve siyasi modellerinin hiçbirinin başa çıkamadığı yeni koşullar ve sorunlar yarattı. Feodalizm, monarşizm ve geleneksel dinler sanayileşmiş metropolleri, yerinden edilen milyonlarca işçiyi ya da modern ekonominin durmadan değişen doğasını idare etmeye uygun değildi. Bu sebeple insanlığın liberal demokrasiler, komünist diktatörlükler ve faşist rejimler gibi bütünüyle yeni modeller geliştirmesi gerekti ve bu modelleri tecrübe etmek, sapla samanı ayırmak ve en iyi çözümleri yürürlüğe sokmak için yüz yılı aşkın bir süre korkunç savaşlar ve devrimler yaşandı. Dickens romanlarında anlatılan çocuk işçiler, I. Dünya Savaşı ve 1932 ila 1933 yıllarında Ukrayna'da yaşanan Büyük Kıtlık insanlığın ödediği bedellerin yalnızca küçük bir kısmıydı.

Bilişim teknolojileri ve biyoteknolojinin 21. yüzyılda insanlığın önüne çıkardığı zorluklar muhtemelen önceki yüzyılda buhar makinelerinin, tren yollarının ve elektriğin çıkardığı zorluklardan çok daha büyük. Ve medeniyetimizin muazzam yıkıcı gücünü hesaba katarsak daha fazla başarısız modeli, dünya savaşını ya da kanlı devrimleri kaldırmayı göze alamayız. Bu defa başarısız modellerin sonu nükleer savaşlar, genetiğiyle oynanmış canavarlar ve biyosferin tamamen iflası olabilir. Bu yüzden Sanayi Devrimi'nin zorlukları karşısında gösterdiğimiz çabanın fazlasını göstermemiz gerekiyor.

Sömürüden işlevsizliğe

Potansiyel çözümler üç ana sınıfa ayrılıyor: mesleklerin kaybolmaması için ne yapmak gerekiyor, yeterli sayıda yeni mesleğin yaratılması için ne yapmak gerekiyor ve tüm çabalarımıza rağmen kaybedilen mesleklerin sayısı, yaratılan mesleklerin sayısını aşarsa ne yapmak gerekiyor.

Meslek kaybını bütünüyle engellemek gibi bir stratejinin ne cazip ne de savunulur bir tarafı var çünkü bu stratejiyi benimsemek, yapay zekâyla robot biliminin muazzam olumlu potansiyelini bir kenara atmak demek. Devletler buna rağmen, cereyan edecek sarsıntıları azaltmak ve uyum sağlanmasına zaman tanımak için otomasyonun hızını kasten yavaşlatabilirler. Teknoloji hiçbir zaman belirleyici değildir ve bir şeyin yapılabiliyor olması illa yapılması gerektiği anlamına gelmez. Hükümet düzenlemeleri ticari olarak uygun ve ekonomik açıdan kazançlı olsa da yeni teknolojilerin önünü tıkayabilir. Örneğin az gelişmiş ülkelerde "beden çiftlikleri" kurarak, çaresiz ama varlıklı alıcıların yarattığı ve doyma ihtimali pek bulunmayan bir talep barındıran, insan organları piyasası yaratabilecek teknolojiye onlarca yıldır sahibiz. Bu tarz beden çiftlikleri milyarlarca dolar edebilir. Yine de insan bedeni parçalarının serbestçe alınıp satılması yasal düzenlemelerle engellenmiştir ve organ ticareti yapılan bir karaborsa bulunsa da tahmininizden çok daha küçük çaplıdır.[22]

Değişimin hızını yavaşlatmak, kaybedilecek mesleklerin yerine yeterli sayıda yeni meslek koymak için zaman kazandırabilir. Ancak daha önce de belirttiğim gibi ekonomik girişimciliğin eğitim ve psikoloji alanlarında bir devrimle desteklenmesi gerek. Yeni işlerin iyi maaşlı devlet memurluklarından ibaret olmayacağını varsayarsak, bu işler büyük ihtimalle yüksek düzeyde uzmanlık gerektirecek ve yapay zekâ gelişmeyi sürdürdüğü müddetçe çalışan insanların mütemadiyen yeni beceriler kazanması ve mesleklerini değiştirmesi icap edecek. Hükümetlerin devreye girip hem yaşam boyu eğitim sektörünü güçlendirmesi hem de kaçınılmaz geçiş dönemleri için bir güvenlik ağı sağlaması lazım. Kırk yaşındaki eski bir insansız hava aracı pilotunun sanal dünya tasarımcısı olarak kendini yeniden yaratması üç sene alacaksa, bu süre zarfında kendisini ve ailesini geçindirebilmek için yüklü bir devlet desteğine ihtiyaç duyacaktır. (Günümüzde İskandinavya'da bu tarz bir uygulama mevcut. İskandinav devletleri "meslekleri değil çalışanları koru" prensibiyle hareket ediyor.)

Ancak yeterli devlet yardımı gelecek olsa bile milyarlarca insan akli dengesini yitirmeden kendini sürekli yeni baştan yaratabilecek mi, işte bu belli değil. Bu yüzden insanlığın dikkate değer bir kısmı tüm çabalarımıza rağmen iş dünyasının dışına atılırsa, iş sonrası toplumlar, iş sonrası ekonomiler ve iş sonrası politikalar için yeni modeller arayışına girmek zorunda kalırız. İlk adım geçmişten miras aldığımız toplumsal, ekonomik ve siyasal modellerin böyle bir zorlukla baş etmeye elverişli olmadığını dürüstlükle kabul etmek.

Örneğin komünizmi düşünün. Otomasyon kapitalist sistemi temelden sarsmakla tehdit ettiği için insanın aklında komünizmin geri gelmesi olasılığı beliriyor. Ama komünizm bu türden bir krizden istifade etmek adına ortaya çıkmadı. 20. yüzyıl komünizmi işçi sınıfının ekonomi için hayati önem teşkil ettiğine hükmetmişti ve komünist düşünürler proletaryaya bu muazzam ekonomik gücü siyasi bir yumruğa nasıl çevirebileceklerini öğretmeye çalışmıştı. Komünist siyasi plan işçi sınıfı devrimini gerektiriyordu. Kitleler ekonomik kifayetini yitirir ve sömürülmekle değil de işlevsizlikle boğuşmaya başlarsa bu öğretiler ne denli işlevsel olur? İşçi sınıfı olmadan işçi sınıfı devrimi nasıl gerçekleştirilebilir?

Kimileri insanların ekonomik işlevini asla yitirmeyeceğini çünkü iş ortamında yapay zekâyla yarışamayacak olsalar da tüketici olarak her zaman insana ihtiyaç duyulacağını iddia edebilir. Ancak geleceğin ekonomisinde bize tüketici olarak ihtiyaç duyulup duyulmayacağı bile meçhul. Bu görevi pekâlâ makineler ve bilgisayarlar da yerine getirebilir. Teoride demir üreten bir maden işletmesinin bu demiri robot fabrikasına satması ve robot fabrikasının da robot üretip bu robotları maden işletmesine satması, böylece daha fazla robot üretilmesi için daha çok demir çıkarılması ve bunun bu şekilde devam etmesi mümkün. Bu şirketler büyüyüp evrenin ücra köşelerine kadar yayılabilir ve bunun için tek ihtiyaçları robotlar ve bilgisayarlardır; insanlara ürünleri almaları için bile ihtiyaç duymazlar.

Doğrusu günümüzde bile bilgisayarlar ve algoritmalar üreticiliğe ilaveten müşteri işlevi de görmeye başladı. Misal algoritmalar, borsadaki en önemli hisse senedi ve mal alıcıları statüsüne yükselme yolunda. Benzer şekilde reklam sektörünün en önemli müşterisi de bir algoritma: Google'ın arama motoru algoritması. İnsanlar internet sitesi tasarlarken genellikle herhangi bir insanın değil Google'ın arama motoru algoritmasının beğenilerine hitap ediyor.

Elbette algoritmaların bilinci yok, o yüzden de satın aldıkları şeyin tadını çıkaramıyor, tercihlerini duyu ve duygular doğrultusunda yapmıyorlar. Google arama motoru algoritması dondurmanın tadına bakamıyor. Algoritmalar seçimlerini, daha ziyade dahili hesaplamalar ve yüklenmiş hazır tercihler doğrultusunda yapıyorlar ve bu tercihler günbegün dünyamızı daha çok şekillendiriyor. Google arama motoru algoritması dondurma firmalarının internet sitelerini derecelendirme hususunda çok sofistike bir zevke sahip ve dünyanın en başarılı dondurma firmaları, tadı en güzel dondurmayı üretenler değil Google algoritmasının en üst sıraya koydukları.

Durumun böyle olduğunu kendi deneyimlerimden biliyorum. Bir kitap yayımlayacağım zaman yayıncım benden kitabın çevrimiçi ortamda yer alacak tanıtımı için kısa bir yazı kaleme almamı istiyor. Ama yayınevinde yazdıklarımı Google algoritmasının zevkine uygun hale getirmek için çalışan bir uzman var. Bu uzman metnimin üzerinden geçip, "Bu kelimeyi kullanma; onun yerine şunu kullan. Bu sayede Google algoritmasının daha çok dikkatini çekeriz," diyor. Biliyoruz ki algoritmanın ilgisini çekebilirsek insanların ilgisini çekmek işten bile değil.

Peki, madem insanlara ne üretici ne de tüketici sıfatıyla ihtiyaç var, insanların fiziksel olarak hayatta kalmaları ve psikolojik sağlıkları nasıl korunacak? Bu soruya cevap aramak için krizin patlak vermesini bekleyemeyiz. O noktaya gelindiğinde iş işten geçmiş olacaktır. 21. yüzyılın eşi benzeri görülmemiş teknolojik ve ekonomik kırılmalarıyla başa çıkabilmek için bir an önce yeni toplumsal ve ekonomik modeller geliştirmeliyiz. Bu modellerin meslekleri değil insanları koruma ilkesi çerçevesinde şekillenmesi gerek. Pek çok meslek tatsız tuzsuz angarya işler sınıfına giriyor zaten ve o meslekler kurtarılmayı hak etmiyor. Kasiyerlik kimsenin rüyalarını süsleyen bir iş değil. Odaklanmamız gereken insanların temel ihtiyaçlarını karşılayıp sosyal statü ve onurlarını korumak olmalıdır.

Evrensel temel gelir gittikçe daha çok ilgi uyandıran yeni bir model. Bu modele göre devletler, algoritma ve robotları kontrol eden milyarderler ve şirketlerden aldıkları vergileri herkesin temel ihtiyaçlarının karşılanmasına yetecek dolgun bir ödeneği finanse etmek için kullanıyor. Bu sayede yoksullar iş kaybı ve ekonomik açıdan müşkül durumda kalmaya karşı desteklenirken, zenginler de halkın öfkesinden korunuyor.[23]

Bununla bağlantılı bir başka görüş de "meslekler" addedilen insan faaliyetlerinin kapsamını genişletmeyi öngörüyor. Günümüzde milyarlarca ebeveyn çocuklarına bakıyor, komşular birbirine kol kanat geriyor ve vatandaşlar kolektifler kuruyor. Bu faaliyetlerin hiçbiri meslek olarak kabul edilmiyor. Belki de kafa yapımızı değiştirip çocuk bakımının muhtemelen dünyanın en önemli ve zor işi olduğunun farkına varmamız gerekiyordur. Bu durumda bilgisayarlar ve robotlar tüm şoförlerin, bankacıların ve avukatların yerine geçse de iş sıkıntısı yaşanmayacaktır. Tabii ortaya, meslek olarak kabul edilecek bu görevleri kimin değerlendireceği ve karşılığını kimin vereceği sorusu çıkıyor. Altı aylık bebeklerin annelerini maaşa bağlayamayacağını düşünürsek, sorumluluk devlete kalacak demektir. Verilecek maaşın tüm ailenin temel ihtiyaçlarını karşılamasının arzulanacağını da hesaba katarsak, ortaya çıkan sonuç evrensel temel gelirden pek de farklı değil.

Öte yandan devletler evrensel temel gelir yerine *hizmet* uygulamasını finanse edebilir. İnsanlara istedikleri şekilde harcayacakları bir maaş vermek yerine bedava eğitim, bedava sağlık hizmeti, bedava ulaşım gibi hizmetler sağlanabilir. Bu esasen ütopik bir komünizm tasavvuru. İşçi sınıfı devrimini başlatma fikri miadını doldurmuş olsa da komünizmin amacını başka şekillerde gerçekleştirmeyi hedefleyemez miyiz?

İnsanlara evrensel temel gelir (kapitalist cennet) sağlanması mı, evrensel temel hizmet (komünist cennet) sunulması mı daha iyidir, tartışılır. Her iki seçeneğin de avantajları ve eksiklikleri var tabii. Ama hangi cenneti tercih ederseniz edin, mesele "evrensel" ve "temel" kavramlarının gerçekten ne ifade ettiğinde düğümleniyor.

Evrensel ne demek?

İster gelir ister hizmet şeklinde olsun evrensel temel destek dendiğinde kastedilen genel olarak *ulusal* temel destektir. Şimdiye dek tüm evrensel temel gelir girişimleri ya ulusal ya da bölgeseldi. Finlandiya, Ocak 2017'de iki senelik bir deney başlatarak 2000 işsiz Finlandiyalıya iş bulup bulmamalarından bağımsız olarak ayda 560 avro ödemeye başladı. Kanada'nın Ontario eyaletinde, İtalya'nın Livorno şehrinde ve çeşitli Hollanda kentlerinde buna benzer deneyler yapılacak.[24] (2016'da İsviçre'de milli temel gelir uygulaması başlatılsın mı diye referandum yapıldı ama seçmenler bunu reddetti.[25])

Ancak bu tarz ulusal ve bölgesel uygulamalara ilişkin sorun şu ki otomasyon mağdurları Finlandiya, Ontario, Livorno ya da Amsterdam'da yaşamıyor olabilir. Küreselleşme bir ülkenin insanlarını bütünüyle başka ülkelerin piyasalarına tabi kıldı ama otomasyon bu küresel ticaret ağının geniş kesimlerini zayıf halkalara yıkıcı zararlar verecek şekilde dağıtabilir. 20. yüzyılda doğal kaynaklardan yoksun gelişmekte olan ülkeler, ağırlıklı olarak vasıfsız işçilerinin ucuz işgücünü satarak ekonomik ilerleme katetmişti. Günümüzde milyonlarca Bangladeşli ürettikleri tişörtleri ABD'li müşterilere satarak, Bangalor'da yaşayanlar çağrı merkezlerinde ABD'li müşterilerin şikâyetleriyle boğuşarak geçiniyor.[26]

Ancak yapay zekâ, robot ve 3-D yazıcıların yükselişe geçmesiyle ucuz vasıfsız emek gücü çok daha az önem taşıyacak. Tişörtleri Dakka'da imal edip bunların ABD'ye nakledilmesiyle uğraşmak yerine Amazon'dan satın alıp New York'ta çıktısını alabileceksiniz. Beşinci Cadde'deki Zara ve Prada mağazalarının yerini Brooklyn'deki 3-D yazıcı merkezleri alabilir ve bu tarz yazıcılar kimilerinin evlerinde bile bulunabilir. Aynı zamanda yazıcınız hakkında şikâyette bulunmak için Bangalor'daki çağrı merkezini değil Google bulutunda duran, aksanı ve ses tonu tercihlerinize göre şekillendirilmiş yapay zekâ temsilciyle konuşabilirsiniz. Dakka ve Bangalor'da işsiz kalacak işçilerin ve çağrı merkezi operatörlerinin son moda tişörtler tasarlamaya ya da bilgisayar kodu yazmaya uygun bir eğitimi yok, o halde nasıl hayatta kalacaklar?

Yapay zekâlar ve 3-D yazıcılar gerçekten de Bangladeşlilerin ve Bangalorluların işlerini ellerinden alırsa, daha önceden Güney Asya'ya akın eden hasılatlar Kaliforniya'daki birkaç teknoloji devinin kasalarına dolmaya başlar. Ekonomik büyüme dünya çapında iyileşmeye sebep olacağına Silikon Vadisi gibi ileri teknoloji merkezlerinde muazzam bir yeni sermayenin birikmesine ve gelişmekte olan ülkelerin çökmesine yol açabilir.

Tabii ki Hindistan ve Bangladeş gibi kimi yeni gelişen ekonomilerin kazanan takıma katılmalarını sağlayacak bir hızla ilerleme kaydetmesi de mümkün. Yeterince zaman geçtikten sonra tekstil işçilerinin ve çağrı merkezi operatörlerinin çocukları veya torunları bilgisayarların ve 3-D yazıcıların üreticisi ve sahibi girişimciler haline pekâlâ gelebilir. Fakat bu geçiş için gerekli vakit daralıyor. Geçmişte ucuz vasıfsız işgücü küresel ekonomik uçurumu güvenli bir şekilde katetmeye yarayan bir köprü görevi görmüştü. Bir ülke yavaş gelişme hızına rağmen sonunda sağlam bir noktaya ulaşabileceği beklentisi taşıyabiliyordu. Doğru adımlar atmak hızlı kalkınmadan daha önemliydi. Ancak artık köprü sallantıda ve kısa süre içinde yıkılabilir. Ucuz işgücünden yüksek beceri gerektiren endüstrilere terfi ederek köprüyü geçmiş olanlar muhtemelen paçayı sıyıracak. Ama geride kalanlar kendilerini, karşı tarafa geçme umudu olmaksızın, uçurumun yanlış tarafında bulabilir. Kimse ucuz ve vasıfsız işçilerinize ihtiyaç duymuyorsa ve siz de iyi bir eğitim sistemi kurup işçilerinize yeni beceriler kazandırmak için gerekli kaynaklara sahip değilseniz ne yapacaksınız?[27]

Sona kalanların sonu ne olacak? ABD'li seçmenler Amazon ve Google şirketlerinin ödediği vergilerin Pennsylvania'daki işsiz madencilere ve New York'taki işsiz taksicilere aylık ya da hizmet olarak sunulmasını onaylayabilir elbette. Peki ya ABD'li seçmenler, aynı vergilerin Başkan Trump'ın "bok çukuru" tabir ettiği ülkelerde yaşayan işsiz insanlara destek olmak için gönderilmesini de onaylar mı?[28] Böyle bir şeyin olabileceğine inanmakla Noel Baba ve Paskalya Tavşanı'nın sorunu çözeceğine inanmak arasında pek bir fark yok.

Temel ne demek?

Evrensel temel destek, temel insani ihtiyaçların karşılanması amacıyla düşünülmüş ama bunun neye tekabül ettiğinin kabul edilmiş bir tanımı yok. Tamamen biyolojik bir açıdan bir *Sapiens*'in hayatta kalabilmek için günde sadece 1500 ila 2500 kaloriye ihtiyacı var. Daha fazlası lükse giriyor. Ancak tarih boyunca her kültür bu biyolojik yoksulluk sınırını aşan ek ihtiyaçları da "temel" sınıfına dahil etmiş. Ortaçağ Avrupa'sında kilise hizmetlerine erişim yemek ihtiyacından bile önemli addediliyordu çünkü kilise gelip geçici bedeninizi değil ebedi ruhunuzu gözetiyordu. Günümüz Avrupa'sında doğru düzgün bir eğitim ve sağlık hizmeti de temel insani ihtiyaç sayılıyor ve kimileri artık internet erişiminin de her erkek, kadın ve çocuk için zaruri olduğunu savunuyor. 2050'de Birleşik Dünya Devleti, Detroit'ten Dakka'ya tüm insanlara temel destek sağlamak adına Google, Amazon, Baidu ve Tencent şirketlerini vergilendirmeye karar verirse, "temel" kavramını nasıl tanımlayacak?

Örneğin temel eğitim ne içeriyor: sadece okuma yazmayı mı yoksa bunun yanı sıra bilgisayar programlama ve keman çalmayı da mı? Sadece altı yıllık ilkokulu mu yoksa doktora seviyesine kadar her şeyi mi? Peki ya sağlık hizmetleri? 2050'ye kadar yaşlanma sürecini yavaşlatabilen ve insan ömrünü önemli ölçüde uzatan tıbbi gelişmeler kaydedilmiş olursa, bu yeni tedavilere on milyar insanın tamamının erişimi sağlanacak mı yoksa bu yeniliklerden sadece birkaç milyarder mi faydalanabilecek? Biyoteknoloji ebeveynlere çocuklarının "sürümünü yükseltme" imkânı sağlarsa bu da temel insani ihtiyaç sayılacak mı yoksa zengin insanüstüler zavallı *Homo sapiens*'i katbekat aşan becerilerinin tadını çıkardığı bir ortamda, insanlığın farklı biyolojik kastlara ayrıldığını mı göreceğiz?

"Temel insani ihtiyaçlar" neyi içerirse içersin, herkese ücretsiz sunulduğunda çantada keklik sayılacaklar ve kıyasıya toplumsal rekabetler ve siyasi mücadeleler temel ihtiyaç sayılmayan şeyler üzerinden dönmeye devam edecek: şık otonom arabalar, sanal gerçeklik parklarında gezinti ya da biyolojik mühendislik eseri geliştirilmiş bedenler gibi lüksler. Fakat işsiz kitleler ekonomik bir kazanca sahip değilse, bu tür lüksleri elde etmeyi ummaları pek mümkün olamayacak gibi görünüyor. O yüzden zenginler (Tencent yöneticileri ve Google hissedarları) ile fakirler (evrensel temel gelirle geçinenler) arasındaki fark açılmakla kalmaz kapatılması imkânsız hale gelir.

Dolayısıyla 2050'de uygulanan evrensel destek, yoksul insanlara şimdikinden çok daha iyi bir eğitim ve sağlık hizmeti sunsa bile, insanlar küresel eşitsizliğe ve toplumsal akışkanlık olmamasına hiddet duymaya devam ederler. İnsanlar sistemin kendi aleyhlerinde kurulduğunu, devletin sadece ve sadece zenginlere hizmet ettiğini, kendileri ve çocukları için geleceğin çok daha kötü olacağını düşünürler.[29]

Homo sapiens tatmin olmak için yaratılmamış. İnsanların mutluluğu nesnel koşullardan ziyade beklentilerine bağlı. Beklentilerse koşullara göre şekillenme eğiliminde; buna *başka insanların* koşulları da dahil. İşler düzelince beklentiler de kabarıyor ve koşullar ciddi ölçüde düzelse bile memnuniyetsizliğimiz aynı şekilde devam edebiliyor. Evrensel temel desteğin amacı 2050'de sıradan insanların nesnel koşullarını düzeltmekse, başarı şansı var. Ama amaç insanları öznel olarak tatmin etmek ve toplumsal huzursuzluğu engellemekse muhtemelen başarısız olur.

Evrensel temel desteğin amaçlarına gerçek anlamda ulaşabilmesi için dinden spora dek uzanan birtakım anlamlı uğraşlarla desteklenmesi gerekiyor. Belki de bugüne dek yapılmış en başarılı "iş sonrası dünyada nasıl hoşnut yaşanır" deneyi İsrail'de uygulanıyor. Aşırı Ortodoks Yahudi erkeklerin yüzde 50'si hiç çalışmıyor. Hayatlarını kutsal metinlerin incelenmesine ve dini ritüellere adıyorlar. Kısmen genellikle kadınlar çalıştığından, kısmen de temel yaşamsal gereksinimlerden eksik kalmasınlar diye devletin sunduğu yüklü yardımlar ve ücretsiz hizmetler sayesinde, ne onlar aç kalıyor ne de aileleri. Adı koyulmadan önce uygulamaya geçmiş bir evrensel temel destek bu.[30]

Bu aşırı Ortodoks Yahudi erkekler yoksul ve işsiz olsalar da yapılan çeşitli anketlerde, İsrail toplumunun diğer kesimlerine oranla hayatlarından çok daha memnun oldukları ortaya çıkıyor. Bunun sebebi cemaatiçi ilişkilerinin güçlü olması ve kutsal metinleri incelemenin, dini ritüelleri gerçekleştirmenin kendileri için derin bir anlam taşıması. Küçük bir odaya doluşup Talmud'u tartışan bir grup Yahudi adam, sıkış tepiş devasa bir fabrikada ter döken işçilerden daha çok keyif, mesuliyet ve feraset sergileyecektir. Yaşam doyumunu ölçen küresel anketlerin sonuçlarına göre İsrail, bu işsiz ve yoksul insanların da katkısıyla, üst sıralara yakın bir yerde yer alıyor.[31]

Laik İsrailliler sık sık aşırı Ortodoksların topluma yeterince katkısı olmadığından ve başkalarının alın teriyle geçindiklerinden yakınırlar. Laik İsrailliler aşırı Ortodoksların, özellikle de ortalama yedi çocuk sahibi olduklarından, hayat tarzlarının sürdürebilir olmadığını da savunma eğilimindedir.[32] Er ya da geç devletin gücü onca işsiz insanı desteklemeye yetmeyecek ve aşırı Ortodokslar da işe gitmek zorunda kalacaklar. Ama bunun tam tersi de olabilir. Robotlar ve yapay zekâ insanları işinden etmeye başlayınca, aşırı Ortodokslar geçmişten kalma fosiller gibi değil de geleceğin temsilcileri gibi görülebilir. Herkes Ortodoks olup Talmud'u öğrenmek için yeşivaya* gidecek değil elbette. Ama anlam ve cemaat arayışı herkesin hayatında iş arayışını gölgede bırakabilir.

Güçlü cemiyetler ve anlamlı uğraşlarla evrensel bir ekonomik güvenlik ağı örmeyi başarabilirsek, işlerimizi algoritmalara kaptırmak lütuf gibi bile gelebilir. Hayatımızın kontrolünü kaybetmekse çok daha ürkütücü bir senaryo. Kitlesel işsizlik tehlikesinden bağımsız olarak, daha fazla endişelenmemizi gerektiren şey liberal anlatıya olan inanç kırıntılarını bile yok edebilecek ve dijital diktatörlüklerin önünü açabilecek şekilde otoritenin insanlardan algoritmalara geçmesi.

* Yahudi din okulları. –yhn

3

Özgürlük

Büyük verinin gözü üzerinizde

Liberal anlatı insanların özgürlüğünü başat değeri kabul eder ve yüceltir. En nihayetinde otoritenin bireylerin duyguları, arzuları ve seçimlerine yansıyan özgür insan iradesinden kaynaklandığı savunulur. Siyasette liberalizm en iyisini seçmenlerin bildiğine inanır. Bu yüzden de demokratik seçimler düzenler. Ekonomide liberalizm müşterinin her zaman haklı olduğunu iddia eder. Bu yüzden de serbest piyasa kurallarını uygular. Kişisel meselelerde liberalizm insanları, başkalarının özgürlüklerini çiğnememek şartıyla, kendilerini ve yüreklerinin sesini dinlemeye ve fikirlerine sadık kalmaya teşvik eder. Bu bireysel özgürlük insan haklarıyla teminat altına alınmıştır.

Günümüz Batı siyasi söyleminde "liberal" kelimesi kimi zaman çok daha dar, tarafgir bir anlamda, eşcinsel evliliği, silahların kısıtlanması ve kürtaj gibi belli başlı davaları destekleyenleri belirtmek için kullanılıyor. Fakat çoğu sözde muhafazakâr da geniş anlamıyla liberal dünya görüşünü benimsiyor. Özellikle ABD'de hem Cumhuriyetçilerin hem de Demokratların ateşli tartışmalarına nadiren ara verip serbest seçimler, bağımsız yargı ve insan hakları gibi temel konularda anlaştıklarını kendilerine hatırlatmaları gerek.

Ronald Reagan ve Margaret Thatcher gibi sağcı kahramanların sadece ekonomik özgürlükleri değil bireysel özgürlükleri de desteklediğini hatırlamak bilhassa önemli. 1987'de yapılmış meşhur bir röportajda Thatcher, "Toplum diye bir şey yok. Erkek ve kadınların oluşturduğu canlı bir doku var (...) ve yaşam kalitemiz, her birimizin kendi sorumluluğunu almaya ne kadar hazır olduğuna bağlı," demişti.[1]

Thatcher'ın Muhafazakâr Parti'deki vârisleri siyasi otoritenin seçmen bireylerin duygu, tercih ve özgür iradelerine bağlı olduğu konusunda İşçi

Partisi'yle görüş birliği içindedir. Bu yüzden Birleşik Krallık'ın Avrupa Birliği'nden ayrılıp ayrılmaması sözkonusu olduğunda Başbakan David Cameron konuyu Kraliçe II. Elizabeth'e, Canterbury Başpiskoposu'na ya da Oxford ve Cambridge hocalarına danışmadı. Parlamento üyelerine bile danışmadı. Onun yerine her bir İngiliz vatandaşına, "Bu konuda ne *hissediyorsunuz*?" diye sorulan bir referandum düzenledi.

"Ne düşünüyorsunuz?" yerine, "Ne hissediyorsunuz?" diye sorulmuş olmasına itiraz edebilirsiniz ama böyle bir yaklaşım genel bir yanılsamaya düşmek olur. Referandum ve seçimler her zaman insanların *duygularıyla* ilişkilidir, mantıklarıyla değil. Demokrasi mantıklı tercihler yapmaya ilişkin bir mesele olsaydı, herkese eşit oy hakkı tanımanın hatta belki de herhangi bir oy hakkı tanımanın hiçbir mantıklı gerekçesi olmazdı. Bazı insanların diğerlerinden, bilhassa da belli ekonomik ve siyasi sorular sözkonusuysa daha bilgili ve mantıklı oldukları yönünde bolca delil var.[2] Brexit referandumunun ardından ünlü biyolog Richard Dawkins, İngiliz halkının, kendisi de dahil, büyük bir kısmından böyle bir referandumda oy kullanmasını istemenin yanlış olduğunu çünkü gerekli ekonomi ve siyaset bilimi altyapısına sahip olmadıklarını ifade etmişti. "Einstein'ın cebir hesaplamalarının doğruluğuna halk oylamasıyla karar vermekten ya da pilotun hangi piste ineceğini yolcuların oyuna bırakmaktan farksız bir şey."[3]

Fakat öyle ya da böyle seçim ve referandumlar ne düşündüğümüzle değil nasıl hissettiğimizle alakalıdır. Ve iş hislere gelince Einstein ve Dawkins'in hiç kimseden farkı yoktur. Demokrasiye göre insan duyguları gizemli ve derin bir kavram olan "özgür iradeyi" yansıtır, bu "özgür irade" otoritenin temel kaynağıdır ve kimi insanlar diğerlerinden daha akıllı olsalar da tüm insanlar eşit derecede özgürdür. Okuma yazma bilmeyen bir hizmetçinin de Einstein ve Dawkins kadar özgür iradesi vardır. Seçim günü geldiğinde de verdiği oya yansıyan hisleri herkesinki kadar geçerlidir.

Duygular sadece seçmenleri değil liderleri de yönlendiriyor. 2016'da düzenlenen Brexit referandumunda ayrılma taraftarı kampanyanın başında Boris Johnson'la Michael Gove bulunuyordu. David Cameron istifa ettikten sonra Gove başbakanlık görevi için önce Johnson'ı desteklerken, son dakikada Johnson'ın bu göreve uygun olmadığını beyan edip kendi adaylığını koyma niyetini açıkladı. Gove'un Johnson'ın şansını yok eden bu davranışı Machiavellivari bir siyasi suikast şeklinde tanımlandı.[4] Bunun karşısında Gove duygularından dem vurarak, "Siyasi hayatımın her aşamasında kendime tek bir soru sormuşumdur: 'Doğrusu nedir? Yüreğin ne diyor?'" sözleriyle kendi tutumunu savundu.[5] Gove'a göre Brexit için canını dişine takmasının, vaktiyle müttefiki olan Boris Johnson'ı arkadan bıçaklamaya mecbur hissetmesinin ve liderlik koltuğuna kendini aday göstermesinin sebebi hep buydu; yüreğinin sesini dinlemişti.

Yüreğinin sesini dinlemek liberal demokrasinin zayıf noktası olmaya namzet. Zira Pekin ya da San Francisco'da biri çıkar da insan yüreğine erişip onu yönlendirebilecek teknolojiyi geliştirirse, demokratik siyaset duyguların oynatıldığı bir kukla gösterisine dönüşebilir.

Algoritmanın sesini dinle

Bireylerin duyguları ve özgür seçimlerine duyulan liberal inanç ne doğaldır ne de eskilere dayanır. İnsanlar binlerce yıl boyunca otoritenin insan yüreğinden değil kutsal kanunlardan geldiğine ve dolayısıyla insanın özgürlüğünü değil Tanrı kelamını kutsamamız gerektiğine inandı. Otoritenin kaynağı sadece birkaç yüzyıl önce semai tanrılardan çıkıp etten ve kemikten insanlara aktarıldı.

Kısa bir süre sonra otorite yeniden, bu defa insanlardan algoritmalara kayabilir. Nasıl ki kutsal otorite dini mitolojiler, insan otoritesi de liberal anlatı aracılığıyla meşrulaştırıldı, gelecek teknolojik devrim de büyük veri algoritmalarının otoritesini meşrulaştırıp bir yandan da bireysel özgürlük kavramının temellerini çürütebilir.

Önceki bölümde de belirttiğimiz üzere beyin ve bedenlerimizin işleyişini inceleyen bilimsel çalışmalar duygularımızın insanlara has ruhani bir özellik olmadığını ve herhangi bir "özgür irade" teşkil etmediklerini öne sürüyor. Aksine duygular tüm memelilerin ve kuşların hayatta kalmak ve üremek için hızlı hesaplar yapabilmesini sağlayan biyokimyasal mekanizmalar. Duygular sezgiden, esinden ya da özgürlükten değil hesaplamalardan kaynaklanıyor.

Bir maymun, fare ya da insan, karşısında yılan görünce korku duyar çünkü beyindeki milyonlarca nöron çarçabuk gerekli verileri hesaba katıp ölüm riskinin yüksek olduğu sonucuna varır. Cinsel çekim farklı biyokimyasal algoritmalar civardaki şahsın başarılı eşleşme, toplumsal bağ kurma ya da istenen başka bir amacın gerçekleşmesi için yüksek ihtimalle uygun olduğunu hesapladığında ortaya çıkar. Öfke, suçluluk ya da bağışlama gibi ahlaki duygular da grupiçi işbirliğini sağlamak için evrimleşmiş sinirsel mekanizmalardan kaynaklanır. Tüm bu biyokimyasal algoritmalar milyarlarca yıllık evrim sürecinde yontulmuş. Çok eski atalarımızdan birinin duyguları hatalıysa, bu duyguyu şekillendiren genler bir sonraki nesle aktarılmamış. Dolayısıyla duygular mantıkla ters düşmez; evrimsel bir mantık barındırır.

Genellikle duyguların birer hesaplama ürününden ibaret olduğunu fark edemeyiz çünkü bu seri hesap işlemi farkındalık eşiğimizin çok altında bir yerde cereyan eder. Beyindeki hayatta kalma ve üreme olasılığını işleyen milyonlarca nöronu hissedemediğimizden yılanlardan korkmamızın, cinsel eş tercihimizin ya da Avrupa Birliği hakkındaki fikirlerimizin esrarengiz bir "özgür irade" sebebiyle ortaya çıktığı yanılsamasına düşüyoruz.

Yine de liberalizm, duygularımızın özgür i護demizi yansıttığını düşünmekte yanılıyor olsa da bugüne kadar duygularımıza göre hareket etmek uygulamada işe yarar bir yöntemdi. Çünkü duyguların sihirli ya da hür bir yanı bulunmasa da ne okuyacağımız, kiminle evleneceğimiz ve hangi partiye oy vereceğimiz hakkında karar vermek için kâinattaki en iyi yöntem buydu. Ve duygularımı benden daha iyi anlayabilecek hiçbir harici sistem yoktu. İspanyol Engizisyonu ya da KGB'nin gözü her gün her dakika üzerimde olsa bile bu kurumlar arzu ve seçimlerimi şekillendiren biyokimyasal süreci ele geçirmek için gerekli biyolojik bilgi ve bilgiişlem kapasitesinden yoksundu. Özgür iradem olduğunu iddia etmek her açıdan mantıklıydı çünkü iradem büyük ölçüde dahili unsurların etkileşimiyle şekilleniyor ve bunları dışardan bakan hiç kimse göremiyordu. Yabancılar içimde neler olup bittiğini ve nasıl karar aldığımı hiçbir şekilde anlayamazken gizli dahili alanımı kontrol ettiğim yanılsaması içinde yaşamayı sürdürebilirdim.

Bununla bağlantılı olarak liberalizm insanları, parti mensubu bir *aparatçik*'i* ya da rahibin birini değil de yüreklerinin sesini dinlemeye yönlendirerek doğruyu yapmış oldu. Öte yandan kısa bir zaman sonra bilgisayar algoritmaları insan duygularından daha iyi bir rehber haline gelebilir. İspanyol Engizisyonu ve KGB yerini Google ve Baidu şirketlerine bırakırken "özgür iradenin" bir mit olduğunun ifşa edilmesi ve liberalizmin pratik avantajlarını kaybetmesi mümkün.

Ne de olsa artık iki muazzam devrimin eşiğindeyiz. Bir yandan biyologlar insan bedeninin ve bilhassa da beyinle insan duygularının gizemini deşifre ederken, öte yandan bilgisayar bilimiyle uğraşanlar bize eşi benzeri görülmemiş bir veri işleme gücü sağlıyor. Biyoteknoloji devrimi, bilişim teknolojileri devrimiyle birleştiğinde duygularımı gözlemleyip benden daha iyi anlayabilecek büyük veri algoritmaları ortaya çıkacak ve büyük ihtimalle otorite de insanlardan bilgisayarlara geçecek. Özgür iradeye sahip olduğum yanıl-

* (Rus.) Sovyet Birliği'nde Komünist Partisi mensubu. –yhn

saması önceden erişilemez iç dünyamı anlayıp yönlendiren kurum, kuruluş ve devlet kurumlarıyla karşılaştıkça dağılıp gidecektir herhalde.

Tüm bunlar tıp alanında şimdiden gerçekleşiyor aslında. Hayatımızın en önemli tıbbi kararları, hasta ya da iyi olduğumuzu hissetmemize ve hatta bilgi sahibi doktorlarımızın tahminlerine göre değil, bedenlerimizi bizden çok daha iyi anlayan bilgisayarların hesaplamalarına dayanarak veriliyor. Durmadan biyometrik verilerle beslenen büyük veri algoritmaları önümüzdeki yıllarda sağlığımızı 7/24 gözlemleyebilir. Bir gribin, kanserin ya da Alzheimer hastalığının başladığını, biz bir sorunumuz olduğunu fark etmeden çok daha önce tespit edebilirler. Bunun akabinde fiziksel yapımıza, DNA ve kişiliğimize göre özel olarak tasarlanmış tedavi, diyet ya da günlük rejim önerilerinde bulunabilirler.

İnsanlar tarihteki en iyi sağlık hizmetini alacaklar ama muhtemelen tam da bu nedenle sürekli hasta olacaklar. Bedenin bir yerinde her daim bir sorun vardır. Her zaman ıslah edilebilecek bir şeyler bulunur. Geçmişte acı ya da topallama gibi bariz bir sakatlık hissetmediğiniz müddetçe kendinizi gayet sağlıklı kabul ederdiniz. Ama 2050'ye gelindiğinde biyometrik sensörler ve büyük veri algoritmaları sayesinde hastalıkların acıya veya sakatlığa yol açmasına fırsat vermeden teşhis ve tedavisi yapılabilecek. Bunun sonucunda kendinizi her daim bir "sağlık durumu"yla uğraşır ve şu veya bu algoritma önerisini uygularken bulacaksınız. Böyle yapmayı reddederseniz belki sağlık sigortanız iptal olacak, belki patronunuz sizi işten atacak; sizin dik başlılığınızın cezasını niye onlar ödesin?

Sigara içmenin akciğer kanserine yol açtığına ilişkin genel istatistiklere rağmen sigara içmeye devam etmek başka, sol akciğerinizin üst kısmında on yedi kanserli hücre tespit eden biyometrik sensörün verdiği uyarıya rağmen sigara içmeye devam etmek bambaşka bir şey. Ve sensörü dikkate almazsanız, sensör uyarıyı sağlık ajansınıza, müdürünüze ve annenize ilettiğinde ne yapacaksınız?

Tüm bu hastalıklarla uğraşmaya kimin vakti ve enerjisi yeter? Büyük ihtimalle sağlık algoritmamıza bu sorunların çoğuyla nasıl biliyorsa o şekilde başa çıkması komutu verebiliriz. En fazla, akıllı telefonlarımıza düzenli olarak güncelleme yollayıp bize, "On yedi kanserli hücre tespit edilerek yok edildi," der. Hastalık hastaları bu güncellemeleri görev bilinciyle okur ama çoğumuz bilgisayarlarımızdaki sinir bozucu virüs uyarılarını dikkate almadığımız gibi bunları da umursamayız.

Karar alma tiyatrosu

Tıp alanında halihazırda kaydedilen gelişmelerin gitgide çok daha farklı alanlarda görülmesi kuvvetle muhtemel. En temel buluş, insanların üzerlerine ya da bedenlerinin içine takılabilen ve biyolojik süreçleri bilgisayarların depolayıp analiz edebileceği elektronik bilgiye dönüştüren biyometrik sensörler. Yeterli biyometrik veri ve yeterli bilgiişlem gücü olursa, dahili veri işleme sistemleri tüm arzularınızı, karar ve fikirlerinizi ele geçirebilir. Tamı tamına kim olduğunuzu anlayabilirler.

Çoğu insan kendini pek tanımaz. Ben yirmi bir yaşındayken, yıllar süren inkâr döneminin ardından eşcinsel olduğumun nihayet farkına vardım. Bu hiç de istisnai bir durum değildir. Çoğu eşcinsel erkek ergenlik yıllarını cinsel eğilimlerinden şüphe duyarak geçiriyor. Şimdi, 2050'de bir algoritmanın herhangi bir ergene kendisinin homoseksüel/heteroseksüel yelpazesinde tam olarak nereye tekabül ettiğini (ve hatta bu konumun ne denli her yöne çekilebilir olduğunu) söyleyebileceğini düşünün. Belki algoritma size çekici kadın ve erkeklerin bulunduğu resim ve videolar gösterip göz hareketlerinizi, tansiyonunuzu ve beyin faaliyetinizi ölçer ve beş dakika içinde Kinsey skalasında bir sayı çıkarır.[6] Böyle bir şey olsaydı ben onca yıl gerilim yaşamazdım. Belki kendi kendinize böyle bir test yapmak istemezsiniz ama diyelim ki Melis'in sıkıcı doğum günü partisinde bir grup arkadaş arasında buluyorsunuz kendinizi ve biri çıkıp herkesin sırayla bu süper yeni algoritmayı denemesini öneriyor (ve herkes sonuçlara bakıp bir de yorum yapıyor). Çekip gider misiniz?

Çekip gitseniz, hatta kendinizden ve sınıf arkadaşlarınızdan saklanmaya devam etseniz de Amazon'dan, Alibaba'dan ya da gizli polisten saklanamazsınız. İnternette gezerken, Youtube'dan bir şey izleyip sosyal medyada paylaşılanları okurken algoritmalar gizliden gizliye sizi gözetler, analiz eder ve size gazlı içecekler satmak isteyen Coca-Cola'ya üstü çıplak kızların rol aldığı reklamlarını değil üstü çıplak oğlanların rol aldığı reklamlarını kullanmasının daha iyi olacağını söyler. Sizin haberiniz bile olmaz. Ama onların olur ve bu bilgi milyon değerindedir.

Ama belki her şey apaçık ortada yaşanır ve insanlar daha iyi tavsiyeler alabilmek ve algoritmanın nihayetinde kendileri adına karar alabilmesini sağlamak için bilgilerini memnuniyetle paylaşırlar. Bu tarz şeyler hangi filmi izleyeceğinize karar vermek gibi basit işlerle başlar. Bir grup arkadaşla keyifli bir gece geçirmek için ekran başına geçtiğinizde, önce hangi filmi izleyeceğinize karar vermeniz gerekir. Elli yıl önce bir seçeneğiniz yoktu ama günümüzde istediğinizi seçip izleyebildiğiniz kanalların yaygınlaşmasıyla binlerce film seçeneğiniz var. Ortak bir karara varmak zor olabilir çünkü siz bilimkurgu ve gerilim filmlerini seviyorken, Arda romantik komedileri tercih ediyor, Ceyda da oyunu sanatsal Fransız filmlerinden yana kullanıyor olabilir. Sonuçta herkesi hayal kırıklığına uğratacak ikinci sınıf vasat bir film izlemeye razı olabilirsiniz.

Algoritmanın bu konuda yararı dokunabilir. Herkes önceden izleyip gerçekten beğendiği filmleri söyler ve algoritma devasa istatiksel veritabanını baz alarak grup için en uygun filmi bulabilir. Maalesef insanların kendileri hakkındaki beyanları, bilindiği üzere, gerçek tercihlerini anlamak için son derece güvenilmez bir ölçüt olduğundan, böylesine üstünkörü bir algoritma kolayca yanlış yönlendirilebilir. Sık sık bir sürü insanın bir filmi şaheser diye övdüğünü duyar, kendimizi filmi izlemeye mecbur hisseder ve yarısında uyuyakalsak da kültürsüz görünmek istemediğimizden herkese ne kadar muhteşem olduğunu söyleriz.[7]

Oysa bu tür sorunlar, algoritmanın şaibeli beyanlarımıza maruz kalması yerine biz filmleri izlerken gerçek zamanlı veri toplanmasına izin verdiğimiz takdirde çözülecektir. Öncelikle, algoritma hangi filmlerin tamamını izledik, hangilerini yarıda bıraktık gözlemleyebilir. Tüm dünyaya *Rüzgâr gibi Geçti* çekilmiş en iyi filmdir desek de algoritma esasen filmin ilk saatini çıkaramadığımızı ve Atlanta'nın yandığını falan görmediğimizi bilir.

Ama algoritma bundan çok daha ileriye de gidebilir. Mühendisler insanların duygularını göz hareketlerine ve yüz kaslarına bakarak tespit edebilen bir yazılım geliştiriyor şu sıralar.[8] Televizyona iyi bir kamera eklememiz durumunda algoritma hangi sahnelere güldüğümüzü, hangi sahnelerde üzüldüğümüzü ve hangi sahnelerde sıkıldığımızı anlayabilir. Sonra algoritma biyometrik sensörlere bağlanırsa her bir karenin kalp atışımızı, tansiyonumuzu ve beyin faaliyetimizi nasıl etkilediğini anlayabilir. Mesela Tarantino'nun *Pulp Fiction* filmini izliyoruz diyelim; algoritma tecavüz sahnesinde neredeyse fark edilemeyecek kadar az tahrik olduğumuzu, Vincent Markin'i kazara vurduğunda suçlu suçlu sırıttığımızı ve Big Kahuna Burger esprisini anlamasak da salak görünmemek için güldüğümüzü kaydedebilir. Kendimizi gülmeye zorladığımızda, gerçekten komik olduğunu düşündüğümüz bir şeye gülerken kullandığımızdan farklı beyin devreleri kullanıyoruz. İnsanlar aradaki farkı çoğunlukla anlamıyor. Ama biyometrik bir sensör anlayabilir.[9]

Televizyon kelimesi Yunancada "uzak" anlamına gelen "*tele*" kelimesiyle Latincede görmek anlamına gelen "*visio*" kelimelerinden geliyor. Aslen bir şeyi uzaktan görmemize yarayan bir alet olarak düşünülmüş. Ama bir süre sonra uzaktan *görülmemizi* de sağlayabilir. George Orwell'in *Bin Dokuz Yüz Seksen Dört* kitabında öngördüğü gibi biz televizyon izlerken televizyon da bizi izleyecek. Tarantino'nun bütün filmlerini izledikten sonra çoğu aklımızdan çıkıp gidebilir. Ama Netflix, Amazon ya da televizyon algoritmasının sahibi her kimse, o kişi bizim kişilik tipimizi ve ruhumuzun tellerine nasıl dokunacağını bilecek. Böyle bir veri Netflix ve Amazon'un tüyler ürpertici bir doğrulukla bize en uygun filmleri seçmesine yarayabileceği gibi ne okuyacağımız, nerede çalışacağımız ve kiminle evleneceğimiz gibi hayatımızın önemli kararlarını da bizim adımıza almalarını sağlayabilir.

Elbette Amazon her daim doğru isabet ettiremeyecek. Bu imkânsız. Algoritmalar yetersiz veri, hatalı programlama, bulanık hedef tanımlamaları ve hayatın kaotik doğası gibi sebeplerle tekrar tekrar hata yapabilir.[10] Ama Amazon'un mükemmel olması şart değil. Biz insanların ortalamasından daha iyi olması yeter. Ve bu da çok zor değil çünkü pek çok insan hayatlarının en önemli kararlarını verirken sıklıkla korkunç hatalar yapıyor. İnsanlar yetersiz verinin, hatalı programlanmanın (genetik ve kültürel), bulanık hedef tanımlarının ve hayatın kaotik doğasının cefasını algoritmalardan daha çok çekiyor.

Algoritmaları kuşatan sorunları bir bir sıralayıp insanların asla algoritmalara güvenmeyeceği sonucuna varabilirsiniz. Fakat bu bir nebze, demokrasinin eksikliklerini listeleyip aklı başında hiç kimsenin böyle bir sistemi desteklemeyeceği sonucuna varmaya benzer. Winston Churchill'in meşhur bir sözü var: Demokrasi, diğer tüm sistemleri saymazsak, dünyanın en kötü siyasi sistemidir. İnsanlar, doğru ya da yanlış, büyük veri algoritmaları konusunda da aynı sonuca varabilir, birçok aksaklıkları var ama daha iyi bir seçeneğimiz yok diyebilirler.

Biliminsanları insanların nasıl karar aldığına dair daha derin bir anlayış edindikçe algoritmalara itimat etmek daha cazip gelmeye başlayabilir. İnsanların karar alma süreçlerine erişim büyük veri algoritmalarını daha güvenilir kılmakla kalmayacak, eş zamanlı olarak insan duygularını da daha *az* güvenilir yapacak. Devletler ve şirketler insanların işletim sistemine erişim sağlayınca yönlendirme, reklam ve propagandadan oluşan hassas güdümlü bir bombardımana tutulacağız. Fikir ve duygularımızın bu kadar kolayca yönlendirilebilmesi karşısında, vertigo atağı geçiren bir pilotun kendi duyularının kılavuzluğunu bir kenara bırakıp tamamen uçağın aksamlarına güvenerek yol alması gibi, sırtımızı algoritmalara dayamak zorunda kalacağız.

Bazı ülkelerde ve bazı durumlarda, insanlara bir seçenek tanınmayıp büyük veri algoritmalarının kararlarına uyma zorunluluğu getirilebilir. Ancak algoritmalar özgür oldukları ileri sürülen toplumlarda bile otorite kazanabilir çünkü çok çeşitli konularda onları dikkate almayı deneyimlerimiz sonucu öğrenip sonunda yavaş yavaş kendi adımıza karar verme yetimizi kaybedebiliriz. Milyarlarca insanın yirmi yıl kadar kısa bir süre içinde, tüm zamanların en önemli görevlerinden biri olan güncel ve güvenilir bilgi arama konusunda nasıl da Google'ın arama motoruna güvenir hale geldiğini düşünün. Artık bilgiyi aramıyoruz; Google'lıyoruz. Ve cevaplar için Google'a gitgide daha çok bel bağladığımızdan kendi kendimize bilgi edinme yetimiz azalıyor. "Hakikat" şimdiden, Google aramalarında en üstte çıkan sonuçlarla belirleniyor.[11]

Aynı şey yol almak gibi fiziksel beceriler için de geçerli. İnsanlar Google'dan rotalarını çizmesini istiyor. Bir kavşağa geldiklerinde iç sesleri "sola dön" dese de Google Maps "sağa dön" diyor. İlkin sola dönüyor ve trafiğe yakalanıp önemli bir toplantıyı kaçırınca bir sonraki sefer Google'ı dinleyip sağa dönerek gidecekleri yere zamanında varıyorlar. Google'a güvenmeyi tecrübe ederek öğreniyorlar. Bir iki sene geçince Google Maps'ın her dediğini körü körüne kabul ediyor ve akıllı telefonları çalışmadığında budala gibi ortada kalıyorlar.

2012'nin Mart'ında Avustralya'ya giden iki Japon turist yakınlardaki bir adaya günübirlik gitmeye karar vermiş ve arabalarını dosdoğru Pasifik Okyanusu'na sürmüş. Yirmi bir yaşındaki sürücü Yuzu Noda sonrasında yaptığı açıklamada GPS'in komutlarını dinlediğini söylemiş: "Oradan gidebileceğimizi söyledi. Bizi yola çıkaracağını söyleyip durdu. Sonra çakılıp kaldık."[12] Benzer kazalar arasında belli ki GPS talimatlarına uyarak arabalarını göllere sürenler ya da yıkılmış bir köprüye girip düşenler de var.[13] Yol bulma yetisi kas gibidir, kullanmazsanız körelir.[14] Aynı şey doğru eşi seçebilme ve meslek becerileri için de geçerlidir.

Her yıl milyonlarca gencin üniversitede ne okuyacağına karar vermesi gerekiyor. Bu son derece önemli ve çok zor bir karar. Her biri farklı menfaatler ve fikirler taşıyan anne babaların, arkadaşların ve öğretmenlerin baskısı altındasınız. Ayrıca başa çıkmanız gereken korkularınız ve hayalleriniz var. Kafanız Hollywood yapımı gişe filmleriyle, ucuz romanlarla ve alengirli reklam kampanyalarıyla karıştırılıyor. Farklı mesleklerde başarılı olmak için ne yapmak gerektiğini gerçekten bilmediğiniz, zayıf ve güçlü yanlarınız hakkında ille de gerçekçi bir imgeye sahip olmadığınız için akıllıca bir tercih yapmanız bilhassa zor. Nasıl başarılı bir avukat olunur? Baskı altında nasıl bir performans sergilerim? İyi bir takım oyuncusu muyum?

Bir öğrenci kendi becerileri hakkında yanlış fikirlere kapıldığı ve avukatlığın esasen neler gerektirdiğine dair daha da çarpık bir görüşe sahip olduğu için hukuk fakültesine gidebiliyor (bütün gün çarpıcı konuşmalar yapıp "İtiraz ediyorum, Sayın Hakim!" diye bağırılmıyor). Bu esnada bir arkadaşı da gerekli kemik yapısına ya da disipline sahip olmadığı halde çocukluk hayalinin peşinden koşup profesyonel balerin olmaya karar veriyor. Yıllar sonra ikisi de tercihlerinden pişman. Gelecekte bu tarz tercihlerimizi Google'a bırakabiliriz. Google bana hukuk fakültesinde ya da bale okulunda vaktimi boşa harcayacağımı ama harika (ve çok mutlu) bir psikolog ya da tesisatçı olabileceğimi söyleyebilir.[15]

Yapay zekâ kariyerlerimiz ve belki de ilişkilerimiz konusunda bizden daha iyi karar alabilir duruma geldiğinde, insanlık ve hayat hakkındaki fikirlerimizin değişmesi gerekecek. İnsanlar hayatı karar aşamalarından oluşan bir tiyatro oyunu şeklinde algılamaya alışık. Liberal demokrasi ve serbest piyasa kapitalizmi bireyleri sürekli dünya hakkında kararlar alan otonom özneler şeklinde görüyor. Shakespeare oyunları ya da Jane Austen romanlarından ucuz Hollywood komedilerine, sanat eserleri genellikle başkahramanın oldukça kritik bir karar almasını gerektiren durumlar etrafında şekillenir. Olmak ya da olmamak. Karımın sözünü dinleyip Kral Duncan'ın canını almak ya da vicdanımın sesini dinleyip hayatını bağışlamak. Mr. Collins'le ya da Mr. Darcy'le evlenmek. Hıristiyan ve İslam teolojileri de benzer bir karar alma tiyatrosu üzerine yoğunlaşır ve ebedi kurtuluşun ya da cehennem azabının doğru tercihi yapmaktan geçtiğini öne sürer.

Biz kararlarımızı yapay zekâya bırakmaya başladıkça bu tarz bir hayat görüşüne ne olacak? Günümüzde film önerileri için Netflix'e, sağa mı sola mı döneceğimiz konusunda Google Maps'e güveniyoruz. Ama ne okuyacağımız, nerede çalışacağımız ve kiminle evleneceğimiz gibi konuları da yapay zekâya bırakırsak, insan hayatı karar aşamalarından oluşan bir tiyatro oyunu olmaktan çıkar. Demokratik seçimlerin ve serbest piyasanın bir anlamı kalmaz. Çoğu dinin ve sanat eserinin de. Düşünün ki Anna Karenina akıllı telefonunu çıkarıp Facebook algoritmasına, Karenin'le evliliğimi mi sürdürmeliyim yoksa yakışıklı Kont Vronski'ye mi kaçmalıyım diye soruyor. Yahut en sevdiğiniz Shakespeare oyununda tüm kritik kararların Google algoritması tarafından verildiğini düşünün. Hamlet ve Macbeth'in hayatları çok daha rahat olurdu ama bu nasıl bir hayat olurdu ki? Böyle bir hayatı anlamlandırmak için bir model var mı elimizde?

Otorite insanlardan algoritmalara geçerse, dünyayı doğru kararlar almaya çalışan otonom bireylerin oyun alanı şeklinde algılayamayız artık. Onun yerine tüm evreni bir veri akışı, organizmaları birer biyometrik algoritma şeklinde duyumsar ve insanların kozmik misyonunun her şeyi kapsayan bir bilgiişlem sistemi yaratmak ve sonra da bu sistemle bütünleşmek olduğuna inanırız. Şimdiden, esasen kimsenin anlamadığı devasa bir bilgiişlem sisteminin içindeki minik çiplere dönüşüyoruz. Her gün elektronik postalar, tweetler ve çevrimiçi makaleler aracılığıyla gelen sayısız veri parçacığına maruz kalıyor, bu verileri işliyor ve karşılığında yeni elektronik postalar, tweetler ve çevrimiçi makaleler yazarak geribildirimde bulunuyorum. Esasen büyük resmin neresine oturduğumu ya da benim ürettiğim veri parçacıklarının milyarlarca başka insan ve bilgisayarın ürettiği parçalarla nasıl bir bağlantı içinde bulunduğunu bilmiyorum. Öğrenmeye vaktim yok çünkü tüm bu elektronik postalara cevap vermekle meşgulüm.

Felsefi araba

İnsanlar algoritmaların asla bizim yerimize önemli kararlar alamayacağını çünkü önemli kararların etik bir boyutu olduğunu ve algoritmaların etikten anlamadığını iddia edebilirler. Lakin algoritmaların etik konusunda bile ortalama bir insanı aşamayacağını farz etmek için hiçbir sebep yok. Şimdi bile akıllı telefonlar ve otonom arabalar gibi araçlar eskiden insanların tekelinde bulunan karar alma işine soyunup insanların binlerce yıl boyunca yakasını kurtaramadığı etik sorunların benzerleriyle boğuşuyor.

Diyelim ki top peşinde koşturan iki çocuk bir otonom arabanın önüne atlıyor. Arabanın algoritması şimşek hızıyla yaptığı hesaplamalar sonucunda bu iki çocuğa çarpmamanın tek yolunun ters şeride direksiyon kırıp yaklaşan kamyona çarpma riskini göze almak olduğu sonucuna varıyor. Algoritma çarpışma gerçekleşirse arkada mışıl mışıl uyuyan araç sahibinin ölme ihtimalinin yüzde 70 olduğunu hesaplıyor. Bu algoritmanın ne yapması gerekir?[16]

Filozoflar binlerce yıldır bu tür "vagon problemleri" hakkında tartışıp dururlar (bunlara "vagon problemi" denilmesinin sebebi, ders kitaplarındaki çağdaş felsefi tartışmalar için örnekler verilirken otonom arabalara değil, tren raylarında hızla ilerleyen kontrolsüz bir lokomotife atıfta bulunulması).[17] Şimdiye kadar bu tür tartışmaların fiili davranışlar üzerinde utanç verici derecede az etkisi oldu çünkü insanlar kriz anlarında felsefi görüşleri unutup duygu ve içgüdüleri doğrultusunda hareket etmeye meyillidir.

Sosyal bilimler tarihinin en nahoş deneylerinden biri 1970'in Aralık ayında, Princeton İlahiyat Fakültesi'nde Presbiteryen Kilisesi'nde vaiz olmak için okuyan bir grup öğrenci üzerinde gerçekleştirilmişti: Öğrencilerin her birinden çabucak uzaktaki bir amfiye gidip İyi Samiriyeli meseli üzerine vaaz vermeleri istenir. Bu meselde anlatılan şudur: Kudüs'ten Eriha'ya giden bir Yahudi yolda eşkıyalar tarafından soyulup dövülür ve yolun kenarında ölmeye terk edilir. Bir süre sonra bir rahiple Levi kabilesinden birinin de yolu o tarafa düşer ama ikisi de adamı görmezden gelip geçip giderler. Sonra aynı yere bir Samiriyeli varır (Yahudilerin hiç hoşlanmadığı bir mezhebe mensup birisi) ama Samiriyeli, öncekilerin aksine, mağduru görünce durup yardım eder ve adamın hayatını kurtarır. Bu meselin kıssadan hissesi erdemin dini eğilimlere göre değil fiili davranışlara bakılarak değerlendirilmesi gerektiğidir.

Hevesli ilahiyat öğrencileri İyi Samiriyeli meselinden alınacak dersi en iyi nasıl anlatacaklarını düşünerek amfiye koştururlar. Ama deneyi yürütenler amfiye giden yolun üstüne gözleri kapalı vaziyette bir kapı eşiğine çökmüş üstü başı perişan birini yerleştirmişler. Bir şeyden haberi olmayan öğrenciler hızla geçip giderken "mağdur" aksırıp tıksırıp acınacak halde inliyormuş. Çoğu öğrenci bırakın yardım eli uzatmayı, durup neyin var diye bile sormamış. Bir an önce amfiye ulaşma gerekliliğinin üzerlerinde yarattığı duygusal gerginlik, yardıma ihtiyacı olan bir yabancıya yardım etmek gibi bir ahlaki yükümlülüğün önüne geçmiş.[18]

Pek çok başka durumda da insan duyguları felsefi teorilerin önüne geçer. Bu durum dünyanın ahlaki ve felsefi tarihini, şahane ideallerle ideal olmaktan çok uzak davranışların iç karartıcı bir anlatısına döndürmüştür. Kaç Hıristiyan gerçekten de kendine tokat atana öteki yanağını uzatır? Kaç Budist gerçekten bencil saplantılarını geride bırakır? Kaç Yahudi gerçekten komşusunu kendi canıymış gibi sever? Doğal seçilim *Homo sapiens*'i böyle şekillendirmiş işte. Tüm memeliler gibi *Homo sapiens* de ölüm kalım meselesi sözkonusuysa hızlıca karar alabilmek için hislerini kullanır. Öfkemizi, korkularımızı ve arzularımızı her biri doğal seçilimin çetin kalite kontrol testlerinden geçmiş atalarımızdan miras almışız.

Ne yazık ki, bir milyon yıl önce Afrika'nın savanalarında hayatta kalmak ve üremek için işe yarayan şeyler 21. yüzyılın otobanlarında sağduyulu davranışlar sergilememizi sağlayacak diye bir kural yok. Dalgın, öfkeli ve sabırsız insan sürücüler her yıl bir milyondan fazla insanın trafik kazalarında hayatını kaybetmesine neden oluyor. Bu sürücülere tüm filozoflarımızı, tüm peygamberlerimizi, tüm din adamlarımızı göndersek, yola çıktıklarında yine memeli hayvanlara özgü hisleri ve savanalardan kalma içgüdüleri devreye girecek. Dolayısıyla ilahiyat öğrencileri telaş içindeyken yardıma ihtiyacı olan insanları görmezden gelecek, sürücüler kriz anlarında yayaları ezecek.

İlahiyat fakültesiyle yol arasındaki bu ayrılık etik alanının en büyük sorunlarından biridir. Immanuel Kant, John Stuart Mill ve John Rawls üniversitelerin rahat amfilerinde oturup günlerce kuramsal sorunları tartışabilirler ama vardıkları sonuçlar tehlike anında stres altındaki sürücüler tarafından uygulamaya geçirilecek mi? Belki gelmiş geçmiş en iyi sürücü olarak anılan Formula 1 şampiyonu Michael Schumacher yarış esnasında felsefi düşüncelere dalma yetisine sahipti ama çoğumuz Schumacher değiliz.

Oysa bilgisayar algoritmaları doğal seçilim tarafından şekillendirilmediği gibi duygu ya da içgüdü sahibi de değil. Dolayısıyla etik kurallarını doğru şekilde sayılar ve istatistikler olarak kodlamanın bir yolunu bulabilirsek, kriz anlarında etik ilkelere insanlardan daha iyi uyabilirler. Kant, Mill ve Rawls'a kodlama öğretebilseydik rahat laboratuvarlarında otonom arabayı itinayla programlarlar ve araba otoyola çıktığında verdikleri komutları hiç şüphesiz harfiyen uygulardı. Bunun sonucunda her araba yekvücut olmuş Michael Schumacher'le Immanuel Kant tarafından kullanılırdı.

Şöyle ki, otonom bir arabayı yardıma ihtiyacı olan bir yabancı gördüğünde durup yardım etmeye programlarsanız, bu araba kıyamet kopsa da bu komutu uygular (tabii yazılıma gerçekten kıyamet kopmasına dair bir istisna madde eklemezseniz). Aynı şekilde otonom arabanız önüne atlayan iki çocuğu kurtarmak için ters şeride direksiyon kırmaya programlanmışsa tamı tamına öyle yapacağına adınız gibi emin olabilirsiniz. Bu da demek oluyor ki Toyota ya da Tesla otonom arabalarını tasarlarken ahlak felsefesine ilişkin teorik bir problemi mühendislik çerçevesindeki pratik bir probleme dönüştürecek.

Felsefi algoritmaların asla mükemmel olamayacağı ortada. Yaralanmalara, ölümlere ve son derece karmaşık davalara neden olacak kazalar illa ki yaşanacaktır. (Tarihte ilk defa, teorilerinin yol açtığı vahim sonuçlara istinaden bir filozofu dava edebileceksiniz çünkü felsefi fikirlerle gerçek hayatta cereyan eden olaylar arasında doğrudan sebep sonuç ilişkisi ilk defa kurulabilecek.) Yine de insan sürücülerin yerini almaları için algoritmaların kusursuz olmasına gerek yok. İnsanlardan iyi olmaları yeterli. İnsan sürücülerin her yıl bir milyondan fazla kişinin canını aldığı düşünülürse, bu pek de zor değil.

Ölçüp biçerseniz, yanınızda seyreden arabayı sarhoş bir ergenin mi yoksa Schumacher-Kant ikilisinin mi kullanmasını tercih edersiniz?[19]

Aynı mantık araba kullanmanın dışında başka pek çok durum için de geçerli. Örneğin iş başvurularını ele alalım. 21. yüzyılda birini işe alıp almama kararı giderek artan bir oranda algoritmalar tarafından verilecek. Gerekli etik standartları belirlemeyi makinelere bırakamayız; bunları yine insanların belirlemesi gerekecek. Ama iş dünyasına dair etik standartları, örneğin ırk veya cinsiyet ayrımı yapmanın yanlış olduğunu belirlediğimizde, makinelerin bu standartları insanlardan daha iyi uygulayıp koruyacağına emin olabiliriz.[20]

İnsan bir yönetici siyahlara ve kadınlara karşı ayrımcılık yapmamak gerektiğini bilmenin yanı sıra bu görüşe katılmasına rağmen, siyah bir kadın iş başvurusunda bulunduğunda bilinçsizce ayrımcılık yapıp bu kadını işe almamaya karar verebilir. İş başvurularını değerlendirmeye bir bilgisayarı atar ve bu bilgisayarı ırk ve cinsiyeti hiçbir şekilde göz önüne almamaya programlarsak, bilgisayarın gerçekten de bu unsurları dikkate almayacağına emin olabiliriz çünkü bilgisayarların bilinçaltı yok. Elbette iş başvurularını değerlendirebilecek bir kod yazmak kolay olmayacaktır ve mühendislerin kendi bilinçaltlarındaki önyargıları yazılıma aktarmaları riski hep olacaktır.[21] Ama bu tür hataları fark edip yazılımı düzeltmek, insanları ırkçılıktan ve kadın düşmanlığından arındırmanın yanında devede kulak kalır.

Şoförler ve trafik polisleri dahil (bildiğini okuyan insanların yerini itaatkâr algoritmalar alınca trafik polislerine de gerek kalmayacaktır) pek çok insanın, yapay zekânın yükselişiyle çalışma yaşamının dışına atılabileceğini gördük. Fakat şimdiye kadar sahip oldukları yetiler piyasa değeri barındırmazken, birden kıymete binecek felsefeciler için yeni alanlar açılabilir. O yüzden ileride iyi bir iş garantisi bulunan bir dalda eğitim almak istiyorsanız sermayeyi felsefeye yüklemek çok da yanlış olmayabilir.

Tabii filozofların doğru eylemenin yolları konusunda anlaştığı pek görülmemiştir. Az sayıda "vagon problemi" tüm filozofları tatmin edecek şekilde çözülmüştür; John Stuart Mill gibi eylemleri ortaya çıkan sonuca göre değerlendiren sonuççu düşünürlerle Immanuel Kant gibi eylemleri mutlak kurallara göre değerlendiren deontolojist düşünürler birbirinden oldukça farklı fikirlere sahiptir. Tesla'nın bir araç üretmek için bu kördüğüm meseleler hakkında gerçekten de belli bir tutum takınması mı gerekecek?

Belki de Tesla kararı piyasaya bırakmayı seçer, özgeci Tesla ve bencil Tesla adlı iki ayrı otonom araç üretir. Özgeci modeli tehlike anında çoğunluğun iyiliğini düşünüp sahibini kurban eder. Bencil modeli işin ucunda iki çocuğun ölümü de olsa sahibini kurtarmak için elinden ne geliyorsa yapar. Müşteriler de meylettikleri felsefi görüşe en uygun arabayı satın alabilirler. Bencil modeli daha çok satılıyor diye Tesla'yı suçlayamazsınız. Ne de olsa müşteri her zaman haklıdır.

Bu bir şaka değil. 2015 yılında yapılan öncü bir çalışmada, insanlara otonom bir arabanın birtakım yayalara çarpmak üzere olduğuna dair farazi bir senaryo sunulmuş. Çoğu insan böyle bir durumda arabanın sahibini öldürmek pahasına yayaların canını kurtarması gerektiğini söylemiş. Bu insanlara çoğunluğun yararı için sahibini tehlikeye atmaya programlı bir arabayı satın almak isteyip istemeyecekleri sorulduğundaysa çoğu hayır cevabını vermiş. Kendileri sözkonusu olunca tercihleri bencil Tesla yönünde.[22]

Şöyle bir durum düşünün: Yeni bir araba aldınız ama arabayı kullanmaya başlamadan önce ayarlar menüsünü açıp seçeneklerden birini işaretlemeniz gerekiyor. Kaza anında araba hayatınızı mı tehlikeye atsın yoksa diğer arabadaki aileyi mi öldürsün? Bu yapmak isteyeceğiniz bir tercih mi? Hangi kutucuğu işaretleyeceğiniz konusunda eşinizle ne kavgalar edeceğinizi düşünün.

O yüzden belki de devletin piyasanın işleyişini düzenlemek için devreye girip tüm otonom arabalar için geçerli bir etik kod şart koşması gerekecek. Kimi kanun koyucu merciler, nihayet *her daim* harfi harfine uyulacak yasalar koyma fırsatı buldukları için çok sevinecektir. Bu benzeri görülmemiş ve totaliter sorumluluk karşısında dehşete düşecek kanun koyucular da çıkabilir tabii. Ne de olsa tarih boyunca, yeni bir yasa yürürlüğe girdiğinde, yasal yaptırımların kısıtlamaları kanun koyucuların önyargılarını, hata ve aşırılıklarının kontrol edilmesine imkân tanımıştır. Eşcinsellik ve dine aykırı davranışların cezalandırılmasına ilişkin yasaların bütünüyle uygulanamamış olması büyük bir şans. Beşer şaşar siyasetçilerin kararlarının yerçekimi denli sarsılmaz olduğu bir düzen ister miyiz gerçekten?

Dijital diktatörlük

İnsanlar yapay zekâdan itaatkâr kalmayacağını düşündükleri için korkar genellikle. Efendilerine başkaldırıp sokaklarda başıboş gezerek önlerine çıkanı öldüren robotlar hakkında haddinden fazla bilimkurgu filmi izledik. Oysa robotlarla ilgili esas sorun bunun tam tersi. Muhtemelen her koşulda efendilerine itaat edecekleri ve asla başkaldırmayacakları için korkmalıyız onlardan.

Körü körüne itaat eden robotlar iyi huylu efendilere hizmet ediyorsa sorun değil elbette. Savaş halinde bile işi katil robotlara bırakmak, tarihte ilk defa muharebe meydanında savaş kanunlarına fiilen uyulmasını sağlayabilir. İnsan askerler kimi zaman duygularının esiri olup cinayet, yağmalama ve tecavüz gibi savaş kanunlarını ihlal eden davranışlarda bulunabiliyor. Duygu deyince aklımıza merhamet, sevgi ve empatiyle ilgili şeyler gelir genellikle ama savaş zamanı kontrolü sıklıkla ele geçiren duygular korku, nefret ve acımasızlık olur. Robotların duyguları olmadığına göre askeri kanunlara harfiyen uyacaklarına, asla şahsi korkular ve nefret yüzünden yoldan çıkmayacaklarına güvenilebilir.[23]

16 Mart 1968 tarihinde Güney Vietnam'ın My Lai köyünde çığrından çıkan bir bölük Amerikan askeri dört yüz kadar sivili katletmişti. Bu savaş suçuna sebep olan şey aylarca ormanda gerilla savaşı sürdüren erlerin kendi inisiyatifleriydi. Herhangi bir stratejik amaca hizmet etmediği gibi, hem yasaları hem de ABD'nin askeri ilkelerini ihlal eden bir olaydı. Sorumlusu insan duygularıydı.[24] ABD, Vietnam'da katil robotlar kullanabilseydi My Lai katliamı hiç yaşanmayabilirdi.

Ama yine de katil robotlar üretip sahaya sürme telaşına kapılmadan önce, robotların her daim kodlarının taşıdığı özellikleri birebir yansıttığını ve onları daha da güçlendirdiğini kendimize hatırlatmamız gerek. Kod ılımlı ve iyi huyluysa robotlar da muhtemelen sıradan bir insan askerden çok daha iyi olacaktır. Ama kod acımasız ve zalimse feci sonuçlar ortaya çıkacaktır. Robotlarla ilgili esas sorun kendi yapay zekâları değil, efendilerinin doğal aptallığı ve zalimliğidir.

1995'in Temmuz'unda Bosnalı Sırp birlikleri Srebrenitsa civarındaki sekiz bini aşkın Müslüman Bosnalıyı katletti. Başıboş My Lai katliamının aksine Srebrenitsa'da işlenen cinayetler Bosna'yı Müslümanlardan temizlemeyi "ahlaki görev" bellemiş Bosnalı Sırpların politikasını yansıtan uzun soluklu ve organize bir operasyondu.[25] 1995 yılında Bosna Sırplarının elinde katil robotlar olsaydı bu vahşetin boyutları büyük ihtimalle azalmaz, aksine daha da artardı. Verilen emirleri uygulamakta bir saniye olsun tereddüt edecek tek bir robot bile çıkmaz ve merhamet, yaptığından iğrenme ya da sadece bezginlik duygularına bağlı olarak tek bir Müslüman çocuğun bile hayatı kurtulmazdı.

Böylesi robotlara sahip acımasız bir diktatörün, ne denli insafsız ve çılgın emirler verirse versin, asla askerlerinin kendisine karşı çıkmasından korkması gerekmez. O dönemlerde bir robot ordusu olsaydı, Fransız Devrimi 1789'da başlar başlamaz bastırılırdı muhtemelen. Ve 2011 yılında Hüsnü Mübarek'in elinin altında katil robotlardan oluşan bir birlik olsaydı, bu birliği taraf değiştirirler korkusu taşımadan halkın üzerine sürebilirdi. Aynı şekilde robotlardan oluşan bir orduya hükmeden emperyalist bir hükümet de robotların motivasyonlarını yitirmesi ya da asker ailelerinin gösteri düzenlemesi tehlikesi olmaksızın, kamuoyunda destek görmeyen savaşlar açabilirdi. Vietnam Savaşı'nda ABD'nin elinde katil robotlar olsaydı My Lai katliamı engellenebilirdi ama savaşın kendisi çok daha uzun yıllar sürebilirdi çünkü ABD hükümetinin morali bozuk askerler, büyük çaplı savaş karşıtı gösteriler ya da "savaşa karşı savaş gazileri" akımı gibi dertleri olmazdı. (Bazı ABD vatandaşları yine de savaşa itiraz edebilirdi elbette. Ama bu protestocular askere alınma endişesi duymayacaklarından, mesul oldukları zulüm hafızalarına kazınmayacağından ya da sevdikleri bir akrabalarını kaybetme acısı taşımayacaklarından hem sayıca az hem de o denli ateşli olmazlardı.)[26]

Otonom sivil arabalar için bu tür sorunlar çok daha az önem teşkil ediyor çünkü hiçbir üretici arabalarını insanları hedef alıp öldürmeye kasten programlamaz. Fakat otonom silah sistemleri faciaya davetiye çıkarır çünkü kimi düpedüz habis kimi de bozuk ahlaklı bir sürü hükümet var.

Tehlike ölüm makineleriyle kısıtlı değil. Gözetleme sistemleri de bir o kadar riskli. Gözetleme algoritmaları iyi huylu bir devletin elinde insanlığın başına gelebilecek en iyi şeye dönüşebilir. Ama aynı büyük veri algoritmaları geleceğin Büyük Birader'inin gücüne güç katmaya ve Orwell'in kurguladığı gibi bir gözetim rejiminde tüm bireylerin durmadan izlenmesine de sebep verebilir.[27]

Hatta iş Orwell'in dimağını aşacak noktalara bile gelebilir: hareket ve konuşmalarımızı dışardan izlemekle kalmayıp iç deneyimlerimizi kaydetmek üzere bedenimizin içine de sirayet edebilen mutlak bir gözetim rejimi. Kuzey Kore'nin Kim rejiminin bu yeni teknolojiyle neler yapabileceğini düşünün. Gelecekte tüm Kuzey Kore vatandaşları yaptıkları ve söylediklerinin yanı sıra tansiyonlarını ve beyin faaliyetlerini de gözlemleyen biyometrik bir bileklik takmak zorunda bırakılabilir. Kuzey Kore rejimi insan beynini giderek daha iyi kavramamızı ve makine öğrenmesinin muazzam gücünü kullanarak, tarihte ilk defa her bir vatandaşın anbean ne düşündüğünü ölçüp tartmaya muktedir duruma gelebilir. Biyometrik sensör Kim Jong-un'un resmine bakarken kızgınlık belirtileri (yüksek tansiyon, amigdala da faaliyet artışı) gösterdiğinizi algılarsa ertesi gün çalışma kampını boylarsınız.

Kendini tecrit ettiği düşünülünce Kuzey Kore rejiminin gerekli teknolojiyi kendi kendine geliştirmesi zor görünüyor. Ama teknolojinin bu alanın öncüsü ülkelerde geliştirilip Kuzey Koreliler ve diğer gerici diktatörlükler tarafından kopyalanması ya da satın alınabilmesi kuvvetle muhtemel.

ABD'den yaşadığım ülke İsrail'e pek çok demokratik ülke gibi hem Çin hem de Rusya durmaksızın gözetim araçları geliştiriyor. "Start-up ülkesi" lakabı takılan İsrail'de son derece canlı bir ileri teknoloji ve üstün bir siber güvenlik sektörü var. Bununla birlikte İsrail, Filistinlilerle ölümcül bir ihtilafın pençesinde ve en azından bazı liderler, generaller ve vatandaşlar gerekli teknolojiyi elde eder etmez memnuniyetle Batı Şeria'da mutlak gözetim rejimi oluşturacaktır.

Günümüzde bile Filistinlilerin her telefon konuşması, her Facebook paylaşımı veya her şehirlerarası seyahati İsrail'in mikrofonları, kameraları, insansız hava araçları ya da casus yazılımları tarafından gözetleniyor muhtemelen. Toplanan veriler daha sonra büyük veri algoritmalarının yardımıyla analiz ediliyor. Bu sayede İsrail güvenlik kuvvetleri potansiyel tehlikeleri tespit edip sahaya bir sürü asker sürmeye gerek kalmadan etkisiz hale getirebiliyor. Filistinliler Batı Şeria'da birtakım kasabaların ve köylerin idaresine sahip olsalar da gökyüzünü, radyo frekanslarını ve siber âlemi İsrail kontrol ediyor. Bu yüzden de Batı Şeria'daki 2,5 milyon Filistinliyi etkili şekilde kontrol altında tutabilmek için şaşılacak kadar az İsrail askerine ihtiyaç duyuluyor.[28]

Ekim 2017'de yaşanan trajikomik bir olay: Filistinli bir işçi Facebook sayfasında işyerindeki buldozerin yanı başında çekilmiş bir fotoğrafını paylaştı. Fotoğrafın altına da "Günaydın!" yazdı. Otomatik bir algoritma Arap harflerinin transliterasyonunda ufak bir hata yapıp harfleri "günaydın" anlamına gelen "*Ysabechhum!*" olarak değil de "saldır" anlamına gelen "*Ydbachhum!*" olarak algıladı. Adamın buldozerle insanları ezmeyi planlayan bir terörist olabileceğinden şüphelenen İsrail güvenlik kuvvetleri, adamı bir çırpıda gözaltına aldı. Algoritmanın hata yaptığı anlaşılınca adam serbest bırakıldı. Ama soruna yol açan Facebook paylaşımı yine de kaldırıldı. Dikkati elden bırakmamak lazım tabii.[29] Günümüzde Batı Şeria'da Filistinlilerin başına gelenler, gün gelip dünyanın dört bir yanındaki milyonların başına geleceklerin ön gösteriminden ibaret olabilir.

20. yüzyılın sonlarında demokrasiler diktatörlükleri geride bırakıyordu çünkü demokrasiler veri işleme konusunda daha iyiydi. Demokrasi bilgiişlem ve karar alma yetkilerini farklı insan ve kurumlara dağıtır. Oysa diktatörlükler bilgi ve yetkiyi tek bir mercide toplar. 20. yüzyıl teknolojisi çerçevesinde büyük miktarda bilginin tek bir yerde toplanması verimsizdi. Kimsenin onca bilgiyi yeterince hızlı işleyip doğru kararlar alması mümkün değildi. Sovyetler Birliği'nin ABD'den çok daha kötü kararlar almış olması-

nın ve Sovyet ekonomisinin Amerika'nınkinden çok daha gerilerde kalmasının sebeplerinden biri de buydu.

Ancak yapay zekâ kısa bir süre sonra bu dengeyi tersine çevirebilir. Yapay zekâ kullanılarak devasa miktarlarda bilgi, merkezi bir şekilde işlenebiliyor. Hatta yapay zekâ yüzünden merkezi sistemler dağınık sistemlerden çok daha verimli hale gelebilir çünkü makine öğrenmesi, elinde analiz edecek ne kadar bilgi varsa o kadar iyi çalışıyor. Kişisel bilgilerin gizliliğine saygı göstererek veritabanınıza bir milyon insan hakkında kısmi bilgi koyacağınıza bir milyar insana ait tüm bilgileri, her tür gizlilik hakkını hiçe sayıp tek bir veritabanına toplarsanız algoritmayı çok daha iyi çalışır hale getirebilirsiniz. Örneğin otoriter bir hükümet tüm vatandaşlarına DNA taramasına girmeyi ve tüm tıbbi verilerini merkezi bir otoriteye bildirmeyi emrederse, genetik ve tıbbi araştırmalar alanında tıbbi bilgilerin kesinlikle gizli tutulduğu toplumlara karşı çok büyük avantaj sağlar. 20. yüzyılda otoriter rejimlere ket vuran bu başlıca etmen, tüm bilgiyi tek bir yerde toplama çabası, 21. yüzyılda belirleyici bir avantaja dönüşebilir.

Algoritmalar bizi daha iyi tanıdıkça otoriter hükümetler de vatandaşları üzerinde Nazi Almanya'sını gölgede bırakacak derecede mutlak bir kontrol elde edebilir. Ve bu tarz rejimlere direnmek tamamen imkânsızlaşabilir. Bu rejim nasıl hissettiğinizi bilmekle kalmayacak; size ne isterse onu hissettirebilecek. Diktatör, vatandaşlara sağlık hizmeti ya da eşitlik getirmese de muhalifleri değil de kendisini sevmelerini sağlayabilecek. Şu anki haliyle demokrasi, biyoteknoloji ve bilişim teknolojilerinin iç içe geçmesini kaldıramayabilir. Ya demokrasi kendini bütünüyle yeni baştan şekillendirecek ya da insanlar "dijital diktatörlük" altında yaşamaya başlayacak.

Hitler ve Stalin zamanlarına dönmek sözkonusu değil. Dijital diktatörlük Nazi Almanya'sından, Nazi Almanya'sının Fransa *eski rejim*inden farklı olduğu ölçüde farklı. XIV. Louis merkezileştirme meraklısı bir otokrattı ama elinde modern bir totaliter devlet kuracak teknoloji yoktu. İktidarına kimse karşı çıkmıyordu ama radyo, telefon ve tren olmadığından Bretonya'nın ücra köylerindeki çiftçilerin ve hatta Paris'in göbeğinde yaşayan şehirlilerin gündelik hayatları üzerinde bir kontrolü de yoktu. Büyük bir parti, ülke çapında bir gençlik hareketi ya da milli eğitim sistemi kurmaya ne niyeti ne de kabiliyeti vardı.[30] Hitler'e bunları yapabilme motivasyonu ve gücünü sağlayan 20. yüzyılın yeni teknolojileriydi. 2084'ün dijital diktatörlüğüne motivasyon ve güç sağlayacak şeyi şimdiden kestiremeyiz ama Hitler ve Stalin'i kopyalamakla yetinmeleri düşük bir ihtimal. 1930'ların savaşlarını yeniden vermek için silah kuşananlar bambaşka bir yönden gelen bir saldırıyla gafil avlanabilirler.

Demokrasi uyum sağlamayı ve ayakta kalmayı başarsa bile insanlar yeni baskıların ve ayrımcılıkların mağduru olabilirler. Bir sürü banka, şirket ve kurum daha şimdiden verileri analiz edip hakkımızda kararlar verebilmek için algoritmaları kullanıyor. Bankaya kredi başvurusu yaptığınızda değerlendirmeyi yapan büyük ihtimalle bir insan değil, algoritma. Algoritma sizin hakkınızda bir sürü veriyi ve milyonlarca insana ilişkin istatistikleri analiz ederek kredi verilecek kadar güvenilir olup olmadığınıza karar veriyor. Çoğunlukla da insan bir bankacıdan daha iyi iş çıkarıyor. Ama sorun şu ki algoritma bazı insanlara haksız yere ayrımcılık uygularsa bunu tespit etmek zor. Banka size kredi vermeyi reddeder ve siz de gidip "Niye?" diye sorarsanız bankanın cevabı "Algoritma hayır dedi," olur. "Algoritma niye hayır dedi? Benim ne gibi bir kusurum var?" diye sorarsanız bankanın diyeceği, "Bilmiyoruz. Bu algoritmayı anlayan insan yok. Kendisi ileri düzey makine öğrenmesinin bir ürünü. Ama algoritmamıza güveniyoruz, o yüzden size kredi veremiyoruz."[31]

Ayrımcılık, kadınlar ya da siyahlar gibi tüm bir gruba uygulandığında bu gruplar örgütlenip uğradıkları ayrımcılığı topluca protesto edebilirler. Ama artık bir algoritma şahsen size ayrımcılık uygulayabilir ve siz nedenini bilemezsiniz. Kim bilir, belki DNA'nızda, geçmişinizde ya da Facebook hesabınızda hoşuna gitmeyen bir şey buldu. Algoritmanın size ayrımcılık uygulama nedeni kadın olmanız ya da ırkınız değil, siz olmanız. Algoritmanın hoşlanmadığı, şahsınıza özel bir şey var. Bunun ne olduğunu bilmiyorsunuz; bilseniz de birebir aynı haksızlıktan mustarip başka birini daha bulamayacağınıza göre örgütlenip protesto etmeniz de mümkün değil. Bir siz varsınız. 21. yüzyılda genel ayrımcılık yerine kişisel ayrımcılık gibi bir sorunun yaygınlaştığını görebiliriz.[32]

Algoritmaların sadece danışmanlık yaptığı, mutlak otoritenin hâlâ insanların elinde olduğu yanılsaması yaratmak için otoritenin en üst seviyelerinde, sembolik liderler konumunda birtakım insanlar kalabilir. Almanya Başbakanlığına ya da Google CEO'luğuna yapay zekâ atamayacağız. Yine de başbakan ve CEO tarafından alınan kararları yapay zekâ şekillendirecek. Başbakan çeşitli seçenekler arasından bir tercih yapabilir ama tüm bu seçenekler büyük veri analizinden çıkacak ve insanlardan ziyade yapay zekânın dünyayı nasıl algıladığına bağlı olacak.

Paralel bir örnek vermek gerekirse, günümüzde dünyanın çeşitli yerlerindeki siyasetçiler farklı ekonomik politikalardan birini seçebiliyor ama neredeyse her bir durumda sunulan seçeneklerin hepsi kapitalist ekonomi anlayışını yansıtan politikalar. Siyasetçiler tercih yapabildikleri yanılsaması yaşıyor ama gerçekten önem atfeden tercihler menüdeki farklı seçenekleri belirleyen ekonomistler, bankacılar ve işinsanları tarafından çok önce yapılmış. Siyasetçiler bir süre sonra kendilerini yapay zekânın oluşturduğu bir menüden seçim yapar vaziyette bulabilirler.

Yapay zekâyla doğal aptallık

İyi haberlerden biri şu ki en azından kısa süre zarfında bilimkurguları andıran bir bilinç kazanıp insanlığı köleleştirmeye ya da ortadan kaldırmaya karar veren bir yapay zekâ kabusu yaşamayacağız. Vereceğimiz kararları gitgide daha fazla algoritmalara bırakmaya başlayacağız ama algoritmaların bilinçli bir şekilde bizi yönlendirmeye başlaması pek mümkün görünmüyor. Bilinçleri olmayacak.

Bilimkurgu zekâyı bilinçle karıştırma ve bilgisayarların insanlarla boy ölçüşmek için bilinç geliştirmesi gerektiğini varsayma eğilimindedir. Yapay zekâ hakkındaki neredeyse tüm film ve romanlar bir bilgisayar veya robotun bilinç kazandığı o büyülü an etrafında şekilleniyor. Bu gerçekleştikten sonra da ya başkahraman robota âşık oluyor ya robot herkesi öldürmeye çalışıyor ya da bu iki şey eşzamanlı cereyan ediyor.

Oysa gerçekte yapay zekânın bilinç kazacağını varsaymayı gerektirecek bir sebep yok çünkü zekâ ve bilinç apayrı şeyler. Zekâ sorun çözme becerisi. Bilinç acı, neşe, aşk ve öfke gibi şeyler hissedebilme becerisi. Bu ikisini birbirine karıştırmamızın sebebi, bunların insan ve diğer memelilerde bir arada bulunması. Memeliler çoğu sorunun üstesinden bir şeyler hissederek gelir. Bilgisayarların sorunları çözme şekliyse bambaşkadır.

Üstün zekâya giden çok farklı yol var ve bunların sadece bazısı bilinç kazanmayı gerektiriyor. Nasıl ki uçaklar tüy çıkarmadan kuşlardan hızlı uçabiliyor, bilgisayarlar da bilinç geliştirmeden memelilerden daha iyi sorun çözer hale gelebilir. Yapay zekânın insan hastalıklarını iyileştirmek, insan teröristleri tespit etmek, eş önerilerinde bulunmak ve yayaların kol gezdiği bir sokakta yol almak için insanların duygularını isabetli bir biçimde analiz etmesi gerektiği doğru. Ama bunu duygu sahibi olmadan da yapabilir. Algoritmanın neşeli, sinirli ya da ürkmüş maymunların farklı biyokimyasal yapılarını tanımak için neşe, öfke ya da korku hissetmesi gerekmez.

Tabii yapay zekânın kendine has duygular geliştirmesi tamamen imkânsız değil. Buna kesin kanaat getirmek için bilinç hakkında yeterli bilgimiz hâlâ yok. Genel hatlarıyla üç olasılığı göz önüne almamız gerekiyor:

1. Bilinç bir şekilde organik biyokimyaya bağlı olduğundan inorganik sistemlerde bilinç yaratmak asla mümkün olmayacak.
2. Bilinç organik biyokimyaya değil zekâya bağlı ve bilgisayarlar bilinç geliştirebilir, belli bir zekâ seviyesine erişmek için de bilinç geliştirmeleri *gerekir*.
3. Bilinçle organik biyokimya ya da üstün zekâ arasında bir bağlantı olması şart değil. O yüzden bilgisayarlar bilinç geliştirebilir ama bu şart değil. Sıfır bilinçle de süper zeki olabilirler.

Şu anki bilgi düzeyimizde bu olasılıkların hiçbirini eleyemeyiz. Ama tam da bilinç hakkındaki bilgi eksikliğimiz sebebiyle yakın zamanda bilinçli bilgisayarlar programlamamız mümkün görünmüyor. Dolayısıyla muazzam gücüne rağmen yapay zekânın kullanımı, öngörülebilir bir gelecek dahilinde, kısmen insan bilincine bağlı kalacak.

Tehlike şurada yatıyor: tüm vaktimizi yapay zekâ geliştirmeye harcayıp insanları bilinçlendirmeyi es geçersek, bilgisayarların o pek sofistike yapay zekâları, olsa olsa insanların doğal aptallıklarını beslemeye yarar. Önümüzdeki yıllarda bir robot ayaklanmasının yaşanma olasılığı düşük ama duygularımızla annelerimizden daha iyi oynayabilen ve bu tedirgin edici yeteneği bize araba, belli bir siyasetçi ya da kapsamlı bir ideoloji gibi şeyleri pazarlamak için kullanan robot sürüleri karşımıza çıkabilir. Robotlar en derin korkularımızı, nefretlerimizi ve tutkularımızı tespit edip bu içsel eğilimleri aleyhimize kullanabilir. Böyle bir şeyin tadı dünyanın çeşitli yerlerindeki seçim ve referandumlarda ağzımıza çalındı bile. Hackerlar insanlar haklarındaki verileri analiz edip mevcut önyargıları istismar ederek seçmenleri nasıl yönlendirebileceklerini öğrendiler.[33] Bilimkurgu filmleri tozun dumana katıldığı dramatik kıyametlerle sonlansa da gerçek hayatta yüzleşeceğimiz son, onu bunu tıklayacağımız bayağılıkta bir kıyamet olabilir.

Bu tarz sonuçlardan kaçınmak için yapay zekâya harcadığımız her dolar ve her dakikaya karşılık insan bilinci konusunda gelişme kaydetmek için de aynı miktarda dolar ve dakika harcasak iyi ederiz. Maalesef an itibarıyla insan bilincini araştırmak ve geliştirmek için pek bir şey yapmıyoruz. İnsan becerilerine yönelik araştırma ve geliştirme çabaları, bilinçli varlıklar olarak uzun vadede neye gereksinim duyduğumuza göre değil ekonomik ve siyasi sistemin anlık ihtiyaçlarına göre şekilleniyor. Patronum elektronik postaları bir an önce cevaplamamı istiyor ama yediğimden tat alma becerimle ilgilendiği yok. Sonuçta yemek yerken bile elektronik postaları kontrol ediyor, duyumlarımı dikkate alma yeteneğimi ise kaybediyorum. Ekonomik sistem beni portföyümü genişletip çeşitlendirmeye zorluyor ama merhamet duygumu genişletip çeşitlendirmeye teşvik etmiyor. Sonuçta borsanın gizemlerini anlamaya gayret ediyorum ama çekilen eziyetlerin altında yatan derin nedenleri anlamaya çok daha az çaba harcıyorum.

İnsanlar bu açıdan diğer evcil hayvanlara benziyor. Yüklü miktarda süt veren ama onun haricinde vahşi atalarının çok aşağısında kalmış uysal inekler yetiştirdik. O denli çevik, meraklı ya da becerikli değiller.[34] Şimdi de yüklü miktarda veri üreten ve dev bir veri işleme mekanizmasının son derece etkin çipleri olma fonksiyonunu yerine getiren yumuşak başlı insanlar yetiştiriyoruz ama bu veri ineklerinin insanın potansiyelini en üst seviyeye taşıdığı söylenemez. Esasen insanların azami potansiyelinin ne olduğu konusunda bir fikrimiz yok çünkü insan zihni hakkında çok az şey biliyoruz. Ve buna rağmen insan zihnini keşfetmek adına yeterince yatırım yapmıyor, onun yerine internet bağlantımızın hızını ve büyük veri algoritmalarımızın etkinliğini artırmaya yoğunlaşıyoruz. Dikkatli olmazsak geliştirilmiş bilgisayarlar kullanarak kendine ve dünyaya büyük zararlar veren geriletilmiş insanlara dönüşeceğiz.

Bizi bekleyen tek tehlike dijital diktatörlükler değil. Liberal düzen özgürlüğün yanı sıra eşitliğin önemini de ön planda tutmuştu. Siyasi eşitliği en başından beri el üstünde tutan liberalizm zamanla ekonomik eşitliğin de bir o kadar önemli olduğu kanısına varmıştı. Zira sosyal bir güvenlik ağı ve bir nebze ekonomik eşitlik yoksa özgürlüğün de bir anlamı yok. Ama büyük veri algoritmaları özgürlüğü bastırdığı gibi toplumlar arasında gelmiş geçmiş en derin uçurumları da yaratabilir. Çoğu insan sömürünün değil ama çok daha kötü bir şeyin, işlevsizliğin cefasını çekerken tüm servet ve güç, üç beş seçkinin elinde toplanabilir.

4

Eşitlik

Veriyi elinde tutan geleceği de elinde tutar

Geçtiğimiz yıllarda dünyadaki herkese insanlığın eşitlik yolunda ilerlediği ve küreselleşmeyle yeni teknolojilerin o noktaya daha çabuk varmamıza yardımcı olacağı söylendi. Gerçekte 21. yüzyıl tarihin en orantısız toplumlarını doğurabilir. Küreselleşme ve internet ülkelerarası açığı kapatsa da sınıflararası uçurum derinleşme tehlikesi taşıyor. Tam insanlık küresel birlikteliğe erişecek derken insan türü farklı biyolojik kastlara ayrılabilir.

Eşitsizlik Taş Devri'ne kadar uzanır. 3000 yıl önce avcı toplayıcı bir topluluk kimi üyelerini binlerce fildişi boncuk, bilezik ve sanat eseriyle dolu şatafatlı mezarlara gömerken kimi üyelerine de basit bir çukuru layık görmüş. Kadim avcı toplayıcı topluluklar yine de peşi sıra gelen insan toplumlarından daha eşitlikçiydi çünkü malvarlıkları çok azdı. Malvarlığı uzun süreli eşitsizliğin önkoşuludur.

Tarım Devrimi'ni takiben çoğalan malvarlığıyla beraber eşitsizlik de arttı. İnsanlar toprak, hayvan, bitki ve aletlerin mülkiyetini edinince servet ve iktidarın büyük kısmının seçkin azınlıklar tarafından nesilden nesle daha çok tekelleşen hiyerarşik toplumlar oluştu. İnsanlar bu düzeni doğal ve hatta tanrı buyruğu addetmeye başladı. Hiyerarşi sadece bir norm değil, ideal olandı. Aristokratlarla halk arasında, erkekle kadın arasında, ebeveynlerle çocuklar arasında belirgin bir hiyerarşi olmadan nasıl düzen sağlanabilir? Dünyanın dört bir yanındaki din adamları, filozoflar ve şairler sabırla şunu açıklıyordu: Nasıl ki insan vücudunun tüm parçaları eşit değildir ve ayaklar beyne itaat etmek zorundadır, toplumsal eşitlik de kargaşadan başka bir şeye yol açmaz.

Ancak modern çağın sonlarında eşitlik neredeyse tüm insan toplumları için ideal bir olgu haline geldi. Bunun sebebi kısmen komünizm ve liberalizm gibi yeni ideolojilerin doğuşuydu. Ama bir diğer sebep de kitleleri her zamankinden daha önemli kılan Sanayi Devrimi. Sanayileşmiş ekonomiler işçilerden oluşan halk kitlelerine gereksinim duyarken sanayileşmiş ordular da askerlerden oluşan kitlelere ihtiyaç duyuyordu. Hem demokrasiler hem de diktatörlükler kitlelerin sağlığı, eğitimi ve refahına büyük yatırımlar yaptı çünkü seri imalat bantlarında çalışacak milyonlarca sağlıklı işçi ve cephede savaşacak milyonlarca sadık asker gerekiyordu.

Buna bağlı olarak 20. yüzyıl tarihi büyük ölçüde sınıflar, ırklar ve cinsiyetlerarası eşitsizliğin azaltılması etrafında şekillendi. 2000 yılının dünyası hâlâ bir dolu hiyerarşi barındırsa da 1900 yılından çok daha eşit bir yerdi. 21. yüzyılın ilk yıllarında insanlar eşitlikçi sürecin devam etmesi ve hatta hızlanması beklentisi taşıyordu. Bilhassa da küreselleşmenin, ekonomik rahatlığı dünya çapına yayacağını ve bunun sonucunda Hindistan ve Mısır'daki insanların Finlandiya ve Kanada'dakilerle aynı fırsat ve ayrıcalıklardan yararlanacağını umuyorlardı. Tüm bir nesil bu vaatle büyüdü.

Artık bu vaat gerçekleşmeyebilir gibi görünüyor. Küreselleşme kesinlikle geniş bir insan kesiminin işine yaradı ama hem toplumlar arasında hem de bir toplumun kendi içinde eşitsizlik artışının emareleri görülüyor. Küreselleşmenin meyveleri giderek belli grupların tekeline girerken milyarlarca insan geride bırakılıyor. Şimdiden en zengin yüzde 1'lik grup dünya servetinin yarısını elinde tutuyor. Daha da tedirgin edici olanı, en zengin yüz kişinin servetinin en yoksul dört milyar insanın toplam servetinden çok olması.[1]

Durum daha da kötüleşebilir. Önceki bölümlerde açıklandığı üzere, yapay zekânın yükselişe geçmesi çoğu insanın ekonomik değerini ve siyasi gücünü ortadan kaldırabilir. Aynı zamanda biyoteknoloji alanındaki gelişmeler ekonomik eşitsizliği biyolojik eşitsizliğe dönüştürebilir. Süper zenginler sonunda dehşet verici servetlerini akıtmaya değecek bir şey bulurlar. Şimdiye kadar statü sembolü şeyler satın almaktan fazlasını yapamayan zenginler kısa bir süre sonra hayatın kendisini satın almaya muktedir olabilirler. Yaşam süresini uzatmak, fiziki ve zihinsel becerileri güçlendirmek için geliştirilecek yeni yöntemler pahalıya patlarsa insanlık biyolojik kastlara ayrılabilir.

Zenginler ve aristokratlar tarih boyunca herkesten daha yetenekli olduklarını ve kontrolün bu yüzden kendilerinde olduğunu sanmıştır. Görebildiğimiz kadarıyla bu doğru değil. Ortalama bir dük ortalama bir çiftçiden daha yetenekli değil; üstünlüğünü sadece haksız yasal ve ekonomik ayrımcılığa borçlu. Fakat 2100 yılına gelindiğinde zenginler gerçekten de varoşlarda yaşayanlardan daha yetenekli, daha yaratıcı ve daha zeki olabilirler. Zenginler ve yoksulların sahip oldukları beceriler arasında ciddi bir uçurum oluşursa bunu kapamak neredeyse imkânsızdır. Zenginler daha üstün olan becerilerini, onları daha da çoğaltmak için kullanırsa ve daha çok para da daha üstün beden ve beyinler satın almalarını sağlarsa, uçurum zamanla daha da derinleşir. 2100'de en zengin yüzde 1'lik kesim sadece dünya servetinin değil dünya güzelliklerinin, yaratıcılığın ve sağlığın da sahibi olur.

Bu nedenle biyomühendislik ve yapay zekâ alanında ilerleme süreçlerinin bir araya gelmesi sonucu insanlık, küçük bir insanüstü sınıfla işlevsiz *Homo sapiens* üyelerden oluşan bir altsınıf şeklinde ikiye ayrılabilir. Kitleler ekonomik önem ve siyasi güçlerini yitirdiğinde devletin bu kitleye sağlık hizmeti, eğitim ve refah sağlama gerekçesini bir ölçüde bile kaybetmesi, zaten korkunç olan durumu daha da beter yapar. İşlevsiz kalmak çok tehlikeli. Böyle bir koşulda kitlelerin istikbali az sayıda seçkinin insafına kalır. Belki bir süreliğine insaf ederler. Ama iklim felaketi gibi bir kriz anında lüzumsuz insanları silkeleyip atmak son derece cazip ve kolay gelecektir.

Köklü bir liberal anlayış ve sosyal refah devleti geleneği bulunan Fransa ve Yeni Zelanda gibi ülkelerdeki seçkinler, kitlelere ihtiyaç duymasalar da onlara bakmayı sürdürebilir. Ama ABD gibi daha kapitalist ülkelerdeki seçmenler Amerikan sosyal refah devletinden geriye ne kaldıysa onu da lağvedebilir. Hindistan, Çin, Güney Amerika ve Brezilya gibi gelişmekte olan büyük ölçekli ülkeleri çok daha büyük bir sorun bekliyor. Buralarda halkın ekonomik değerini yitirmesi eşitsizliğin birdenbire artması anlamına geliyor.

Dolayısıyla küreselleşme, küresel birliğe sebebiyet vereceğine "türleşme" diye bir şeyin ortaya çıkmasına neden olabilir: insanlık iki ayrı biyolojik kasta ve hatta iki farklı türe ayrılır. Küreselleşme ulusal sınırları ortadan kaldırarak dünyayı yatay düzlemde birleştirecek ama aynı zamanda insanlığı dikey olarak sınıflandıracak. ABD'den Rusya'ya kadar çeşitli ülkelerin yönetimlerini elinde tutan oligarşiler birleşip sıradan *Sapiens* kitlesine karşı işbirliği yapabilir. Bu açıdan bakıldığında, günümüzde halkların "seçkin"lere kin duyması sağlam temellere dayanıyor. Dikkati elden bırakırsak Silikon Vadisi kodamanlarının torunları Apalaş Dağları'nda yaşayan taşralılardan ve Sibiryalı köylülerden üstün bir ırka dönüşebilir.

Uzun vadede böyle bir senaryo sonucunda kastın tepesindekiler dışarıdaki "barbarlar" yağmalamasın diye etrafını duvar ve hendeklerle çevirip "medeniyet" ilan ettikleri bir alana çekilince, küreselleşme süreci tersine bile dönebilir. 20. yüzyılın sanayi toplumlarında ucuz işgücü, hammadde ve piyasa için "barbarlar" gerekliydi. Bu yüzden işgal edildiler ve sindirildiler.

Ama 21. yüzyılın yapay zekâ, biyomühendislik ve nanoteknolojiye dayalı sanayi sonrası medeniyeti kendi kendini idame etmekte çok daha başarılı olabilir. Sırf bütün bir toplumsal sınıf değil bütün bir ülke ve kıta bile lüzumsuz addedilebilir. Kendini medeniyet ilan eden, birbirine mantık bombası atarak savaşan siborgların cirit attığı alanlarla, ellerinde palalar ve kalaşnikoflarla birbirine saldıran vahşi insanların yaşadığı topraklar, insansız hava araçları ve robot muhafızların koruduğu surlarla birbirinden ayrılabilir.

Bu kitap boyunca insanlığın geleceğinden bahsederken sık sık birinci çoğul şahıs kullanıyorum. "Bizim" sorunlarımız hakkında "biz" ne yapmalıyız diye soruyorum. Ama belki de "biz" diye bir şey yok. Belki en büyük sorunumuz farklı kitleleri tamamen farklı geleceklerin bekliyor olması. Belki dünyanın neresinde yaşadığınıza bağlı olarak, çocuklarınıza ya bilgisayar kodu yazmayı ya da hızlı silah çekip düzgün ateş etmeyi öğretmelisiniz.

Verinin sahibi kim?

Tüm servet ve iktidarın az sayıda seçkinin eline geçmesini engellemek istiyorsak bunun yolu veri mülkiyetini düzenlemekten geçiyor. Eski zamanlarda dünyadaki en kıymetli şey topraktı. Siyaset toprağı kontrol etme mücadelesiydi ve geniş topraklar az sayıda insanın eline geçtiğinde toplum aristokratlar ve halk diye ikiye ayrılıyordu. Modern çağda makineler ve fabrikalar topraktan daha önemli hale geldi ve siyasi mücadeleler bu elzem üretim araçlarının kontrolüne odaklandı. Fazla sayıda makine az sayıda insanın eline geçtiğinde toplum sermayedarlar ve proletarya diye ikiye ayrılıyordu. Ancak 21. yüzyılda veri en kıymetli şey olma anlamında hem toprağı hem de makineleri gölgede bırakacak ve siyaset veri akışını kontrol etme mücadelesi verecek. Veri az sayıda insanın eline geçerse insanlık iki ayrı türe ayrılacak.

Veriyi kapma yarışı başladı bile. Yarışın başını Google, Facebook, Baidu ve Tencent gibi veri devleri çekiyor. Şimdilik bu devlerin çoğu "ilgi tüccarlığı" tabir edilen iş modelini benimsemiş görünüyor.[2] Bize bedava bilgi, hizmet ve eğlence sunarak ilgimizi çekiyor sonra da bu ilgiyi reklamcılara satıyorlar. Ama muhtemelen veri devlerinin eski ilgi tüccarlarından çok daha büyük hedefleri var. Esas işleri kesinlikle reklam satmak değil. İlgimizi çekerek hakkımızda aşırı miktarda veri toplamayı başarıyorlar ki bu da reklamların toplam hasılatından daha değerli. Biz onların müşterisi değil mahsulüyüz.

Orta vadede bu veri istifi, ilkin reklam endüstrisinin kendisini mağdur edecek son derece farklı iş modellerinin önünü açıyor. Yeni iş modeli otoriteyi insanlardan alıp algoritmalara devretmeye dayanıyor. Buna neyi satın alacağımızı seçme ve onu satın alma otoritesi de dahil. Algoritmalar ürünleri bizim adımıza seçip almaya başladığında geleneksel reklam endüstrisi iflas edecek. Google'ı düşünün. Google kendisine *her şeyi* sorabileceğimiz ve dünyanın en iyi cevabını alabileceğimiz bir aşamaya gelmek istiyor. Google'a "Merhaba Google, arabalar ve benimle ilgili (ihtiyaçlarım, alışkanlıklarım, küresel ısınma hakkındaki görüşlerim ve hatta Ortadoğu politikası hakkındaki görüşlerim dahil) tüm bildiklerine dayanarak benim için en iyi arabanın hangisi olduğunu söyler misin?" diye sorabildiğimizde ne olacak? Google bu konuda bize iyi bir cevap verir ve deneyimlerimiz bize, kolayca yönlendirilebilir duygularımız yerine Google'a güvenmeyi öğretirse, araba reklamlarının ne anlamı kalır?[3]

Uzun vadede veri devleri yeterli veri ve yeterli işlem gücünü bir araya getirerek yaşamın en gizli sırlarına erişebilir ve bu bilgiyi sadece bizim adımıza tercihler yapmak ya da bizi yönlendirmek için değil organik canlıları baştan tasarlamak ve inorganik yaşam formları yaratmak için kullanabilir. Reklam satmak kısa vadede bu devleri ayakta tutmak için gerekli sayılsa da uygulamalar, ürünler ve şirketleri getirdikleri paradan ziyade topladıkları veri üzerinden değerlendiriyorlar genellikle. Popüler bir uygulama iş modelinden yoksun ve hatta ilk etapta para kaybediyor olabilir ama veri emdiği sürece bu uygulamanın değeri milyarları bulabilir.[4] Veriyi paraya nasıl çevireceğinizi şimdiden bilmiyor olabilirsiniz ama her halükârda elinizde tutmaya değer; sonuçta geleceği kontrol etmenin ve şekillendirmenin anahtarı bu verilerde yatıyor olabilir. Veri devleri konuyu tam olarak bu şekilde mi değerlendiriyor bilmiyorum ama işletme anlayışları, veri birikimine alelade para birimlerinden daha çok değer verdiklerine işaret ediyor.

Sıradan insanlar bu sürece direnmekte çok zorlanacak. Günümüzde insanlar en değerli varlıklarını yani kişisel verilerini ücretsiz elektronik posta hizmetleri ve komik kedi videoları karşılığında teslim etmekten son derece memnun. Bu durum, ne yaptığının farkında olmadan koca toprakları üç beş renkli boncuk ve ıvır zıvır karşılığında Avrupalı emperyalistlere satan Afrika ve Kuzey Amerika yerlilerinin durumuna benziyor biraz. Eğer sıradan insanlar daha sonradan karar alıp veri akışını kesmeye kalkışırsa, bunun her defasında daha zor olduğunu fark edebilirler; özellikle de o aşamada tüm tercihlerini, hatta sağlık ve fiziksel varlıklarını bu ağın kollarına bırakmış olurlarsa.

İnsanlarla makineler, bu ağın dışına çıkan bir insanın hayatta kalmasına olanak bırakmayacak kadar iç içe geçmiş olabilir. Daha doğmadan bu ağa bağlanılacağı için hayatınızın ilerleyen safhalarında ayrılmaya kalkarsanız sigorta şirketleri sizi sigortalamayı, işverenler size iş vermeyi, sağlık hizmetleri size bakmayı reddedebilir. Sağlık ve kişisel gizlilik müsabakasını parmağını kıpırdatmadan kazanacaktır sağlık.

Biyometrik sensörler aracılığıyla beden ve beyninizden toplanan veriler akıllı makinelere akıp durdukça, şirketlerin ve devletlerin sizi iyice tanıması, yönlendirmesi ve sizin adınıza tercihler yapması kolaylaşır. Daha da önemlisi, tüm beden ve beyinlerin özünde yatan mekanizmayı çözebilir ve bu sayede yaşamı tasarlama gücü kazanabilirler. Küçük bir seçkin grubun böylesi tanrısal güçleri tekeline almasını ve insanlığın iki biyolojik kasta ayrılmasını engellemek istiyorsak şunu sormalıyız: Verinin sahibi kim? DNA, beyin ve hayatıma ait veriler bana mı, devlete mi, bir şirkete mi, yoksa insanlığın tamamına mı ait?

Devletlerin verileri kamuya açmasının şart koşulması muhtemelen büyük şirketlerin gücünü dizginler ama bu da ucube dijital diktatörlüklere yol açabilir. Siyasetçilerin müzisyenleri andıran bir yanı vardır ve çaldıkları enstrüman insanların duygusal ve biyokimyasal sistemidir. Bir konuşma yapıp ülkeyi korkuya sürükleyebiliyorlar. Bir tweet atıyorlar ve öfke patlaması yaşanıyor. Bence bu müzisyenlerin eline daha karmaşık bir enstrüman vermemeliyiz. Siyasetçiler duygularımızın tellerini doğrudan titretebilir, diledikleri gibi endişe, nefret, neşe ve sıkıntı yaratabilir hale gelirse, siyaset sadece bir duygu sirkine döner. Büyük şirketlerin gücünden alabildiğine korkmamız gerek ama tarih bize kadirimutlak devletlerin kucağında da halimizin bir o kadar harap olduğunu gösteriyor. Mart 2018 itibarıyla hakkımdaki verileri Vladimir Putin'e vereceğime Mark Zuckerberg'e veririm (gerçi Cambridge Analytica skandalının gösterdiği üzere böyle bir seçenek yok çünkü Zuckerberg'e teslim edilen veriler dönüp dolaşıp Putin'in eline geçebiliyor).

İnsanların kendi verilerinin mülkiyetini saklı tutması fikri bu iki seçenekten daha cazip gelebilir ama bunun tam anlamıyla ne demek olduğu belli değil. Toprak mülkiyetini düzenlemek konusunda binlerce yıllık deneyimimiz var. Bir alanın etrafına çit çekip kapıya nöbetçi dikerek giren çıkanı nasıl kontrol edeceğimizi biliyoruz. Son iki yüzyılda sanayi mülkiyetini nasıl düzenleyeceğimizi de gayet iyi öğrendik; bu sayede ister General Motors'un ister Toyota'nın hisselerini alıp şirketin bir kısmına ortak olabiliyoruz. Ama veri mülkiyeti düzenlemesi konusunda fazla deneyimimiz yok ve toprak ve makinelerden farklı olarak hem her yerde olduğu hem de hiçbir yerde durmadığı, ışık hızıyla yer değiştirebildiği ve istenildiği kadar kopyalanabildiği için veri mülkiyetini düzenlemek yapısal olarak çok daha çetrefilli bir iş.

O yüzden avukatlarımızı, siyasetçilerimizi, filozoflarımızı hatta şairlerimizi bu açmaza, "Verinin mülkiyeti nasıl düzenlenir?" sorusuna eğilmeye çağıralım. Bu belki de çağımızın en önemli siyasi sorusu. Bu soruyu kısa zamanda cevaplayamazsak sosyopolitik sistemimiz çökebilir. İnsanlar daha şimdiden yaklaşmakta olan felaketi sezinliyor. Belki de dünyanın dört bir yanındaki vatandaşlar bu sebeple on sene önce karşı konulmaz buldukları liberal anlatıya inançlarını kaybediyor.

Peki, bu noktadan ileriye nasıl gidilir ve biyoteknolojiyle bilişim teknolojileri devrimlerinin yol açacağı muazzam zorluklarla nasıl başa çıkılır? Dünyanın tepetaklak olmasına bizzat sebep olan biliminsanları ve girişimciler teknolojik bir çözüm tasarlayabilir mi? Örneğin ağ tabanlı algoritmalar kolektif olarak tüm verilerin mülkiyetini elinde tutacak ve hayatın gelecekteki gelişimini gözetecek küresel bir insan topluluğunun temelini oluşturabilir mi? Küresel eşitsizlik artar ve toplumsal gerginlik dünya çapına yayılırsa, Mark Zuckerberg iki milyar arkadaşını güçlerini birleştirip bir şeyler yapmaya çağırır belki.

II. Kısım

SİYASİ ZORLUK

Bilişim teknolojileriyle biyoteknolojinin kaynaşması çağdaş temel değerleri, özgürlük ve eşitliği tehdit ediyor. Teknolojik zorluğa getirilecek çözümlerin küresel bir işbirliği içermesi gerekiyor. Ancak milliyetçilik, din ve kültür insanlığı birbirine düşman kamplara ayırıyor ve küresel düzeyde bir işbirliğini oldukça güçleştiriyor.

5

Topluluk

İnsanların bedenleri var

Kaliforniya depremlere alışık olsa da 2016 ABD seçimlerinin yarattığı siyasi sarsıntının Silikon Vadisi üzerindeki etkisi çok sertti. Sorunun bir parçası olabileceklerini idrak eden bilgisayar dehaları duruma mühendislerin en iyi bildiği şeyi yaparak, teknik bir çözüm arayarak tepki verdi. Tepkilerin en güçlüsü de Facebook'un Menlo Park'taki genel merkezinde cereyan etti. Bu anlaşılabilir bir durum. Zira Facebook'un işi toplumsal paylaşım ağı kurmak, bu nedenle toplumsal huzursuzluklardan ziyadesiyle etkileniyor.

Mark Zuckerberg üç ay süren bir vicdan muhasebesinden sonra, 16 Şubat 2017'de küresel bir topluluk oluşturma gerekliliği ve Facebook'un bu projedeki rolü üzerine cesur bir manifesto yayımladı.[1] Zuckerberg bunu takiben, ilki 22 Haziran 2017'de düzenlenen Facebook Toplulukları Zirvesi'nde bir konuşma yaparak, günümüzde yaşanan yaygın uyuşturucu bağımlılığından zalim totaliter rejimlere çeşitli sosyopolitik çalkantıların büyük ölçüde insan topluluklarının parçalanıp dağılmış olmasından kaynaklandığı yönünde bir açıklamada bulundu. "Yıllar içinde her tür gruba katılım oranı yüzde 25 gibi düşük bir orana geriledi. Bu da hayat gayesi ve dayanışma için başka kanallara yönelen çok sayıda insan olduğu anlamına geliyor," diye yakınıyordu Zuckerberg.[2] Facebook'un bu toplulukların yeniden oluşumuna öncülük edeceğine ve cemaat önderlerinin omuzlarından attığı yükü mühendislerinin sırtlanacağına söz verdi. "Topluluk kurmayı kolaylaştıracak araçlar uygulamaya koyacağız," dedi.

Açıklamasını şöyle sürdürdü: "Sizin için önem taşıyan gruplar önermek konusunda daha başarılı olabilir miyiz diye bir proje başlattık. Bu amaçla bir yapay zekâ inşa etmeye başladık. Ve işe yarıyor. İlk altı ayda yüzde 50 kadar daha fazla insanın anlamlı topluluklara katılımına önayak olduk." Zuckerberg'in nihai amacı, "Bir milyar insanın anlamlı topluluklara katılımına yardımcı olmak (...) Bunu başarabilirsek sadece geçtiğimiz dönemlerde gördüğümüz topluluk üyeliğindeki düşüşün önüne geçmekle kalmaz, toplumsal dokunun güçlenmesini ve dünyanın birbirine daha da yakınlaşmaya başlamasını sağlamış oluruz." Bu öylesine önemli bir gaye ki Zuckerberg, "Facebook'un tüm misyonunu bu doğrultuda değiştirmeye," ant içti.[3] Zuckerberg insan topluluklarının parçalanıp dağılmasına hayıflanmakta kesinlikle haklı. Ancak bu andı içtikten aylar sonra, bu kitap baskıya giderken patlayan Cambridge Analytica skandalı, Facebook'a emanet edilen verilerin üçüncü şahıslar tarafından toplanıp dünyanın çeşitli yerlerindeki seçimleri manipüle etmek için kullanıldığını ortaya çıkardı. Bu durum Zuckerberg'in büyük vaatlerini gülünç duruma düşürdü ve halkın Facebook'a güvenini yerle bir etti. Facebook'un yeni insan toplulukları oluşturmaya kalkışmadan, kendini mevcut toplulukların gizlilik ve güvenliklerini korumaya adamasını umuyoruz.

Yine de Facebook'un müşterek algısını derinlemesine ele almakta ve güvenlik sağlama alındıktan sonra çevrimiçi sosyal ağların küresel boyutta insan toplulukları oluşturulmasına yarayıp yaramayacağını değerlendirmekte fayda var. 21. yüzyılda insanlar tanrısal özellikler kazanacak olabilir ama 2018 itibarıyla halen Taş Devri'nden kalma hayvanlarız. Büyüyüp serpilmek için yakın olduğumuz topluluklara tutunmaya hâlâ ihtiyaç duyuyoruz. İnsanlar milyonlarca yıldır birkaç düzine üyeyi aşmayan küçük nüfuslu gruplar halinde yaşamaya uyum sağlamış. Facebook'taki arkadaş sayımızla ne kadar övünsek de çoğumuz için 150 kişiden fazlasıyla gerçekten haşır neşir olabilmek pek mümkün görünmüyor.[4] Bu gruplar olmadan insanlar yalnız ve dışlanmış hissediyor.

Ne yazık ki son iki yüz yıldır sağlam bağları olan topluluklar gerçekten de dağılmaya başladı. Birbirini gerçekten tanıyan küçük grupların yerine millet ve siyasi parti üyelerinin oluşturduğu hayali topluluklar koyma girişimlerinin bütünüyle başarılı olduğu görülmüş şey değil. Ulusal ailenizdekiler dahil milyonlarca kardeş veya Komünist Parti üyesi milyonlarca yoldaş tek bir gerçek kardeşin ya da arkadaşın sağladığı sıcaklığı, samimiyeti sunamaz. Dolayısıyla insanlar her zamankinden daha bağlantılı bir gezegende her zamankinden daha yalnız hayatlar yaşıyor. Çağımızın pek çok toplumsal ve siyasi parçalanması da bu nahoş durumla ilişkilendirilebilir.[5]

Bu sebeple, Zuckerberg'in insanları birbirine bağlama fikri gayet yerinde. Ama lafla peynir gemisi yürümediğinden Facebook'un bu fikri hayata geçirmek için iş modelini baştan aşağı değiştirmesi gerekebilir. Parayı insanların ilgisini cezbedip bu ilgiyi reklamcılara satarak kazanıyorsanız küresel bir topluluk kurmanız pek mümkün değil. Buna rağmen Zuckerberg'in böyle bir fikri geliştirmeye istekli olması dahi takdire şayan. Çoğu şirket kendilerinin para kazanmaya odaklanması, devletlerin mümkün mertebe az müdahalede bulunması, insanların da kendileri için gerçekten önem atfeden kararları piyasanın işleyişine bırakması gerektiğine inanıyor.[6] Bu yüzden eğer Facebook ideolojik olarak cidden insan toplulukları oluşturmaya adarsa kendini, böyle bir güçten korkan insanların "Büyük Birader!" nidaları atarak Facebook'u şirket kabuğuna çekilmeye itmemesi gerek. Aksine diğer şirketleri, kurumları ve devletleri kendi ideolojik sorumluluklarını alarak Facebook'la rekabete teşvik etmeliyiz.

İnsan topluluklarının parçalanıp dağılmasından yakınan ve bu tür toplulukları yeniden kurmak isteyen bir dolu organizasyon var elbette. Feminist aktivistlerden aşırı İslamcılara herkes topluluk kurmakla meşgul ve ilerleyen bölümlerde bu çabaların bazılarını inceleyeceğiz. Facebook'un hamlesinin belirleyici özelliği, küresel çaplı ve şirket destekli olmanın yanında, derin bir teknoloji inancı barındırmasıdır. Zuckerberg Facebook'un yapay zekâsının "anlamlı toplulukları" tespit etmekle kalmayıp "toplumsal dokunun güçlenmesine ve dünyanın birbirine daha da yakınlaşmaya başlamasını" sağlayacağına emin görünüyor. Bu yapay zekâyı araba sürmek ya da kanser teşhis etmek için kullanmaktan çok daha iddialı bir hedef.

Facebook'un topluluk vizyonu yapay zekânın küresel ölçekte merkezi, planlı toplum mühendisliği için kullanılması yönünde belki de ilk girişim. Dolayısıyla mühim bir örnek teşkil ediyor. Başarılı olursa bu tür pek çok girişime daha tanık olabiliriz ve algoritmalar insanların oluşturduğu toplumsal ağların yeni efendileri olarak kabul edilir. Başarısız olursa yeni teknolojilerin sınırları açığa çıkar; algoritmaların araba kullanmak veya hastalık tedavisinde işe yarayabileceğine ama iş toplumsal sorunları çözmeye geldiğinde siyasetçi ve din adamlarına güvenmeyi sürdürmek gerektiğine kanaat getirebiliriz.

Çevrimdışı çevrimiçi karşıtlığı

Son yıllarda Facebook muazzam bir başarı yakaladı ve halihazırda iki milyardan fazla aktif çevrimiçi kullanıcısı bulunuyor. Fakat bu yeni vizyonu yürürlüğe sokabilmek için çevrimiçiyle çevrimdışı arasındaki uçurumu kapatması gerekecek. Bir topluluk ilk olarak çevrimiçi âlemde bir araya gelebilir ama gerçekten yol katedebilmek için çevrimdışı âleme de kök salması gerekecektir. Gün gelir diktatörün biri ülkesinde Facebook'u yasaklar ya da külliyen internetin fişini çekerse, topluluklar yok olup gider mi yoksa tekrar toparlanıp direnirler mi? İnternet üzerinden haberleşemediklerinde gösteri düzenlemeyi başarabilirler mi?

Zuckerberg Şubat 2017 tarihli manifestosunda çevrimiçi toplulukların çevrimdışı toplulukları beslediğini açıklamıştı. Bu kimi açılardan doğru. Ama çoğu zaman çevrimdışı topluluk çevrimiçinin zararına oluyor ve bu iki şey arasında temel bir fark var. Fiziksel varlık gösteren topluluklar sanal toplulukların, en azından yakın gelecekte aşık atamayacağı bir derinliğe sahip. İsrail'deki evimde hastalanıp yatağa düşersem Kaliforniya'daki çevrimiçi arkadaşlarım benimle sohbet edebilir ama bana bir tas çorba ya da bir bardak çay getiremezler.

İnsanların bedenleri var. Teknoloji bu son yüzyılda bizi bedenlerimizden uzaklaştırmaya başladı. Aldığımız kokuları ve tatları dikkate alma yetimizi yitirir olduk. Bunlar yerine akıllı telefonlarımıza ve bilgisayarlarımıza gömülmüş durumdayız. Siber âlemde ne olup bittiği, oturduğumuz sokakta ne olup bittiğinden daha çok ilgimizi çekiyor. Artık İsviçre'deki kuzenimle çok daha rahat konuşabiliyorum ama kahvaltı ederken eşimle sohbet etmem zorlaştı çünkü kafasını telefonundan kaldırıp bana baktığı yok.[7]

Eskiden insanlar böyle bir dikkatsizliği göze alamazdı. Avcı toplayıcı atalarımız her daim tetikte ve pürdikkatti. Ormanda mantar aranırken gözleriyle toprağı tarar, mantara alamet olabilecek bir tümsek var mı diye bakarlardı. Çalıların arasında saklanan bir yılan olabilir diye en ufak bir kıpırtıya kulak kabartırlardı. Yenilebilir görünen bir mantara denk geldiklerinde, benzer ama zehirli bir mantarla karıştırıp karıştırmadıklarını anlayabilmek için mantarın tadına büyük bir ihtimamla bakarlardı. Günümüzün varsıl toplumlarının üyeleri böylesine keskin bir farkındalığa ihtiyaç duymuyor. Marketlerin koridorlarında birileriyle mesajlaşarak dolaşabiliyor ve sağlık otoritelerinin denetiminde üretilmiş bin bir çeşit yiyecekten istediğimizi seçip alabiliyoruz. Ama ne seçersek seçelim sonunda kendimizi ekran karşısında, elektronik postaları kontrol ederken veya televizyon izlerken yediğimiz şeyin tadına öyle pek de ihtimam etmeden alelacele tıkınır vaziyette bulabiliyoruz.

Zuckerberg Facebook'un başkalarıyla "deneyimlerinizi paylaşabilmeniz için araçlar geliştirmeyi" sürdüreceğini söylüyor.[8] Ama belki de insanların asıl ihtiyaç duyduğu kendi deneyimleriyle ilişki kurmaktır. "Deneyimleri paylaşma" adına insanlar başlarından geçenleri başkalarının nasıl algılayacağı üzerinden değerlendirmeye teşvik ediliyor. Heyecan verici bir şey yaşandığında Facebook kullanıcılarının içinden hemen telefonlarını çıkarıp bunu fotoğraflamak ve paylaşıp beğenilmesini beklemek geliyor. Bu süreçte kendilerinin ne hissettiklerini zar zor algılayabiliyorlar. Esasen ne hissettikleri, aldıkları çevrimiçi tepkilere giderek daha çok bağlı hale geliyor. Bedenlerinden, duyularından ve fiziksel çevrelerinden uzaklaşan insanların yabancılaşma ve kafa karışıklığı yaşaması muhtemel. Âlimler bu tür hisleri genellikle dini ve milli bağların zayıflamasına bağlar ama bedenle ilişkinin kaybı muhtemelen daha önemli bir etken. İnsanlar milyonlarca yıl din ve milliyet olmadan yaşadılar; muhtemelen 21. yüzyılda da bunlarsız mutlu mesut yaşayabilirler. Fakat bedenleriyle bağlantısı kopmuş bir şekilde mutlu mesut yaşayamazlar. Kendi bedeniniz içinde rahat hissetmezseniz dünya üzerinde de rahat hissedemezsiniz.

Şimdiye kadar Facebook'un iş modeli insanları çevrimiçi âlemde daha çok vakit geçirmeye teşvik etmek üzerine kuruluydu; bu çevrimdışı faaliyetlere ayıracak daha az zaman ve enerjileri kalması anlamına gelse bile. Peki sadece gerektiğinde çevrimiçi olmaya ve fiziksel çevreleri, kendi beden ve duyularına daha fazla eğilmelerini teşvik edecek yeni bir modele geçilebilir mi? Hissedarlar böyle bir model hakkında ne düşünür? (Bu tür bir alternatif model tasarısı, teknoloji filozofu ve eksi bir Google çalışanı olan, "iyi harcanmış zaman" adıyla yeni bir ölçü geliştiren Tristan Harris tarafından öne sürüldü.[9])

Zuckerberg'in toplumsal kutuplaşmaya getirdiği çözümü çevrimiçi ilişkilerin sınırları da baltalıyor. Zuckerberg insanları birbiriyle ilişkiye sokup onları farklı fikirlerle yüzleştirerek toplumsal ayrışmaları ortadan kaldıramayacağımızı çünkü "insanların kendi düşündüklerinin aksini iddia eden bir makaleyle karşılaştıklarında farklı bakış açılarını yabancı görüp kutuplaşmayı derinleştirdiği" yönünde doğru bir tespitte bulunuyor. Bunun yerine "söylemi geliştirmek için en iyi çözüm bir insanı belli bir görüş dahilinde değil tüm yönleriyle tanımaktır ve Facebook bilhassa bunun için uygun olabilir. İnsanlarla ortak yanlarımız; spor takımları, televizyon programları, ilgi alanlarımız üzerinden ilişki kurarsak ters düştüğümüz konularda diyalog kurmak kolaylaşır" önerisinde bulunuyor.[10]

Ancak insanların birbirlerini "tüm yönleriyle" tanıması son derece güç. Bu çok uzun zaman alır ve doğrudan fiziksel etkileşim gerektirir. Daha önce de belirtildiği üzere, ortalama bir *Homo sapiens* muhtemelen 150'den fazla kişiyle içli dışlı olamıyor. İdeal durumlarda topluluklar oluşturmak, kazananın olmadığı bir oyun olmamalı. İnsanlar aynı anda farklı gruplara bağlılık gösterebilir. Ama ne yazık ki yakın ilişkilerde bir taraf kazanırken diğeri büyük olasılıkla kaybediyor. Belli bir noktadan sonra İran ya da Nijerya'daki çevrimiçi arkadaşlarınızı tanımaya harcayacağınız vakit kapı komşularınızı tanıyabilmenize mal olabilir.

Facebook asıl sınavını, mühendisin biri insanların çevrimiçi alışverişe daha az vakit harcayıp arkadaşlarıyla çevrimdışı ve anlamlı etkinliklerde bulunmasına sebep olacak yeni bir araç geliştirdiğinde verecek. Böyle bir aracı benimseyecek mi bastıracak mı? Gerçekten gözünü karartıp parasal çıkar yerine toplumsal meselelere önem verecek mi? Öyle yapar da iflas etmemeyi başarırsa, işte bu hatırı sayılır bir dönüşüme yol açar.

Üç aylık bilançoları yerine çevrimdışı hayata ehemmiyet vermenin Facebook'un vergilendirme politikaları üzerinde de etkisi olur. Amazon, Google, Apple ve pek çok başka teknoloji devi gibi Facebook da defalarca vergi kaçırmakla suçlandı.[11] Çevrimiçi etkinlikleri vergilendirmenin içerdiği zorluklar, bu küresel şirketlerin her tür yaratıcı muhasebeciliğe başvurmasını kolaylaştırıyor. İnsanların çoğunlukla çevrimiçi hayatlar sürdüğünü ve onlara çevrimiçi varlıkları için gerekli araçlar sunduğunuzu düşünürseniz, çevrimdışı devletlere vergi ödemekten kaçtığınızda bile faydalı bir toplumsal hizmet sağlıyor gibi görebilirsiniz kendinizi. Ama insanların bedenleri olduğunu ve bu yüzden de halen yollara, hastanelere ve kanalizasyon sistemlerine ihtiyaç duyduklarını idrak ederseniz vergi kaçırmanın gerekçelendirilecek bir tarafı kalmaz. En önemli kamusal hizmetleri maddi açıdan desteklemeyi reddederken nasıl çıkıp toplulukları öveceksiniz?

Umarız Facebook iş modelini değiştirir, çevrimdışı hayata önem veren vergi politikaları uygular, dünyanın kucaklaşmasına yardımcı olur ve tüm bunları yaparken de kâr etmeyi sürdürür. Yine de Facebook'un küresel topluluk fikrini hayata geçirme becerisi konusunda gerçekdışı beklentilere kapılmamak gerek. Tarihe baktığımızda şirketlerin toplumsal ve siyasal devrimlere önderlik etmek için biçilmiş kaftan olmadıklarını görürüz. Gerçek bir devrim eninde sonunda bu şirketlerin, çalışanlarının ve hissedarlarının göze almak istemeyecekleri fedakârlıklarda bulunmayı gerektirir. Bu yüzden de devrimciler kiliseler, siyasi örgütler ya da ordular kurarlar. Arap dünyasında yaşanan sözde Facebook ve Twitter devrimlerinin temelleri umut dolu çevrimiçi topluluklarda atılmış olsa da iş çevrimdışı dünyanın keşmekeşine geldiğinde kontrol kökten dincilere ya da askeri cuntalara geçti. Facebook artık küresel bir devrime önayak olmak istiyorsa çevrimiçiyle çevrimdışı arasındaki açığı kapatmak konusunda daha fazla çalışmalı. Hem Facebook hem de diğer çevrimiçi devler insanları on parmak, bir ekran ve bir kredi kartına bağlı bir çift göz ve bir çift kulaktan oluşan görsel-işitsel (odyovizüel) hayvanlar şeklinde algılıyor. İnsanlığı bir araya getirme yolunda atılacak en önemli adımlardan biri, insanların bedenleri olduğunu kavramak.

Elbette bunu kavramalarının getireceği olumsuzluklar da var. Çevrimiçi algoritmaların sınırlı olduğunu anlamak, teknoloji devlerinin erişim alanlarını genişletmesinden başka bir işe yaramayabilir. Google Glass gibi cihazlar ve Pokémon Go tarzı oyunlar çevrimiçiyle çevrimdışı arasındaki farkı kaldırmak, bu iki şeyi artırılmış gerçeklik bünyesinde birleştirmek üzere tasarlanıyor. Daha da derin bir düzeyde biyometrik sensörler ve beyinle bilgisayar arasında doğrudan oluşturulacak arayüzler elektronik makineyle organik beden arasındaki sınırı aşmayı ve gerçek anlamda içimize işlemeyi amaçlıyor. Teknoloji devleri insan bedeni fikriyle barışınca şimdi gözlerimizi, parmaklarımızı ve kredi kartlarımızı yönlendirdikleri gibi tüm bedenlerimizi yönlendirmeye başlayabilir. Çevrimiçiyle çevrimdışı âlemlerin farklı olduğu günleri özlemle anar hale gelebiliriz.

they've already gone
(and i'm not responsible)

6

Medeniyet

Dünyada sadece tek bir medeniyet var

Mark Zuckerberg insanlığı çevrimiçi ortamda birleştirme hayalleri kurarken, son zamanlarda çevrimdışı diyarda cereyan eden olaylar "medeniyetler çatışması" tezinin ateşini körükledi. Pek çok âlim, siyasetçi ve sıradan vatandaş Suriye iç savaşı, IŞİD'in peydahlanması, Brexit'in yarattığı kargaşa ve Avrupa Birliği'nde yaşanan istikrarsızlık gibi konuların hepsinin "Batı Medeniyeti"yle "İslam Medeniyeti" arasındaki çatışmadan kaynaklandığına inanıyor. Batı'nın Müslüman milletlere demokrasi ve insan hakları getirme girişimleri şiddetli bir İslami tepkiye yol açtı ve Müslüman göçü dalgası beraberinde gerçekleşen İslami terör saldırıları sonucu Avrupalı seçmenler çokkültürlülük hayallerini rafa kaldırıp yabancı düşmanı yerel kimliklere meyletmeye başladı.

Sözkonusu teze göre insanlık ezelden beri birbiriyle uzlaşması mümkün olmayan dünya görüşlerine sahip bireylerin oluşturduğu farklı medeniyetlere ayrılmıştı. Bu birbiriyle bağdaşmayan dünya görüşleri medeniyetlerarası çatışmayı kaçınılmaz kılıyordu. Nasıl ki tabiatta farklı türler doğal seçilimin acımasız yasaları doğrultusunda hayatta kalmaya çalışıyordu, medeniyetler de tarih boyunca defalarca çatışmış ve sadece en güçlü olanlar hayatta kaldığından olan biteni onlar aktarmıştı. Bu amansız hakikati göz ardı edenler, ister liberal siyasetçiler ister akılları beş karış havada mühendisler olsun, hatalarının ceremesini çekeceklerdi.[1]

"Medeniyetler çatışması" tezinin pek çok siyasi çıkarımı var. Tezin savunucuları "Batı"yla "Müslüman âlemi" birleştirmeye yönelik herhangi bir girişimin başarısızlığa mahkûm olduğunu ileri sürüyor. Müslüman ülkeler asla Batı'nın değerlerini benimsemeyecek, Batılı ülkeler de asla Müslüman azınlıkları özümsemeyi başaramayacak. Buna istinaden ABD, Suriye veya Irak'tan gelen göçmenleri kabul etmemeli ve Avrupa Birliği de çokkültürlülük yanılgısından kurtulup göğsünü gere gere Batı kimliğine bürünmelidir. Uzun vadede doğal seçilim sınavından sadece tek bir medeniyet geçecektir ve Brüksel'deki bürokratlar Batı'yı İslam tehlikesinden korumayı reddediyorsa o vakit Birleşik Krallık, Danimarka ya da Fransa bu işin altından kendi başına kalkmalıdır.

Oldukça yaygın olsa da hatalı bir tezdir bu. Aşırı İslam ciddi bir tehlike arz ediyor olabilir ama tehdit ettiği "medeniyet", Batı'ya özgü bir fenomen değil tüm dünya medeniyeti. IŞİD, İran'la ABD'yi ona karşı birlik olmaya boşuna itmedi. Ayrıca ortaçağdan kalma tüm fantezilerine rağmen, aşırı İslamcılar bile sırtlarını 7. yüzyıl Arabistan kültüründen ziyade çağdaş küresel kültüre dayıyor. Ortaçağ çiftçi ve tüccarlarının değil dışlanmış modern gençlerin korku ve umutlarına hitap ediyorlar. Pankaj Mishra ve Christopher de Bellaigue'un güçlü bir şekilde ortaya koyduğu üzere, radikal İslamcılar Hz. Muhammed kadar Marx ve Foucault'dan da etkilenmiş, Emevi ve Abbasi halifeleri kadar 19. yüzyıl Avrupalı anarşistlerinin de mirasını devralmışlardır.[2] Dolayısıyla IŞİD'i dahi gökten inmiş esrarengiz bir ağacın meyvesi gibi değil de hepimizin paylaştığı küresel kültürden türemiş kötü bir tohum şeklinde düşünmek daha doğru olur.

Daha da önemlisi "medeniyetler çatışması" tezine dayanak olarak tarihle biyoloji arasında kurulan alegori yanlış. Küçük kabilelerden devasa medeniyetlere kadar her tür insan topluluğu hayvan türlerinden esas itibarıyla farklıdır ve tarihsel çatışmalar doğal seçilimden büyük farklılıklar gösterir. Hayvan türleri binlerce yıl sağlam kalan nesnel kimliklere sahiptir. Şempanze mi goril mi olduğunuz inançlarınıza göre değil genlerinize göre belirlenir ve farklı genler başka toplumsal davranışlar dayatır. Şempanzeler dişi erkek karışık gruplar halinde yaşar. İktidar için her iki cinsiyetten destekçilerin ittifakını sağlayarak yarışırlar. Buna karşın gorillerde tek bir baskın erkek, dişilerden oluşan bir harem kurar ve lider genellikle konumunu sarsma tehlikesi taşıyan diğer erkekleri kovar. Şempanzeler gorillere özgü toplumsal düzenlemeleri benimseyemez, goriller şempanzeler gibi örgütlenemez ve bildiğimiz kadarıyla şempanze ve gorillerin kendilerine özgü toplumsal sistemleri onyıllardır değil yüz binlerce yıldır süregelmiştir.

İnsanlarda buna benzer bir şey göremeyiz. Evet, insan topluluklarının da kendilerine has toplumsal sistemleri var ama bunları belirleyen genler değil, ayrıca birkaç yüzyılı aşkın süre boyunca sağlam kalan bir sistem de pek yok.

Örneğin 20. yüzyılda yaşayan Almanları ele alalım. Yüz yıldan kısa bir süre içinde Almanlar kendilerini altı farklı sistem içerisinde teşkilatlandırdı: Hohenzollern Hanedanı, Weimar Cumhuriyeti, Üçüncü Reich, Alman Demokratik Cumhuriyeti (namıdiğer komünist Doğu Almanya), Almanya Federal Cumhuriyeti (namıdiğer Batı Almanya) ve son olarak yeniden birleşen demokratik Almanya. Elbette Almanlar Almanca konuşmayı, bira içip *bratwurst* yemeyi sürdürmüştür. Ama Almanları tüm diğer milletlerden ayıran kendilerine has ve II. Wilhelm'den Angela Merkel'e kadar değişmeden kalmış bir öz var mı? Ve böyle bir şey buldunuz diyelim, o şey bin ya da beş bin yıl önce de var mıydı?

Yürürlüğe girmeyen Avrupa Birliği Anayasası Önsözü, "Avrupa'nın ihlal edilemez ve şahısların elinden alınamaz insan hakları, demokrasi, eşitlik ve hukukun üstünlüğü gibi evrensel değerlerin oluşmasına temel sağlayan kültürel, dini ve insani mirasın" esas alındığını ifade ederek başlıyor.[3] Bu söylem doğrultusunda Avrupa medeniyetini insan hakları, demokrasi, eşitlik ve özgürlük ilkelerinin belirlediği izlenimini edinebiliriz rahatlıkla. Antik Atina demokrasisiyle günümüz Avrupa Birliği arasında doğrudan bir bağlantı kurarak Avrupa'nın 2500 yıllık özgürlük ve demokrasi geleneğini öven pek çok söylev bulunur. Durum filin kuyruğunu tutup fil denen hayvanı bir çeşit fırça sanan kör adamın hikâyesinden farksız. Avrupa'nın yüzlerce yıldır demokratik fikirler barındırdığı doğru ama bu fikirler hiçbir zaman bütünlüklü değildi. Atina demokrasisi tüm görkemine ve yarattığı etkiye karşın sadece iki yüz yıl hayatta kalabilmiş ve Balkanlar'ın ufak bir köşesinde isteksizce uygulanmış bir deneyden ibaretti. Avrupa medeniyeti geçtiğimiz 2500 yıl boyunca demokrasi ve insan haklarının beşiği olduysa, Sparta ile Jül Sezar'ı, Haçlılar ile Konkistadorlar'ı, Engizisyon ile köle ticaretini, XIV. Louis ile Napolyon'u, Hitler ile Stalin'i nereye oturtacağız? Bunların hepsi yabancı medeniyetlerden gelen davetsiz misafirler mi?

Esasen Avrupa medeniyetini Avrupalıların ona yüklediği anlam belirliyor; nasıl ki Hıristiyanlığı Hıristiyanların Hıristiyanlığa yüklediği anlam, İslam'ı Müslümanların İslam'a yüklediği anlam, Yahudiliği Yahudilerin Yahudiliğe yüklediği anlam belirliyorsa. Ve bu medeniyete yüzyıllar içinde son derece farklı anlamlar yüklenmiş. İnsan topluluklarını süregiden herhangi bir şeyden ziyade uğradıkları değişimler tanımlar ama insanlar hikâye anlatma becerileri sayesinde kendilerine her koşulda kadim bir kimlik yaratmayı başarırlar. Ne tür devrimler yaşanırsa yaşansın insanlar genellikle eskiyle yeniyi aynı potada eritirler.

Bireyler bile devrim niteliği taşıyan şahsi değişimlerini anlamlı ve güçlü bir hayat hikâyesi oluşturacak şekle sokabilir: "Bir zamanlar sosyalisttim ama sonra kapitalist oldum; Fransa'da doğdum ama şimdi ABD'de yaşıyorum; evliydim ama boşandım; kansere yakalandım ama iyileştim." Aynı şekilde Almanlar gibi bir topluluk da kendilerini geçirdikleri deneyimler üzerinden tanımlayabilir: "Bir zamanlar Naziydik ama dersimizi aldık ve artık barış yanlısı demokratlarız." Önce II. Wilhelm, sonra Hitler ve son olarak da Merkel dönemlerinde kendini gösteren nevi şahsına münhasır bir Alman niteliği aramaya gerek yok. Alman kimliğini belirleyen, bu kökten dönüşümlerin ta kendisi. 2018'de Almanlık liberal ve demokrat değerleri savunurken Naziliğin ağır mirasıyla cebelleşmek demek. 2050'de ne anlama gelir kim bilir.

İnsanlar çoğunlukla, özellikle de konu temel siyasal ve dini değerler olunca, bu değişimleri görmezden gelir. Sahip olduğumuz değerlere yedi ceddimizden kalma kıymetli miraslarmış muamelesi yaparız. Ne var ki böyle yapabilmemizin yegâne sebebi ceddimizin ölüp gitmiş ve söz alamayacak olmasıdır. Örneğin Yahudilerin kadınlara karşı tutumunu ele alalım. Günümüzde aşırı Ortodoks Yahudiler kamusal alanda kadın imgesine yer verilmesine izin vermiyor. Aşırı Ortodoks Yahudilere yönelik reklamlarda sadece erkeklere ve erkek çocuklara yer veriliyor; kadınlar ve kız çocukları asla kullanılmıyor.[4]

2011'de aşırı Ortodoks tandanslı Brooklyn gazetesi *Di Tzeitung*, Usame bin Ladin'in ikamet ettiği komplekse düzenlenen baskını izleyen ABD'li devlet görevlilerinin fotoğrafını, fotoğraftaki Dışişleri Bakanı Hillary Clinton da dahil, kadınları dijital yöntemle silerek yayınlayınca bir skandal patlak vermişti. Gazete daha sonra yaptığı açıklamada, Yahudi "tevazu kaideleri" gereği böyle yapmak zorunda kaldıklarını söylemişti. Benzer bir skandal *HaMevaser* gazetesi *Charlie Hebdo* katliamının ardından düzenlenen gösteride çekilmiş bir fotoğraftan Angela Merkel'i, olur da Merkel'in resmi sadık okurlarının zihnine şehvet tohumları ekerse diye çıkarınca yaşanmıştı. Başka bir aşırı Ortodoks gazetenin yayıncıları da bu davranışı desteklemiş, "Arkamızda binlerce yıllık Yahudi geleneği var," diye açıklamıştı.[5]

Kadınların görülmesinin en ciddi şekilde yasaklandığı yer de sinagoglar. Ortodoks sinagoglarında kadınlar erkeklerden itinayla ayrı tutuluyor ve dua eden ya da Kutsal Kitap okuyan erkekler ezkaza kadın bedeni görmesin diye bir perdenin arkasında yer alan sınırlı bir alanda duruyorlar. Peki ama tüm bunlar binlerce yıllık Yahudi geleneğine dayanıyorsa, arkeologlar İsrail'deki Mişna ve Talmud dönemlerinden kalma antik sinagogları kazdığında ortaya çıkan gerçekleri, cinsiyet ayrımına dair hiçbir kanıt bulunmamasından öte, kimi yarı çıplak denilebilecek kadınların resmedildiği güzide yer mozaiklerini ve duvar resimlerini ne yapacağız? Mişna ve Talmud'u kaleme alan hahamlar bu sinagoglarda dua edip çalışmış ama günümüz Ortodoks Yahudileri bunları günah, dine hakaret ve eski geleneklere saygısızlık olarak değerlendiriyor.[6]

Eski geleneklerin bu minvalde çarpıtılmasına dair örneklere her dinde rastlanır. IŞİD, İslam'ın özgün ve saf haline dönmekle övünür ama aslında yepyeni bir İslam anlayışları var. Eski kutsal metinlerden alıntı yaptıkları doğru ama hangi metinleri kullanıp hangilerini göz ardı edecekleri ve alıntıladıkları kısımları nasıl yorumlayacakları hususunda ihtiyatlı davranıyorlar. Esasen kutsal metinleri işlerine geldiği gibi yorumlama tavırları da başlı başına çağdaş bir olgu. Bilindiği üzere, tefsir, eğitim görmüş ulema sınıfının, Kahire'deki El-Ezher gibi saygın kurumlarda İslam hukuku ve teolojisi çalışan âlimlerin tekelindeydi. IŞİD liderlerinin pek azı böyle bir eğitime sahip; ulema sınıfının en saygın mensupları, Ebu Bekir el-Bağdadi ve şürekâsını cahil ve azılı mücrimler olarak görüp kınıyorlar.[7]

Bu durum IŞİD'i, kimilerinin iddia ettiği gibi "İslam dışı" ya da "İslam karşıtı" kılmıyor. Barack Obama gibi Hıristiyan liderlerin kalkıp Ebu Bekir el-Bağdadi gibi Müslümanlığı kimlik edinmiş kişilere Müslüman olmanın ne demek olduğunu anlatmaya cüret etmesi de son derece ironik.[8] İslam'ın özüne dair hararetli tartışmaların hiçbir anlamı yok. İslam'ın belli bir DNA'sı yoktur. Müslümanlar ona ne anlam atfederse İslam da o anlama gelir.[9]

Almanlar ve goriller

İnsan gruplarıyla hayvan türlerini birbirinden ayıran çok daha keskin bir fark var. Türler çoğu kez ayrılır ama asla birleşmez. Yedi milyon yıl kadar önce şempanze ve gorillerin ortak bir atası vardı. Bu tek ata türü zamanla kendi farklı evrimsel yollarını tutan iki popülasyona ayrıldı. Böyle bir sürecin bir kez gerçekleştikten sonra geri dönüşü yoktur. Farklı türlere ait canlılar çiftleştiğinde kendi aralarında üreyebilen yavrular doğuramadığından, türlerin kaynaşması mümkün değildir. Goriller şempanzelerle, zürafalar fillerle, köpekler kedilerle birleşemez.

Bunun aksine insan kabileleri zaman içinde gittikçe daha büyük gruplar meydana getirecek şekilde kaynaşma eğilimindedir. Çağdaş Almanlar kısa bir süre öncesine kadar birbirinden pek haz etmeyen Saksonlar, Prusyalılar, Svabyalılar ve Bavyeralıların birleşmesiyle oluşmuştur. Denildiğine göre,

Otto von Bismarck (Darwin'in *Türlerin Kökeni* eserini okuduktan sonra) Avusturyalılarla insan arasındaki kayıp halkanın Bavyeralılar olduğunu ifade etmiştir.[10] Fransız halkı Franklar, Normanlar, Bretonlar, Gaskonlar ve Provanslıların bir araya gelmesiyle oluşmuştur. Kanalın diğer tarafında da İngiliz, İskoç, Galli ve İrlandalıların (isteseler de istemeseler de) kaynaştırılmasıyla Britanyalılar meydana gelmiştir. Çok geçmeden Almanlar, Fransızlar ve Britanyalılar da kaynaşıp Avrupalıları oluşturabilir.

Londra, Edinburgh ve Brüksel'de yaşayan insanların bugünlerde güçlü bir biçimde fark ettiği üzere birleşmeler her daim ebedi olmuyor. Brexit hem Birleşik Krallık hem de Avrupa Birliği'nin eşzamanlı olarak çözülmesini pekâlâ tetikleyebilir. Ancak uzun vadede tarihin ne yönde seyredeceği belli. On bin yıl önce insanlık sayısız münferit kabileye bölünmüş durumdaydı. Geçen her bin yıl bu parçalar daha büyük yığınlar meydana getirecek şekilde iç içe geçti ve birbiriyle bağlantısı bulunmayan medeniyetler giderek azaldı. Kalan birkaç medeniyet de tek bir dünya medeniyetine dönüşecek şekilde kaynaşıyor. Siyasi, etnik, kültürel ve ekonomik ayrımlar hâlâ var ama bunlar asli birliği bozmuyor. Hatta kimi ayrımları mümkün kılan da bu geniş ve kapsamlı ortak yapı. Mesela ekonomide, herkes aynı piyasaya iştirak etmezse işbölümü başarıyla sağlanamaz. Bir ülkenin otomobil veya petrol üretiminde uzmanlaşması ancak buğday ve pirinç üreten başka bir ülkeden gıda ürünü temin edebiliyorsa mümkündür.

İnsanların birleşme sürecinin iki belirgin biçimi var: farklı zümreler arasında bağlantı kurmak ve zümreler arasındaki faaliyetleri homojenleştirmek. Oldukça farklı davranmaya devam eden zümreler arasında bile bağlantılar kurulabilir. Hatta can düşmanı zümreler arasında bile bağlantı kurulabilir. İnsanlar arasındaki en kuvvetli kimi bağlar bizzat savaşla kurulur. Tarihçiler, küreselleşmenin 1913'te zirveye ulaştığını, ardından dünya savaşları ve Soğuk Savaş sırasında uzunca bir süre düşüşe geçip ancak 1989'dan sonra yeniden yükselmeye başladığını iddia ederler çoğunlukla.[11] Bu tespit ekonomik küreselleşme açısından doğru kabul edilebilir ama fark içermekle beraber aynı derecede önem taşıyan askeri küreselleşmeyi göz ardı eder. Fikirlerin, teknolojilerin ve insanların dört bir yana yayılma hızı ticaretten çok savaşla artar. 1918'de ABD'nin Avrupa'yla bağı 1913'e nazaran daha güçlüydü ve iki dünya savaşı arasındaki dönemde uzaklaşan tarafların kaderi II. Dünya Savaşı ve Soğuk Savaş'la ayrılmaz bir şekilde iç içe geçti.

Ayrıca savaş insanların birbirine ilgisini körükler. ABD'nin Rusya'ya duyduğu ilgi Soğuk Savaş döneminde doruğa ulaşmış, Moskova koridorlarında biri öksürse Washington merdivenlerinde bir koşuşturma başlar olmuştu. İnsanların düşmanlarına duyduğu alaka ticaret ortaklarına duydukları katbekat aşar. Vietnam hakkında çekilmiş filmlerin sayısı, Tayvan hakkındaki filmlerin sayısını en az elliye katlar.

Ortaçağ olimpiyatları

21. yüzyılın başında dünya farklı zümreler arasında bağlar kurulmasının çok ötesine geçti. Dünyanın farklı yerlerindeki insanlar birbiriyle iletişim kurmakla kalmayıp giderek daha çok benzer inanç ve davranış biçimlerini benimsemeye başladılar. Bin yıl önce gezegenimiz düzinelerce farklı siyasi modele elverişli topraklara sahipti. Avrupa'da bağımsız şehir devletleri ve ufak çaplı teokrasilerle çekişen feodal beyliklerle karşılaşabilirdiniz. İslam dünyasında evrensel hâkimiyet iddiası taşıyan bir halife bulunsa da krallıklar, sultanlıklar ve emirlikler de mevcuttu. Çin imparatorları kendilerini tek meşru siyasi merci olarak görüyor, kabilelerin oluşturduğu birlikler Çin'in kuzeyiyle batısında birbiriyle çatışıp duruyordu. Hindistan ve Güneydoğu Asya'da rejim çeşitliliği hüküm sürerken Amerika, Afrika ve Güneydoğu Asya'daki adalar boyunca hem küçük avcı toplayıcı gruplar hem de genişleyen imparatorluklar yer alıyordu. Bırakın uluslararası yasaları, komşu insan gruplarının bile ortak diplomatik prosedürler üzerinde anlaşamamasına şaşırmamak gerek. Her toplumun kendi siyasi paradigması bulunuyordu ve yabancı siyasi kavramları anlayıp bunlara saygı göstermeleri zordu.

Aksine günümüzde her yerde kabul edilen tek bir siyasi paradigma var. Gezegenimiz iki yüz bağımsız devlete bölünmüş durumda ve bu devletler aynı diplomatik protokoller ve ortak uluslararası hukuk konusunda genellikle uzlaşıyor. İsveç, Nijerya, Tayland, Brezilya; hepsi atlaslarımızda aynı tip renkli şekiller halinde gösteriliyor; hepsi Birleşmiş Milletler üyesi; pek çok farklılık barındırsalar da hepsi aynı hak ve ayrıcalıklara sahip egemen devletler olarak tanınıyor. Aslında hepsi temsil organları, siyasi partiler, genel oy hakkı ve insan haklarına en azından simgesel bir inancı da içine alan pek çok ortak siyasi anlayış ve uygulamaya sahipler. Londra'da ve Paris'te bulunduğu gibi Tahran'da, Moskova'da, Cape Town'da ve Yeni Delhi'de de bir meclis bulunuyor. İsraillilerle Filistinliler, Ruslarla Ukraynalılar, Türklerle Kürtler küresel kamuoyunun kendi taraflarını tutması için yarışırken hep aynı söylemi; insan hakları, bağımsız devlet ve uluslararası hukuktan dem vuran söylemi kullanıyorlar.

Dünya belki "başarısız devletler" silsilesinden payını almıştır ama bildiği tek bir başarılı devlet paradigması vardır. Dolayısıyla küresel siyaset Anna Karenina prensibine göre işliyor: başarılı devletlerin hepsi aynı ama tüm başarısız devletler baskın siyasi formülün şu veya bu içeriğini eksik bıraktıkları için kendilerine has bir biçimde başarısız oluyor. Kısa bir süre önce IŞİD bu formülü toptan reddedip tamamıyla bambaşka, evrensel halifeliği esas alan bir siyasi varlık göstermek istemesiyle dikkat çekti. Fakat tam da bu sebeple başarısız oldu. Pek çok gerilla hareketi ve terör örgütü yeni ülkeler kurmayı ya da var olanları ele geçirmeyi başardı. Ama bunu yapabilmelerinin sebebi küresel siyasi düzenin temel ilkelerini kabul etmeleriydi. Taliban bile uluslararası arenada bağımsız Afganistan'ın meşru hükümeti olarak tanınmanın peşine düştü. Şimdiye kadar küresel siyasetin ilkelerini reddeden hiçbir grubun kaydadeğer bir bölgede kalıcı kontrol sağlayabildiği görülmedi.

Belki de küresel siyasi paradigmanın gücünü ortaya koymanın en iyi yolu savaş ve diplomasi gibi ağır siyasi sorulardan bahsetmektense, 2016 Rio Olimpiyatları gibi bir konuya değinmek. Olimpiyatların nasıl organize edildiğini düşünün. 11 bin sporcu din, sınıf ya da dil gözetilmeden, milliyetleri esas alınarak delegasyonlara ayrılıyor. Budist delegasyonu, proletarya delegasyonu ya da İngilizce konuşanlar delegasyonu diye bir şey yok. Birkaç örnek dışında (özellikle de Tayvan ve Filistin), sporcuların milliyetini belirlemek gayet basit.

5 Ağustos 2016'da düzenlenen açılış töreninde sporcular gruplar halinde geçerek milli bayraklarını salladı. Michael Phelps ne zaman yeni bir altın madalya kazansa Amerikan milli marşı eşliğinde Amerikan bayrağı çekildi göndere. Emilie Andéol judo dalında altın madalya kazanınca "Marseillaise" çalınıp Fransa'nın üç renkli bayrağı dalgalandırıldı.

Duruma uygun şekilde dünyadaki her ülkenin aynı evrensel model çerçevesinde bir milli marşı var. Neredeyse tüm milli marşlar orkestra eşliğinde söylenebilecek birkaç dakikalık kompozisyonlar, yani yalnızca dini göreve veraset yoluyla gelmiş belli bir zümrenin okuyabildiği yirmi dakikalık ilahiler sözkonusu değil. Suudi Arabistan, Pakistan ve Kongo gibi ülkeler bile milli marşları için Batılı müzik standartlarını benimsemiş. Çoğu marş Beethoven'ın kılını kıpırdatmadan besteleyebileceği nitelikte. (Arkadaşlarınızla bir araya geldiğinizde tüm geceyi YouTube'dan çeşitli milli marşlar çalıp hangisinin hangi ülkenin marşı olduğunu tahmin etmeye çalışarak geçirebilirsiniz.) Marşların sözleri bile dünya genelinde neredeyse aynı; aynı ortak siyasi görüşleri ve topluluğa bağlılık anlayışını yansıtıyorlar. Örneğin sizce aşağıdaki milli marş hangi ülkeye ait olabilir? (Yalnız ülkenin adını genel bir ifade olsun diye "ülkem" şeklinde değiştirdim):

> Ülkem, vatanım,
> Toprağına kanımı akıttığım,
> Başında bekliyorum,
> Bekçisiyim vatanımın.
> Ülkem, milletim,
> Halkım ve vatanım,
> Birlikte haykıralım
> "Birlik ol vatanım!"
> Yaşasın toprağım, devletim,
> Milletim, vatanım, hep bir bütün kalsın.
> Ruhu dirilsin, canlansın bedeni,
> Büyük ülkem için bunların hepsi!
> Büyük ülkem, bağımsız ve özgür,
> Sevdiğim evim ve ülkem.
> Büyük ülkem, bağımsız ve özgür,
> Sen çok yaşa büyük ülkem!

Cevap Endonezya. Peki Polonya, Nijerya ya da Brezilya desem şaşırır mıydınız?

Milli bayraklara da aynı sıkıcı temayüller hâkim. Tek bir istisna var. Tüm bayraklar bir dikdörtgen kumaş üzerine işlenmiş son derece sınırlı sayıda renk ve geometrik şekilden ibaret. Bir tek Nepal farklı. Nepal bayrağı iki üçgen şeklinde (ama Olimpiyatlarda hiç madalya almadılar). Endonezya bayrağı beyaz üstünde kırmızı şerit. Polonya bayrağı kırmızı üstünde beyaz şerit. Monako bayrağı Endonezya bayrağıyla aynı. Renk körü birinin Belçika, Çad, Fildişi Sahili, Fransa, Gine, İrlanda, İtalya, Mali ve Romanya bayraklarını birbirinden ayırması mümkün değil; hepsinde değişik renklerde yan yana üç şerit var.

Bu ülkelerin bazıları birbirleriyle kıyasıya savaşmış ama 20. yüzyılın çalkantıları esnasında Olimpiyat Oyunları savaş yüzünden sadece üç defa iptal edilmiş (1916, 1940 ve 1944'te). 1980'de ABD bazı yandaşlarıyla beraber Moskova Olimpiyatları'nı boykot etmiş. 1984'te Sovyet bloğu Los Angeles'ta düzenlenen olimpiyatları boykot etmiş. Ve çeşitli seneler Olimpiyat Oyunları siyasi çalkantıların göbeğinde cereyan etmiş (bunların en önemlileri Nazi döneminde Berlin'de düzenlenen 1936 Olimpiyatları ve

1972 Münih Olimpiyatları'nda Filistinli teröristlerin İsrail takımını katletmesi). Fakat genele bakarsak siyasi anlaşmazlıklar Olimpiyat projesini yoldan çıkaramamış.

Şimdi bin sene öncesine gidelim. Diyelim 1016 yılında ortaçağ olimpiyatlarını Rio'da düzenlemek istiyorsunuz. O vakitler Rio'nun Tupi halkının yaşadığı küçük bir köy olduğunu[12] ve Asya, Afrika ve Avrupa yerlilerinin Amerika Kıtası'ndan haberi bile olmadığını bir anlığına unutun. Dünyanın en iyi sporcularını uçak yokken nasıl Rio'ya getireceğinize dair lojistik sorunları kafanızdan çıkarın. Dünya çapında herkesin yaptığı pek az ortak spor dalı bulunduğunu ve herkes koşsa bile koşu yarışı kaideleri konusunda herkesin anlaşamayacağını da unutun. Sadece yarışacak delegasyonları neye göre gruplayacağınızı düşünün. Günümüzün Olimpiyat Komitesi Tayvan ve Filistin sorunu üzerine saatlerce kafa patlatıyor. Ortaçağ olimpiyatlarının siyasi sorunları üzerine kaç saat harcamanız gerekeceğini bulmak için bu süreyi on binle çarpın.

Öncelikle 1016'da Çin'deki Song İmparatorluğu dünyadaki başka hiçbir siyasi oluşumu kendi dengi görmüyordu. Dolayısıyla kendi Olimpiyat delegasyonuyla Kore'nin Koryo Krallığı ya da Vietnam'daki Dai Viet Krallığı, hele hele deniz aşırı yerlerdeki ilkel barbarların delegasyonlarıyla aynı kefeye konulmasını akla hayale sığmayacak bir aşağılanma olarak algılardı.

Bağdat'taki halife kendini evrensel hegemonyaya sahip görüyor ve çoğu Sünni Müslüman tarafından dini lider statüsünde tutuluyordu. Ancak pratikte halifenin Bağdat yönetiminde pek bir sözü yoktu. O halde tüm Sünni sporcular tek bir halife delegasyonu altında mı toplanacak yoksa Sünni dünyasına hükmeden sayısız emirlik ve sultanlıklara göre mi ayrılacaklar? Ama iş neden emirlikler ve sultanlıklarla sınırlı kalsın? Arabistan çöllerinde Allah'tan başka hükümdar tanımayan bir dolu özgür bedevi kabile yaşıyor. Bunların her birinin okçuluk ya da deve yarışı dallarında müsabaka edecek bağımsız takımlar göndermesine izin verilecek mi? Avrupa da aynı ölçüde baş ağrısına sebep verecek nitelikte. Norman kasabası Ivry'den çıkan bir sporcu Ivry Kontu'nun mu yoksa güçsüz Fransa Kralı'nın mı sancağı altında yarışacak?

Bu siyasi oluşumların pek çoğu yıllar içinde belirip kaybolmuş. Siz 1016 Olimpiyatları'na hazırlık yaparken hangi delegasyonların zuhur edeceğini önceden bilmeniz mümkün değil çünkü kimse bir sonraki sene hangi siyasi oluşumların varlık göstermeyi sürdüreceğini bilmiyor. İngiltere Krallığı 1016 Olimpiyatları'na katılmış olsa sporcular madalyalarını alıp eve dönünce Londra'nın Danimarkalılar tarafından işgal edildiğini ve İngiltere'nin Danimarka, Norveç ve İsveç'le birlikte Kral Büyük Knud'un Kuzey Denizi İmparatorluğu'na dahil edildiğini görürlerdi. Yirmi yıl sonra bu imparatorluk dağıldı ama ondan otuz sene sonra İngiltere yeniden, bu defa Normandiya Dükü tarafından işgal edildi.

Bu gelip geçici siyasi oluşumların pek çoğunun ne çalacak bir milli marşı ne de göndere çekecek bir bayrağı bulunmadığını söylemeye gerek bile yok. Tabii ki siyasi semboller önemliydi ama Avrupa siyasetinin sembolik diliyle Endonezya, Çin ya da Tupi siyasetlerinin sembolik dilleri birbirinden son derece farklıydı. Zafer göstergesi teşkil edecek ortak bir protokol üzerinde anlaşmak neredeyse imkânsız olurdu.

O yüzden 2020 Tokyo Olimpiyatları'nı izlerken milletler arasındaki bu sözde çekişmenin aslında muazzam bir küresel uzlaşmayı temsil ettiğini unutmayın. Kendi ülkelerinin temsilcileri altın madalya kazanıp bayrakları göndere çekilince herkesi milli gurur duygusu kaplıyor ama esasen insanlığın böyle bir etkinlik düzenleyebilmesi çok daha büyük bir gurur kaynağı.

Hepsine hükmedecek bir dolar

Modern dönemler öncesinde insanlar sadece farklı siyasi sistemler denemekle kalmamış, aynı zamanda akıllara durgunluk verecek kadar çok çeşitli ekonomik modeller de uygulamışlar. Rus boyarlar, Hint mihraceler, Çin mandarinler ve Kızılderili kabile reisleri para, ticaret, vergilendirme ve istihdam konularında bambaşka fikirlere sahiptiler. Oysa şimdilerde neredeyse herkes aynı kapitalist temanın az biraz değişik türlerine inanıyor ve hepimiz tek bir küresel üretim bandının dişlileriyiz. İster Kongo ya da Moğolistan'da ister Yeni Zelenda ya da Bolivya'da yaşayın gündelik yaşam şeklinizi ve ekonomik varlığınızı aynı ekonomik kuramlar, aynı şirket ve bankalar, aynı döner sermaye belirliyor. İsrail'in ve İran'ın maliye bakanları beraber öğle yemeğine çıksa, ortak bir ekonomi dilleri olduğundan birbirlerinin dertlerini kolayca anlayıp paylaşabilirler.

IŞİD Suriye ve Irak'ın büyük bir kısmını işgal ettiğinde binlerce insanı öldürdü, arkeolojik kalıntıları tahrip etti ve önceki rejimlerle Batı kültürünün etkisini taşıyan sembolleri sistematik bir biçimde yok etti[13] ama yerel bankalara girip üzeri Amerikan başkanlarının resimleri ve Amerika'nın siyasi ve dini ideallerini öven İngilizce sloganlarla dolu destelerce Amerikan dolarını bulunca, Amerikan emperyalizmini temsil eden bu sembolü ateşe vermedi. Çünkü dolar banknotuna dünyadaki tüm siyasi ve dini görüşler hürmet ediyor. Kendi kendine bir işe yaramasa da (dolar banknotunu yiyip içemezsiniz) dolar ve ABD Merkez Bankası'nın hikmetine duyulan inanç o kadar güçlü ki aşırı İslamcılar, Meksikalı uyuşturucu kartelleri ve astığı astık kestiği kestik Kuzey Koreli hükümdarlar bile ona tamah ediyorlar.

Ama çağdaş insanlığın yekvücutluğu kendini en çok doğayla insan bedenine yönelik bakışımızda gösteriyor. Bin yıl önce bir hastalığa yakalandığınızda nerede yaşadığınız son derece belirleyiciydi. Avrupa'da mahalle papazınız Tanrı'yı kızdırdığınızı ve sağlığınıza kavuşmak için kiliseye bir şey bağışlamanızı, kutsal bir mekânı ziyaret etmenizi ve Tanrı'dan af dilemek için var gücünüzle dua etmenizi söyleyecekti muhtemelen. Öte yandan kasabanın cadısı içinize şeytan kaçtığını ve şarkı, dans ve kara tavuk kanıyla içinizdeki şeytanı çıkarabileceğini de söyleyebilirdi.

Ortadoğu'da geleneksel öğretilerle yetişmiş doktorlar beden tabiatınızın dengesinin bozulduğunu ve doğru beslenip kötü kokulu iksirlerle bunu düzeltmeniz gerektiğini açıklayabilirlerdi. Hindistan'da Ayurveda uzmanları *dosha* diye bilinen üç bedensel unsurun dengesine ilişkin teorilerini sunarak şifalı otlar, masaj ve yoga duruşlarından oluşan bir tedavi önerirdi. Çin hekimleri, Sibirya şamanları, Afrikalı büyücü hekimler, Kızılderili şifacılar; her imparatorluk, krallık ve kabilenin kendine has gelenekleri ve uzmanları vardı ve hepsi insan bedeniyle hastalığın doğasına ilişkin farklı görüşlere sahipti. Her birinin kendine özgü bir dolu ritüeli, şifalı karışımı ve tedavi yöntemi bulunuyordu. Bunların kimileri şaşırtıcı ölçüde etkiliyken kimileri ölüme davetiye çıkarmakla birdi. Avrupa, Çin, Afrika ve Amerika'ya özgü tıbbi yöntemlerin tek ortak noktası her yerde çocukların en az üçte birinin yetişkinliğe erişmeden ölmesi ve ortalama yaşam süresinin elli yaşın çok altında seyretmesiydi.[14]

Artık hastalandığınızda nerede yaşadığınız o kadar önemli değil. Toronto, Tokyo, Tahran ya da Tel Aviv'de aynı tip hastanelere götürülür, benzer tıp fakültelerinde benzer bilimsel kuramlar öğrenmiş beyaz önlüklü doktorların huzuruna çıkarsınız. Birebir aynı protokolleri ve testleri uygulayıp aşağı yukarı aynı teşhisleri koyarlar. Sonra da aynı uluslararası ilaç firmalarının ürettiği aynı ilaçları reçete ederler. Halen ufak tefek kültürel farklılıklar var ama Kanadalı, Japon, İranlı ve İsrailli doktorlar insan bedeni ve hastalıklar konusunda aynı görüşlere sahipler. IŞİD Rakka ve Musul'u ele geçirdiğinde yerel hastaneleri yakıp yıkmadı. Aksine dünyanın farklı yerlerinde yaşayan Müslüman doktor ve hemşireleri buralarda hizmet vermeye çağırdı.[15] Görünen o ki İslamcı doktor ve hemşireler de insan vücudunun hücrelerden meydana geldiğine, hastalıkların patojenlerden kaynaklandığına ve antibiyotiklerin bakterileri öldürdüğüne inanıyor.

Peki bu hücre ve bakteriler nelerden oluşur? Sahi tüm dünya nelerden oluşur? Bin yıl önce her kültürün kâinat ve kozmik çorbanın temel muhteviyatına dair kendi anlatısı vardı. Artık dünyanın farklı yerlerindeki eğitimli insanların tümü madde, enerji, uzay ve zaman hakkında aynı şeylere inanıyor. Örneğin İran ve Kuzey Kore'nin nükleer programlarını ele alalım. Sorun tamamen İran ve Kuzey Kore'nin İsrail ve ABD'yle aynı fizik anlayışına sahip olmasından kaynaklanıyor. İranlı ve Kuzey Koreliler $e=mc^4$ formülüne inansaydı, İsrail ve ABD bu ülkelerin nükleer programlarını zerre kadar umursamazdı.

İnsanlar hâlâ farklı dini ve milli kimliklere sahipler. Ama konu devlet, ekonomi, hastane kurmak ya da bomba yapmak gibi pratik meseleler olunca neredeyse hepimiz aynı medeniyete dahiliz. Anlaşmazlık çıktığı doğru ama her medeniyette dahili uyuşmazlıklar yaşanır. Hatta belirleyici olan bu uyuşmazlıklardır. İnsanlar kimliklerini özetlemeye çalışırken sıklıkla ortak özellikleri listeler. Bu yanlış bir yöntem. Ortak çatışmaları ve açmazları listelemek daha iyi sonuç verir. Mesela 1618 Avrupa'sının ortak bir dini kimliği yoktu; o dönem Avrupa'sını dini çatışmalar tanımlıyordu. 1618'de Avrupalılık, Katoliklerle Protestanlar, Kalvinistlerle Lutheryanlar arasındaki ufak tefek öğreti farklılıklarını umursamak ve bu farklılıklar yüzünden öldürmeyi ve öldürülmeyi göze almak demekti. 1618'de yaşayan bir insan bu çatışmaları dert etmiyorsa, kendisi muhtemelen ya Türk ya da Hint kökenliydi, Avrupalı değil.

Aynı şekilde 1940'ta Birleşik Krallık ve Almanya'ya oldukça farklı siyasi değerler hâkimdi ama her ikisi de "Avrupa Medeniyeti"nin demirbaşlarıydı. Hitler, Churchill'den daha az Avrupalı değildi. Tarihin o aşamasında Avrupalılığı bu iki güç arasındaki çekişme tanımlıyordu. Buna karşın 1940'ta !Kung üyesi avcı toplayıcı birine Avrupalı denemezdi çünkü Avrupa'nın ırk ve imparatorluk çatışmaları bu kişi için hiçbir şey ifade etmezdi.

Kavga ettiğimiz insanlar genellikle kendi ailemizdendir. Kimlik üzerinde anlaştığımız şeylerden ziyade karşıtlık ve açmazlar tarafından belirlenir. 2018'de Avrupalı olmak ne anlama geliyor? Beyaz tenli, İsa'ya inançlı ya da özgürlük savunucusu olmak değil. Daha ziyade göç meselesi, Avrupa Birliği ve kapitalizmin sınırları hakkında hararetle tartışmak, ayrıca saplantılı bir şekilde, "Kimliğimi tanımlayan ne?" diye sorgulamak ve yaşlanan nüfus, kontrolsüz tüketim ve küresel ısınma konularında endişelenmek anlamına geliyor. 21. yüzyılın Avrupalıları 1618 ve 1940 yıllarında yaşayan atalarından farklı olsa da, giderek Çinli ve Hint ticaret ortaklarına benziyor.

Gelecekte bizi ne tür değişimler beklerse beklesin, bunlar büyük olasılıkla yabancı medeniyetlerin çatışmasına değil tek bir medeniyet içindeki kardeş kavgasına neden olacak. 21. yüzyılın büyük zorlukları küresel çapta yaşanacak. İklim değişikliği ekolojik felaketleri tetiklediğinde ne olacak? Bilgisayarlar gittikçe daha çok alanda insanlardan daha iyi performans sergilemeye başlayıp daha fazla iş alanını insanların elinden aldığında ne olacak? Biyoteknoloji insanlara sınıf atlattırıp yaşam süresini uzatınca ne olacak? Bu sorular üzerine büyük tartışmalar ve tatsız kavgalar kopacağı şüphesiz. Ama bu tartışma ve kavgaların bizi birbirimizden uzaklaştırması pek mümkün görünmüyor. Tam tersine. Bizi birbirimize daha bağımlı hale getirecek. İnsanlık uyumlu bir topluluk oluşturmaktan çok uzak olsa da hepimiz aynı harala gürelenin, aynı küresel medeniyetin parçasıyız.

Madem öyle, dünyanın büyük kısmını kasıp kavuran milliyetçilik dalgasına ne diyeceğiz? Belki küreselleşme hevesiyle o eski milletlerimizi gözden çıkarmakta aceleci davranmışızdır. Yaşadığımız çaresiz küresel krizin çözümü geleneksel milliyetçiliğe geri dönmekte mi yatıyor? Küreselleşme bunca soruna yol açıyorsa niye vazgeçmiyoruz?

7

Milliyetçilik

Küresel sorunlara küresel cevaplar gerek

Madem artık insanlık ortak zorluklar ve fırsatlardan nasibini alan tek bir medeniyetten ibaret, neden İngilizler, Amerikalılar, Ruslar ve pek çok başka zümre milliyetçiliğin kabuğuna çekilme eğilimi gösteriyor? Milliyetçiliğe sığınmak küresel dünyamızın eşi benzeri görülmemiş sorunlarına gerçekten çare olabilir mi, yoksa insanlığı ve tüm bir biyosferi felakete sürükleyecek bir çeşit gerçeklerle yüzleşmeme eğilimi mi?

Bu soruyu cevaplamadan önce yaygın bir hurafeyi çürütmek gerek. Genel algının aksine milliyetçilik ne insan ruhunun doğal ve ebedi bir parçasıdır ne de kaynağını insanların biyolojik özelliklerinden alır. İnsanların tüm yönleriyle toplumsal hayvanlar sayıldığı ve gruba sadakat anlayışının insan genlerine kazılı olduğu bir gerçek. Ancak *Homo sapiens* ve onun insangiller familyasına dahil ataları yüz binlerce yıl boyunca bir düzineyi aşmayan sayıda üyesi bulunan ve yakın ilişkilerin kurulduğu küçük topluluklar halinde yaşamış. İnsanlar kabile, piyade bölüğü ya da aile şirketi gibi yakın ilişkilerin kurulduğu ufak gruplara kolayca sadakat geliştirebilirken yedi kat yabancıların oluşturduğu milyonlara sadık kalmak insan doğasına o kadar da uygun değil. Bu tür kitlesel bağlılıklar yalnızca son birkaç bin yılda, evrimsel olarak bakıldığında daha dün sabah ortaya çıkmış gibidir ve bunu sağlamak toplumsal inşa açısından muazzam bir çaba gerektirir.

İnsanlar tek bir kabilenin altından kalkamayacağı zorluklarla karşı karşıya kaldıkları için milli müşterekler kurma zahmetine girmiştir. Mesela binlerce yıl önce Nil Nehri boyunca yaşayan eski kabileleri düşünelim. Yaşam kaynakları bu nehirmiş. Tarlalarını onunla suluyor, ürünlerini onun üzerinden taşıyorlarmış. Fakat Nil sağı solu belli olmayan bir müttefik. Az yağmur yağarsa insanlar açlıktan kırılıyor, çok yağarsa nehir kıyılarını su basıyor ve köyler yerle bir oluyormuş. Her kabile nehrin ufak bir kısmına hâkim olduğu ve birkaç yüz işçiden fazlasını işe koşamadığı için kabilelerin hiçbiri bu sorunu kendi başına çözemiyormuş. Bu kudretli nehri dizginlemenin tek yolu koca koca barajlar inşa etmek ve yüzlerce kilometre kanal kazmak için ortak bir çaba göstermekmiş. Kabilelerin yavaşça bir araya gelerek baraj ve kanallar inşa edip nehrin akışını düzenleme, kıtlık yılları için tahıl ambarları inşa etme ve ülke geneline yayılan bir ulaşım ve iletişim ağı kurma gücüne sahip yekvücut bir millet meydana getirmelerinin sebeplerinden biri budur.

Bu tür avantajlara rağmen kabile ve klanları tek bir ülke haline getirmek ne geçmişte ne de günümüzde kolay değildir. Böyle bir milletle özdeşleşmenin zorluğunu idrak etmek için kendinize, "Bu insanları tanıyor muyum?" diye sormanız yeterlidir. İki kız kardeşimin ve on bir kuzenimin adlarını sayıp bütün gün onların karakterleri, tuhaflıkları ve birbirleriyle ilişkileri hakkında konuşabilirim. Benim gibi İsrail vatandaşı olan sekiz milyon insanın adınıysa söyleyemem. Bu insanların çoğuyla tanışmadığım gibi gelecekte de tanışacağımı hiç sanmam. Buna rağmen kendimi bu muamma yumağına ait hissedebilmem, avcı toplayıcı atalarımdan miras kalmadı, yakın geçmişin kerameti. *Homo sapiens* hakkında sadece anatomik ve evrimsel bilgiye sahip Marslı bir biyolog bu maymunların milyonlarca yabancıyla toplumsal bağlar kurmaya muktedir olduğunu asla tahmin edemezdi. Beni "İsrail" ve onun sekiz milyon vatandaşına sadakat duymaya ikna etmek için Siyonist akım ve İsrail devletinin devasa bir eğitim, propaganda ve bayrak sallama mekanizmasının yanında milli güvenlik, sağlık ve refah sistemi geliştirmesi gerekliydi.

Milli bağların kötü olduğu anlamına gelmiyor bu. Kitlesel bağlılıklar olmadan devasa sistemler işleyemez ve insanların empati çemberini genişletmenin yararı su götürmez. Vatanseverliğin ılımlı biçimleri insanın en cömert buluşlarından biridir. Milletimizin eşsiz, bağlılığıma layık bir millet olduğuna ve bu milletin mensuplarına karşı belli yükümlülüklerim bulunduğuna inanmak başkalarını önemsemeye ve onlar için fedakârlıklar yapmaya yönlendirir beni. Milliyetçilik ortadan kalksa liberal bir cennet içinde yaşarız diye düşünmek tehlikeli bir hata. Kabile kargaşasının içine düşmemiz daha mümkün. İsveç, Almanya ve İsviçre gibi huzurlu, varlıklı ve liberal ülkelerin hepsi güçlü bir millet algısına sahip memleketler. Sağlam milli bağların eksik olduğu ülkeler arasında Afganistan, Somali, Kongo ve birtakım başarısızlığa uğramış devletler yer alıyor.[1]

Sorun, ılımlı vatanseverlik şovence bir aşırı milliyetçiliğe dönüştüğünde başlıyor. Milletimin her millet gibi eşsiz olduğuna inanmak yerine, üstün olduğuna, sadece ve sadece kendi milletime sadakat beslediğim ve başka kimseye herhangi bir yükümlülüğümün bulunmadığı fikrine kapılmaya başlayabilirim. Şiddet içeren çatışmalar böyle bir zeminde yeşerir. Nesiller boyunca milliyetçiliğe yöneltilen en temel eleştiri, savaşlara sebebiyet verdiği yönündeydi. Ancak milliyetçilikle şiddet arasındaki ilişki, milliyetçi aşırılıkları dizginlemeye pek yaramadı zira her millet kendi askeri açılımını komşularının entrikalarından korunması gerektiğini iddia ederek gerekçelendiriyordu. Bir millet, vatandaşlarının çoğuna emsalsiz seviyede güvenlik ve refah sağladığı müddetçe halk da bedeli kanla ödemeye hazırdı. 19. yüzyılda ve 20. yüzyılın başlarında bu pazarlık hâlâ son derece cazip görünüyordu. Milliyetçilik eşi benzeri görülmemiş ölçekte korkunç çatışmalara yol açsa da çağdaş ulus-devletler sağlık, eğitim ve sosyal yardım alanlarında geniş çaplı sistemler de kuruyordu. Milli sağlık hizmetleri, Passchendaele ve Verdun muharebelerinde çekilen acılara değiyordu.

1945'te her şey değişti. Nükleer silahlar millet meselesini şirazeden çıkardı. Hiroşima'nın ardından insanlar, alışılageldik bir savaşa neden olur diye değil, *nükleer* savaşa yol açar diye korkmaya başladı milliyetçilikten. Kitlesel imha korkusu insanların zihnini açıverdi ve büyük ölçüde atom bombası yüzünden imkânsız bir şey gerçekleşti: Milliyetçilik cini kısmen de olsa çıktığı lambaya geri sokuldu. Nasıl ki eski çağlarda Nil Havzası'nda yaşayan köylülerin sadakatlerinin bir kısmını yerel klanlarından alıp daha büyük bir krallığa teslim etmesiyle tehlikeli nehir dizginlenebildi, nükleer çağda da çeşitli milletlerin üstünde küresel bir topluluk kuruldu, çünkü nükleer iblisi zaptetmek ancak böyle bir topluluğun harcıydı.

Lyndon B. Johnson'ın 1964 ABD başkanlık seçimi kampanyası dahilinde televizyon tarihinin en başarılı propagandalarından kabul edilen şu meşhur "Papatya" reklamı yayınlanıyordu. Reklamın başında küçük bir kız çocuğu bir papatyanın yapraklarını sayarak koparıyor ama kız on dediğinde devreye metalik bir erkek sesi giriyor ve füze fırlatılmasını hatırlatacak şekilde ondan geri saymaya başlıyor. Sıfıra gelindiğinde ekranı nükleer patlamanın yarattığı parlak ışık kaplıyor ve başkan adayı Johnson Amerikan halkına seslenerek şöyle diyor: "Önümüzde iki seçenek var. Ya Tanrı'nın tüm çocuklarının yaşayabileceği ya da karanlığa karışıp gidecek bir dünya yaratacağız. Ya birbirimizi seveceğiz ya da ölüp gideceğiz."[2] "Savaşma seviş" sloganını 1969'ların sonunda ortaya çıkan karşıkültürle özdeşleştiririz ama aslında daha 1964'te Johnson gibi sabit fikirli siyasetçiler bile bu düsturu benimsemişti.

Bu nedenle Soğuk Savaş döneminde milliyetçilik daha küresel bir uluslararası siyasetin arka planında yer aldı ve Soğuk Savaş sona erdiğinde küreselleşme geleceğin kaçınılmaz akımı olarak görüldü. İnsanlığın milliyetçi siyaseti tamamen geride bırakması, bu yaklaşımın, olsa olsa birkaç geri kalmış ülkenin bilgi yoksunu ahalisine cazip gelebilecek, daha ilkel zamanların bir kalıntısı haline gelmesi bekleniyordu. Ancak son yıllarda yaşanan olaylar milliyetçiliğin sadece Rusya, Hindistan ve Çin'de değil Avrupa ve ABD vatandaşları arasında bile gücünü yitirmediğini gösteriyor. Kapitalizmin gayrişahsi etkileri tarafından yabancılaştırılmış ve milli sağlık, eğitim ve sosyal yardım sistemlerinin geleceğinden endişe eden dünyanın çeşitli yerlerindeki insanlar teselliyi ve hayatın anlamını milletin kollarında arıyor.

Ama Papatya reklamında Johnson'ın ortaya attığı soru, günümüzde 1964'tekinden çok daha geçerli. İnsanların bir arada yaşayabileceği bir dünya mı yoksa hep beraber karanlığa boğulacağımız bir dünya mı kuracağız? Donald Trump, Theresa May, Vladimir Putin, Narendra Modi ve kabineleri milli duygularımızı körükleyerek dünyayı kurtarabilir mi, yoksa yaşanan milliyetçilik akımı yüz yüze geldiğimiz çetin küresel sorunlardan kaçmanın bir yolu mu?

Nükleer zorluk

Önce insanlığın artık aşina olduğu can düşmanını, nükleer savaşı ele alalım. Papatya reklamı Küba füze krizinin iki yıl ardından, 1964'te yayımlandığında nükleer imha elle tutulur bir tehditti. Hem uzmanlar hem de sıradan insanlar insanlığın yıkımı engelleyecek dirayete sahip olmadığından endişe ediyor ve Soğuk Savaş'ın ortalığı ateşe vermesinin an meselesi olduğunu düşünüyorlardı. Sonuçta insanlık nükleer meselesinin altından başarıyla kalktı. Amerikalılar, Sovyetler, Avrupalılar ve Çinliler bin yıllık jeopolitik alışkanlıkları değiştirip Soğuk Savaş'ın fazla kan dökülmeden sona ermesini sağladı ve yeni uluslararası dünya düzeni beraberinde benzeri görülmemiş bir barış döneminin önünü açtı. Nükleer savaş bertaraf edilmekle kalmamış savaşın her türlüsü düşüşe geçmişti. 1945'ten bu yana açık saldırı sebebiyle yeniden çizilen sınır çizgisi hayret verici derecede azdır ve çoğu ülke savaşı standart bir siyasi araç niyetine kullanmaktan vazgeçmiştir. 2016'da Suriye, Ukrayna ve başka sorunlu bölgelerde süren savaşlara rağmen insan kaynaklı şiddetten ölenlerin sayısı obezite, trafik kazası ve intihar sebebiyle ölenlerden az.[3] Dönemimizin en büyük siyasi ve ahlaki başarısı budur bile denilebilir.

Maalesef artık bu başarı kanıksadığımız ve dolayısıyla da hafife aldığımız bir şeye dönüştü. İnsanların ateşle oynamayı göze almasının nedeni kısmen bu. Rusya ve ABD şu sıralar yeni bir nükleer silahlanma yarışında, son dönemlerin zor edinilmiş kazançlarını ortadan kaldırıp bizi yine nükleer felaketin kıyısına getirecek yeni kıyamet makineleri geliştiriyorlar.[4] Bu süre zarfında halk ya endişe etmeyi bırakıp bombaları sevmeye başladı (*Dr. Strangelove* filminde önerildiği gibi) ya da bombaların varlığını unuttu gitti.

Dolayısıyla büyük nükleer güçlerden tutun da Birleşik Krallık'taki Brexit tartışmalarına pek çok konu daha ziyade ekonomi ve göç ekseninde dönerken, Avrupa Birliği'nin küresel barışa hayati katkıları göz ardı edildi. Yüzyıllar süren korkunç katliamların ardından Fransızlar, Almanlar, İtalyanlar ve Britanyalılar nihayet kıta sakinlerinin iyi geçinmesini sağlayacak bir mekanizma kurmuştu ki İngiltere halkı bu mucizevi tekerin çarkına çomak soktu.

Nükleer savaşı engelleyip küresel barışı muhafaza eden enternasyonalist rejimi oluşturmak fazlasıyla zordu. Bu rejimi dünyanın değişen koşullarına uydurmanın, örneğin ABD'ye daha az bel bağlayıp Çin ve Hindistan gibi Batılı olmayan güçlere daha büyük roller vermenin şart olduğu ortada.[5] Ama bu rejimi toptan rafa kaldırıp milliyetçi iktidar politikalarına dönmek sorumsuzca kumar oynamaya tekabül eder. Evet, 19. yüzyıl ülkeleri insanlığın yarattığı medeniyeti yok etmeden milliyetçilik oyununu oynamayı başardı. Ama sözkonusu olan Hiroşima öncesi dönem. O zamandan bu yana nükleer silahlar olayın boyutunu değiştirdi ve savaşla siyasetin temel doğasını farklılaştırdı. İnsanlar uranyum ve plütonyum elementlerini nasıl güçlendireceklerini bildiği müddetçe hayatta kalmaları, herhangi bir milletin çıkarlarındansa nükleer savaşı engellemeye öncelik vermelerine bağlı. "Önce vatan!" diye haykıran ateşli milliyetçilerin kendilerine, sağlam bir uluslararası dayanışma olmadan ülkelerinin bir başına dünyayı hatta kendisini nükleer yıkımdan koruyup koruyamayacağını sorması gerek.

Ekolojik zorluk

İnsanlık önümüzdeki dönemlerde nükleer savaşın üstüne bir de 1964 yılının siyasi radarına pek takılmayan başka bir varoluşsal sorunla, ekolojik çöküşle yüz yüze gelecek. İnsanlar küresel biyosferin dengesini dört bir koldan bozuyor. Doğadan gittikçe daha fazla kaynak çıkartıp geriye yüklü miktarda atık ve zehir pompalayarak toprağın, suyun ve atmosferin yapısını değiştiriyoruz.

Milyonlarca yılda şekillenmiş hassas ekolojik dengeyi ne denli farklı şekillerde bozduğumuzun ayırdında bile değiliz. Örneğin gübrelemede fosfor kullanımını düşünün. Fosfor ufak dozlarda bitkilerin yetiştirilmesi için elzem bir besin öğesidir. Ama fazla kullanıldığında zehirli hale gelir. Çağdaş sanayileşmiş tarım, tarlaların bolca fosforla suni gübrelenmesine dayanıyor ve tarlalardan boşalan aşırı fosfor yüklü atıklar nehirleri, gölleri ve okyanusları zehirleyip denizlerdeki yaşam üzerinde ciddi tahribata yol açıyor. Dolayısıyla Iowa'da mısır yetiştiren bir çiftçi istemeden de olsa Meksika Körfezi'ndeki balıkların ölümüne sebep verebiliyor.

Bu tür faaliyetler sonucunda habitatlar aşınıyor, hayvanların ve bitkilerin soyu tükeniyor ve Avustralya'daki Büyük Set Resifi ve Amazon yağmur ormanları gibi geniş kapsamlı ekolojik sistemler yok olma tehlikesiyle karşı karşıya kalıyor. *Homo sapiens* binlerce yıldır ekolojiyi hedef almış bir seri katil gibi davranıyor ama artık ekolojik anlamda kitlesel katliamlara yönelmeye başladı. Bu yoldan ilerlersek, sadece birçok yaşam türünün kökünü kazımakla kalmaz, medeniyetin temellerini de yıkarız.[6]

Beklenen en korkutucu manzara da iklim değişikliği. İnsanlar yüzbinlerce yıldır varlar ve bir sürü buz devri ve sıcak dönem atlattılar. Ancak tarım, şehirler ve karmaşık toplumların varlığı en fazla on bin yıl öncesine dayanıyor. Holosen olarak adlandırılan bu devirde Dünya'nın iklimi büyük ölçüde sabit seyrediyor. Holosen standartlarında en ufak bir sapma mevcut insan toplumlarını daha önce karşılaşmadıkları ölçüde muazzam zorluklara maruz bırakır. Milyarlarca kobayın açık uçlu bir deneye tabi tutulması gibi bir durum çıkar ortaya. İnsanların yarattığı medeniyetler eninde sonunda yeni koşullara ayak uyduracak olsa da bu uyum sürecinde kaç kişinin telef olacağı meçhul.

Bu dehşet verici deney harekete geçirildi bile. Gelecekte gerçekleşme ihtimali taşıyan nükleer savaşın aksine iklim değişikliği günümüzün gerçekliği. İnsan faaliyetlerinin, özellikle de karbondioksit gibi sera gazlarının salınımının dünya iklimini korkutucu bir hızla değiştirdiği hususunda bilimsel bir fikir birliği var.[7] Dönüşsüz bir felaketi tetikleyecek noktaya gelmeden atmosfere daha ne kadar karbondioksit salmayı sürdürebileceğimizi kimse bilmiyor. Fakat elimizdeki en geçerli bilimsel tahminlere göre, önümüzdeki yirmi yıl içinde sera gazı salınımını önemli ölçüde düşüremezsek ortalama küresel sıcaklık 2 °C'den[8] fazla artarak çöllerin genişlemesine, buz tabakasının yok olmasına, okyanusların yükselmesine, kasırga ve tayfun gibi şiddetli hava olaylarının daha sık yaşanmasına yol açacak. Bu değişimler sonucunda da tarımsal üretim baltalanacak, şehirleri sel basacak, dünyanın büyük bir kısmı yaşamaya elverişsiz hale gelecek ve yüz milyonlarca göçmen barınacak yeni yerler aramaya koyulacak.[9]

Dahası büyük bir hızla pek çok konuda taşma noktasına doğru ilerliyoruz. Bu aşamalardan sonra, sera gazı salınımında belirgin bir düşüş yaşansa da bu düşüş iklimsel eğilimi tersine çevirip tüm dünyayı vuracak bir faciayı engellemeye yetmeyecek. Örneğin küresel ısınma kutuplardaki buz örtüsünün erimesine neden oldukça, Dünya yüzeyinden atmosfer dışına daha az güneş ışığı yansıyacak. Bunun sonucunda gezegen daha fazla ısı emeceğinden sıcaklık daha fazla artacak ve buzullar daha hızlı eriyecek. Bu geribildirim döngüsü kritik eşiği aştıktan sonra karşı konulamaz bir ivme kazanacak ve insanlar kömür, akaryakıt ve gaz yakmayı bıraksa bile kutup bölgelerindeki tüm buzlar eriyecek. O yüzden önümüzdeki tehlikenin farkına varmak yeterli değil. Gerçekten bir şey yapmamız şart, hem de *hemen.*

Ne yazık ki 2018 itibarıyla sera gazı salınımının bırakın azaltılmasını küresel olarak artışını sürdürmesi sözkonusu. İnsanlığın fosil yakıt kullanma alışkanlığından kurtulmak için çok az vakti var. Hemen rehabilitasyon görmeye başlamalıyız. Seneye ya da önümüzdeki ay değil, şimdi. "Merhaba, ben *Homo sapiens.* Ben bir fosil yakıt bağımlısıyım."

Milliyetçilik bu endişe verici tablonun neresine oturuyor? Ekolojik tehlikeye çözüm getirecek milliyetçi bir yaklaşım var mı? Ne kadar güçlü olursa olsun bir ülke tek başına küresel ısınmayı önleyebilir mi? Münferit ülkeler çevrenin yanı sıra ekonomiye de fayda sağlayabilecek bir dizi yeşil politikayı uygulamaya sokabilir elbette. Hükümetler karbon salınımını vergilendirebilir, benzin ve gaz fiyatına dışsallık maliyetini ekleyebilir, daha sağlam çevre yasalarını yürürlüğe sokabilir, çevreyi kirleten sanayiler yerine yenilenebilir enerjiye geçilmesini teşvik edebilir. Ayrıca bir tür ekolojik Manhattan Projesi misali, çığır açıcı doğa dostu teknolojilerin araştırılıp geliştirilmesi için daha çok fon sağlayabilirler. İçten yanmalı motor son yüz elli yılda pek çok gelişime çanak tuttu ama sarsılmaz bir fiziksel ve ekonomik ortamda yaşamayı sürdürmek istiyorsak kendisini emekliye ayırmalı ve yerine fosil yakıtla çalışmayan yeni teknolojiler koymalıyız.[10]

Teknolojik atılımlar enerji dışında pek çok alanda da yardım sağlayabilir. Örneğin "temiz et" üretebilme ihtimalini düşünün. Günümüzde et endüstrisi duygu sahibi milyarlarca canlıya akıl almaz acılar çektirmenin yanında küresel ısınmanın asli nedenlerinden biridir; en büyük antibiyotik ve zehir tüketicilerinden; hava, toprak ve su kirliliğinin önde gelen mümessillerinden.

Makine Mühendisleri Kurumu'nun 2013 tarihli bir raporuna göre bir kilo sığır eti üretmek için 15 bin litre temiz su tüketmek gerekiyor. Bir kilo patates üretmek için gereken su miktarıysa 287 litre.[11]

Çevre üzerindeki baskı, Çin ve Brezilya gibi refah düzeyi artan ülkelerde daha fazla insanın patates yemeyi bırakıp düzenli olarak et tüketmeye başlamasıyla daha da artacak gibi görünüyor. Çinlileri ve Brezilyalıları biftek, hamburger ve sosis yemekten vazgeçirmek zor olacaktır; Amerikalılar ve Almanlar da cabası. Peki ya mühendisler hücrelerden et üretmenin bir yolunu bulursa? Hamburger mi istiyorsunuz? O zaman koca bir inek yetiştirip kesmekten ve bu hayvan leşini binlerce kilometre taşımaktansa hamburger yetiştirebilirsiniz.

Kulağa bilimkurgu gibi gelebilir ama dünyanın ilk temiz hamburgeri 2013 yılında üretilip yendi bile. Maliyeti 330 bin dolardı. Dört yıllık araştırma ve geliştirme sonucu bu miktar ünite başına 11 dolara indirildi ve on yıl kadar sonra endüstriyel olarak üretilmiş temiz etin fiyatının hayvan keserek elde edilen etten daha ucuza geleceği tahmin ediliyor. Bu teknolojik gelişme milyarlarca hayvanı sefalet içinde geçen bir hayattan kurtarıp milyarlarca eksik besin alan insanı doyurmaya hizmet etmenin yanı sıra ekolojinin iflas etmesini engellemeye de katkı sağlayabilir.[12]

Dolayısıyla iklim değişikliğini önlemek için hükümetlerin, şirketlerin ve bireylerin yapabileceği çok şey var. Ama etkili olabilmeleri için dünyanın her yerinde uygulanmaları gerek. Mesele iklim olduğunda ülkeler bağımsız değil. Kaderleri gezegenin diğer ucundaki insanların attığı adımların insafına kalıyor. Pasifik Okyanusu'nda bir ada ülkesi olan Kiribati Cumhuriyeti sera gazı salınımını sıfıra bile indirse, diğer ülkeler aynı şeyi yapmadığı takdirde yine de sular altında kalır. Çad ülkedeki her çatıyı güneş panelleriyle donatsa, uzaklarda yaşayan yabancıların sorumsuz çevre politikaları yüzünden toprakları kurak çöllere dönecektir. Çin ve Japonya gibi güçlü ülkeler bile ekolojik anlamda bağımsız değil. Şangay'ı, Hong Kong'u ve Tokyo'yu yıkıcı seller ve tayfunlardan korumak için Çinlilerin ve Japonların, Rus ve ABD hükümetlerini "değişen bir şey yok" tavrından vazgeçirmeleri gerekir.

Milli soyutlanma iklim değişikliği bağlamında nükleer savaş bağlamından çok daha tehlikeli belki de. Kitlesel bir nükleer savaş tüm milletleri yok etme tehlikesi taşıdığından tüm milletler bu tehlikeyi önlemeyi eşit derecede önemser. Halbuki küresel ısınma muhtemelen değişik ülkelerde farklı etkiler gösterecek. Kimi ülkeler, öncelikle de Rusya, bu durumdan fayda bile sağlayabilir. Rusya'nın kıyı şeridinde nispeten daha az varlığı bulunuyor. Dolayısıyla Çin ve Kiribati'ye oranla suların yükselmesi konusunda daha az endişeleniyor. Ve yükselen sıcaklık Çad'ı çöle çevirecekken Sibirya'yı da dünyanın buğday ambarına dönüştürebilir. Üstelik kuzeydeki buzlar eridiğinde Rus hâkimiyetindeki Arktik rotalar küresel ticaretin anayolu haline gelebilir ve dünyanın kesişim noktası unvanı Singapur'dan Kamçatka'ya geçebilir.[13]

Aynı şekilde fosil yakıtlardan yenilebilir enerji kaynaklarına geçilmesi büyük ihtimalle kimi ülkelere diğerlerinden daha cazip gelecektir. Çin, Japonya ve Güney Kore yüklü miktarda petrol ve gaz ithalatına bağımlı. Bu yükten kurtulduk diye bayram edeceklerdir. Rusya, İran ve Suudi Arabistan ise petrol ve gaz ihracatına bağımlı. Petrol ve gaz birdenbire yerini güneş ve rüzgâr enerjisine bırakırsa bu ülkelerin ekonomileri çökecektir.

O nedenle Çin, Japonya ve Kiribati gibi ülkelerin küresel karbon salınımını bir an önce azaltmak konusunda çabalaması muhtemelken, Rusya ve İran gibi ülkeler o kadar hevesli olmayabilir. ABD gibi küresel ısınma sonucu kaybedecek çok şeyi olan ülkelerde bile tehlikeyi yeterince önemsemeyen dar görüşlü ve bencil milliyetçiler bulunabiliyor. Buna dair küçük ama aydınlatıcı bir örneği Ocak 2018'de, ABD yurtdışından gelen güneş panelleri ve güneş enerjisi teçhizatına yüzde 30 gümrük vergisi getirip, yenilenebilir enerjiye geçişi yavaşlatma pahasına, Amerikalı güneş enerjisi üreticilerini desteklemeye karar verdiğinde gördük.[14]

Atom bombası kimsenin göz ardı edemeyeceği derecede bariz ve aniden olup bitebilecek bir tehdit. Oysa küresel ısınma daha örtük ve uzun vadeye yayılan bir musibet. Bu sebeple kısa zamanda uzun soluklu çevresel sorunlara yönelik sancılı fedakârlıklarda bulunmak gerektiğinde milliyetçiler, milletin acil ihtiyaçlarını ön plana alıp çevreyle sonra ilgileniriz ya da başkaları düşünsün diye kendilerini avutma eğilimi gösterebiliyor. Öte yandan sorunu topyekûn yadsımaları da mümkün. Küresel ısınmadan kuşku duymanın milliyetçi sağcılara özgü olması bir rastlantı değil. Sol tandanslı bir sosyalistin, "İklim değişikliği Çinlilerin uydurmasıdır," diye tweet attığını pek göremezsiniz. Küresel ısınmaya milli bir cevap olmadığından, kimi milliyetçi siyasetçiler böyle bir sorun olmadığına inanmayı tercih ediyorlar.[15]

Teknolojik zorluk

Aynı dinamikler milliyetçiliği 21. yüzyılın üçüncü varoluşsal tehdidine, teknolojik sıçramaya çare olmaktan da mahrum edebilir. Önceki bölümlerde gördüğümüz gibi bilişim teknolojileriyle biyoteknoloji, dijital diktatörlüklerden küresel ölçekte işlevsizliğe bir dolu kıyamet senaryosunun kapısını aralıyor. Peki milliyetçiliğin bu müsibetlere bir cevabı var mı?

Milliyetçiliğin bir cevabı yok. Ulus-devlet iklim değişikliği gibi teknolojik sıçrama konusunda da tehdidi ele almak için yanlış bir çerçeve. Araştırma ve geliştirme tek bir ülkenin tekelinde olmadığından, ABD gibi bir süpergüç bile bu unsurlara kendi başına gem vuramaz. ABD hükümeti genetik mühendislik eseri insan embriyolarını yasakladığında bu yasak Çinli mühendisleri bağlamayacak. Ve ortaya çıkan gelişmeler Çin'e önemli ekonomik ya da askeri avantajlar bahşederse ABD de yasağı kaldırmaya meyledecek. Hele hele yabancı düşmanlığının kol gezdiği bu kurtlar sofrasında tek bir ülkenin yüksek risk-yüksek kazanç güdümlü bir teknolojik rotayı tercih etmesi, diğer ülkelerin de aynı yoldan ilerlemeye mecbur kalmasına sebep verir çünkü kimse geride kalmayı göze alamaz. Bu şekilde bir dibe vurma yarışını engellemek için insanlığın bir tür küresel kimliğe ve küresel sadakate ihtiyacı olacaktır.

Dahası nükleer savaş ve iklim değişikliği insanlığın yalnızca fiziksel varlığını tehdit ediyorken, teknolojik sıçramalar insanlığın doğasını değiştirme potansiyeli taşıyor ve bu sebeple de insanların en temel etik ve dini inançlarıyla iç içe geçmiş durumda. Nükleer savaşın ve ekolojik çözülmenin engellenmesi gerektiğinde herkes mutabık ama biyomühendislik ve yapay zekânın insanları üst seviyelere taşımak ve yeni yaşam formları yaratmak için kullanımı konusunda oldukça farklı görüşler var. İnsanlık dünya genelinde kabul gören etik esaslar tasarlayıp bunları yürürlüğe sokmayı başaramazsa, ortalık Dr. Frankenstein örnekleriyle dolup taşabilir.

Bu tür etik esaslar belirlemek sözkonusu olduğunda, milliyetçilik her şeyden önce hayal gücü kıtlığından mustarip. Milliyetçiler yüzlerce yıl süren bölgesel çatışmalar üzerinden düşünüyor ama aslında 21. yüzyılın teknoloji devrimlerini kozmik ölçekte değerlendirmek gerek. Doğal seçilimle evrimleşen dört milyar yıllık organik yaşamın ardından bilim akıllı tasarımla şekillendirilmiş inorganik yaşam çağını açıyor.

Bu süreç içinde *Homo sapiens*'in kendisi muhtemelen yok olacak. Biz hâlâ insangiller familyasına dahiliz. Pek çok açıdan hâlâ Neandertaller ve şempanzelerle aynı bedensel özelliklere, fiziksel becerilere ve zihinsel yetilere sahibiz. Sadece ellerimiz, gözlerimiz ve beynimiz değil tutkumuz, sevgimiz, sinirimiz ve toplumsal bağlarımız da belirgin biçimde insangiller familyasına özgü. Biyoteknoloji ve yapay zekâ birlikteliği bir iki yüzyıl içinde ortaya insangillere özgü kalıpları tamamen kıran bedensel, fiziksel ve zihinsel nitelikler çıkarabilir. Hatta kimileri bilincin herhangi bir organik yapıdan ayrıştırılıp tüm biyolojik ve fiziksel kısıtlamalardan kurtulmuş vaziyette siber âlemde dolanabileceğine bile inanıyor. Öte yandan zekâyla bilincin birbirinden büsbütün ayrıldığına şahit olabiliriz ve yapay zekânın daha da gelişmesiyle dünyaya süper zeki ama tam anlamıyla bilinçten yoksun varlıklar hükmedebilir.

İsrail, Rusya ya da Fransa milliyetçiliğinin bu konuda söyleyecek nesi olabilir? Yaşamın geleceğine ilişkin akıllı seçimler yapabilmek için milliyetçi bakış açısının ötesine geçip olaylara küresel ve hatta kozmik bir çerçeveden bakmalıyız.

Dünya uzaygemisi

Bu üç sorundan her biri; nükleer savaş, ekolojik çöküş ve teknolojik sıçrama insanların yarattığı medeniyetin geleceğini tehdit etmeye muktedir. Ama hepsi bir araya geldiğinde, özellikle de birbirlerini destekleyip şiddetlendireceklerinden, ortaya akla hayale sığmayan bir varoluşsal kriz tablosu çıkıyor.

Mesela ekolojik kriz bildiğimiz anlamda medeniyetin varlığını tehdit etse de yapay zekâ ve biyomühendisliğinin önünü kesmesi pek mümkün görünmüyor. Yükselen okyanus sularının, azalan gıda kaynaklarının ve kitlesel göçlerin dikkatimizi algoritma ve genlerden uzaklaştıracağını umuyorsanız tekrar düşünün. Ekolojik kriz şiddetlendikçe yüksek risk, yüksek kazanç getiren teknolojilerin gelişimi olsa olsa daha da artar.

Hatta iklim değişikliği pekâlâ dünya savaşlarının gördüğü işlevin aynısını görebilir. 1914 ila 1918 ve sonra tekrar 1939 ila 1945 yıllarında teknolojik gelişim hızı tavan yaptı çünkü topyekûn savaşa giren milletler tedbirli ve ekonomik davranmayı bırakıp her tür cesur ve akıl almaz projeye muazzam kaynaklar aktardı. Bu projelerin çoğu başarısız oldu ama kiminin sonucunda tanklar, radar sistemleri, zehirli gazlar, süpersonik jetler, kıtalararası füzeler ve nükleer bombalar ortaya çıktı. Aynı şekilde iklim felaketiyle karşı karşıya kalan milletler de umutlarını dehşet verici teknolojik risklere bağlamayı tercih edebilir. İnsanlığın yapay zekâ ve biyomühendislik konularında pek çok geçerli endişesi var ama insanlar kriz anlarında riskli eylemlerde bulunurlar. Zarara yol açacak teknolojiler hangi yasalarla kontrol edilmeli diye düşünüyorsanız, bir de iklim değişikliği küresel gıda sıkıntısına, dünyanın çeşitli yerlerindeki şehirlerin su altında kalmasına ve yüz milyonlarca insanın sınıraşırı göç etmesine sebep verdiğinde de bu yasalar geçerliliğini korur mu diye sorun kendinize.

Bunun akabinde teknolojik sıçramalar hem küresel gerilimi artırarak hem de nükleer güç dengesini bozarak kıyamet savaşları riskini yükseltebilir. Süpergüçler 1950'lerden bu yana birbiriyle çatışmaktan sakındı çünkü savaş çıkmasının iki tarafın birden imhasıyla sonuçlanacağını biliyorlardı. Ama yeni saldırı ve savunma silahları meydana çıkınca, teknolojik açıdan yükselişe geçen bir süpergüç kendisine bir zarar gelme riski olmadan düşmanlarını yok edebileceğine kanaat getirebilir. Buna karşılık düşüşe geçen güç, geleneksel nükleer silahlarım yakın zamanda kullanılmaz hale gelecek, en iyisi silahlar elden gitmeden bunları kullanayım, diye düşünebilir. Karakteristik olarak nükleer karşılaşmalar aşırı rasyonel bir satranç oyununu çağrıştırıyordu. Peki ya oyuncular siber saldırıyla rakibin taşlarını ele geçirebildiğinde, kimliği belirsiz üçüncü bir taraf kendini ele vermeden bir piyonu ileri sürebildiğinde ya da AlphaZero bildiğimiz satranç oyununu bırakıp nükleer satranç oynamaya başladığında ne olacak?

Farklı sorunlar birbirini kışkırtabildiği gibi bir sorunla yüzleşmek için gerekli iyi niyetli girişimler de başka bir cephedeki sorunlar tarafından baltalanabilir. Silahlı rekabete kilitlenmiş ülkelerin yapay zekânın geliştirilmesini sınırlandırmak konusunda uzlaşmaya varması pek mümkün değil ve rakiplerinin teknolojik başarılarını geride bırakmak isteyen ülkelerin iklim değişikliğini durduracak ortak bir plan üzerinde mutabakata varması oldukça zor. Dünya rakip milletlere bölünmüş kaldığı sürece bu üç sorunun hepsiyle aynı anda başa çıkmak çok güç olacaktır ve tek bir cephede başarısız olunması bile felaketle sonuçlanabilir.

Sonuç olarak, dünyada esen milliyetçilik rüzgârı tarihi 1939'a ya da 1914'e geri saramaz. Teknoloji hiçbir milletin tek başına çözemeyeceği çapta varoluşsal tehditler yaratarak her şeyi değiştirdi. Ortak bir kimlik oluşturmak için en iyi katalizör ortak düşmandır ve artık insanlığın en az üç ortak düşmanı var: nükleer savaş, iklim değişikliği ve teknolojik sıçrama. İnsanlar bu ortak tehditlere karşın kendi vatanlarına bağlılıklarını her şeyin üstünde tutmayı tercih ederse, doğacak sonuçlar 1914 ve 1939'dakinden çok ama çok daha vahim olabilir.

Avrupa Birliği Anayasası çok daha iyi bir rota çizerek şöyle diyor: "Avrupa insanları kendi milli kimlikleri ve tarihlerinden gurur duymakla birlikte eski ayrılıkları aşıp çok daha sağlam bağlarla birleşerek ortak bir yol çizmekte kararlıdır."[16] Bu tüm milli kimliklerin ortadan kaldırılması ve insanlığın tek ton gri bir balçığa dönüştürülmesi anlamına gelmiyor. Tüm vatansever ifadeleri men etme anlamına da gelmiyor. Aksine Avrupa Birliği kıtayı koruyan askeri ve ekonomik bir kabuk oluşturarak Flandra, Lombardiya, Katalonya ve İskoçya gibi yerlerde yerel vatanseverlik duygularının gelişmesine katkı sağladı denilebilir. Alman istilasından korkmanıza gerek yoksa ve küresel ısınma ve küresel şirketlere karşı arkanızda ortak bir Avrupa cephesi varsa, bağımsız bir İskoçya ya da Katalonya kurma fikri çok daha cazip gelebilir.

Dolayısıyla Avrupalı milliyetçilerin rahatı yerinde. Tüm bu millete dönme laflarına rağmen pek az Avrupalı milleti için ölmeyi veya öldürmeyi gerçekten göze alır. William Wallace ve Robert Bruce dönemlerinde Londra'nın pençesinden kurtulmak istendiğinde bunu gerçekleştirebilmek için bir ordu toplamak gerekiyordu. Oysa 2014 İskoç referandumunda tek bir kişi bile ölmedi ve bir dahaki sefere sandıktan bağımsızlık çıkarsa, Bannockburn Muharebesi'nin yeniden yaşanması gibi bir ihtimal görünmüyor. Katalanların İspanya'dan ayrılma girişimleri epey şiddete yol açsa da 1939'da ya da 1714'te Barselona'da yaşanan vahşetle kıyaslanamaz.

Dünyanın geri kalanı da Avrupa örneğini feyzalabilir belki. İnsanın kendi vatanının eşsizliğini yüceltebileceği ve vatanına karşı sorumluluklarının altını çizen türde bir vatanseverlik, birleşmiş bir dünyada dahi mümkün. Fakat hayatta kalmak ve gelişmek istiyorsak, bu tür sadakatleri küresel bir topluluğa karşı büyük sorumluluklarımızla bağdaştırmak dışında pek bir seçeneğimiz yok. Bir insan aynı anda ailesine, komşusuna, işine ve vatanına sadık olabilir ve olmalıdır; neden bu listeye insanlık ve Dünya gezegeni de eklenmesin ki? Birden fazla şeye sadık olduğunuzda kimi zaman çelişkiler yaşanmasının kaçınılmaz olduğu doğrudur. Ama kim demiş hayat basit bir şeydir diye? Başa çıkacağız işte.

Önceki yüzyıllarda millet kimliklerinin oluşturulma sebebi insanların yerel kabileleri aşan ve ancak ülke çapında işbirliği yaparak halledebilecekleri sorunlarla karşılaşmış olmalarıydı. 21. yüzyılda milletler de eski kabilelerin durumunda; çağın getirdiği en mühim zorlukları çekip çevirmeye uygun bir yapı değil artık. Milli kurumlar bir dizi küresel açmazı ele almaya muktedir olmadığından, yeni bir küresel kimliğe ihtiyacımız var. Artık küresel bir ekolojimiz, küresel bir ekonomimiz ve küresel bir bilimimiz var ama hâlâ safi milliyetçi siyasete takılıp kalmış vaziyetteyiz. Bu uyumsuz eşleşme siyasi sistemin temel sorunlarımıza etkin bir şekilde karşılık vermesini engelliyor. Etkin bir siyaset için ya ekolojiyi, ekonomiyi ve bilimsel ilerlemeyi küresellikten çıkaracağız ya da siyaseti küreselleştireceğiz. Ekolojiyle bilimi küresel olmaktan çıkarmak imkânsız, ekonomiyi küresellikten çıkarmanın astarı yüzünden pahalı olacağından tek gerçek çözüm siyaseti küreselleştirmek. "Küresel hükümet" kurmayı kastetmiyorum; şaibeli ve gerçekdışı bir fikir bu. Siyaseti küreselleştirmek, daha ziyade ülkelerin ve hatta şehirlerin siyasi dinamiklerinde küresel sorunlara ve çıkarlara daha büyük önem vermek anlamına geliyor. Milliyetçi yaklaşımların bu alanda sağlayacağı bir fayda yok gibi görünüyor. O halde dünyayı birleştirmeye yardımcı olması için insanlığın evrensel dini geleneklerinden medet umabilir miyiz acaba? Yüzlerce yıl önce Hıristiyanlık ve İslam gibi dinler zaten yerel değil küresel ölçekte algılanıyordu ve oldum olası şu veya bu milletin siyasi mücadelesinden ziyade yaşama dair büyük meseleleri ele alma derdindeydiler. Peki ama geleneksel dinler hâlâ geçerli mi? Dünyayı şekillendirme güçlerini muhafaza ediyorlar mı, yoksa bunlar çağdaş devletlerin, ekonomilerin ve teknolojilerin muazzam güçleri tarafından oraya buraya serpiştirilmiş geçmişten kalma etkisiz şeyler mi?

8

Din

Tanrı artık milletin hizmetinde

Çağdaş ideolojiler, bilim uzmanları ve ulus-devletler henüz insanlığın geleceğine dair geçerli bir görüş geliştiremedi. Böyle bir görüş insanlığın dini geleneklerinin derin kuyusundan çekip çıkarılabilir mi? Belki de cevap öteden beri Kitabı Mukaddes, Kuran ya da Vedalar'ın sayfalarında duruyordu.

Laik insanlar bu fikri gülünç ya da vahim bulacaktır. Kutsal metinler ortaçağda bir amaca hizmet etmiş olabilir ama yapay zekâ, biyomühendislik, küresel ısınma ve siber savaş çağında bize nasıl yol gösterebilirler ki? Ancak laik insanlar azınlıkta. Milyarlarca insan hâlâ evrim teorisinden çok Kuran'a ve Kitabı Mukaddes'e inanıyor. Hindistan'dan tutun da Türkiye ve ABD'ye pek çok farklı ülkede dini akımlar siyaseti şekillendiriyor. Ve Nijerya'dan Filipinlere pek çok yerde dini husumetler çatışmaları tetikliyor.

O halde Hıristiyanlık, İslam ve Hinduizm gibi dinler ne ölçüde geçerli? Karşılaştığımız büyük sorunları çözmeye yardım edebilirler mi? Geleneksel dinlerin 21. yüzyıldaki rolünü anlayabilmek için sorunları üç farklı türe ayırmamız gerekiyor:

1. Teknik sorunlar. Örneğin çorak ülkelerdeki çiftçiler küresel ısınmanın neden olacağı ciddi kuraklıklarla nasıl başa çıkacak?
2. Siyasi sorunlar. Örneğin öncelikle hükümetler küresel ısınmayı önlemek için ne tür tedbirler almalı?
3. Kimlik sorunları. Örneğin dünyanın öbür ucundaki çiftçilerin dertleri beni bağlar mı? Ben sadece kendi kabilemin veya ülkemin insanlarının dertleriyle ilgilensem olmaz mı?

İlerleyen sayfalarda göreceğimiz gibi geleneksel dinler teknik ve siyasi sorunlar açısından büyük ölçüde kifayetsiz. Buna karşın kimliğe dair sorunlarda oldukça yararlı olabilecekken çoğu durumda potansiyel çözüm teşkil etmekten ziyade sorunun büyük kısmını oluşturuyorlar.

Teknik sorunlar: Hıristiyan tarımcılık

Modern zamanlardan önce dinler, tarım gibi dünyevi konulara dair çeşitli sorunları çözmekten sorumluydu. Ne zaman ekilip ne zaman biçileceği ilahi takvimlere göre belirleniyor, yağış miktarını artırmak ve haşerattan korunmak için ayinler düzenleniyordu. Kuraklık ya da çekirge istilası gibi nedenlerle tarımda kriz yaşandığında tanrıya yalvarsınlar diye din adamlarına başvuruluyordu. Tıp da dinin alanına giriyordu. Hemen her peygamber, guru ve şaman şifacılık rolü de üstlenmişti. Dolayısıyla Hz. İsa vaktinin çoğunu hastaları iyileştirmeye, körlerin gözünü açmaya, dilsizleri konuşturmaya ve delileri insafa getirmeye harcıyordu. Eski Mısır'da ya da ortaçağ Avrupa'sında yaşıyorsanız hastalandığınızda büyük ihtimalle doktora değil büyücüye görünüp hastaneye gitmek yerine bilindik bir tapınağı ziyaret ederdiniz.

Son dönemlerde şamanların ve mucize yaratan peygamberlerin yerini biyologlar ve cerrahlar aldı. Şimdi Mısır'da çekirge istilası yaşansa, Mısırlılar yine Allah'tan yardım isteyebilir (Neden olmasın?) ama daha güçlü zirai ilaçlar ve böceklere dayanıklı buğday ırkları geliştirmeleri için kimyagerlere, böcekbilimcilere ve genetikçilere başvurmayı da ihmal etmezler. Dindar bir Hindu'nun çocuğu ağır bir kızamığa yakalansa, baba Dhanvantari'ye dualar edip yerel tapınağa çiçekler ve şekerler bırakır ama çocuğunu en yakın hastaneye götürüp doktorların eline teslim ettikten sonra. Şifacıların son kalesi akıl hastalığı bile bütünüyle biliminsanlarının eline geçiyor; üfürükçülüğün yerini nöroloji, cin çıkarmanın yerini Prozac alıyor.

Bilimin zaferi öylesine kapsamlı ki din algımız bile değişti. Dinle tarım ve tıp arasında bir alaka kurmuyoruz. Pek çok yobaz bile toplu bellek yitiminden mustarip; geleneksel dinlerin bu alanlarda bir hükmü olduğunu unutmayı yeğliyorlar. "Mühendis ve doktorlara başvuruyorsak bundan ne çıkar?" diyor yobazlar. "Bu hiçbir şey ifade etmez. Dinin tarım ve tıpla ne ilgisi var ki?"

Geleneksel dinlerin pek çok kalesi düştü çünkü açıkçası tarım ya da sağlık hizmeti alanlarında hiç de iyi değillerdi. Hacı hocaların esas meselesi, en başından beri, ne yağmur yağdırmak ne şifa vermek ne kehanet ne de büyüydü. Ezelden beri yaptıkları tek şey yorumlamak. İmam dediğimiz, yağmur duası etmeyi ve kuraklığı sona erdirmeyi bilen kişi değildir. İmam yağmur duasının niye işe yaramadığını ve dualarımızı duymuyor gibi görünse de neden Allah'a inanmayı sürdürmemiz gerektiğini açıklayabilen kişidir.

Fakat dini liderleri, biliminsanlarıyla karşı karşıya kaldıklarında dezavantajlı konuma düşüren de bu yorumlama yeteneğinin ta kendisidir. İşin kolayına kaçmayı ve delilleri saptırmayı biliminsanları da biliyor ama nihayetinde bilimin alametifarikası hataları kabul edip farklı yollar deneyebilmek. Bu sebeple biliminsanları zamanla daha iyi ekinler ve ilaçlar üretmeyi öğrenirken, rahipler ve gurular sadece daha iyi bahaneler uydurmayı öğreniyorlar. Yüzyıllar içinde gerçekten inançlı insanlar bile aradaki farkın ayırdına vardı. Bu yüzden de dini otorite teknik alanlardaki hâkimiyetini giderek daha çok kaybediyor. Ve yine bu yüzden tüm dünya giderek daha çok tek bir medeniyet haline geliyor. Bir şey gerçekten işliyorsa herkes onu benimser.

Siyasi sorunlar: Müslüman ekonomisi

Bilim kızamık tedavisi gibi teknik sorulara net cevaplar verebilse de biliminsanları siyasete ilişkin sorular hakkında büyük anlaşmazlıklara düşüyor. Neredeyse tüm biliminsanları küresel ısınmanın gerçek olduğu konusunda fikir birliği içinde ama bu tehlike karşısında verilecek en iyi ekonomik tepkinin ne olduğuna dair ortak bir kanı yok. Geleneksel dinlerin bu meseleyi çözmemize yardımcı olabileceği anlamına gelmiyor bu elbette. Eski kutsal metinler çağdaş ekonomiye rehberlik edecek nitelikte değil ve örneğin kapitalistler ve sosyalistler arasındaki fay hattı gibi ana kırılma noktaları geleneksel dinler arasındaki ayrımlara denk düşmüyor.

İsrail ve İran gibi ülkelerde haham ve ayetullahların hükümetin ekonomi politikası hakkında doğrudan söz sahibi olduğu ve hatta ABD ve Brezilya gibi çok daha laik ülkelerde bile, dini liderlerin vergiden çevre yasalarına pek çok konuda kamuoyunu etkilediği bir gerçek. Fakat daha yakından baktığımızda geleneksel dinlerin çağdaş bilimsel kuramların gölgesinde kaldığını görebiliriz. Ayetullah Ali Hamaney'in İran ekonomisiyle ilgili mühim bir karar vermesi gerektiğinde, cevabı Kuran'da bulması mümkün değil çünkü 7. yüzyılda yaşayan Arapların çağdaş sanayi ekonomileri ve küresel finans piyasasının dertleri ve imkânları hakkında bir fikirleri yoktu. Bu yüzden Hamaney ve yaverlerinin çözüm üretmek için Karl Marx'a, Milton Friedman'a, Friedrich Hayek'e ve çağdaş ekonomi bilimine başvurmaları icap ediyor. Hamaney faiz oranlarını artırmaya, vergileri düşürmeye, devlet tekellerini özelleştirmeye ya da uluslararası gümrük anlaşması imzalamaya karar verdikten sonra dini bilgi ve otoritesini uygun görülen bilimsel cevabı şu veya bu Kuran ayetinin kisvesi altında kamuya Allah'ın emriymiş gibi sunmak için kullanabilir. Ama kisve o kadar da önemli değil. Şii İran, Sünni Suudi Arabistan, Yahudi İsrail, Hindu Hindistan ve Hıristiyan ABD'nin ekonomi politikalarını karşılaştırınca ortaya o kadar da büyük farklar çıkmıyor.

19. ve 20. yüzyıllarda Müslüman, Yahudi, Hindu ve Hıristiyan düşünürler çağdaş materyalizm, ruhsuz kapitalizm ve bürokratik devletlerin aşırılıklarına sövüp sayıyordu. Kendilerine şans tanınsa, modernitenin tüm marazlarını çözüp kendi öğretilerinin ebedi manevi değerleri doğrultusunda bambaşka bir sosyoekonomik sistem kuracaklarını vadediyorlardı. Pekâlâ kendilerine birçok şans tanındı ve çağdaş ekonomi mabedinde yaptıkları elle tutulur tek değişiklik yeni bir boya badanayla çatıya koca bir hilal, haç, Yahudi yıldızı ya da Om işareti çakmak oldu.

Yağmur yağdırma meselesinde olduğu gibi, konu ekonomi olduğunda da dini konu dışı bırakan, din âlimlerinin metinleri yorumlamadaki katmerli hünerleridir. Hamaney hangi ekonomi politikayı uygulamayı seçerse seçsin onu Kuran'la destekleyebilir. Bu şekilde Kuran gerçek bir bilgi kaynağı olmaktan çıkarılıp safi otorite kaynağına dönüştürülüyor. Zor bir ekonomik açmazla karşılaştığınızda Marx ve Hayek'i didik didik okursunuz ve bu metinler ekonomi sistemini daha iyi anlamanıza, olayları yeni bir açıdan görmenize ve potansiyel çözümler düşünmenize yardım eder. Çözüm yolunu bulduktan sonra Kuran'a bakar ve yeterince yaratıcı bir yorumla Hayek ya da Marx'tan çıkardığınız sonucu gerekçelendirebilecek bir sure ararsınız. Diğer metinlerde bulduğunuz çözüm ne olursa olsun, iyi bir Kuran âlimiyseniz her koşulda bu çözümü gerekçelendirebilirsiniz.

Aynı şey Hıristiyanlık için de geçerli. Bir Hıristiyan aynı rahatlıkla kapitalist ya da sosyalist olabilir. İsa'nın söylediği bazı şeyler düpedüz komünizmi çağrıştırsa da Soğuk Savaş döneminde ABD'li kapitalistler İsa'nın dağdaki vaazını istiflerini bozmadan okumayı sürdürmüştü. "Hıristiyan ekonomisi", "Müslüman ekonomisi" ya da "Hindu ekonomisi" diye bir şey yoktur.

Kitabı Mukaddes'te, Kuran'da ya da Vedalar'da ekonomiye dair görüşler var elbette ancak bunlar güncel değil. Mahatma Gandhi, Vedalar'ı yorumlayarak her biri kendi *khaddar* kumaşını dokuyan, çok az ihraç ve daha da az ithalatla geçinen, kendi kendine yeten tarım topluluklarının oluşturduğu bağımsız bir Hindistan hayal etmişti. Gandhi en ünlü fotoğraflarından birinde kendi elleriyle yün eğiriyordu ve naçizane el çıkrığını Hint ulusal hareketinin sembolü haline getirmişti.[1] Ancak bu kırsal görüş çağdaş ekonomi gerçekleriyle uyuşmadığından, Gandhi'nin milyarlarca rupi banknot üzerine basılı ışık saçan imgesinden başka pek bir şey kalmadı ortada.

Geleneksel dogmalara kıyasla çağdaş ekonomi kuramları o denli isabetli ki, dinle alakalı görünen çatışmaları ekonomi bağlamında açıklamak yaygın bir yöntemken, tersini yapmak kimsenin aklına gelmiyor. Mesela kimileri Kuzey İrlanda Katolikleri ve Protestanları arasındaki sorunların büyük ölçüde sınıf çatışmasından kaynaklandığını iddia ediyor. Çeşitli tarihsel tesadüfler sonucu Kuzey İrlanda'nın üst sınıf üyeleri çoğunlukla Protestan, alt tabaka da Katolik'ti. Dolayısıyla ilk bakışta İsa'nın fıtratına teolojik bir karşıtlık gibi görünen şey, esasen varsıllar ve yoksullar arasında yaşanan tipik bir mücadeleydi. Oysa 1970'lerin Güney Amerika'sında komünist gerillalarla kapitalist toprak sahipleri arasında yaşanan çatışmanın aslında alttan alta Hıristiyan teolojisine dair derin bir anlaşmazlıktan kaynaklandığını öne süren çıkmaz.

O zaman 21. yüzyılın büyük sorularıyla yüzleşirken din ne işe yarayacak? Örneğin yapay zekâya insanların hayatlarıyla; hangi okula gideceğinizle, nerede çalışacağınızla, kiminle evleneceğinizle ilgili kararlar alma yetkisi verip vermeme sorusunu düşünelim. Müslümanların bu soru karşısındaki tutumu ne olur? Peki ya Yahudilerin? Bu noktada "Müslüman" ya da "Yahudi" tutumu diye bir şey sözkonusu değildir. Büyük ihtimalle insanlık yapay zekâya önemli yetkiler verme taraftarlarıyla buna karşı çıkanlar olarak iki ana cepheye ayrılacaktır. *Her iki* cephede de hem Müslümanlar hem de Yahudiler bulunabilir ve Kuran'la Talmud'u, hangi tarafı benimsedilerse onu gerekçelendirecek doğrultuda, yaratıcı şekillerde yorumlayabilirler.

Tabii ki dini gruplar belli konulardaki görüşlerinde daha katı tutumlar takınıp bunları kutsal, ezeli ve ebedi dogmalarmış kılıfına büründürebilirler. 1970'lerde Latin Amerika'daki teologlar Özgürlük Teolojisi diye bir yaklaşım üretip Che Guevara'nın bir nevi Hz. İsa gibi görülmesine yol açmıştı. Aynı şekilde Hz. İsa küresel ısınma tartışmalarına dahil edilerek güncel siyasi tutumları dinin ezeli ilkeleriymiş gibi gösterebilir.

Şimdiden olmaya başlamış bir şey bu. Çevre yasalarına karşıtlık kimi Amerikan Evanjelist papazların ateşli vaazlarına dahil ediliyor. Öte yandan Papa Francis küresel ısınmayla mücadelede Hz. İsa adına ("Laudato si" başlıklı ikinci genelgesinde görüldüğü üzere) başı çekiyor.[2] 2070'e gelindiğinde çevre sorunu meselesinde Evanjelist ya da Katolik olmanız belki de büyük fark yaratacak bu yüzden. Evanjelistler karbon salınımına herhangi bir üst sınır getirilmesine karşı çıkarken, Katoliklerin Hz. İsa'nın doğayı korumamız gerektiğini öğütlediği inancını taşıyacakları aşikâr.

Bu fark kullandıkları otomobillerden bile anlaşılacak. Evanjelistler benzin içen kocaman arazi araçları kullanırken, dini bütün Katolikler usturuplu elektrikli araçlarının tamponuna, "Dünya'yı yakan Cehennem'de yanar," çıkartmaları yapıştıracak. Yine de, tavırlarını savunmak için çeşitli İncil ayetleri alıntılasalar da, aralarındaki farkın asıl temsilcisi çağdaş bilim kuramları ve siyasi akımlar olacak, İncil değil. Bu açıdan bakıldığında, din günümüzün büyük siyasi tartışmalarına pek de bir şey katacak gibi durmuyor. Karl Marx'ın da öne sürdüğü gibi, din bir tür kılıftır sadece.

Kimlik sorunları: Kumdaki çizgiler

Yine de Marx dini, güçlü teknolojik ve ekonomik etkenleri gizleyen bir üstyapıya indirgeyerek aşırıya kaçmıştı. İslam, Hinduizm ya da Hıristiyanlık çağdaş ekonomik yapı üzerindeki renkli süslemeler olsalar da insanlar bu süslemelerle özdeşleşir ve insanların neyle özdeşleştiği önemli bir tarihsel etkiye sahiptir. İnsanların gücü kitlesel işbirliğine, kitlesel işbirliği de kitlesel kimlik inşasına bağlıdır ve tüm kitlesel kimlikler, bilimsel gerçekler ya da ekonomik gereksinimler üzerine değil kurmacalar üzerine inşa edilir. 21. yüzyılda insanların Müslümanlarla Yahudiler ya da Ruslarla Polonyalılar diye ayrılması halen dinsel mitlere dayanıyor. Nazilerin ve komünistlerin, insanların kimliğini ırk ve sınıf üzerinden belirleme girişimlerinin tehlikeli birer sözde bilim olduğu ortaya çıktı ve o vakitten beri biliminsanları insanlar için herhangi bir "doğal" kimlik belirlemekten fazlasıyla imtina ediyor.

Yani 21. yüzyılda dinler yağmur yağdırmıyor, hastalıkları iyileştirmiyor, bomba imal etmiyor olsa da, "biz" kimiz, "onlar" kim, kimi iyileştirip kimi bombalayacağız gibi soruların cevabını belirleme noktasına geldi. Daha önce de belirtildiği gibi pratikte Şii İran, Sünni Suudi Arabistan ve Yahudi İsrail arasında şaşırtıcı derecede az fark var. Bunların hepsi bürokratik ulus-devletleri, aşağı yukarı aynı kapitalist politikaları izliyor, hepsi çocukları çocuk felcine karşı aşılıyor ve hepsi bomba yapımı için kimyager ve fizikçilere itimat ediyor. Şii bürokrasisi, Sünni kapitalizmi ya da Yahudi fiziği diye bir şey yok. O halde insanlara emsalsiz olduklarını hissettirmek, onları bir insan güruhuna sadık diğerine düşman belletmek için ne yapacağız?

Din insanlığın akışkan kum zeminine sabit çizgiler çekebilmek için ayinler, törenler ve seremonilere başvuruyor. Şiiler, Sünniler ve Ortodoks Yahudiler farklı kıyafetler kuşanıp farklı dualar ediyor ve farklı yasaklara hürmet ediyor. Bu farklı dini gelenekler çoğunlukla gündelik hayatı güzelliklerle donatıp insanları birbirlerine daha nazik ve yardımsever davranmaya sevk ediyor. Müezzinlerin sesi günde beş vakit pazar yerlerinin, ofislerin ve fabrikaların gürültüsünü bastırıp Müslümanları dünyevi uğraşların harala gürelesini bir kenara bırakıp ilahi hakikatle bağlantı kurmaya çağırıyor. Hindu komşuları aynı amaca her gün *mantra* söyleyerek ve *puja*'yla erişmeye çalışıyor. Her hafta Cuma akşamı Yahudi aileler keyif, şükran ve birlikteliği kutsayan özel bir yemeğe oturuyor. İki gün sonra, pazar sabahı Hıristiyan kilise koroları milyonlarca insanın hayatına umut katıp cemaatin güven ve şefkat bağlarıyla güçlenmesine yardım ediyor.

Bu dinlere ait birtakım geleneklerse dünyayı bir dolu çirkinliğe boğup insanların kaba ve acımasız davranmasına sebep oluyor. Örneğin din kaynaklı kadın düşmanlığı ya da kast ayrımı lehinde sarfedilecek bir söz yok. Ama güzel ya da çirkin tüm bu dini gelenekler birtakım insanları bir araya getirirken komşularından ayrı tutuyor. Dışarıdan bakınca, insanları ayıran dini gelenekler genellikle incir çekirdeğini doldurmaz gibi görünür ve Freud insanların bu tür meseleler hakkındaki saplantılarını "küçük farklılıkların narsisizmi" şeklinde tanımlar.[3] Ama hem tarih hem de siyasette küçük farklılıklar çok şeyi değiştirir. Dolayısıyla gay ya da lezbiyenseniz İsrail'de mi, İran'da mı yoksa Suudi Arabistan'da mı yaşadığınız gerçek anlamda hayat memat meselesidir. İsrail'de LGBT örgütleri yasalar tarafından korunuyor ve iki kadının evliliğini kutsayacak kimi hahamlar bile var. İran'da gay ve lezbiyenler sistematik işkenceye maruz kalıyor ve hatta kimi zaman infaz ediliyor. Suudi Arabistan'da lezbiyen biri 2018'e kadar araba bile kullanamıyordu; bırakın lezbiyen olmayı, sadece kadın olduğu için.

Japonya belki de geleneksel dinlerin çağdaş dünyada süregelen güç ve önemine verilecek en iyi örnektir. 1853'te Amerikan donanması Japonya'yı çağdaş dünyaya açılmak durumunda bıraktı. Karşılık olarak Japon hükümeti hızlı ve son derece başarılı bir modernizasyon sürecine girdi. Japonya kısa bir süre içinde bilim, kapitalizm ve Çin'le Rusya'yı yenip Tayvan'la Kore'yi işgal edebilecek ve nihayetinde Pearl Harbor'da Amerikan donanmasını batırıp Uzakdoğu'daki Avrupalı imparatorlukları yok edebilecek seviyede askeri teknolojiyle donatılmış güçlü bir bürokratik devlete dönüştü. Ancak Japonya körü körüne Batı'nın bir kopyası olmaya çalışmamıştı. Kendine has kimliğini korumak ve Japonların bilim, modernite ya da muğlak bir küresel topluluğa değil de Japonya'ya bağlılık duymasını sağlamak konusunda son derece kararlıydı.

Japonya bu doğrultuda, yerel Şinto dinini Japon kimliğinin mihenk taşı belledi. Esasen Japon devleti Şinto dinini yeniden icat etti. Geleneksel Şintoizm her köy ve tapınağın kendi makbul ruhları ve yerel âdetlerinin olduğu, çeşitli tanrı, ruh ve hayaletlere animizm çerçevesinde inanılan karman çorman bir dindi. 19. yüzyılın sonları ve 20. yüzyılın başlarında Japon devleti Şintoizm'in resmi bir versiyonunu yaratıp insanları çoğu yerel gelenekten caydırdı. Sözkonusu "Devlet Şinto'su" Japon seçkinlerin Avrupalı emperyalistlerden öğrendiği oldukça çağdaş millet ve ırk fikirleriyle iç içe geçmişti. Budizm, Konfüçyüsçülük ve feodal samurayların inanç sistemindeki devlete sadakati güçlendirebilecek unsurlar da karışıma katıldı. Tüm bunlara ek olarak, Devlet Şinto'sunun en mühim ilkesi doğrudan güneş tanrıçası Amaterasu'nun soyundan geldiği kabul edilen ve yaşayan bir tanrıdan aşağı sayılmayan Japon imparatorunun ilahlaştırılmasıydı.[4]

İlk bakışta yeniyle eskinin bu tuhaf karışımı hızlandırılmış modernizasyon yolunda ilerleyen bir devlet için son derece yersiz bir tercih gibi görünüyordu. Yaşayan tanrı? Animizm? Feodal inanç sistemi? Kulağa modern bir sanayileşmiş güçten ziyade Neolitik bir kabile gibi geliyor.

Ama inanılmaz bir şekilde işe yaradı. Japonlar nefes kesen bir hızla modernleşip aynı süreçte devlete fanatik bir bağlılık geliştirdi. Devlet Şinto'sunun en bilindik başarı sembolü Japonya'nın hassas güdümlü füze üreten ve kullanan ilk güç olmasıdır. ABD akıllı bombayı sahaya çıkarmadan onlarca yıl önce ve Nazi Almanya'sı V-2 balistik füzeleri yeni kullanmaya başlarken, Japonya hassas güdümlü füzelerle düzinelerce düşman gemisi batırmıştı. Biz bu füzeleri kamikaze adıyla biliyoruz. Günümüzde hassas güdümlü mühimmat bilgisayarlar tarafından yönlendiriliyor. Kamikazeler patlayıcı yüklü sıradan uçaklardı ve geri dönmemeyi göze almış insan pilotlar tarafından yönlendiriliyordu. Bu gönüllülük Devlet Şinto'sunun yarattığı, ölümü göze alarak kendini feda etme ruhundan kaynaklanıyordu. Dolayısıyla kamikazeleri doğuran şey, en son teknoloji ürünüyle en son dini öğretinin bileşimiydi.[5]

Günümüzde pek çok hükümet bilerek ya da bilmeyerek Japon örneğini uyguluyor. Modernitenin evrensel araç ve yapılarını benimserken kendilerine has millet kimliğini korumak adına geleneksel dinlere başvuruyorlar. Devlet Şinto'sunun rolü daha düşük ya da yüksek dozlarda Rusya'da Ortodoks Hıristiyanlık, Polonya'da Katoliklik, İran'da Şiilik, Suudi Arabistan'da Vahhabilik, İsrail'de Yahudilik tarafından oynanıyor. Bir din ne denli arkaik görünürse görünsün, neredeyse her daim bir nebze yaratıcılık ve yeniden yorumlamayla son teknoloji ürünü cihazlar ve en sofistike çağdaş kurumlarla aynı potada eritilebilir.

Devletler kimi durumlarda kendi kimliklerini desteklemek için yepyeni dinler icat edebilirler. Günümüzde bunun en uç örneği eski Japon kolonisi Kuzey Kore'de görülüyor. Kuzey Kore rejimi vatandaşlarına Juche adında fanatik bir devlet dini aşılıyor. Bu din Marksizm-Leninizm, bazı eski Kore gelenekleri, Kore ırkının eşsiz saflığına dair ırkçı bir inanç ve Kim Il-sung'un sülalesinin ilahlaştırılmasından oluşan bir karışım. Kimse Kim ailesinin güneş tanrısından geldiğini iddia etmiyorsa da kendilerine tarihte neredeyse hiçbir tanrıya nasip olmamış bir tutkuyla tapılıyor. Belki de Japon İmparatorluğu'nun sonunda nasıl yenik düştüğünü bildiklerinden, Kuzey Kore'nin Juche dini uzunca bir süre nükleer silahları da işin içine katmakta, nükleer silah geliştirmeyi büyük fedakârlıklar gerektiren kutsal bir görev saymakta ısrarcıydı.[6]

Milliyetçiliğin yardakçısı

O halde teknoloji nasıl gelişirse gelişsin dini kimlikler ve ritüellerin yeni teknoloji kullanımını etkileyeceğini ve hatta dünyayı birbirine katacak bir gücü elinde tutacağını öngörebiliriz. Son teknoloji ürünü nükleer füzeler pekâlâ ortaçağdan kalma metinler hakkında dogmatik bir tartışmayı karara bağlamak için fırlatılabilir. İnsanlığın gücü kitlesel işbirliğine, kitlesel işbirliği de ortak kurmacalara dayandığı sürece dinler, dinsel gelenek ve görenekler önemini koruyacaktır.

Ne yazık ki bu durum geleneksel dinleri çarenin değil, insanlığın dertlerinin bir parçası kılıyor. Dinler hâlâ milli kimlikleri temellendirecek ve hatta III. Dünya Savaşı'na sebep verebilecek ölçüde siyasi güç sahibi. Ama küresel sorunları alevlendirmek değil de söndürmek sözkonusu olduğunda sundukları pek bir şey yok gibi görünüyor. Çoğu geleneksel din evrensel değerleri benimseyip kozmik ölçekte geçerlilik iddiasında bulunsa da günümüzde çoğunlukla çağdaş milliyetçiliğin yardakçısı rolünde kullanılıyorlar; bu Kuzey Kore'de de, Rusya, İran ya da İsrail'de de böyle. Bu yüzden milli farkları aşmayı ve nükleer savaş, ekolojik çöküş ve teknolojik sıçrama gibi tehditlere küresel çözümler getirmeyi daha da zorlaştırıyorlar.

Bu nedenle, küresel ısınma ya da nükleer silahlanma konularında Şii imamlar İranlıları, bu meseleleri İran'la sınırlı dar bir çerçevede değerlendirmeye, Yahudi hahamlar İsraillileri esas olarak İsrail'in yararını düşünmeye, Ortodoks rahipler de önce Rusları ve en çok Rusya'nın çıkarlarını göz önüne almaya teşvik ediyorlar. Ne de olsa Tanrı'nın seçilmiş ırkı biziz; bizim milletimizi memnun eden Tanrı'yı da memnun eder. Hiç şüphesiz milliyetçi aşırılıkları reddedip çok daha evrensel bir görüş benimseyen din adamları da var. Ancak maalesef bu tür din adamları pek bir siyasi varlık gösteremiyorlar bugünlerde.

O zaman, aşağı tükürsen sakal yukarı tükürsen bıyık bir durumda sıkışıp kalmış bulunuyoruz. İnsanlık tek bir medeniyet artık ve nükleer savaş, ekolojik çöküş ve teknolojik sıçrama gibi sorunlar sadece küresel düzeyde çözülebilir. Öte yandan milliyetçilik ve din, medeniyetimizi farklı ve birbirine düşman kamplara bölmeyi sürdürüyor. Küresel sorunlarla yerel kimliklerin bu şekilde çarpışması şu günlerde dünyanın en büyük çokkültürlü deneyinin, Avrupa Birliği'nin yakasına yapışan krizde kendini gösteriyor. Evrensel liberal değerlere erişme umudu üzerine inşa edilen Avrupa Birliği, entegrasyon ve göç meselelerinin beraberinde getirdiği zorluklar yüzünden dağılmanın eşiğinde ayakta durmaya çalışıyor.

9

Göç

Kimi kültürler diğerlerinden daha mı iyi?

Küreselleşme gezegenimizdeki kültürel farkları büyük ölçüde azaltmış olsa da yabancılarla karşılaşmayı ve onların değişik huylarından rahatsızlık duymayı da o ölçüde kolaylaştırdı. Anglosakson İngiltere'yle Hindistan'ın Pala İmparatorluğu arasındaki fark, çağdaş Birleşik Krallık'la çağdaş Hindistan arasındaki farktan fersah fersah fazlaydı ancak Kral Büyük Alfred döneminde Londra'dan Delhi'ye direk uçuş sağlayan bir British Airways yoktu.

İş, güvenlik ve daha iyi bir gelecek arayışıyla gittikçe daha çok insan gittikçe daha çok sınırı geçmeye başlayınca, yabancılarla karşı karşıya kalma, asimile etme ve dışlama gibi gereklilikler daha katı dönemlerde şekillenmiş siyasi sistemler ve ortak kimliklerde gerginliğe yol açtı. Bu sorun en keskin şekilde Avrupa'da cereyan ediyor. Avrupa Birliği Fransız, Alman, İspanyol ve Yunanlar arasındaki kültürel farkların ötesine geçme umuduyla kurulmuştu. Aynı birlik Avrupalılarla Afrika ve Ortadoğu'dan gelen göçmenler arasındaki farklılıkları barındıramadığı için dağılabilir. İşin ilginç tarafı, bu kadar göçmeni Avrupa'ya çeken de bizzat Avrupa'nın zengin bir çokkültürlü sistem yaratmadaki başarısıydı. Suriyelilerin Suudi Arabistan, İran, Rusya ya da Japonya yerine Almanya'ya göç etmeyi tercih etme nedeni Almanya'nın diğer olası istikametlerden daha yakın ya da daha zengin olması değil göçmenleri karşılama ve içine alma konularında daha iyi bir sicile sahip olmasıdır.

Yükselen mülteci ve göçmen dalgası Avrupalılar arasında farklı tepkilere yol açıp Avrupa'nın kimliği ve geleceği hakkında tatsız tartışmaları tetikliyor. Bazı Avrupalılar Avrupa'nın kapılarını sıkıca kapamasını talep ediyor: Bu insanlar Avrupa'nın çokkültürlü ve toleranslı ideallerine ihanet mi ediyorlar yoksa sadece bir felaketi önlemek adına akıllıca önlemler mi almaya çalışıyorlar? Bazıları da kapıların daha da açılmasını savunuyor: Bu insanlar Avrupa'nın temel değerlerine sadıklar mı yoksa Avrupa'nın sırtına gerçekleşmesi imkânsız beklentiler yükledikleri için suçlular mı? Göçle ilgili bu tartışma genellikle kimsenin birbirini dinlemediği bir ağız dalaşına dönüşüyor. Konuya açıklık getirmek için göç meselesini üç temel durum ya da koşul doğrultusunda ele almak fayda sağlayabilir:

1. **Koşul:** Ev sahibi ülke göçmenleri kabul eder.
2. **Koşul:** Karşılığında göçmenler geldikleri ülkenin en azından temel normlarını ve değerlerini kabul etmek durumundadırlar; bu durum kendi geleneksel norm ve değerlerinden bazılarını bırakmalarını gerektirse de.
3. **Koşul:** Göçmenler yeterli ölçüde asimile olurlarsa zaman içinde geldikleri ülkenin eşit ve asli üyeleri sayılırlar. "Onlar" sıfatından kurtulup "biz" haline gelirler.

Bu koşullar, her bir koşulun ne ifade ettiğine dair üç ayrı tartışma doğuruyor. Dördüncü bir tartışma da bu koşulların sağlanması hakkında. İnsanlar göç hakkında tartışırken bu dört ayrı tartışma birbirine girdiği için kimse ne üzerine tartışıldığını anlayamıyor. O yüzden her birini tek tek ele almak en doğrusu.

1. Tartışma: Göç meselesinin ilk maddesi sadece ev sahibi ülkenin göçmenleri kabul ettiğini ifade ediyor. Peki bu bir görev gibi mi, yoksa lütuf gibi mi anlaşılacak? Ev sahibi ülke gelen herkese kapılarını açmak zorunda mı, yoksa istediğini seçme veya göç alımını toptan durdurma hakkı var mı? Göç taraftarları, ülkelerinin ahlaken sadece mültecilerin değil yoksulluk çeken ülkelerden iş ve daha iyi bir gelecek arayışıyla gelenlerin de kabul edilmesiyle yükümlü olduğunu düşünüyor gibi. Bilhassa böyle küresel bir dünyada tüm insanların tüm diğer insanlara karşı ahlaki yükümlülükleri vardır ve bu yükümlüklerden kaçanlar bencil hatta ırkçıdır.

Ayrıca çoğu göçmenlik taraftarı göçü tamamen engellemenin imkânsız olduğunu ve ne kadar duvar ve çit çekersek çekelim çaresiz insanların içeri sızmanın bir yolunu bulacağını vurguluyor. Bu yüzden insan ticareti, yasadışı işçiler ve resmi belgesi bulunmayan çocuklardan oluşan büyük bir yeraltı dünyası yaratmaktansa göçü yasallaştırmak ve konuyla resmen ilgilenmek daha iyi.

Göç karşıtları buna cevap olarak yeterli güç kullanırsanız göçü tamamen engelleyebileceğinizi ve belki vahşi infazlardan kaçan mülteci durumları dışında kimseye kapınızı açmak zorunda olmadığınızı söyleyerek karşılık veriyor. Türkiye'nin sınırı geçmek isteyen Suriyeli mültecilere izin vermek gibi ahlaki bir zorunluluğu olabilir. Fakat bu mülteciler daha sonra İsveç'e geçmeye çalışırsa İsveç bunu kabul etmeye mecbur değil. İş ve refah arayan göçmenlere gelince, alınıp alınmamak ya da hangi koşullarda alınacakları tamamen ev sahibi ülkenin bileceği bir şey.

Göçmenlik karşıtları her insan topluluğunun en temel haklarından birinin kendini her tür (ister ordu ister göç yoluyla) işgalden korumak olduğunu vurguluyor. İsveçliler varsıl bir liberal demokrasi kurabilmek için çok çalışıp türlü fedakârlıklarda bulundular ve Suriyeliler aynısını başaramadıysa bunun suçlusu İsveçliler değil. İsveçli seçmenler herhangi bir sebeple daha fazla Suriyeli göçmen istemezse, göçmenleri geri çevirme hakları var. Ve bazı göçmenleri kabul ederlerse, bunu zorunluluktan değil lütfettikleri için yaptıkları kesinlikle bilinmeli. Yani İsveç'e girmesine izin verilen göçmenler, kendi memleketlerindeymiş gibi bir dizi taleple geleceklerine, sağlanan imkânlara son derece minnettar olmalılar.

Dahası göçmenlik karşıtları, bir ülke istediği göçmenlik politikasını uygulayabilir ve isterse sadece sicil ya da mesleki becerileri değil din gibi konuları da inceleme altına alabilir diyorlar. İsrail gibi bir ülke sadece Yahudileri kabul ederse, Polonya gibi bir ülke Ortadoğu'dan gelenleri sadece Hıristiyan olmak şartıyla alırsa, bu nahoş bir durum olur ama tercih gayet tabii İsrailli ve Polonyalı seçmenlere kalmış.

İşleri karıştıran şu ki, çoğu durumda insanlar ne yardan geçmek istiyor ne serden. Birçok ülke yabancıların enerji, beceri ve ucuz işgücünden faydalanmak için yasadışı göçe göz yumuyor ve hatta geçici süreli yabancı işçi alımına gidiyor. Ancak aynı ülkeler sonrasında göçmen istemediklerini söyleyip bu insanlara yasal bir statü tanımayı reddediyorlar. Uzun vadede bu yaklaşım Katar ve pek çok diğer Körfez ülkesinde olduğu gibi üst sınıfların güçsüz yabancıları istismar ettiği hiyerarşik bir toplum yapısına sebep olabilir.

Bu tartışma karara bağlanmadıkça, bunu takip eden tüm soruları cevaplamak son derece güç. Göç taraftarları insanların istekleri doğrultusunda başka bir ülkeye göç etme hakkı ve ev sahibi ülkenin bu insanları kabul etme yükümlülüğü taşıdığını düşündüğünden, göç hakkı ihlal edilince ve ülkeler kabul yükümlülüklerini yerine getirmekten geri durunca manevi öfke nöbetlerine girerek tepki veriyorlar. Bu tür bir bakış açısını göç karşıtlarının aklı almıyor. Onlara göre göçmenlik bir ayrıcalık, kabul de lütuf. Başkalarının ülkelerine girmesine izin vermiyorlar diye insanları ırkçılık ya da faşistlikle suçlamak da neyin nesi?

Göçmenlerin girişine izin vermek bir görev değil de bir lütuf olsa bile göçmenler yerleştikten sonra ev sahibi ülke zaman içinde bu insanlara ve onların çocuklarına karşı bir sürü yükümlülük altına giriyor elbette. O yüzden günümüzde ABD'de görülen Yahudi karşıtlığı, "Büyük büyükanneni 1910'da bu ülkeye alarak lütufta bulunduğumuz için şimdi sana istediğimiz gibi davranırız," diyerek gerekçelendirilemez.

2. Tartışma: Göç meselesinin ikinci maddesi, kabul edilen göçmenlerin yerel kültüre asimile olma zorunluluğu bulunduğunu öne sürüyor. Peki bu asimilasyonun sınırı ne olacak? Göçmenler ataerkil bir toplumdan liberal bir topluma gittiklerinde feminist olmak zorundalar mı? Son derece dindar bir toplumdan geldikleri halde laik bir dünya görüşü edinmeleri mi gerekiyor? Geleneksel kıyafetlerini ve yemekle ilgili tabularını değiştirmeleri mi lazım? Göçmenlik karşıtları çıtayı yüksek tutarken göç taraftarları çok daha aşağılara çekiyor.

Göçmen alımını savunanlar, Avrupa'nın zaten inanılmaz çeşitlilikte bir yer olduğunu ve yerel halkın da çeşitli fikir, alışkanlık ve değer barındırdığını öne sürüyor. Avrupa'yı canlı ve güçlü kılan şey bu. Göçmenler neden az sayıda Avrupalının gerçekten itimat ettiği hayali bir Avrupalı kimliğine bağlı kalmaya zorlansın? Çoğu İngiliz vatandaşı kiliseye bile gitmezken İngiltere'ye göç eden Müslümanları Hıristiyanlığı benimsemeye mi zorlayacağız? Pencap'tan gelen göçmenler baharatlı soslarını bırakıp kızarmış patates ve balıkla Yorkshire pudingi yemeye mi başlasın? Avrupa'nın birtakım temel değerleri varsa, bunlar hoşgörü ve özgürlüğe dayalı liberal değerlerdir. Bu doğrultuda, Avrupalıların göçmenlere de hoşgörü göstermesi ve başkalarının özgürlüklerine ve haklarına zarar vermemek suretiyle bu insanlara geleneklerini sürdürme özgürlüğü tanıması icap eder.

Göçmen alımına karşı gelenler hoşgörü ve özgürlüğün Avrupa'nın en önemli değerleri olduğunda hemfikir ve çoğu göçmen grubunu, bilhassa da Müslüman ülkelerden gelenleri hoşgörüsüzlükle, kadın, eşcinsel ve Yahudi düşmanlığıyla suçluyorlar. Avrupa tam da hoşgörüye değer verdiği için bu kadar hoşgörüsüz insanı kabul edemez. Hoşgörülü bir toplum küçük bir hoşgörüsüz azınlıkla başa çıkabilir ama bu tür uç görüşlülerin sayısı belli bir eşiği aşarsa tüm toplum yapısı değişir. Avrupa çok fazla Ortadoğulu göçmen alırsa, sonunda Ortadoğu'dan farkı kalmaz.

Diğer göçmen karşıtları daha da ileri gidiyor. Milli bir topluluğu oluşturan şeyin birbirine hoşgörüyle yaklaşan insanlardan çok daha öte bir şey olduğunu öne sürüyorlar. Dolayısıyla göçmenlerin Avrupa'nın hoşgörü esaslarına uyması yetmez. İngiliz, Alman ya da İsveç kültürünün kendine has farklı öğelerine de uyum sağlamaları gerek. Yerel kültür bu insanları içine alarak zaten büyük bir risk ve masraf altına giriyor. Bir de kendini ateşe atmasına lüzum yok. Bütünlüklü bir asimilasyon talep etmek, nihayetinde tam bir eşitlik sunan kültürün hakkı. Göçmenlerin İngiliz, Alman ve İsveç kültürlerinin birtakım cinslikleriyle sorunu varsa başka yere gitsinler.

Bu tartışmanın iki kilit meselesi, göçmenlerin hoşgörüsüzlüğü ve Avrupa kimliği hakkında ortak kanılar bulunmaması. Göçmenler gerçekten de onulmaz bir hoşgörüsüzlük içindeyse, şimdi göçmen alımını savunan pek çok liberal Avrupalı er ya da geç fikrini değiştirip göçmenlere kıyasıya karşı çıkabilir. Ama çoğu göçmen liberalse ve din, cinsiyet ve siyaset konularında açık görüşlü bir tavır sergilerse göçmen alımına karşı en geçerli savlardan bazıları sarsılmış olur.

Böyle bir durumda bile Avrupa milletlerinin kendilerine has kimliklerine ilişkin sorunun ucu açık kalıyor. Hoşgörü evrensel bir değer. Fransa'ya gelen tüm göçmenlerin kabul etmesi gereken Fransa'ya özgü normlar ve değerler, Danimarka'ya gelen göçmenlerin kucaklaması gereken Danimarka'ya özgü normlar ve değerler var mı? Avrupalılar bu sorunun cevabı konusunda amansız bir ayrılığa düştükleri müddetçe net bir göçmen politikası geliştirilmesi zor. Fakat Avrupalılar kim olduklarına karar verirlerse, 500 milyon Avrupalının bir milyon göçmeni sindirmesi de kovması da işten bile değil.

3. Tartışma: Göç meselesinin üçüncü maddesi, göçmenler gerçekten de asimile olmak için canı gönülden çaba sarfeder ve özellikle de hoşgörü ilkesini benimserlerse göç ettikleri ülkenin görevi onlara birinci sınıf vatandaş muamelesi yapmaktır diyor. Peki göçmenlerin toplumun gerçek bir parçası haline gelmesi için ne kadar süre geçmesi gerek? Cezayir'den gelen ilk nesil göçmenler aradan yirmi yıl geçmesine rağmen tamamen Fransız muamelesi görmüyorsa duruma içerlemeliler mi? Peki ya dedeleri, nineleri 1970'lerde Fransa'ya gelmiş üçüncü nesil göçmenler?

Göçmenlik taraftarları hızlı bir kabul sürecinden yana tavır sergilerken göçmenlik karşıtları daha uzun bir geçiş sürecinden yana. Göç taraftarlarına göre üçüncü nesil göçmenler eşit vatandaş kabul edilip bu doğrultuda muamele görmüyorsa, ev sahibi ülke görevini yerine getirmiyor demektir ve bu durum gerginliğe, düşmanlığa hatta şiddete yol açtığında bunun tek suçlusu o ülkenin ayrımcı tavrıdır. Göç karşıtlarına göre böyle abartılı beklentiler sorunun büyük bir kısmını oluşturuyor. Göçmenler sabırlı olmalı. Dedeleriniz buraya sadece kırk yıl önce geldi ve hâlâ yerli halk muamelesi görmüyorsunuz diye sokaklara dökülüyorsanız sınavı geçemediniz demektir.

Bu tartışmanın kökeninde yatan sorun kişisel zaman ölçeğiyle kolektif zaman ölçeği arasındaki fark. İnsan toplulukları açısından bakınca kırk yıl kısa bir zaman. Otuz kırk yıl içinde toplumun yabancı grupları bütünüyle özümsemesini beklemek güç. Roma İmparatorluğu, halifelikler, Çin imparatorlukları ve ABD gibi daha önce yabancıları bünyesine almış medeniyetlerin böyle bir dönüşümü tamamlaması otuz kırk yıl değil yüzyıllar sürmüş.

Fakat kişisel açıdan bakınca kırk yıl sittinsene gibi gelebilir. Dedesi, ninesi Fransa'ya göçtükten yirmi yıl sonra doğmuş bir genç için Cezayir'den Marsilya'ya yolculuk çok eski bir hikâyedir. Kendisi de tüm arkadaşları gibi Fransa'da doğmuştur, Arapça değil Fransızca konuşuyordur ve Cezayir'e adımını bile atmamıştır. Ev diye bildiği tek yer Fransa'dır. Şimdi nasıl oluyor da burası senin evin değil diyor, hiç yaşamamış olduğu bir yere "geri dönmesi" gerektiğini söylüyorlar?

Avustralya'dan getirilmiş bir okaliptüs tohumunun Fransa'da ekilmesine benziyor durum. Ekolojik açıdan okaliptüs ağaçları işgalcidir ve botanikçilerin bu ağaçları Avrupa'nın yerel ağacı sınıfına sokabilmesi için birkaç nesil yetişmesi gerekir. Ama ağaç kendini Fransız sayar. Fransız suyuyla sulanmazsa ölür. Sökmeye çalışırsanız tıpkı yerel meşe ve çamlar gibi onun da Fransa toprağına kök saldığını görürsünüz.

4. Tartışma: Göç meselesinin doğru tanımı hakkındaki tüm bu anlaşmazlıkların üzerine esas soru, bu mekanizmanın işleyip işlemediği. İki taraf da yükümlülüklerini yerine getiriyor mu?

Göçmenlerin kabul edilmesini istemeyen taraf, göçmenlerin ikinci koşulu yerine getirmediğini iddia ediyor. Asimile olmak için gerçekten çaba göstermiyorlar ve çoğu hoşgörüsüz ve ayrımcı dünya görüşlerini koruyor. Dolayısıyla geldikleri ülkenin üçüncü koşulu sağlamak (göçmenlere birinci sınıf vatandaş muamelesi yapmak) gibi bir zorunluluğu yok ve birinci koşulu (göçmenleri kabul etmeyi) yeni baştan değerlendirmek için geçerli sebepleri var. Belli bir kültürden gelen insanlar göç koşullarını yerine getirmeye gönülsüz davranmayı mütemadiyen sürdürüyorsa, neden bu gruba dahil daha çok insan kabul edilip daha büyük sorunlara yol açılsın?

Göçmenleri destekleyen taraf bu argümana, esasen ülkelerin üzerine düşeni yapmadığını söyleyerek cevap veriyor. Göçmenlerin büyük bir çoğunluğu asimile olmaya ellerinden geldiğince gayret etse de ev sahibi topluluk bunu zorlaştırıyor ve daha da fenası, başarıyla asimile olmuş göçmenlerin ikinci ve üçüncü nesilleri bile hâlâ ikinci sınıf vatandaş muamelesi görüyor. Tabii her iki tarafın da üzerine düşeni yapmayıp kısır döngü içinde birbirlerinin kuşkularını ve kinlerini kamçılaması da mümkün.

Sözkonusu üç koşulun neye tekabül ettiği açıklığa kavuşturulmadan bu üçüncü tartışma karara bağlanamaz. Özümseme yükümlülük mü lütuf mu, göçmenlerin ne ölçüde asimile olması gerekir ve göçmenlerin geldiği ülke ne kadar sürede kendilerine eşit birer vatandaş gibi davranmalıdır bilmeden tarafların yükümlülüklerini yerine getirip getirmediğini tartamayız. Başka bir sorun da hesap sormakla ilgili. Göç meselesini değerlendirirken her iki taraf da uyumluluktan ziyade ihlallere ağırlık veriyor. Yasalara saygılı bir milyon göçmenin yüz kadarı terörist gruplara katılıp geldiği ülkeye saldırdığında, göçmenlerin anlaşmanın gereklerini yerine getirdiğini mi yoksa ihlal ettiğini mi varsaymalı? Üçüncü nesil bir göçmen binlerce kez rahatça dolaştığı sokakta kırk yılın başı ırkçının teki tarafından sözlü saldırıya uğradığında, yerel halk göçmenleri benimsiyor mu reddediyor mu sayılmalı?

Ancak tüm bu tartışmaların altında kültürden ne anladığımıza dair çok daha temel bir soru yatıyor. Göçmen meselesini tüm kültürlerin özünde eşit olduğu varsayımıyla mı ele alıyoruz? Yoksa kimi kültürlerin diğerlerinden daha üstün olduğunu mu düşünüyoruz? Bir milyon Suriyeli mülteciyi alıp almamayı tartışırken, Almanların kendi kültürlerinin Suriyelilerin kültüründen daha iyi olduğunu düşünmeleri herhangi bir şekilde gerekçelendirilebilir mi?

Irkçılıktan kültürcülüğe geçiş

Avrupalılar yüz yıl önce kimi ırkların, bilhassa beyaz ırkın, doğası gereği diğer ırklardan üstün olduğuna kesin gözüyle bakıyordu. 1945 sonrası bu tarz görüşler giderek daha çok kınanmaya başlandı. Irkçılık sadece ahlaken rezil değil bilimsel açıdan da asılsız bulunuyordu. Fen bilimleriyle uğraşanlar, özellikle de genetikçiler Avrupalı, Afrikalı, Çin ve Amerikan yerlileri arasındaki biyolojik farkların göz ardı edilebilir düzeyde olduğuna dair oldukça sağlam kanıtlar ortaya koydu.

Ancak aynı zaman zarfında antropologlar, sosyologlar, tarihçiler, davranış bilimciler hatta beyin üzerine çalışan biliminsanları, insan kültürleri arasındaki bariz farklara dair bol miktarda veri topladı. Nitekim tüm insan kültürleri özünde aynıysa antropolog ve tarihçilere ne diye ihtiyaç duyalım? Ne diye afaki farkları çalışmaya kaynak ayıralım? En azından Güney Pasifik ve Kalahari Çölü'nde düzenlenen pahalı saha çalışmalarını finanse etmeyi bırakıp, Oxford ya da Boston'daki insanları incelemekle yetinmemiz gerekir. Kültürel farklar önemsizse Harvard'daki lisans öğrencileriyle ilgili keşfettiklerimiz Kalahari'nin avcı toplayıcı insanları için de geçerli olacaktır.

İnsanların çoğu, düşünüp taşınınca, cinsel törelerden tutun da siyasi âdetlere pek çok alanda, insan kültürleri arasında kaydadeğer farklar bulunduğu sonucuna varır. O zaman bu farkları nasıl ele alacağız? Kültürel izafiyeti savunanlar, fark olmasının hiyerarşi olacağı anlamına gelmeyeceğini ve asla bir kültürü diğerinden üstün tutmamamız gerektiğini ifade ediyorlar. İnsanlar değişik şekillerde düşünüp davranabilirler ama bu çeşitliliği bağrımıza basıp tüm inanç ve göreneklere eşit değer atfetmeliyiz. Maalesef bu tür açık görüşlü tutumlar hakikat karşısında ayakta kalamıyor. İnsanların çeşitliliği, mesele yeme içme ve şiir sözkonusu olduğunda şahane bir şey ama kimse cadı diye insanların yakılmasını, bebek katlini ya da köleliği, Coca-Cola kolonyalizmi ve kapitalizmden korunması gereken büyüleyici insan davranışları sınıfına sokamaz.

Ya da farklı kültürlerin yabancıları, göçmenleri ve mültecileri nasıl karşıladığını düşünün. Her kültürün başkalarını kabul etme ölçüsü farklı. 21. yüzyılın başında Alman kültürü göçmenleri Suudi Arabistan kültüründen daha sıcak karşılıyor. Bir Müslümanın Almanya'ya göç etmesi Hıristiyan birinin Suudi Arabistan'a göç etmesinden çok daha kolay. Hatta Suriyeli Müslüman bir mültecinin Almanya'ya göç etmesi muhtemelen Suudi Arabistan'a göç etmesinden daha kolay ve 2011'den bu yana Almanya, Suudi Arabistan'dan çok daha fazla Suriyeli mülteci kabul etti.[1] Aynı şekilde deliller, 21. yüzyılın başında Kaliforniya'daki kültürün göçmenlere Japonya'dakinden çok daha sıcak baktığını gösteriyor. Bu doğrultuda yabancılara hoşgörü göstermek ve göçmenleri kucaklamak iyi bir şeydir diye düşünüyorsanız, en azından bu konu dahilinde, Alman kültürünün Suudi Arabistan kültüründen üstün, Kaliforniya kültürünün Japon kültüründen daha iyi olduğunu da düşünmeniz gerekmez mi?

Ayrıca iki kültürel norm teoride eşit sayılsa bile, göç gibi uygulamalı bir bağlamda, göç edilen ülkenin kültürünün daha iyi olduğunu düşünmek gerekçelendirilebilir. Bir ülkenin koşullarına uygun düşen norm ve değerler, başka koşullarda o kadar iyi işlemeyebilir. Somut bir örneği mercek altına alalım. Yerleşmiş önyargıların tuzağına düşmemek için iki ülke kurgulayalım. Birinin adı Soğukistan, diğerininki Sıcakya olsun. Bu iki ülkenin pek çok kültürel farkı var. İnsan ilişkileri ve bireylerarası çatışmalar konusunda da tutumları farklı. Soğukistanlılara küçüklüklerinden itibaren okulda, işyerinde ve hatta aile içinde biriyle anlaşmazlığa düştüklerinde bile, en iyisinin duygularını bastırmak olduğu öğütlenmiş. Bağırıp çağırmaktan, öfke emareleri göstermekten ya da diğer insanlara meydan okumaktan kaçınmak gerek; öfkeyle kalkan zararla oturur. En doğrusu insanın duygularıyla başa çıkıp ortamın yatışmasını beklemesi. Bu süre zarfında sözkonusu kişiyle iletişim kurmamalı, karşılaşmak kaçınılmazsa mesafeli ama nazik davranıp hassas konulara hiç girilmemeli.

Sıcakyalılarsa tam tersine çocukluklarından itibaren çatışmaları dışavurmayı öğrenmiş. Kendinizi bir anlaşmazlığın ortasında bulursanız konuyu havada bırakıp duygularınızı bastırmayın. İlk fırsatta içinizi dökün. Sinirlenmek, bağırıp çağırmak ve tam olarak ne hissettiğinizi karşınızdakine göstermek normaldir. Meseleler ancak böyle, dürüst ve doğrudan davranarak beraberce çözülür. Yıllarca sürebilecek bir anlaşmazlığa yol açmaktansa bir gün bağırıp çağırarak konuyu çözebilirsiniz ve karşılıklı meydan okumak hiçbir zaman hoş olmasa da sonrasında herkes çok daha iyi hisseder.

Bu iki yöntemin de olumlu ve olumsuz tarafları var ve hangisinin daha iyi olduğunu söylemek zor. Peki ya Sıcakyalı biri Soğukistan'a göç eder ve bir Soğukistan şirketinde çalışmaya başlarsa?

Sıcakyalı ne zaman diğer çalışanlarla anlaşmazlığa düşse, dikkatleri soruna yoğunlaştırıp meselenin çabucak hallolmasına yarayacağını düşündüğünden, masaları yumruklayıp avazı çıktığı kadar bağırıyor. Yıllar sonra üst düzey bir pozisyon boşalıyor. Sıcakyalı gerekli tüm vasıflara sahip olsa da patron Soğukistanlı bir çalışanı terfi ediyor. Niye diye sorulduğunda, "Evet, Sıcakyalının pek çok yeteneği var ama insan ilişkileri çok sorunlu. Çabuk sinirleniyor, gereksiz yere gerginlik yaratıyor ve şirket kültürümüzü zedeliyor," diye açıklıyor. Bu değerlendirmeden Soğukistan'a göç eden diğer Sıcakyalılar da payına düşeni alıyor. Çoğu ancak düşük mevkilerde çalışabiliyor ya da iş bile bulamıyor çünkü yöneticiler Sıcakyalıların çabuk sinirlenen ve sorun çıkaran insanlar olduğunu varsayıyor. Sıcakyalılar bir türlü üst düzey mevkilere çıkamadıkları için Soğukistan'ın kurumsal kültürünü değiştirmeleri zor.

Aynı şey Sıcakya'ya göç eden Soğukistanlıların da başına geliyor. Sıcakya'da bir şirkette çalışmaya başlayan bir Soğukistanlı kısa sürede burnu büyük ya da soğuk nevale diye nam salıyor ve doğru dürüst arkadaş edinemiyor. İnsanlar kendisini samimiyetsiz buluyor ve temel insan ilişkisi becerilerinden yoksun olduğunu düşünüyorlar. Asla üst düzey bir pozisyona gelemiyor ve bu yüzden de şirket kültürünü değiştirme fırsatı yakalayamıyor. Sıcakya müdürleri, çoğu Soğukistanlının samimiyetsiz ya da utangaç olduğu sonucuna varıyor ve müşterilerle iletişim ya da diğer çalışanlarla yakın işbirliği gerektiren pozisyonlara Soğukistan'dan gelenleri almayı tercih etmiyorlar.

Bu iki durum da düpedüz ırkçılık gibi görünebilir. Ama burada sözkonusu olan ırkçılık değil "kültürcülük"tür. İnsanlar cephenin başka bir alana kaydığını fark etmeden geleneksel ırkçılığa karşı kahramanca savaşmayı sürdürüyor. Geleneksel ırkçılık sönüp gidiyor ama dünya artık "kültürcülük" taslayanlarla dolup taşıyor.

Geleneksel ırkçılık sırtını biyoloji kuramlarına dayamıştı. 1890'larda ya da 1930'larda Birleşik Krallık, Avustralya ve ABD gibi ülkelerde yaşayanlar kalıtsal bir biyolojik unsurun Afrikalı ve Çinli insanları yapı itibarıyla Avrupalılardan daha az zeki, daha az girişken ve daha az ahlaklı yaptığına inanıyorlardı. Sorun kanlarındaydı. Bu tarz görüşler hem siyasi arenada saygı görüyor hem de bilimsel altyapıyla destekleniyordu. Oysa günümüzde pek çok insan ırkçı beyanlarda bulunsa da bu görüşler hiçbir bilimsel altyapıya sahip değil ve öyle bir siyasi saygı da görmüyor; tabii kültürel terimlerle başka bir şekilde ifade edilmedilerse. Siyahlar genlerinin niteliği düşük olduğu için suç işlemeye eğilimlidir deme modası geçti; artık işlevsiz altkültürlerden geldikleri için suç işlemeye meyilliler demek moda.

Örneğin ABD'de kimi parti ve liderler ayrımcı politikaları açıkça destekleyip sık sık Afrika ve Latin kökenli Amerikalılar ve Müslümanlar hakkında atıp tutuyorlar ama DNA'larında bir sorun var demiyorlar. Sıkıntının kaynağı olarak kültürleri gösteriyorlar. Dolayısıyla Başkan Trump Haiti, El Salvador ve kimi Afrika ülkelerine "bok çukuru" yakıştırması yaparken, belli ki bu yerlerin kültürleriyle ilgili görüşünü beyan ediyor, genetik yapılarına dair bir şey söylemiyordu.[2] Trump başka bir seferinde ABD'ye göç eden Meksikalılar hakkında şu şekilde konuşmuştu: "Meksika bize insan gönderdiğinde en iyileri göndermiyor. Bir sürü sorunu olan insanlar gönderiyor ve bu sorunlar buraya taşınıyor. Uyuşturucu getiriyorlar. Suç getiriyorlar. Tecavüzcü bunlar. Sanıyorum bir kısmı da iyi insandır." Bu çok yakışıksız bir iddia ama biyolojik açıdan değil sosyolojik açıdan yakışıksız. Trump Meksikalı kanı iyilikten nasibini almamıştır demiyor; iyi Meksikalılar Rio Grande'nin güneyinde kalıyor diyor sadece.[3]

Tartışmanın odağında yine de insan bedeni; Latin Amerikalı bedeni, Afrikalı bedeni, Çinli bedeni var. Ten rengi pek bir mühim. Derinizde fazlaca melanin pigmentiyle New York sokaklarında dolanıyorsanız, nereye gidiyor olursanız olun, polis size şüpheyle yaklaşır. Ama hem Başkan Trump hem de Başkan Obama gibiler ten renginin önemini kültürel ve tarihsel bağlamda ifade eder. Polisin ten renginize şüpheyle yaklaşmasının altında yatan gerekçe biyolojik değil tarihseldir. Tahminen Obama ve benzerleri, polisin önyargısının kölelik gibi olumsuz tarihsel hatalardan kaynaklandığını açıklayacaktır. Trump ve benzerleriyse siyahların suç işlemesini, beyaz liberaller ve siyah toplulukların yaptığı tarihsel hataların olumsuz mirası olarak görecektir. Her iki koşulda da Delhi'den gelmiş Amerikan tarihinden bihaber bir turist bile olsanız bu tarihin yol açtığı sonuçların vebalini çekmek zorunda kalırsınız.

Biyolojiden kültüre geçiş, anlamsız bir teknik dil değişikliği değil. Uygulamaya etki eden kimi iyi kimi kötü sonuçlar doğuran kapsamlı bir geçiş. Öncelikle, kültür biyolojiden daha kolay şekillendirilebilir. Bu bir yandan günümüzde kültürcülük yapanların geleneksel ırkçılardan daha hoşgörülü olabileceği anlamına geliyor; "ötekiler" kültürümüzü benimserse onları kendimizle bir tutarız diye düşünebilirler. Öte yandan, bunun sonucunda "ötekiler" asimile olmaya çok daha fazla zorlanabilir ve başarı gösteremezlerse çok daha sert eleştirilere maruz kalabilirler.

Koyu tenli bir insanı ten rengini açmıyor diye suçlayamazsınız ama insanlar Afrikalıları ya da Müslümanları Batı kültürünün norm ve değerlerini benimsemiyorlar diye suçlayabilirler ve suçluyorlar da. Böyle suçlamaların ille de geçerli bir sebebi olması gerekir anlamına gelmez bu. Çoğu durumda hâkim kültürü benimsemek için pek fazla sebep yoktur ve çoğu başka durumda da gerçekleşmesi neredeyse imkânsız bir hedeftir bu. Yoksulluğun kol gezdiği varoşlardan gelen Afrika kökenli Amerikalılar, hegemonyacı Amerikan kültürüne uyum sağlayabilmek için ne kadar gayret etseler de öncelikle kurumsal ayrımcılığa maruz kalabilir, sonra da yeterince çaba sarfetmemekle suçlanarak çektikleri sıkıntının tek suçlusu kendileriymiş konumuna düşürülebilirler.

Biyolojiden bahsetmekle kültürden bahsetmek arasındaki kilit farklardan biri de Soğukistan'la Sıcakya örneğinde olduğu gibi geleneksel ırkçı bağnazlığının aksine kültürcülük savlarının ara sıra akla yatkın gelebilmesidir. Sıcakyalılarla Soğukistanlıların gerçekten de insan ilişkilerinin farklı tarzlarda kendini gösterdiği farklı kültürleri var. İnsan ilişkilerinin pek çok iş dalında önem taşıdığını düşünürsek, Sıcakyalı bir şirketin Soğukistanlıları kendi kültürel mirasları doğrultusunda davrandıkları için cezalandırması ahlaken yanlış mıdır?

Antropologlar, sosyologlar ve tarihçiler bu konuda ciddi kaygılar taşıyorlar. Bir yandan tüm bu söylem tehlikeli ölçüde ırkçılığa yakın duruyor. Öte yandan kültürcülüğün ırkçılığa kıyasla çok daha sağlam bir bilimsel altyapısı var ve özellikle beşeri bilimler ve sosyal bilimler alanlarında çalışanlar kültürel farkların varlığını ve önemini reddedemezler.

Elbette bazı kültürcü savları kabul etsek de hepsini kabul etmek zorunda değiliz. Çoğu kültürcü sav üç ortak kusurdan mustariptir. Birincisi, kültürcüler genellikle yerel üstünlüğü nesnel üstünlükle karıştırırlar. Dolayısıyla Sıcakya yerelinde çatışmaları Sıcakya usulü karara bağlama yöntemi, Soğukistan yönteminden pekâlâ üstün olabilir. Bu durumda Sıcakya'da faaliyet gösteren Sıcakya şirketi, Soğukistanlı göçmenlerin orantısız biçimde cezalandırılmasına yol açacak şekilde, içe kapanık çalışanlara ayrımcılık yapmakta haklı sebeplere sahiptir. Fakat bu Sıcakya yönteminin nesnel üstünlüğe sahip olduğu anlamına gelmez. Sıcakyalılar Soğukyalılardan bazı şeyler öğrenebilir ve durum değişirse, örneğin Sıcakyalı şirket küreselleşip farklı ülkelerde şube açarsa, çeşitlilik birdenbire kıymete binebilir.

İkincisi, net bir ölçüt, zaman ve yer tanımladığınızda kültürcü savlar ampirik açıdan doğru olabilir. Ama insanlar beklenmedik bir sıklıkla çok fazla genel kültürcü iddialarda bulunurlar ve bunlar da hiçbir şey ifade etmez. Dolayısıyla, "Soğukistan kültürü Sıcakya kültürüne oranla ulu orta öfke patlamalarına karşı daha az hoşgörülüdür," demek mantıklı bir iddia olabilirken, "Müslüman kültürü aşırı hoşgörüsüz," demek hiç de mantıklı değildir. İkinci iddia oldukça muğlaktır. "Hoşgörüsüz" derken neyi kastediyoruz. Kime ya da neye karşı? Bir kültür, dini azınlıklara ve sıradışı siyasi görüşlere karşı hoşgörüsüzken obezlere ve yaşlılara karşı son derece hoşgörülü olabilir. Ayrıca "Müslüman kültürü" derken neyi kastediyoruz? 7. yüzyıl Arap Yarımadası'ndan mı bahsediyoruz? 16. yüzyıl Osmanlı İmparatorluğu'ndan mı? 21. yüzyılın başındaki Pakistan'dan mı? Son olarak, ölçütümüz ne? Dini azınlıklara hoşgörüyle bakacaksak ve 16. yüzyılın Osmanlı İmparatorluğu'yla 16. yüzyıl Batı Avrupa'sını kıyaslarsak Müslüman kültürün inanılmaz hoşgörülü olduğu sonucuna varırız. Taliban yönetimindeki Afganistan'la çağdaş Danimarka'yı kıyaslarsak bambaşka bir sonuca varırız.

Ama kültürcü savların en büyük sorunu, istatiksel bir yapıya sahip olmalarına rağmen sık sık *bireylere* ayrımcılık yapmak için kullanılıyor olmalarıdır. Sıcakya yerlisi biriyle Soğukistanlı bir göçmen Sıcakya'daki bir şirkette açılan aynı pozisyona başvurduğunda yönetici, "Soğukistanlılar soğuk ve çekingendir," diye Sıcakyalıyı işe almayı seçebilir. Bu istatiksel olarak doğru olsa bile belki sözkonusu Soğukistanlı, Sıcakyalı adaydan daha sıcakkanlı ve girişkendir. Kültür önemlidir ama insanlar aynı zamanda genleri ve kişisel geçmişleri doğrultusunda da şekillenir. Bireyler genellikle istatiksel kalıpları yıkarlar. Şirketin donuk insanları değil de girişkenleri tercih etmesi anlaşılır bir şey ama Soğukistanlıları değil de Sıcakyalıları tercih etmesi mantıklı değil.

Ancak tüm bunlar kültürcülüğü tamamen geçersiz kılmak yerine birtakım kültürcü savları yola getiriyor. Bilimsel bir temeli bulunmayan bir önyargıdan ibaret ırkçılığın aksine, kültürcü savlar bazen oldukça doğru görünür. İstatistiklere bakar ve Sıcakyalı şirketlerin yüksek mevkilerde çok az Soğukistanlı istihdam ettiğini görürsek bunun sebebi ırkçı ayrımcılıktan ziyade akıllıca verilmiş bir karar olabilir. Soğukistanlı göçmenler bu duruma içerleyip Sıcakya'nın göçmenlik şartlarını yerine getirmediğini iddia etmeli mi? Sıcakya şirketleri "pozitif ayrımcılık" yaparak Sıcakya'nın asabi iş kültürünü yatıştırma umuduyla daha çok Soğukistanlıyı yönetici konumuna mı getirmeli? Belki de suç yerel kültüre uyum sağlamayı başaramayan Soğukistanlılarındır ve Soğukistanlıların çocuklarına Sıcakya norm ve değerleri aşılamak için daha çok ve daha etkili çaba sarfetmemiz gerekiyordur.

Kurmaca âleminden gerçek dünyaya dönersek, Avrupa'da cereyan eden göç tartışmasının hayırla şer arasındaki, sağı solu belli bir savaş olmanın çok uzağında kaldığını görürüz. Tüm göçmenlik karşıtlarına "faşist" yaftası yapıştırmak da tüm göçmenlik taraftarlarının "kültürel intihara" meyilli olduğu sonucuna varmak da doğru olmaz. Bu yüzden göçmenlik meselesi pazarlık edilemez ahlaki bir buyruk hakkında ödün verilmeden sürdürülen bir mücadele şeklinde yürütülmemeli. Standart demokratik prosedürlerle karara bağlanması gereken iki meşru siyasi duruş arasındaki bir tartışmadır bu.

Şimdilik Avrupa'nın, değerlerini paylaşmayan insanlar tarafından sarsılmadan kapılarını yabancılara açık tutabilmesini sağlayacak bir orta yol bulup bulamayacağı meçhul. Avrupa böyle bir yol bulabilirse belki bu formül küresel ölçekte de uygulanabilir. Fakat Avrupa projesi başarısız olursa bu özgürlük ve hoşgörü gibi liberal değerlere inancın dünyanın kültürel çatışmalarını çözmeye ve insanlığı nükleer savaş, ekolojik çöküş ve teknolojik sıçrama karşısında birleştirmeye yetmediğinin göstergesi olur. Yunanlar ve Almanlar ortak bir kadere rıza gösteremiyor ve 500 milyon varsıl Avrupalı birkaç milyon yoksul mülteciyi bünyesinde barındıramıyorsa, insanlığın küresel medeniyeti sarıp sarmalayan çok daha yoğun çatışmaların altından kalkmakta nasıl bir şansı olabilir ki?

Avrupa ve dünyanın tamamıyla daha iyi bütünleşmek ve sınırlarla zihinleri açık tutmakta yardımcı olabilecek şeylerden biri de terörizm kaynaklı histerinin şiddetini azaltmak. Avrupa'nın özgürlük ve hoşgörü alanlarındaki deneyinin abartılı bir terör korkusu sebebiyle dağılması büyük bir talihsizlik olur. Bu durum teröristlerin amaçlarına ulaşmasını sağlamakla kalmaz, bu bir avuç fanatiğin eline insanlığın geleceği hakkında çok ama çok büyük bir söz hakkı verir. Terörizm insanlığın marjinal ve zayıf bir kesiminin silahı. Peki nasıl oldu da böylesi bir şey küresel siyasete yön verir hale geldi?

III. Kısım

UMUT ve UMUTSUZLUK

Zorluklar eşi benzeri görülmemiş nitelikte ve anlaşmazlıklar şiddetli olsa da korkularımızı kontrol altında tutup görüşlerimiz konusunda biraz daha alçakgönüllü davranırsak, insanlık bu durumun üstesinden gelebilir.

10

Terörizm

Panik yok

Teröristler zihin kontrolü ustalarıdır. Az sayıda insan öldürseler bile milyarlarca insanı dehşete düşürmeyi, AB ve ABD gibi büyük siyasi yapıları sarsmayı başarıyorlar. 11 Eylül 2001'den bu yana her yıl, Avrupa Birliği'nde yaklaşık 50, ABD'de 10, Çin'de 7 insanı öldürdüler ve dünya genelinde bu sayı 25 bine çıktı (çoğunluğu Irak, Afganistan, Pakistan, Nijerya ve Suriye'de).[1] Oysa trafik canavarı her yıl yaklaşık 80 bin Avrupalıyı, 40 bin Amerikalıyı, 270 bin Çinliyi ve dünya genelinde 1,25 milyon insanı öldürüyor.[2] Her yıl diyabet ve şekerden yaklaşık 3,5 milyon, hava kirliliğinden 7 milyon insan ölüyor.[3] O halde neden terör bizi şekerden daha çok korkutuyor ve neden hükümetler kronik çevre kirliliği yüzünden değil de ara sıra yaşanan terör olayları yüzünden seçimleri kaybediyor?

Kelimenin düz anlamından da çıkarılabileceği gibi terörizm siyasi durumu maddi zarar vermekten ziyade korku saçarak değiştirme amacı taşıyan bir askeri stratejidir. Bu strateji hemen hemen her zaman düşmanlarını çok fazla maddi hasara uğratamayacak zayıf zümreler tarafından benimsenir. Elbette her askeri eylem korku saçar. Ama bildiğimiz savaş sözkonusu olduğunda bu korku yalnızca maddi hasarın yan ürünü ve genellikle kayıplara yol açan güçle doğru orantılıdır. Terörizmde esas konu korkudur ve teröristlerin gerçek güçleriyle saldıkları korku arasında akıllara zarar bir orantısızlık olmasıdır.

Siyasi durumu şiddet yoluyla değiştirmek her daim o kadar kolay değildir. Somme Meydan Muharebesi'nin ilk gününde, 1 Temmuz 1916'da, 19 bin İngiliz askeri ölmüş ve 40 bini de yaralanmıştı. Savaş Kasım ayında sona erdiğinde, her iki taraf da 300 bini ölü olmak üzere bir milyondan fazla zayiat vermişti.[4] Ama bu dehşet verici kıyım Avrupa'nın siyasi dengelerini pek değiştirmemişti. Taşların yerinden oynaması için iki yıl daha geçmesi ve milyonlarca insanın daha ölmesi gerekmişti.

Somme Muharebesi'nin yanında terörizm devede kulak kalır. Kasım 2015'teki Paris saldırısında 130, Mart 2016'da Brüksel'de patlayan bombalar yüzünden 32 ve Mayıs 2017'de Manchester Arena'da patlatılan bomba yüzünden 22 kişi öldü. 2002 yılında Filistin'in İsrail'e karşı düzenlediği terör saldırılarında, otobüsler ve restoranların her gün bombalandığı bir dönemde, ölen İsrailli sayısı 451'e ulaştı.[5] Aynı yıl trafik kazalarında 542 İsrailli hayatını kaybetti.[6] 1988'de, 103 numaralı Pan Am uçuşunun Lockerbie üzerinde seyrederken bombalanması gibi kimi terör saldırılarında yüzlerce insan ölmüştü.[7] 11 Eylül ölü sayısını rekor düzeylere ulaştırarak yaklaşık 3000 kişinin hayatına mal oldu.[8] Fakat bu bile alışılageldik savaşların bedelinin yanında küçük kalıyor. Avrupa'da 1945'ten bu yana terör saldırılarında; milliyetçi, dini, solcu ve sağcı saldırıların tümünde öldürülenlerin sayısını toplarsanız yine de Üçüncü Aisne Muharebesi (250 bin ölü) ya da Onuncu Isonzo Muharebesi (225 bin ölü) gibi herhangi bir I. Dünya Savaşı çatışmasının yarattığı zayiata erişemezsiniz.[9]

O halde teröristler nasıl başarı yakalamayı umuyor? Bir terör eyleminin ardından düşmanın asker, tank ve gemi sayısında azalma olmuyor. Düşmanın iletişim ağları, yolları ve rayları çoğunlukla yerli yerinde duruyor. Fabrikaları, limanları ve üslerine ciddi bir zarar gelmiyor. Fakat teröristler, düşmanın maddi gücünü pek çökertemeseler de korku ve kargaşanın düşmanın sapasağlam gücünü yanlış kullanıp aşırı tepki göstermeye iteceğini umuyor. Teröristlerin hesabına göre öfkeden deliye dönen düşmanın onlara karşı kullanacağı muazzam güç, kendilerinin asla yaratamayacağı şiddette askeri ve siyasi bir fırtına koparacak. Her fırtınada öngörülemeyen şeyler cereyan eder. Hatalar yapılır, zulmedilir, kamuoyu sarsılır, tarafsızlar tutum değiştirir ve güç dengeleri değişir.

Bu yüzden teröristler porselen dükkânını yerle bir etmeye çalışan bir sineğe benzerler. Sinek o kadar güçsüzdür ki tek bir fincanı bile yerinden oynatamaz. O halde dükkânı nasıl yerle bir edecek? Gider bir boğa bulur ve boğanın kulağına girip vızıldamaya başlar. Boğa korku ve öfkeden küplere biner ve porselen dükkânına dalar. 11 Eylül'den sonra yaşanan buydu. Aşırı İslamcılar, Amerikan boğasını kışkırtıp Ortadoğu'nun porselen dükkânına saldı. Şimdi de enkazın ortasında palazlanıyorlar. Ve dünyada bol miktarda fevri boğa var.

Desteyi yeniden karmak

Terörizm hiçbir cazibesi olmayan bir askeri stratejidir çünkü tüm önemli kararları düşmanın eline bırakır. Terör saldırısı öncesi düşmanın elindeki tüm seçenekler saldırı sonrasında da emrinde olmaya devam ettiğinden, düşman hangisini isterse onu kullanabilir. Ordular böyle bir durumdan ne pahasına olursa olsun kaçınmaya çalışır. Taarruza geçtiklerinde düşmanı kızdıracak korkutucu bir manzara yaratıp karşı saldırıya geçmesini teşvik etmek istemezler. Bunun yerine düşmanı kaydadeğer maddi hasara uğratıp misilleme yapma kabiliyetini düşürmeye çalışırlar. Bilhassa da en tehlikeli silahlarını ve seçeneklerini ortadan kaldırmayı hedeflerler.

Örneğin Japonya Aralık 1941'de ABD'ye beklenmedik bir şekilde saldırıp Pearl Harbor'da bulunan Birleşik Devletler Pasifik Donanması'nı batırdığında yaptığı buydu. Terörizm değildi bu. Savaştı. Japonlar Amerikalıların saldırıya nasıl karşılık vereceğinden emin olamazdı ama şundan emindiler: Amerikalılar ne yapmaya karar verirse versin bu donanmayı 1942'de Filipinler'e ya da Hong Kong'a süremeyeceklerdi.

Düşmanı, elindeki herhangi bir silahı ya da seçeneği ortadan kaldırmadan kışkırtmak çaresizlikle kalkışılan, yalnızca başka bir seçenek bulunmadığında başvurulan bir yöntemdir. Ciddi maddi hasar verme olasılığı varsa kimse bunu safi teröristlik uğruna es geçmez. Japonlar 1941'de ABD'yi kışkırtmak için Pearl Harbor'daki Pasifik Donanması'na dokunmayıp sivil bir yolcu gemisini batırsaydı, bu delilik olurdu.

Ama teröristlerin pek bir seçeneği yok. Savaş açamayacak kadar zayıflar. Bu yüzden de düşmanı kışkırtıp aşırı tepki vermesine yol açacağını umarak teatral bir gösteri sahnelemeyi tercih ederler. Teröristler ortaya dehşet verici bir şiddet manzarası çıkarıp zihinlerimizi ele geçirerek bize karşı kullanırlar. Bir avuç insanı öldürerek, milyonların ölüm korkusuna kapılmasını sağlarlar. Hükümetler korkuları yatıştırmak için bu terör tiyatrosuna güvenlik mizansenleri ve kitlesel zulüm ve yabancı ülkelerin işgali gibi muazzam güç gösterileriyle karşılık verir. Çoğu durumda terörizme verilen bu aşırı tepki güvenliğimizi teröristlerden çok daha fazla tehdit eder.

Dolayısıyla teröristler ordu generalleri gibi düşünmez. Tiyatro yapımcıları gibi düşünürler. 11 Eylül saldırılarının halkın hafızasında nasıl yer ettiği, herkesin bu durumu sezgisel bir şekilde anladığını doğruluyor. İnsanlara 11 Eylül'de ne olmuştu diye sorarsanız büyük ihtimalle, El-Kaide Dünya Ticaret Merkezi'nin ikiz kulelerini yıktı cevabını alırsınız. Ama saldırı sadece kulelere yönelik değildi. İki hedef daha vardı ve bunlardan biri de başarıya ulaşan Pentagon saldırısıydı. Nasıl oluyor da çoğu insan bunu hatırlamıyor?

11 Eylül operasyonu gerçek anlamda askeri bir harekât olsaydı, ilgi Pentagon saldırısına yoğunlaşırdı. Bu saldırıda El-Kaide düşmanın merkez üssünü kısmen tahrip etmeyi başarıp yüksek rütbeli komutan ve analistleri yaralayıp öldürdü. Neden toplumsal hafıza, iki sivil binanın yıkılıp borsacı, muhasebeci ve ofis çalışanlarının öldürülmesine daha büyük ehemmiyet veriyor?

Pentagon nispeten düz ve gösterişsiz bir yapıyken, Dünya Ticaret Merkezi binaları upuzun fallik totemlere benzediği ve yıkılmaları muazzam bir görsel-işitsel etki yarattığı için. Kulelerin yıkılışına tanıklık eden hiç kimse bu imgeyi aklından çıkaramaz. Çünkü sezgisel olarak terörizmin bir tiyatro olduğunu bildiğimizden, maddi değil duygusal etkisini değerlendiririz.

Teröristler gibi terörle mücadele edenler de ordu generalinden ziyade tiyatro yapımcısı gibi düşünmeli. Her şeyden önce, terörle etkin bir şekilde mücadele etmek istiyorsak teröristlerin yapacağı hiçbir şeyin bizi alt edemeyeceğini idrak etmemiz gerek. Bizi yenik düşürebilecek tek şey terörist provokasyonlarla yanlış yola sapıp aşırı tepki vermemiz olur.

Teröristler imkânsız bir işe kalkışıyor; orduları olmadığı halde şiddet yoluyla siyasi güç dengelerini değiştirmeye çalışıyorlar. Amaçlarına ulaşmak için devleti de imkânsız bir göreve, vatandaşlarını siyasi şiddetten her yerde ve her an koruyabileceğini kanıtlamaya mecbur bırakıyorlar. Devletin bu imkânsız görevi yerine getirmeye çalışırken, siyaset destesini yeniden karmasını ve kendi ellerine umulmadık bir as gelmesini umuyorlar.

Bu göreve baş koyunca, devletin teröristleri genellikle ezip geçtiği doğru. Son dönemlerde yüzlerce terör örgütü çeşitli devletler tarafından yok edildi. İsrail 2002 ila 2004 yıllarında en azılı terör saldırılarının bile kaba kuvvet kullanılarak bastırılabileceğini kanıtladı.[10] Düşmanla karşı karşıya geldiklerinde kazanma ihtimalleri olmadığını gayet iyi biliyor teröristler. Ama güçsüzlükleri ve başka bir askeri seçenekleri olmadığından kaybedecekleri hiçbir şey yok ama elde edecekleri pek çok şey var. Terör karşıtı harekâtların kırk yılda bir yarattığı siyasi fırtınalar teröristlere yarıyor ve bu da böyle bir kumar oynamalarını mantıklı kılıyor. Terörist dediğimiz insan, elinde oldukça kötü kartlar tutan ve rakiplerini desteyi yeniden karmaya ikna etmeye çalışan bir kumarbaza benziyor. Bir şey kaybedeceği yok ama her şeyi kazanabilir.

Büyük boş bir kavanozda ufak bir madeni para

Devlet neden desteyi baştan karmaya razı gelsin? Terörün yarattığı maddi hasar gözardı edilebilir ölçüde kaldığından, kuramsal olarak hiçbir şey yapmaması ya da kamera ve mikrofonlardan uzakta, güçlü ama örtük önlemler alması mümkün. Aslında çoğunlukla da aynen öyle yapıyorlar. Ama arada bir devletin tepesinin tası atıyor ve olanca kuvvetiyle ve alenen tepki vererek teröristlerin eline koz veriyor. Devletler terörist provokasyonlarına karşı neden bu kadar hassas?

Devletler bu provokasyonlara karşı koymakta zorlanıyor çünkü modern devlet meşruiyetini, kamusal alanı politik şiddetten arındırmayı taahhüt etmesine borçludur. Bir yönetim korkunç felaketlere direnebilir hatta bunları göz ardı bile edebilir ama ancak meşruiyetini bu felaketlerin önlenmesinden almıyorsa. Öte yandan, önemsiz bir sorun yönetimin meşruiyetini sarsacak bir şey olarak görülüyorsa yıkıma sebep verebilir. 14. yüzyılda Kara Veba Avrupa nüfusunun çeyreği ila yarısının hayatını aldı ama hiçbir kral tahtından inmediği gibi vebanın üstesinden gelmeye çabalayan bir kral da çıkmadı. Vebanın önünü almanın kralın görevleri arasında yer aldığını düşünen yoktu. Ama hükmettikleri bölgelerde dine aykırı düşüncelerin yayılmasına müsaade eden kralların tacı, hatta kellesi de güme gidebilirdi.

Günümüzde bir hükümet aile içi ve cinsel şiddete terörizmden daha hafif bir yaklaşım sergileyebilir çünkü #MeToo gibi akımların etkisine rağmen tecavüz hükümetin meşruiyetini zan altında bırakmıyor. Mesela Fransa'da her yıl yetkili mercilere 10 binden fazla tecavüz vakası bildiriliyor ve muhtemelen on binlerce vaka da bildirilmeden kalıyor.[11] Ancak tecavüzcüler ve tacizci kocalar Fransız devletinin bekasına tehdit olarak algılanmıyor çünkü devlet tarihsel anlamda cinsel şiddeti ortadan kaldırma vaadi doğrultusunda kurulmamış. Oysa çok daha nadir görülen terör vakalarının Fransız Cumhuriyeti'ne ölümcül tehdit teşkil ettiği düşünülüyor çünkü çağdaş Batılı devletler son birkaç yüzyıldır meşruiyetlerini sınırları dahilinde siyasi şiddete müsamaha göstermeyeceklerine açıkça söz vererek, kademe kademe inşa ettiler.

Ortaçağda kamusal alanda siyasi şiddet kol geziyordu. Hatta şiddet kullanma yetisi siyaset oyununa dahil olmanın şartıydı ve bu yetiden yoksun olanlar siyasi arenada seslerini duyuramıyordu. Kent, lonca, kilise ve manastırların yanı sıra pek çok asil aile de emrinde silahlı kuvvetler bulunduruyordu. Bir başrahip vefat eder ve yerine kimin geçeceği konusunda anlaşmazlığa düşülürse keşiş, yörenin söz sahipleri ve konuyla alakadar komşulardan müteşekkil rakip gruplar meseleyi karara bağlamak için sık sık silahlı çatışmaya başvururdu.

Böyle bir dünyada terörizme yer yoktu. Kaydadeğer maddi hasara yol açmaya gücü yetmeyenler tümüyle önemsizdi. 1150'de bir avuç Müslüman fanatik, Kudüs'te birkaç sivili öldürüp Haçlıların kutsal toprakları terk etmesini talep etse, dehşetle değil alayla karşılanırlardı. Ciddiye alınmak istiyorsanız, en azından bir iki sağlam kaleyi ele geçirecektiniz. Terörizm ortaçağda yaşayan atalarımızı ilgilendirmiyordu çünkü uğraşacak daha büyük dertleri vardı.

Merkezi devletler, modern çağlarda sınırları dahilindeki siyasal şiddeti peyderpey azalttı ve son dönemlerde Batılı ülkeler bunu neredeyse tamamen ortadan kaldırmayı başardı. Fransa, Birleşik Krallık ya da ABD vatandaşları şehirlerin, şirketlerin, kurumların ve hatta hükümetin kendisinin kontrolünü ele geçirmek için silahlı kuvvetlere hiç gerek duymadan mücadele edebiliyorlar. Trilyonlarca doların, milyonlarca askerin ve binlerce gemi, uçak ve nükleer füzenin kumandası tek bir kurşun sıkılmadan bir grup siyasetçiden diğerine geçiyor. İnsanlar bu duruma çabucak alıştı ve bunu doğal hakları olarak görüyorlar. Bu nedenle ara sıra meydana gelen ve birkaç düzine insanın ölümüne yol açan siyasi şiddet eylemleri bile devletin meşruiyetine ve hatta bekasına yönelik ölümcül bir tehdit olarak algılanıyor. Büyük boş bir kavanozda ufak bir madeni para çok ses çıkarır.

Terör tiyatrosu o yüzden böylesine başarılı. Devlet siyasi şiddetten arınmış kocaman bir boş alan yarattı ve şimdi bu alan akustik etki yaratıyor, ne denli küçük olsa da her silahlı saldırının etkisini artırıyor. Bir devlette ne kadar az siyasi şiddet görülüyorsa, terör eylemlerinin yarattığı kamusal şok da o kadar kuvvetli oluyor. Belçika'da birkaç insanın öldürülmesi aynı sayıda insanın Nijerya ya da Irak'ta öldürülmesinden çok daha fazla dikkat çekiyor. Demek ki çağdaş devletlerin siyasi şiddeti önlemedeki başarısı, çelişkili bir şekilde, bu devletleri teröre karşı bilhassa hassas kılıyor.

Devletler kendi sınırları içinde siyasi şiddete mahal vermeyeceklerini söyleyip durdu. Vatandaşlar da siyasi şiddet yokluğuna alıştı. Dolayısıyla terörizm tiyatrosu içimizdeki anarşi korkusunu harekete geçirip insanlarda toplumsal düzen elden gidiyor hissi yaratıyor. Yüzlerce yıllık kanlı savaşlardan sonra kendimizi şiddet kara deliğinden dışarı attık ama kara deliğin hâlâ orada durduğunu, bizi tekrar yutmak için sabırla beklediğini duyumsuyoruz. Birkaç tüyler ürpertici vahşetle karşılaşınca o kara deliğin içine çekiliyormuşuz gibi hissediyoruz.

Devletler bu korkuları dindirmek adına terör tiyatrosuna cevaben bir güvenlik tiyatrosu sergileme gereği duyuyor. Terörizme karşı en etkin cevap iyi istihbarat ve terörü besleyen finans ağlarına yönelik gizli operasyonlar olabilir. Ama bu vatandaşların televizyondan izleyebileceği bir şey değil. Vatandaşlar Dünya Ticaret Merkezi'nin yıkıldığı terör dramını seyretti. Devletler de aynı ölçüde hatta daha saldırgan, daha çarpıcı bir karşıt dram sahnelemeye mecbur hissediyor. O yüzden sessiz ve etkin davranmak yerine şiddetli fırtınalar çıkarıp çoğu zaman teröristlerin hayallerini süsleyen bir ortam yaratıyorlar.

Peki devletler terörizmle nasıl mücadele etmeli? Başarılı bir terörle mücadele üç cephede yürütülmeli. Birincisi, hükümetler terör ağlarına yönelik gizli operasyonlara yoğunlaşmalı. İkincisi, medya olaylara doğru açıdan yaklaşıp cinnete yol açmamalı. Terör tiyatrosu tanıtımı yapılmadan başarı elde edemez. Ne yazık ki genellikle medya bu tanıtımı bedavadan yapıyor. Durmadan terör saldırılarını haber yapıp teröristlerin yarattığı tehlikeyi fazlasıyla şişiriyor çünkü terörizm diyabet ya da hava kirliliğinden daha iyi ciro yapıyor.

Üçüncü cepheyse her birimizin zihninde yatıyor. Teröristler zihinlerimizi ele geçirip bize karşı kullanıyor. Terör saldırılarını zihnimizde tekrar tekrar canlandırıyor, 11 Eylül'ü ya da patlayan son intihar bombasını yeniden yaşayıp duruyoruz. Teröristler yüz kişiyi öldürüp yüz milyon insanın her ağacın arkasından ölüm çıkabilir kuruntusuna kapılmasını sağlıyor. Zihnini teröristlerden arındırmak her vatandaşın sorumluluğu. Kendimize tehlikenin gerçek boyutlarını hatırlatmalıyız. Medyanın terör takıntısını yönlendiren ve hükümetleri aşırı tepki vermeye iten bizim içimizdeki korku.

Terörizmin başarıya ulaşıp ulaşmayacağı bize bağlı. Zihnimizi teröristlere teslim eder, sonra da kendi korkularımıza aşırı tepkiler verirsek terörizm galip gelir. Teröristleri zihnimizden kovar, dengeli ve sakin davranırsak terörizm mağlup olur.

Nükleer terörizm

Yukarıdaki analiz son iki yüz yıldır şahit olduğumuz ve günümüzde New York, Londra, Paris ve Tel Aviv sokaklarında boy gösteren terörizm için geçerli. Fakat teröristlerin eline kitle imha silahları geçerse sadece terörizmin değil devletin ve küresel siyasetin rengi de hatırı sayılır ölçüde değişir. Bir avuç fanatiği temsil eden ufak çaplı organizasyonlar, tüm bir şehri yok edip milyonları öldürebilir duruma gelirse, siyasi şiddetten arınmış hiçbir kamusal alan kalmaz.

Dolayısıyla, günümüz terörizmi büyük ölçüde bir tiyatrodan ibaret olsa da geleceğin nükleer, siber ya da biyolojik terörizmi çok daha büyük bir tehdit oluşturur ve hükümetlerin çok daha sert tepkiler vermesi gerekir. Tam da bu yüzden, bu tür farazi gelecek senaryolarıyla şu ana kadar tanıklık ettiğimiz gerçek terör saldırılarını birbirinden ayrı tutmak konusunda dikkatli davranmalıyız. Teröristlerin bir gün nükleer silahlara erişip New York veya Londra'yı yok edeceği korkusu, yoldan geçen bir düzine insanı otomatik silah ya da üzerlerine kamyon sürerek öldüren bir teröriste karşı cinnet içinde aşırı tepki vermeyi gerektirmez. Devletler tüm muhalif grupları bir gün nükleer silah edinmeye kalkışırlar ya da otonom arabalarımızı ele geçirip onları katil robotlara dönüştürürler gerekçesiyle cezalandırmaya başlamamaya bilhassa özen göstermeli.

Aynı şekilde, radikal grupların kati surette gözlem altında tutulması ve kitle imha silahlarının kontrolünü ele geçirmelerinin engellenmesine yönelik önlemler alınması gerekiyor ama nükleer terörizm korkusunun tehdit unsuru taşıyan diğer senaryolarla dengeli bir seviyede tutulması da şart. ABD son yirmi yıl içinde terör mücadelesine trilyonlarca dolar ve siyasal sermaye harcadı. George W. Bush, Tony Blair, Barack Obama ve bakanları, bir ölçüde haklı bir biçimde, teröristlerin peşine düşerek onları nükleer silah edinmekten çok hayatta nasıl kalacaklarını düşünmeye mecbur bıraktıklarını dile getirebilir. Bu yolla dünyayı nükleer bir 11 Eylül'den korumuş sayılabilirler. "Terörle mücadeleyi başlatmasaydık El-Kaide nükleer silahlara erişim sağlayabilirdi," ifadesi varsayıma dayalı bir sav olduğundan, ne ölçüde doğru olduğunu değerlendirmek zor.

Ancak emin olabiliriz ki terörle mücadele sürecinde ABD ve müttefikleri dünya çapında muazzam zararlara yol açtıkları gibi ekonomistlerin "fırsat maliyeti" diye adlandırdığı zarara da girdiler. Terörle savaşmak için harcanan para, zaman ve siyasal sermaye küresel ısınma, AIDS ve yoksullukla mücadeleye, Sahraaltı Afrika'ya barış ve refah getirmeye, Rusya ve Çin'le daha iyi ilişkiler kurmaya harcanmamış oldu. New York ya da Londra gün gelip Atlantik Okyanusu'nun yükselen suları altında kalırsa ya da Rusya'yla yaşanan gerilim sonucu savaş patlak verirse, insanlar Bush, Blair ve Obama'yı yanlış cepheye odaklanmakla suçlayabilirler.

Olaylar yaşanırken önceliklerin neler olduğunu kestirmek ne kadar zorsa, geriye dönüp bakınca esasen neyin öncelikli olduğunu görmek de o kadar kolay. Yaşanmış felaketleri engelleyemediler diye liderleri suçluyoruz ama gün yüzüne çıkmayan facialardan bihaberiz. O yüzden insanlar 1990'lara bakıp,

Clinton yönetimini El-Kaide tehdidine aldırmamakla suçluyor. Ama 1990'larda İslami teröristlerin New York gökdelenlerine yolcu uçaklarıyla dalarak küresel çatışmayı tetikleyebileceği pek az insanın aklına gelirdi. Oysa pek çok insan Rusya'nın tamamen çöküp geniş topraklarının yanı sıra binlerce nükleer ve biyolojik silahını da başkalarına kaptırmasından endişe ediyordu. İkinci bir endişe de eski Yugoslavya'da cereyan eden kanlı savaşın Avrupa'nın başka yerlerine sıçraması ve Macaristan'la Bulgaristan, Bulgaristan'la Türkiye ve hatta Polonya'yla Ukrayna arasında çatışma yaşanmasıydı.

Çoğu insan Almanya'nın yeniden birleşmesini daha büyük bir endişeyle izliyordu. Nazi Almanya'sının çöküşünden tam 45 yıl sonra, Almanya'nın gücü pek çok insana hâlâ korku salıyordu. Sovyet belasından kurtulan Almanya, Avrupa Kıtası'na hâkim bir süpergüce dönüşebilir miydi? Peki ya Çin? Sovyet bloğunun dağılması sonucu paniğe kapılan Çin, reformları bir kenara bırakıp Maocu politikalara geri dönerek Kuzey Kore'nin geniş ölçekli bir versiyonu haline gelebilirdi.

Şimdi bu senaryoları hafife alıyoruz çünkü gerçekleşmediler. Rusya'nın durumu istikrarlı bir hale geldi, Avrupa'nın çoğu barış içinde Avrupa Birliği'ne katıldı, birleşen Almanya günümüzde özgür dünyanın liderleri arasında anılıyor ve Çin de tüm dünyanın ekonomik lokomotifine dönüştü. Tüm bunlar, en azından kısmen, ABD ve Avrupa Birliği'nin yapıcı politikaları sayesinde başarıldı. ABD ve Avrupa Birliği 1990'larda eski Sovyetler Birliği ya da Çin'deki duruma değil de aşırı İslamcılara yoğunlaşsa daha mı akıllıca olurdu?

Tüm olasılıklara önceden hazırlanamayız. Buna istinaden, nükleer terörizmi mutlaka engellememiz gerekse de insanlığın gündeminin ilk sırasında bu yer almamalı. Ve kesinlikle teorik bir nükleer terörizm tehdidini, alelade terörizme aşırı tepki vermenin gerekçesi niyetine kullanmamalıyız. Bunlar farklı çözümler gerektiren farklı sorunlar.

Tüm çabalarımıza rağmen terörist grupların eline kitle imha silahları geçerse, siyasi mücadelelerin nasıl yürütüleceğini kestirmek zor ama yaşanacakların 21. yüzyılın başındaki terör ve terörle mücadele girişimlerinden son derece farklı olacağı kesin. 2050'de dünya nükleer ve biyolojik teröristlerle dolup taşarsa, terör kurbanları 2018'in dünyasına özlemle bakacaklar: bu kadar güvenli hayatlar süren insanlar nasıl olmuş da kendilerini bu kadar tehdit altında hissetmişler?

Tabii ki içinde bulunduğumuz tehlike duygusunu körükleyen tek şey terörizm değil. Pek çok uzman ve sıradan insan yüz yıl önce de benzer şeyler yaşandığı için III. Dünya Savaşı'nın eli kulağında olmasından korkuyor. Büyük güçler arasındaki artan gerilimin beraberinde yaşanan küresel zorluklar 1914'teki gibi 2018'de de bizi bir dünya savaşının içine çekiyor gibi görünüyor. Peki bu, aşırı terör korkumuzdan daha haklı bir endişe mi?

11

Savaş

İnsanların aptallığını küçümsemeyin

Geçtiğimiz son onyıllar insanlık tarihinin en barış dolu dönemiydi. İnsanların birbirine uyguladığı şiddet yüzünden ölenlerin sayısı tarım toplumlarının ilk dönemlerinde yüzde 15 ve 20. yüzyılda yüzde 5'ken, günümüzde bu oran sadece yüzde 1.[1] Ancak 2008'de yaşanan finansal krizden sonra uluslararası durum giderek kötüleşmeye, savaş tellallığı tekrar moda olmaya ve askeri harcamalar artmaya başladı.[2] Hem sıradan insanlar hem de uzmanlar, 1914'te Avusturyalı bir arşidükün öldürülmesinin I. Dünya Savaşı'nı tetiklemesine benzer şekilde, 2018'de Suriye çöllerinde gerçekleşecek bir olayın ya da Kore yarımadasında akılsızca yapılan bir hamlenin küresel çatışmayı başlatmasından korkuyorlar.

Dünya çapında artan gerilimi ve Washington, Pyongyang ve daha pek çok yerdeki liderlerin karakterlerini düşündüğümüzde endişenin yersiz olmadığı ortada. Ama yine de 2018'le 1914 arasında temel farklar var. Öncelikle 1914'te savaş seçkinlere cazip geliyordu çünkü önlerinde başarı elde edilen savaşların ekonomik gelişim ve siyasi iktidara katkıda bulunduğuna dair somut örnekler vardı. Oysa 2018'e gelindiğinde, başarı elde edilen savaş, nesli tükenme tehlikesi altında bir tür gibi görünüyor.

Büyük imparatorluklar, Asurlar ve Qin Hanedanı dönemlerinden beri çoğunlukla zorlu fetihler yoluyla kuruluyordu. 1914'te de dünyanın başlıca güçleri, konumlarını başarı elde ettikleri savaşlara borçluydu. Örneğin Japonya, Çin ve Rusya'ya karşı zafer kazanarak bölgesel bir güç elde etmişti; Almanya, Avusturya-Macaristan İmparatorluğu ve Fransa'yı alt ederek Avrupa'nın başat gücüne dönüşmüştü; Birleşik Krallık da tüm dünya çapında bir dizi ufak çaplı galibiyete imza atarak dünyanın en geniş ve zengin imparatorluğunu kurmuştu. Öyle ki 1882'de Birleşik Krallık, Mısır'ı kuşatıp işgal ettiğinde, zaferle sonuçlanan Mers-el-Kebir Muharebesi'nde sadece 57 asker kaybetmişti.[3] Günümüzde Müslüman bir ülkeyi işgal etmek Batılara kabuslar gördürecek bir şeyken, Mers-el-Kebir'in ardından İngilizler doğru dürüst bir silahlı direnişle karşılaşmamış ve altmış yıldan uzun bir süre boyunca Nil Vadisi'ni ve büyük önem taşıyan Süveyş Kanalı'nı kontrol altında tutmuştu. Diğer Avrupalı güçler de İngilizlere özeniyordu ve Paris, Roma ya da Brüksel'deki yönetimler Vietnam, Libya ya da Kongo'ya asker çıkarmaya niyetlendiklerinde, tek korkuları kendilerinden önce başkasının buraları ele geçirmesiydi.

ABD bile süpergüç olma konumunu sadece iktisadi teşebbüslere değil askeri girişimlere de borçluydu. 1846'da Meksika'ya çıkartma yapıp Kaliforniya, Nevada, Utah, Arizona ve New Mexico ile Colorado, Kansas, Wyoming ve Oklahoma'nın bir kısmını ele geçirmişti. İmzalanan barış anlaşmasıyla ABD'nin daha önceden topraklarına kattığı Texas'ın durumu da kesinliğe kavuşturulmuştu. ABD topraklarına 2,3 milyon kilometrekare (Fransa, İngiltere, Almanya, İspanya ve İtalya'nın toplam yüzölçümünden fazla) ekleyen bu savaşta 13 bin Amerikan askeri hayatını kaybetmişti.[4] Milenyumun en düşeş alışverişi sözkonusuydu.

Dolayısıyla 1914'te Washington, Londra ve Berlin'in seçkinleri başarılı savaşın neye benzediğini ve ne kadar getirisi olduğunu gayet iyi biliyordu. Oysa 2018'de dünyanın seçkinleri, gayet haklı sebeplerle, artık ortada böyle bir savaş anlayışının kalmadığını düşünüyor. Birtakım üçüncü dünya diktatörleri ve devlet dışı merciler, savaş yoluyla varlık kazansa da büyük güçler bunu nasıl kotaracaklarını artık bilmiyor sanki.

Hafızalarda tazeliğini koruyan en büyük zafer olan ABD'nin Sovyetler Birliği'ne karşı galibiyeti, herhangi bir büyük askeri çatışma yaşanmadan elde edildi. Sonrasında ABD eski usul askeri zaferin tadını I. Körfez Savaşı'nda aldı ama bunun ABD'yi Irak ve Afganistan'da yaşanan küçük düşürücü askeri fiyaskolara trilyonlar harcamaya sevk etmek dışında bir faydası görülmedi. 21. yüzyılın yükselen gücü Çin başarısızlıkla sonuçlanan 1979 Vietnam çıkartmasının ardından, her tür silahlı saldırıdan itinayla sakındı ve tamamıyla ekonomik faktörlere dayanarak gelişim gösterdi. Çin'in örnek aldığı modeller 1914 öncesinin Japon, Alman ve İtalyan imparatorlukları değil 1945 sonrası Japonya'sı, Almanya'sı ve İtalya'sıydı. Bu örneklerin hepsinde ekonomik refaha ve jeopolitik prestije tek bir kurşun sıkılmadan ulaşılmıştı.

Dünyanın savaş meydanı Ortadoğu'da bile yerel güçler savaşlardan nasıl başarıyla çıkacaklarını bilmiyor. İran uzun soluklu ve büyük kayıplara yol açan İran-Irak Savaşı'ndan hiçbir şey kazanamadı ve bu savaşın akabinde birebir askeri karşılaşmaların hepsinden uzak durdu. İranlılar, Irak'tan Yemen'e dek çeşitli yerel hareketlere para ve silah tedarik ediyor ve Devrim Muhafızları Ordusu'nu Suriye ve Lübnan'daki müttefiklerine yardım amacıyla yolluyor ama hiçbir ülkeyi işgal etmeye kalkışmıyor; en azından şimdilik. İran son dönemlerde bölgenin hegemonyasını elinde tutuyor ama cephede kazandığı tek bir zafer bile yok. Hükmen galipler. İki büyük düşmanları, Irak ve ABD, savaşa tutuştu, bu savaşla ikisinin de Ortadoğu batağına duyduğu iştah tarumar oldu ve ganimete İran kondu.

Neredeyse aynı durum İsrail için de geçerli. İsrail'in başarıyla çıktığı son savaş 1967'de yaşandı. O günden itibaren İsrail girdiği pek çok savaşa rağmen zenginleşti, bu savaşlar sayesinde değil. İşgal ettiği pek çok bölge İsrail'in üstüne ekonomik yükler ve ağır siyasi yükümlülükler bindiriyor. İran gibi İsrail de son dönemlerde artan jeopolitik önemini savaşta başarıya değil askeri maceralara atılmamaya borçlu. Savaş İsrail'in Irak, Suriye ve Libya'daki ezeli düşmanlarını kırıp geçirirken, İsrail savaştan uzak durdu. Şimdiye kadar (Mart 2018) Suriye iç savaşının içine çekilmemek Netanyahu'nun en büyük siyasi başarısıdır bile denilebilir. İsrail Silahlı Kuvvetleri (İSK) istese Şam'ı bir hafta içinde ele geçirebilirdi ama İsrail'in bundan ne gibi bir çıkarı olabilir? İSK'nın Gazze'yi fethedip Hamas rejimini devirmesi çok daha kolay ama İsrail böyle bir şey yapmamakta ısrarcı çünkü tüm askeri maharete ve İsrailli siyasetçilerin savaş yanlısı söylemlerine rağmen savaştan kazanılacak pek bir şey olmadığı biliniyor. ABD, Çin, Almanya, Japonya ve İran gibi İsrail de 21. yüzyılda en başarılı stratejinin kenarda oturup başkalarının sizin yerine dalaşmasını seyretmek olduğunu anlamış görünüyor.

Kremlin'den görünen manzara

Şimdiye kadar, 21. yüzyılda büyük bir güç tarafından kalkışılan tek başarılı işgal girişimi Rusya'nın Kırım'ı ele geçirmesi. Rus ordusu Şubat 2014'te Ukrayna'yı işgal edip Kırım Yarımadası'nı ele geçirdi ve Kırım bunun akabinde Rusya'ya bağlandı. Rusya fazla savaşmasına gerek kalmadan stratejik öneme sahip bir bölge edindi, komşularına dehşet saçtı ve kendini yeniden dünya çapında bir güç olarak konumlandırdı. Ancak bu işgal bir dizi sıradışı koşul sebebiyle başarıya ulaştı. Ne Ukrayna ordusu ne de yöre halkı Rusya'ya pek direniş gösterdi ve diğer güçler de krize doğrudan müdahale etmekten kaçındı. Bu koşulları dünyanın başka bir yerinde sağlamak zordur. Savaşta başarı elde etmek, saldıran tarafa direnmeye hazır düşmanların yokluğuna bağlıysa, eldeki fırsatlar ciddi ölçüde sınırlı demektir.

Gerçekten de Rusya, Kırım başarısını Ukrayna'nın başka bölgelerinde de elde etmeye çalışınca daha sert direnişlerle karşılaştı ve Doğu Ukrayna'daki savaş verimsiz bir açmaza sürüklendi. Daha da fenası (Moskova'nın bakış açısından) savaş Ukrayna'da Rus karşıtlığının tohumlarını ekti ve bu ülke müttefiklikten çıkıp can düşmanına dönüştü. Tıpkı I. Körfez Savaşı başarısı sonrası Irak'a el uzatmaya heves eden ABD gibi, Rusya da Kırım'da kazandığı başarının ardından Ukrayna'ya el uzatmaya heves etmişti.

Topluca ele alındığında, Rusya'nın 21. yüzyılın başlarında Kafkaslar ve Ukrayna'da açtığı savaşların çok da başarılı olduğu söylenemez. Bu savaşlar Rusya'ya süpergüç prestiji kazandırsa da Rusya'ya duyulan güvensizliği ve düşmanlığı artırmakla kalmadı, ekonomik anlamda da zarara yol açtı. Kırım'daki turistik tesislerle Luhansk ve Donetsk'teki Sovyetler döneminden kalma yıkık dökük fabrikalar, savaşın maliyetini karşılamadığı gibi sermaye kaçışı ve uluslararası yaptırımların bedeliniyse hiç karşılamıyor. Rusya'nın uyguladığı siyasetin sınırlarını anlamak için son yirmi yılda Çin'in gösterdiği muazzam ekonomik gelişimle "muzaffer" Rusya'nın aynı dönem içinde yaşadığı ekonomik durgunluğu karşılaştırmak yeterlidir.[5]

Moskova'nın cesur konuşmalarını bir kenara bırakırsak, büyük ihtimalle Rus seçkinleri de askeri maceraların gerçek getirisinin ve götürüsünün gayet iyi farkında ki şimdiye kadar savaşı kışkırtmamaya özen gösterdiler. Rusya okul bahçelerinde kabadayılık taslayan çocuklar gibi davranıyor; en zayıf çocuğa sataşıp fazla da hırpalamıyor ki öğretmenler devreye girmesin. Putin savaşa Stalin, I. Petro ya da Cengiz Han benzeri bir ruhla girişseydi, Rus tankları Varşova ve Berlin'e değilse bile Tiflis ve Kiev'e girmişti. Ama Putin ne Cengiz Han ne de Stalin. 21. yüzyılda askeri gücün bir yere kadar işe yaradığını ve başarı elde etmek için sınırlı savaş taktiği uygulamak gerektiğini herkesten iyi biliyor gibi görünüyor. Acımasızca hava bombardımanına tuttuğu Suriye'de bile Rus askerlerini Suriye topraklarına mümkün mertebe sokmamaya, esas mücadeleyi başkalarına bırakmaya ve savaşın komşu ülkelere sıçramasını engellemeye özen gösterdi.

Rusya'nın son yıllarda gerçekleştirdiği saldırgan sayılabilecek hamleler, yeni bir dünya savaşına giden yolda atılan ilk adımlardan ziyade açık defansları kapatma çabası gibi. Haklı sebeplerle, Ruslar 1980'ler ve 1990'larda barışçıl bir şekilde kendi köşelerine çekildiklerinde yenik düşmüş düşman muamelesi gördüklerini öne sürebilirler. ABD ve NATO, Rusya'nın zayıflığını fırsat bilerek, aksi yönde verdikleri sözlere rağmen, Doğu Avrupa ve hatta kimi eski Sovyet cumhuriyetlerini NATO'ya dahil etti. Batı, Rusya'nın Ortadoğu'daki çıkarlarını göz ardı etmeyi sürdürüp şüpheli gerekçelerle Sırbistan ve Irak'ı işgal etti ve genel olarak Rusya'ya kendi etki alanını Batı kaynaklı istilalardan korumasının tek yolunun askeri gücü olduğunu açıkça belli etti. Bu açıdan bakınca, Rusya'nın son dönem askeri hamleleri Vladimir Putin kadar Bill Clinton ve George W. Bush'un suçu denilebilir.

Elbette Rusya'nın Gürcistan, Ukrayna ve Suriye'ye askeri müdahalelerinin çok daha cüretkâr imparatorluk hamlelerinin habercisi olduğu ortaya çıkabilir. Putin şimdiye dek küresel bir sefere ilişkin ciddi planlar yapmadıysa da yakaladığı başarılar hırsını körükleyebilir. Ancak Putin'in Rusya'sının Stalin'in SSCB'sinden çok daha zayıf olduğunu ve Çin gibi başat ülkeler tarafından desteklenmedikçe, bırakın dolu dizgin bir dünya savaşını, yeni bir Soğuk Savaş'ı bile kaldıramayacağını unutmamak gerek. Rusya'nın nüfusu 150 milyon ve gayrisafi yurtiçi hasılası 4 trilyon dolar. Hem nüfus hem de üretim bakımından ABD'ye (325 milyon nüfus ve 19 trilyon dolar) ve Avrupa Birliği'ne (500 milyon nüfus ve 21 trilyon dolar) kıyasla zayıf kalıyor.[6] ABD'yle AB birleştiğinde Rusya'nın nüfusunu beşe, gayrisafi yurtiçi hasılasını ona katlıyor.

Son teknolojik gelişmeler bu arayı iyice açtı. SSCB doruk noktasına 20. yüzyılın ortasında, ağır sanayi küresel ekonominin lokomotifiyken erişmişti ve Sovyetler'in merkezi sistemi traktör, kamyon, tank ve kıtalararası füzelerin seri üretiminde üstündü. Günümüzde bilişim teknolojileri ve biyoteknoloji ağır sanayiden daha büyük önem taşıyor ama Rusya bu alanların ikisinde de başarı gösteremiyor. Etkin siber savaş yetenekleri bulunsa da bilişim sektöründe çalışan sivillerden yoksun ve ekonomisi büyük ölçüde doğal kaynaklara, özellikle de petrol ve doğalgaza dayanıyor. Bu durum oligarşi basamaklarının üst seviyelerindeki üç beş kişinin cebini doldurmaya ve Putin'i iktidarda tutmaya yetebilir ama dijital ya da biyoteknolojik bir silahlanma yarışını kazanmaya yetmez.

Daha da önemlisi, Putin'in Rusya'sı evrensel bir ideolojiden yoksun. SSCB Soğuk Savaş sırasında Kızıl Ordu'nun dünyaya yeter gücüyle birlikte komünizmin dünyayı etkileyebilen albenisine güveniyordu. Oysa Putinizm Kübalılara, Vietnamlılara ya da Fransız entelektüellerine cazip gelecek bir şey sunmuyor. Otoriter milliyetçilik sahiden dünyaya yayılıyor belki ama doğası gereği birbirine bağlı uluslararası blokların kurulmasına araç olabilecek bir şey değil. Hem Polonya komünizmi hem de Rusya komünizmi, en azından teoride, enternasyonal bir işçi sınıfının evrensel çıkarlarını gözetirken, Polonya milliyetçiliğiyle Rus milliyetçiliği tanımları gereği karşıt çıkarlar gözetiyor. Putin'in yükselişi Polonya'da milliyetçiliğin artmasına yol açıyorsa, bu olsa olsa Polonya'yı daha da Rus karşıtı yapar.

Bu sebeplerden ötürü Rusya, NATO ve AB'yi parçalamaya yönelik küresel bir yalan haber ve güven sarsma kampanyası yürütse de küresel ölçekte fiziksel bir fetih girişiminde bulunması mümkün görünmüyor. Rusya'nın Kırım'ı ele geçirmesinin ve Gürcistan'la Doğu Ukrayna'ya saldırılarının münferit olaylardan ibaret kalacağını ve yeni bir savaş çağının alameti olmadıklarını birtakım gerekçeler doğrultusunda ummak mümkün.

Savaş kazanmanın kayıp sanatı

Belli başlı güçlerin başarı elde edecekleri savaşlar başlatması 21. yüzyılda neden bu kadar zor? Sebeplerden biri ekonominin doğasındaki değişim. Geçmişte ekonomik varlıklar çoğunlukla maddiydi. O yüzden fetih yoluyla zenginleşmek nispeten kolaydı. Düşmanlarınızı savaş meydanında yendiğinizde şehirlerini yağmalayarak, sivil halkı köle pazarlarında satarak ve değerli buğday tarlalarına ve altın madenlerine el koyarak kazanç sağlayabilirdiniz. Romalılar tutsak Yunan ve Galyalıları satıp gelir elde etmiş, 19. yüzyıl Amerikalıları Kaliforniya'nın altın madenlerine ve Texas'ın sığır çiftliklerine el koyarak zenginleşmişti.

Fakat 21. yüzyılda bu yolla anca cüzi bir kâr elde edersiniz. Artık esas iktisadi varlık buğday tarlaları, altın madenleri hatta petrol kuyuları yerine teknik ve kurumsal bilgi ve bilgi de savaş yoluyla ele geçirilecek bir şey değil. IŞİD gibi örgütler hâlâ Ortadoğu şehirlerini ve petrol kuyularını yağmalayarak kazanç sağlamaya çalışsa da (Irak bankalarındaki 500 milyon dolardan fazla paraya el koyup 2015'te petrol satışından 500 milyon dolar daha kazandılar)[7] Çin ya da ABD gibi süpergüçler için bu rakamlar kifayetsiz kalıyor. Yıllık gayrisafi yurtiçi hasılası 20 trilyon doları aşan Çin'in önemsiz milyarlar için savaş çıkaracak hali yok. ABD'ye savaş açacak olsa, harcayacağı trilyonların yanı sıra tüm savaş zararlarını ve kaybedilen ticari fırsatları telafi etmesi mümkün olabilir mi? Muzaffer Çin Halk Kurtuluş Ordusu, Silikon Vadisi'nin hazinelerini mi yağmalayacak? Apple, Facebook ve Google gibi şirketler yüzlerce milyar dolar değerinde ama bu servetleri kaba kuvvetle elde edemezsiniz. Silikon Vadisi'nde silisyum madenleri yok.

Yine de başarı elde edilen bir savaş, kazanan tarafın küresel ticaret sistemini kendi yararı doğrultusunda yeniden düzenlemesine olanak tanıyarak teoride kazanç sağlayabilir; Napolyon'u yendiğinde Birleşik Krallık'ın, Hitler'i alt ettiğinde ABD'nin yaptığı gibi. Ancak askeri teknolojideki değişimler 21. yüzyılda böyle bir projenin altından kalkmayı zorlaştırıyor. Atom bombası bir dünya savaşında üstün gelmeyi bir tür kitlesel intihar girişimine dönüştürdü. Hiroşima'nın ardından hiçbir süpergücün birbirleriyle doğrudan savaşmamış olması ve sadece kendileri için düşük risk taşıyan, yenilmemek için nükleer silah kullanmaya başvurma olasılığı düşük çatışmalara girmiş olması tesadüf değildir. Hatta Kuzey Kore gibi ikinci sınıf bir nükleer güce saldırmak bile kimsenin istemeyeceği bir plan. Kim ailesinin askeri yenilgiyle burun buruna gelince ne yapabileceğini düşünmek çok korkutucu.

Emperyalistliğe soyunacaklar için siber savaş, işleri daha da zorlaştırıyor. Kraliçe Victoria ile Maxim makineli tüfeğin hüküm sürdüğü o eski günlerde İngiliz ordusu Manchester ve Birmingham'ın huzurunu kaçırma tehlikesinden azade, uzaklardaki bir çölde yaşayan insanları katledebiliyordu. George W. Bush zamanlarında bile ABD Bağdat ve Felluce'de tozu dumana katarken, Iraklıların San Francisco ya da Chicago'ya misilleme yapmalarının bir yolu yoktu. Ama şimdi ABD orta seviye siber savaş kapasitesi sahibi bir ülkeye bile saldıracak olsa, savaş Illinois ya da Kaliforniya'ya dakikalar içinde taşınabilir. Zararlı yazılımlar ya da mantık bombaları Dallas'ta hava trafiğini durdurup Philadelphia'da trenleri çarpıştırabilir, Michigan'ın elektrik şebekesini çökertebilir.

Büyük fatihler çağında savaş az zararla bol kazanç elde etmeye dayalı bir meseleydi. 1066'daki Hastings Muharebesi'nde I. William tüm İngiltere'yi birkaç bin asker kaybıyla tek bir günde ele geçirmişti. Nükleer silahlar ve siber savaşsa bol zararla az kazanç elde edilebilecek teknolojiler. Bu araçları kâr kapısı imparatorluklar inşa etmek için değil bütün bir ülkeyi yok etmek için kullanabilirsiniz.

O yüzden belki de savaş tehditleri ve düşmanca hislerin kol gezdiği dünyada barışı en iyi şekilde garanti edecek şey, belli başlı güç odaklarının yeni koşullar altında savaşta nasıl başarı yakalayacaklarından bihaber olmasıdır. Cengiz Han ya da Jül Sezar yabancı ülkeleri tereddüt etmeden istila etmişti ama günümüzde Erdoğan, Modi ve Netanyahu gibi milliyetçi liderler üst perdeden konuşsalar da gerçekten savaş çıkarmak konusunda oldukça ihtiyatlılar. Tabii ki biri çıkıp 21. yüzyıl koşullarında savaşta nasıl başarı elde edileceğinin formülünü bulursa, cehennemin kapıları bir çırpıda açılabilir. Rusya'nın Kırım'da yakaladığı başarıyı bilhassa korkutucu bir alamet kılan şey budur. Umalım da münferit bir olay olarak kalsın.

Aptalca adımlar

Maalesef 21. yüzyılda savaş kazanç sağlamayan bir iş olmayı sürdürse de bu durum mutlak barışın garantisi değil. İnsanların aptallığını hiç küçümsememek gerek. İnsanlar hem bireysel hem de toplumsal düzeyde kendilerine zarar verecek eylemlerde bulunmaya meyillidir.

1939'da savaşa girmek muhtemelen Mihver Devletleri için ters tepen bir hamleydi ama öyle olması dünyayı kurtarmadı. II. Dünya Savaşı'yla ilgili hayret verici şeylerden biri de yenilen devletlerin öncekinden katbekat fazla refaha kavuşmasıydı. Bütün orduları dağıtılıp imparatorlukları tamamen çöktükten yirmi yıl sonra Almanlar, İtalyanlar ve Japonlar emsali görülmemiş bir bolluk içindeydi. O halde neden savaşa girmişlerdi ki? Neden milyonlarca insanın felaketine ve ölümüne sebep olmuşlardı? Hepsi aptalca bir yanlış hesap yüzünden. 1930'larda Japon generaller, amiraller, ekonomistler ve gazeteciler Kore, Mançurya ve Çin sahilinin kontrolü ele geçirilmezse Japonya'nın ekonomik durgunluğa mahkûm olacağı sonucuna varmıştı.[8] Yanılıyorlardı. İşin aslı, meşhur Japon mucizesi ancak Japonya anakara hâkimiyetini tamamen kaybettikten sonra başladı.

İnsanların aptallığı en önemli tarihsel etmenlerden biri ama biz genellikle bunu hesaba katmama eğilimindeyiz. Siyasetçiler, generaller ve akademisyenler dünyaya her hamlenin özenle düşünülmüş mantıklı hesaplar doğrultusunda oynandığı bir satranç oyunu muamelesi yapıyorlar. Bu bir ölçüde doğru. Gerçek anlamda deli olan ve piyonlarla atları gelişigüzel oynatan pek az lider vardır tarihte. General Tojo, Saddam Hüseyin ve Kim Jong-il'in yaptıkları hamlelere dair mantıklı gerekçeleri vardı. Sorun şu ki dünya bir satranç tahtasından çok daha karmaşık ve insan aklı bu karmaşık yapıyı gerçekten anlamaya muktedir değil. O yüzden mantıklı liderler bile sık sık son derece aptalca şeyler yapabiliyorlar.

Peki bir dünya savaşı çıkmasından ne ölçüde korkmalıyız? İki aşırı uçtan herhangi birine savrulmamak en doğrusu. Bir yandan savaş kesinlikle kaçınılmaz değil. Soğuk Savaş'ın barış içinde sona ermesi, insanlar doğru kararlar verince süpergüçlerin çatışmalarının bile olay çıkmadan çözülebileceğinin kanıtı. Dahası yeni bir dünya savaşının kaçınılmaz olduğunu varsaymak son derece tehlikeli. Böyle düşünmek kendini doğrulayan bir kehanete yol açabilir. Ülkeler savaşın kaçınılmaz olduğunu farz ederse, ordularını güçlendirir, gittikçe hızlanan bir silahlanma yarışına tutuşur, herhangi bir anlaşmazlıkta ödün vermekten imtina eder ve iyi niyet göstergelerinin birer tuzak olduğu şüphesine düşerler. Bu da savaş çıkmasını garantiler.

Öte yandan savaşı imkânsız addetmek de saflık olur. Savaş herkes için felaket demektir ama bizi insanlığın aptallığından koruyacak ne bir tanrı var ne de bir doğa yasası.

Bir doz alçakgönüllülük, insan aptallığına iyi gelebilecek potansiyel bir çaredir. Milli, dini ve kültürel gerilimler insanların kibirli bir şekilde kendi millet, din ve kültürlerinin dünyanın en mühimi olduğunu, dolayısıyla kendi çıkarlarının diğerlerinden ya da genel olarak insanlığın çıkarlarından önce geldiğini düşünmesinden kaynaklanıyor. Milletleri, dinleri ve kültürleri bu dünyadaki asıl yerleri konusunda biraz daha gerçekçi ve alçakgönüllü düşünmeye nasıl sevk edebiliriz?

12

Alçakgönüllülük

Dünyanın merkezi değilsiniz

Pek çok insan kendini dünyanın merkezi, ait olduğu kültürü de insanlık tarihinin kilit unsuru sanmaya meyillidir. Pek çok Yunan tarihin Homeros, Sophokles ve Platon'la başladığına ve tüm önemli fikir ve buluşların Atina, Sparta, İskenderiye ya da Konstantinopolis'te doğduğuna inanır. Çinli milliyetçilerin buna cevabıysa tarihin esasen Sarı İmparator ve Xia ile Shang hanedanlıklarıyla başladığı ve Batılılar, Müslümanlar ya da Hintlerin tüm marifetlerinin Çin buluşlarının sönük birer kopyasından ibaret olduğudur.

Hindu milliyetçiler Çinlilerin böbürlenmelerini ciddiye almayarak uçak ve nükleer bombaların bile, daha ortada ne Konfüçyüs ne Platon ve tabii ki ne Einstein ne de Wright kardeşler varken, Hint Yarımadası'nda icat edildiğini iddia ederler. Örneğin roket ve uçakların Maharishi Bhardwaj tarafından icat edildiğini, füzeleri icat etmekle kalmayıp ilk kullananın da Vishwamitra olduğunu, Acharya Kanad'ın atom kuramının babası olduğunu ve nükleer silahların Mahabharata tarafından birebir tarif edildiğini biliyor muydunuz?[1]

Dindar Müslümanlar, Hz. Muhammed öncesi tarihi büyük ölçüde lüzumsuz addeder ve Kuran'ın inmesinin ardından gelişen tüm tarihsel olayların merkezinde İslam ümmetinin bulunduğunu varsayarlar. Müslümanlar arasında başlıca istisnalar Türk, İran ve Mısır milliyetçileri. Onlar Hz. Muhammed öncesinde bile kendi milletlerinin insanlığın medarıiftiharı olduğuna ve Kuran indikten sonra da İslam'ın saflığını koruyup şanını yayanın da yine kendileri olduğuna inanıyorlar.

İngiliz, Fransız, Alman, Amerikalı, Rus, Japon ve bir dolu sayısız ülke vatandaşının da aynı şekilde kendi milletlerinin olağanüstü başarıları olmasa insanlığın barbarca ve ahlaktan yoksun bir cahillik içinde yaşayıp gideceğine kanaat getirdiğini söylemeye gerek bile yok. Tarih boyunca kimileri, işi kendi siyasi kurumları ve dini inanışlarının fizik kurallarının işlemesinde kilit rol oynadığını tasavvur etmeye kadar götürmüş. Mesela Aztekler her yıl kestikleri kurbanlar olmasa güneşin doğmayacağı ve tüm kâinatın parçalanıp dağılacağı yönünde sağlam bir inanç besliyormuş.

Bunların hepsi tarihi bile isteye hiçe sayan ve ziyadesiyle ırkçılık barındıran asılsız iddialar. İnsanlar dünyaya yayılıp bitki ve hayvanları evcilleştirdiğinde, ilk şehirleri kurduğunda ya da yazı ve parayı icat ettiğinde günümüz din ve milletlerinin hiçbiri yoktu ortada. Ahlak, sanat, maneviyat ve yaratıcılık dediğimiz şeyler genlerimize işlenmiş evrensel insan becerileridir. Doğdukları yer de Taş Devri Afrika'sıdır. Bunları Çin'in Sarı İmparatoru'na, Platon dönemi Yunanistan'ına ya da Hz. Muhammed devri Arabistan'ına atfetmek densizce büyüklenmektir sadece.

Şahsen bu tür bir densizliğe fazlasıyla aşinayım çünkü kendi milletim Yahudiler de kendilerini dünyanın en önemli varlığı yerine koyuyor. İnsanlığın herhangi bir başarısı ya da icadından bahis açın, hemen kendilerine pay çıkarırlar. Ve bu insanları yakinen tanıdığım için bu iddialara içtenlikle inandıklarını da biliyorum. Bir keresinde İsrail'de bir yoga eğitmenine gitmiştim. Kendisi ilk derste büyük bir ciddiyetle, yogayı Hz. İbrahim'in bulduğunu ve tüm temel yoga duruşlarının İbrani alfabesinden türetildiğini açıklamıştı (*Trikonasana* duruşu İbrani alfabesinin *aleph* harfine, *tuladandasana* duruşu *daled* harfine tekabül ediyor gibi)! Hz. İbrahim bu duruşları cariyelerinden birinin oğluna öğretmiş, o da Hindistan'a gidip yogayı Hintlere öğretmiş. Bunun bir kanıtı var mı diye sorduğumda Tekvin'den alıntı yaptı: "Cariyelerinin oğullarına da armağanlar verdi ve kendisi henüz sağken bu çocukları oğlu İshak'tan uzağa, doğu illerine gönderdi" (Tekvin 25:6). Bu hediyeler neydi dersiniz? Gördüğünüz gibi yoga bile esasen Yahudilerin icadı.

Yoganın mucidinin Hz. İbrahim olduğunu düşünmek uç bir fikir. Fakat anaakım Yahudilik vakur bir şekilde, tüm kâinatın Yahudi hahamlar kutsal metinlerini çalışabilsin diye var olduğu ve Yahudiler bu işin ucunu bırakırsa kâinatın sonu geleceği kanaatinde. Kudüs ve Brooklyn'deki hahamlar Talmud'u tartışmayı bırakırsa Çin, Hindistan, Avustralya ve hatta uzak galaksilerin hepsi yok olacak. Ortodoks Yahudi inancının temel bir unsuru bu ve bundan şüphe edenler budala cahil sınıfına sokuluyor. Laik Yahudiler bu kibirli iddiaya bir nebze şüpheyle yaklaşıyor ama onlar da Yahudi ırkının tarihin esas kahramanları ve ahlak, maneviyat, ilim ve irfanın nihai kaynağı olduğuna inanıyorlar.

Milletim, nüfus ve nüfuz açığını küstahlıkla kapatıyor. İnsanın yabancıları eleştirmektense kendi milletini eleştirmesi nezaket sayıldığı için büyüklük taslayan anlatıların ne denli gülünç olduğunu göstermek adına Yahudilikten örnekler verip, kendi kabilelerinin şişirdiği balonları patlatmayı da dünyanın çeşitli yerlerindeki okurlara bırakacağım.

Freud'un annesi

Sapiens: İnsan Türünün Kısa Bir Tarihi adlı kitabımı ilk önce İbranice, İsrailli okuyucu kitlesi için kaleme almıştım. İbranice baskı 2011'de yayımlanınca İsrailli okuyucuların en sık yönelttiği soru, neden insan ırkının tarihini anlatırken Yahudilerden fazla bahsetmediğime dairdi. Neden Hıristiyanlık, İslam ve Budizm'den uzun uzadıya bahsetmiş ama Yahudi dini ve halkı hakkında bir iki kelime etmekle yetinmiştim? İnsanlık tarihine muazzam katkılarını kasten mi yadsıyordum? Kötü niyetli siyasi bir amacım mı vardı?

Bu sorular, anaokulundan itibaren Yahudiliği insanlık tarihinin yıldızı şeklinde düşünmek üzere eğitilen İsrail Yahudilerine doğal geliyor. İsrailli çocuklar genellikle on iki senelik eğitimlerini dünya tarihi süreçlerine ilişkin net bir kavrayış edinmeden geçiriyor. Çin, Hindistan ya da Afrika hakkında neredeyse hiçbir şey öğrenmiyorlar ve Roma İmparatorluğu, Fransız Devrimi ve II. Dünya Savaşı hakkında dersler alsalar da bu ayrı gayrı yapboz parçaları kapsamlı bir anlatı oluşturmuyor. Onun yerine İsrail eğitim sisteminin sunduğu tek tutarlı tarih bilgisi, Tevrat'la başlayıp II. Tapınak Dönemi'ne geçiyor, çeşitli Yahudi diasporaları arasında geziniyor ve nihayet Siyonizm, Soykırım ve İsrail devletinin kuruluşuyla sona eriyor. Çoğu öğrenci okuldan, insanlığın tüm hikâyesinin temel olay örgüsü bu olsa gerek, diye düşünerek ayrılıyor. Çünkü Roma İmparatorluğu ya da Fransız Devrimi konu olduğunda bile sınıftaki tartışma Roma İmparatorluğu'nda Yahudilere nasıl davranıldığı ya da Fransız Devrimi esnasında Yahudilerin yasal ve siyasi konumu üzerine yoğunlaşıyor. Böylesi bir tarihle beslenmeye alışmış insanlar, Yahudiliğin dünya genelinde büyük etkisi bulunmadığı görüşünü sindirmekte zorlanıyorlar.

Fakat işin aslı, Yahudilik türümüzün vakayinamesine mütevazı bir katkıda bulunmuştur. Hıristiyanlık, İslam ve Budizm gibi evrensel dinlerin aksine Yahudilik her daim kabile sınırları içinde kalan bir inançtır. Ufacık bir toprak parçasında yaşayan küçük bir milletin dini ve diğer halk ve ülkelerin kaderini pek de umursadığı yok. Örneğin Japonya'da neler olup bittiği ya da Hindistan yarımadasındaki insanların ne yaptığıyla ilgilenmiyorlar. Dolayısıyla tarihsel rolünün sınırlı kalmış olması normal.

Yahudiliğin tarihteki en önemli iki dinin, Hıristiyanlığın ve İslam'ın doğuşunu etkilediği doğrudur. Ancak Hıristiyanlık ve İslam'ın dünya çapında gösterdiği başarıların ya da işledikleri suçların sorumlusu da Yahudiler değil Hıristiyanlar ve Müslümanlardır. Nasıl ki Haçlıların toplu katliamlarının vebali Yahudilerin boynuna değil (yüzde yüz Hıristiyanların boynuna), Hıristiyanlığa ait olan ve büyük önem taşıyan Tanrı nazarında tüm insanların eşit olduğu görüşünü de Yahudiliğe atfetmenin bir alemi yok. (Bu görüş günümüzde bile Yahudileri diğer insanlardan üstün tutan Ortodoks anlayışla birebir ters düşüyor.)

Yahudiliğin insanlık tarihinde oynadığı rol, Freud'un annesinin Batı tarihinde oynadığı role benziyor biraz. Sigmund Freud'un modern Batı bilimi, kültürü, sanatı ve halk arasındaki inanışlara iyisiyle kötüsüyle muazzam katkısı olmuştur. Ve Freud'un annesi olmasaydı Freud da olmazdı. Freud'un kendisinin de kabul edeceği gibi Freud'un kişiliği, hevesleri ve fikirleri kaydadeğer ölçüde annesiyle ilişkisi doğrultusunda şekillenmişti. Ama modern Batı tarihi yazılırken kimse Freud'un annesinden bahsedilmesi gerektiğini düşünmüyor. Aynı şekilde Yahudilik olmasa Hıristiyanlık da doğmazdı ama dünya tarihini kaleme alırken Yahudiliğe çok fazla önem verilmesini gerektiren bir durum değil bu. Mühim olan Hıristiyanlığın Yahudi annesinin mirasıyla neler yaptığı.

Yahudi halkının şaşırtıcı bir tarihe sahip eşsiz bir halk olduğu ortada (ama bu çoğu halk için geçerli). Aynı şekilde Yahudi geleneğinin derin fikirler ve asil değerler barındırdığı da doğru (gerçi birtakım şaibeli fikirler ve ırkçı, kadın ve eşcinsel düşmanı tavırlar da barındırıyor). Hatta Yahudilerin son 2000 yıl içinde nüfuslarına oranla önemli bir tarihsel etkisi olduğu da doğru. Ama türün tarihini bir bütün olarak, 100 bin yıl önce ortaya çıkan *Homo sapiens*'ten itibaren ele aldığınızda, Yahudiliğin asgari bir etkisi bulunduğu ortada. İnsanlar Yahudilik ortaya çıkmadan binlerce yıl önce tüm gezegene yerleşmiş, tarımla uğraşmaya başlamış, şehirler kurmuş ve yazıyla parayı icat etmişti.

Tarihe Çinlilerin ya da Amerikan yerlisi Kızılderililerin gözünden bakarsak, Yahudiliğin son 2000 yılda bile büyük bir katkısı olmadığını, Hıristiyan ve Müslümanlar aracılığıyla konuya dahil olduklarını görürüz. Şöyle ki, İbranilerin Eski Ahit'i (Tanah) bir aşamada dünya kültürünün mihenk taşı konumuna yükselmiş çünkü Hıristiyanlık tarafından benimsenip Kitabı Mukaddes'e dahil edilmiş. Buna karşın Yahudi kültüründe Eski Ahit'ten çok daha büyük önem taşıyan Talmud, Hıristiyanlık tarafından reddedilmiş ve sonuç olarak Japonlar ve Mayaları geçtim Arapların, Polonyalıların ya da Hollandalıların bile pek bilmediği ezoterik bir metin olarak kalmış (üzüntü verici bir durum çünkü Talmud Eski Ahit'e oranla çok daha derinlikli ve merhametli bir kitaptır).

Eski Ahit'ten esinlenerek yaratılmış bir başyapıt geliyor mu aklınıza? Elbette: Michelangelo'nun *Davut* heykeli, Verdi'nin *Nabucco* operası, Cecil B. DeMille'in *On Emir* filmi. Yeni Ahit'ten esinlenerek yaratılmış bir başyapıt geliyor mu aklınıza? Tabii ki: Leonardo'nun *Son Akşam Yemeği* tablosu, Bach'ın *St Matthew Passion* bestesi, Monty Python'un *Brian'ın Hayatı* filmi. Gelelim asıl soruya: Talmud'dan esinlenerek yaratılmış birkaç başyapıt sayabilir misiniz?

Talmud'u hatmeden Yahudi toplulukları dünyanın belli başlı yerlerine dağılmış; ama Çin imparatorluklarının kurulmasında, Avrupa'nın keşif gezilerinde, demokratik sistemin kurulmasında ya da Sanayi Devrimi'nde önemli bir rol oynamamış. Sikke, üniversite, parlamento, pusula, matbaa ve buhar makinesi; bunların hepsini Yahudi olmayanlar icat etmiş.

Tevrat'tan önce etik

İsrailliler "üç büyük din" terimini genellikle Hıristiyanlık (2,3 milyar), İslam (1,8 milyar) ve Yahudilik (15 milyon) için kullanır. 1 milyar üyesi bulunan Hinduizm, 500 milyon takipçisi olan Budizm'in yanı sıra Şintoizm (50 milyon) ve Sihizm (25 milyon) hesaba katılmaz.[2] Bu çarpık "üç büyük din" kavramı İsraillilerin zihninde, tüm büyük dinlerin evrensel etik kurallar koyan ilk dinin, yani Yahudiliğin bağrından çıktığı gibi bir izlenim yaratır. Sanki Hz. İbrahim ve Hz. Musa öncesinde insanlar, Hobbes'un elinden çıkma bir doğada hiçbir ahlak anlayışı taşımadan yaşıyordu da tüm çağdaş ahlak anlayışı On Emir sebebiyle gelişti. Dünyanın en önemli etik geleneklerini göz ardı eden, temelsiz ve cüretkâr bir görüş bu.

Hz. İbrahim'den on bin yıl önce, Taş Devri'nde yaşayan avcı toplayıcı insanların da ahlak kuralları vardı. Avrupalı göçmenler, Avustralya'ya 18. yüzyıl sonlarında ilk vardıklarında karşılarında Hz. Musa, Hz. İsa ya da Hz. Muhammed'den haberleri olmadığı halde tam teşekküllü bir etik dünya görüşüne sahip Aborjinleri bulmuşlardı. Yerlilerin malına mülküne vahşice el koyan Hıristiyan sömürgecilerin üstün bir ahlak standardı sergilediklerini iddia etmek pek mümkün görünmüyor.

Günümüzde biliminsanları ahlakın esasen insan türünün ortaya çıkmasından bir milyon yıl kadar öncesine dayanan derin evrimsel kökenleri bulunduğuna işaret ediyor. Kurtlar, yunuslar ve maymunlar gibi sosyal hayvanların grupiçi işbirliğini sağlama adına evrim sürecinde edindikleri etik kodları var.[3] Örneğin yavru kurtlar birbirleriyle oynarken "adil oyun" esaslarına göre hareket eder. Yavrulardan biri çok sert ısırır ya da kendini sırtüstü yere atıp teslim olan bir kurt yavrusunu ısırmaya devam ederse diğer kurt yavruları bir daha kendisiyle oynamaz.[4]

Şempanze gruplarında baskın üyelerden zayıf üyelerin mülkiyet haklarına saygı göstermeleri beklenir. Genç bir dişi şempanze bir muz bulacak olursa genellikle alfa erkek bile bu muza el koymaya yeltenmez. Kuralı bozarsa statüsünü kaybetmesi mümkün.[5] Maymunlar grubun zayıf üyelerini istismardan kaçınmakla kalmaz bazen onlara bilfiil yardım bile ederler. Milwaukee County hayvanat bahçesinde yaşayan Kidogo adlı cüce şempanze kendisini zayıflatıp sersemleten ciddi bir kalp rahatsızlığından mustaripmiş. Hayvanat bahçesine getirildiğinde yönünü bulamıyor, insan bakıcıların yönlendirmelerini anlamıyormuş. Diğer şempanzeler durumu anlayınca devreye girmişler. Kidogo'yu elinden tutup nereye gitmesi gerekiyorsa götürmüşler. Kidogo yolunu kaybedince yüksek sesle yardım çağrısında bulunuyor ve kimi maymunlar hemen yardımına koşuyormuş.

Kidogo'nun asli yardımcılarından, grubun en üst basamağındaki erkek şempanze Lody, Kidogo'ya yol göstermenin yanında onu koruyormuş da. Neredeyse tüm grup üyeleri ona şefkatle yaklaşsa da içlerinden biri, Murphy adlı bir genç, acımasızca sataşıyormuş Kidigo'ya. Lody böyle bir şeye şahit olduğunda ya bu zalimi kovalıyor ya da korumak için Kidogo'ya sarılıyormuş.[6]

Daha da dokunaklı bir vaka Fildişi Sahili'nin ormanlarında yaşanmış. Oscar adı takılan genç bir şempanze annesini kaybettikten sonra kendi başına hayatta kalma mücadelesi veriyormuş. Diğer dişiler kendi çocuklarına bakmak zorunda kaldıklarından Oscar'ı evlat edinmeye ya da ona bakmaya yanaşmıyormuş. Oscar gitgide zayıflamış, sağlığını ve yaşama gücünü yitirmiş. Ama umut kalmadı derken grubun alfa erkeği Freddy, Oscar'ı "evlat edinmiş." Alfa erkek Oscar'ın karnını doyuruyor ve hatta sırtında taşıyormuş onu. Genetik testler sonucu, Freddy'nin Oscar'la akrabalığı bulunmadığı anlaşılmış.[7] Bu aksi yaşlı lideri bu kimsesiz çocuğa bakmaya neyin ittiğini bilemeyiz ama anlaşılan o ki maymun liderleri, Tevrat eski İsraillilere, "Dul ve öksüz hakkı yemeyeceksiniz," diye öğütlemeden (Çıkış 22:22) ve peygamber "yoksullara baskı yapan ve mazlumları ezen" seçkin tabakadan şikâyet etmeden (Amos 4:1) milyonlarca yıl önce, fakir, düşkün ve yetimlere yardım etme eğilimi geliştirmiş.

Antik çağlarda Ortadoğu'da yaşayan *Homo sapiens* toplulukları arasında bile semavi din peygamberlerinin benzerleri vardı. "Öldürmeyeceksin" ve "Çalmayacaksın" emirleri Sümer şehir devletlerinde, Mısır'daki firavun dönemlerinde ve Babil İmparatorluğu'nda gayet iyi bilinen kanuni ve ahlaki yasalardı. Düzenli tatil günleri, Yahudiler Şabat âdetini uygulamaya başlamadan çok daha önce de bulunuyordu. Peygamber Amos, İsrailli seçkinleri baskıcı davranışlarından ötürü kınamadan bin yıl önce, Babil kralı Hammurabi ulu tanrıların kendisine, "Bu topraklarda adaletli olmayı, kötülüğü ve şerri yok etmeyi, güçlünün güçsüzü sömürmesini engellemeyi," salık verdiğini açıklamıştı.[8]

Bu esnada Mısır'da, Hz. Musa'nın doğumundan yüzyıllar önce, kâtipler "belagat sahibi köylü" hikâyesini kaleme alıyordu. Bu hikâyede fakir bir çiftçinin mülküne açgözlü bir toprak sahibi tarafından el konur. Çiftçi, firavunun yoz memurlarının önüne çıkar ve bu adamlardan hayır göremeyince başlar neden adaleti sağlamaları ve özellikle de fakirleri zenginlerden korumaları gerektiğini anlatmaya. Mısır köylüsü parlak bir alegoriye başvurarak fakirlerin üç beş malvarlığını, aldıkları nefese benzetir ve devletin yozlaşmasıysa burunlarını tıkayarak nefes almalarına engel olur.[9]

Pek çok kutsal yasa, Yehuda ve İsrail krallıkları kurulmadan yüzlerce ve hatta bin yıl önce Mezopotamya, Mısır ve Kenan'da kabul gören kanunların kopyasıdır. Tevrat'taki Yahudilik bu kanunlara yeni bir şey kattıysa, o da bunları herkes için geçerli evrensel hüküm olmaktan çıkarıp özellikle Yahudi halkına yönelik birer kabile yasasına dönüştürmektir. Yahudi ahlakı en başından itibaren özel, kabileye özgü bir mesele şeklinde biçimlendirilmiştir ve günümüzde de bu özelliğini korur. Eski Ahit, Talmud ve hepsi değilse de çoğu haham, Yahudi bir insanın hayatının diğerlerinden daha önemli olduğunu iddia eder. Bu yüzdendir ki Yahudiler, bir Yahudi'nin hayatını kurtarmak sözkonusuysa Şabat kurallarını ihlal edebilir ama hayatı tehlikede olan kişi Yahudi değilse edemezler (Babil Talmud'u, Yoma 84:2).[10]

Kimi Yahudi âlimleri şu meşhur "Komşunu kendin gibi sev" emrinin bile sadece Yahudiler için geçerli sayıldığını, Yahudi olmayanları sevmek gibi bir emrin kati surette bulunmadığını iddia etmiştir. Gerçekten de Levililer'de geçen sözün tamamı şöyledir: "Kendi halkından birinden intikam alma ve onlara karşı kin besleme; komşunu kendin gibi sev" (Levililer 19:18). Burada "komşu"yla kastedilen sadece "kendi halkından" birine tekabül ediyor gibi duruyor. Bu anlam Tevrat'ın Yahudilere Amalekliler ve Kenanlılar gibi birtakım halkları katletmeyi emretmesiyle pekişiyor: "Kimseyi hayatta bırakmayın," diye buyuruyor kutsal kitap, "hepsini yok edin; Hitit, Kenan, Periz, Hiv ve Yevus halklarını; Tanrınız Rabb'in size buyurduğu gibi" (Tesniye 20:16–17). İnsanlık tarihinde soykırımın mecburi bir dini görev olarak kayda geçirilmesinin ilk örneklerinden biridir bu.

Yahudi ahlak kurallarından bazılarını seçip bunları evrensel emirlere dönüştüren ve dünyaya yayan Hıristiyanlardır. Hakikaten de Hıristiyanlık Yahudilikten bu anlamda ayrılır. Çoğu Yahudi günümüzde dahi "seçilmiş kişiler" Tanrı'ya daha yakındır inancı taşısa da Hıristiyanlığın kurucularından Tarsuslu Pavlus, Galatyalılara hitaben yazdığı ünlü mektupta, "Ne Yahudi ne Grek, ne köle ne özgür, ne erkek ne kadın var, çünkü hepiniz İsa Mesih'te birsiniz," diyordu (Galatyalılar 3:28).

Ve tekrar vurgulamak gerek ki Hıristiyanlığın muazzam etkisine rağmen, bir insanın evrensel etik anlayışı geliştirmesine ilk örnek bu değildi kesinlikle. Eski Ahit insan ahlakının tek temsilcisi değil elbette (içerdiği ırkçı, kadın ve eşcinsel düşmanı yaklaşımları düşünürsek iyi ki de değil). Konfüçyüs, Lao Tzu, Buda ve Mahavira, Kenan ya da İsrail'in peygamberlerinden hiç haberleri olmadan Pavlus ve İsa'dan çok önceleri evrensel etik kodlar oluşturmuştu. Konfüçyüs, herkesin başkalarını kendini sevdiği gibi sevmesi gerektiğini, Haham Hillel Ha-Gadol, Tevrat'ın özü budur demeden beş yüz yıl önce düşünmüştü. Ve Yahudilik dini hâlâ hayvan kurban etmeyi ve toplu insan katliamlarını buyururken, Buda ve Mahavira sadece insanlara değil sinekler de dahil tüm hayvanlara zarar vermekten kaçınmak gerektiğini öğütlüyordu müritlerine. Bu sebeplerden ötürü Yahudiliği ve onu takip eden Hıristiyanlık ve Müslümanlık dinlerini insan ahlakının yaratıcısı konumuna yerleştirmenin bir anlamı yok.

Bağnazlığın doğuşu

Peki ya tektanrıcılık? Yahudilik en azından dünyanın başka bir yerinde eşi bulunmayan tek tanrı inancının öncülüğünü yaptığı için övgüyü hak etmiyor mu (bu inanç dünyanın dört bir yanına Yahudilerden ziyade Hıristiyanlar ve Müslümanlar tarafından yayılmış olsa da)? Bu bile tartışılır. Zira tektanrıcılığa dair ilk kesin kanıt, Firavun Akhenaten'in MÖ 1350 yılında gerçekleştirdiği dinsel devrime dayanıyor ve Moabite kralı Mesha tarafından dikilen Mesha Yazıtı gibi belgeler eski İsrail'in dininin Moab gibi komşu krallıklardan pek de farklı olmadığını ortaya koyuyor. Mesha kendi büyük tanrısı Kemosh'u neredeyse Tevrat'ın Yahveh tasviriyle aynı şekilde tarif ediyor. Ama Yahudiliğin dünyaya tek tanrı inancını getirmesi fikrinin asıl sıkıntısı bunun o kadar da gurur duyulacak bir şey olmaması. Etik açıdan tek tanrı inancı insanlık tarihinin en kötü fikirlerinden biridir.

Tektanrıcılık insanların ahlak standardını yükseltmeye pek yaramamış; sırf Müslümanlar tek tanrıya, Hindular bir sürü tanrıya inanıyor diye Müslümanların Hindulardan daha ahlaklı olduğunu mu düşünüyoruz? Hıristiyan istilacılar Amerika'nın yerli kabilelerinden daha mı ahlaklıydı? Tektanrıcılığın yol açtığı kesin bir şey varsa o da pek çok insanı eskisinden daha hoşgörü yoksunu kılması ve bu yolla din kaynaklı zulüm ve kutsal savaşların yaygınlaşmasına katkı sağlamasıdır. Çoktanrıcılıkta farklı insanların farklı tanrılara tapması ve değişik tören ve âdetler uygulaması gayet kabul edilebilir bir şeydi. İnsanların dini inançları yüzünden saldırmaları ve dini gerekçelerle uygulanan zulüm ya da infaz pek yaşanmazdı. Oysa tektanrıcılık kendi Tanrı'larının tek olduğu ve herkesin O'na itaat etmesi gerektiği inancına dayalıdır. Bunun sonucunda Hıristiyanlık ve İslam dünyaya yayılırken beraberinde Haçlı Seferleri, cihatlar, engizisyon mahkemeleri ve dinsel ayrımcılık da yayıldı.[11]

Mesela MÖ 3. yüzyılda Hindistan imparatoru Büyük Asoka'nın tavrıyla Roma İmparatorluğu'nun son dönemlerini karşılaştırın. İmparator Asoka pek çok din, tarikat ve gurunun olduğu bir imparatorluğun başındaydı. Kendisine "Tanrıların Sevgili Oğlu" ve "Herkese içtenlikle saygı duyan" unvanlarını yakıştırmıştı. MÖ 250 dolaylarında duyurduğu hoşgörü fermanında şöyle diyordu:

> Tanrıların Sevgili Oğlu, herkese içtenlikle saygı duyan kral tüm çilekeşlere ve din erbaplarına saygı duyar (...) ve tüm dinlerin temelinde olması gereken gelişime değer verir. Temeldeki gelişim farklı şekillerde sağlanabilse de söylemlerinde hepsinin sınırı vardır yani gerekçesiz yere kendi dinini övüp diğerlerini karalayamazlar (...) Her kim ki aşırı dindarlıktan kendi dinini över ve "Kendi dinimi yücelteyim" diye düşünüp başka dinleri karalar, o kişi sadece kendi dinine zarar verir. Bu yüzden dinlerarası iletişim iyidir. İnsan başkalarının benimsediği öğretileri dinleyip bunlara saygı duymalıdır. Tanrıların Sevgili Oğlu, herkese içtenlikle saygı duyan kral diler ki herkes başka dinlerin güzel öğretilerini iyice bellesin.[12]

Beş yüz yıl sonra Roma İmparatorluğu, Büyük Asoka'nın Hindistan'ı kadar çok çeşitlilik içeriyordu ama Hıristiyanlık hâkim olduktan sonra imparatorlar dine karşı bambaşka bir tutum takınmaya başladı. Büyük Konstantin ve oğlu II. Konstantius'tan itibaren imparatorlar Hıristiyan olmayan tüm tapınakları kapatıp "pagan" ilan edilen ritüellere ölüm cezası getirdiler. Adı "Tanrı vergisi" anlamına gelen İmparator Theodosius döneminde zulümler arttı. 391'de Theodosius Buyrukları devreye girdi ve Hıristiyanlık ve Yahudilik harici tüm dinler bütünüyle yasaklandı. (Yahudilik de çeşitli şekillerde zulme uğruyordu ama yasal kaldı.)[13] Yeni yasalara göre Jüpiter'e ya da Mitra'ya kendi evinin mahreminde tapınmak bile yasaktı.[14] Hıristiyan imparatorlar, imparatorluklarını kâfir mirasının tümünden arındırma seferberliği dahilinde Olimpiyat Oyunları'nı bile yasakladı. Bin yılı aşkın süredir düzenlenen oyunların sonuncusu 4. yüzyılın sonlarında ya da 5. yüzyılın başında bir tarihte gerçekleşti.[15]

Elbette tüm tektanrıcı yöneticiler Theodosius kadar hoşgörüsüz değildi ve pek çok tektanrıcılığı reddeden lider de Asoka'nın açıkgörüşlü politikalarını benimsemiyordu. Her koşulda, "Bizim Tanrı'mız dışında tanrı yok," şiarında ısrar eden tektanrıcılık, bağnazlığı teşvik etmeye müsaitti. Yahudiler böylesine tehlikeli bir düşünce şeklini yaymadaki rollerinin üstünü örtüp bu günahı Hıristiyanların ve Müslümanların taşımasına razı gelseler iyi ederler.

Yahudi fiziği, Hıristiyan biyolojisi

Modern bilimde oynadıkları önemli rol sayesinde, Yahudilerin insanlığın geneline sıradışı bir katkıda bulunduğunu sadece 19. ve 20. yüzyıllarda görüyoruz. Einstein ve Freud gibi bilindik isimlerin yanı sıra bilim alanlarındaki Nobel ödüllerinin yüzde 20'sini dünya nüfusunun binde 2'sinden azını oluşturan Yahudiler aldı.[16] Ama bunun Yahudilik dini ya da kültüründen ziyade münferit Yahudilerin marifeti olduğunu vurgulamak gerek. Geçtiğimiz iki yüz yılın önemli Yahudi biliminsanlarının çoğu, Yahudiliğin dini çemberinin dışında hareket etmişti. Esasen Yahudilerin bilime hatırı sayılır katkıları yeşivalardan çıkıp laboratuvarlara girince baş göstermişti.

1800 öncesi Yahudilerin bilime katkısı sınırlıdır. Doğal olarak Çin, Hindistan ya da Maya medeniyetlerinin bilimsel gelişmelerinde hiçbir rol oynamamışlardır. Avrupa ve Ortadoğu'da Maimonides gibi kimi Yahudi düşünürlerin Yahudi olmayan meslektaşları üzerinde hayli etkileri olmuştur ama genel olarak Yahudilerin etkisi demografik ağırlıklarıyla doğru orantılıdır. 16., 17. ve 18. yüzyıllarda Bilimsel Devrim'in patlak vermesinde pek rol oynamamışlardır. Başarılarından dolayı Yahudi cemaatinden ihraç edilen Spinoza hariç modern fizik, kimya, biyoloji ya da sosyal bilimlerin doğuşunda kilit rol oynamış bir Yahudi bulmakta zorlanırsınız. Einstein'ın ataları, Galileo ve

Newton zamanlarında neyle uğraşıyormuş bilmiyoruz ama büyük ihtimalle ışıktan ziyade Talmud'u incelemekle alakadardılar.

Büyük değişim 19. ve 20. yüzyıllarda, laikleşme ve Yahudi Aydınlanması pek çok Yahudi'nin Yahudi olmayan komşularının dünya görüşünü ve hayat tarzını örnek almaya başlamasına yol açınca cereyan etti. Bunu takiben Yahudiler Almanya, Fransa ve ABD gibi ülkelerdeki üniversite ve araştırma merkezlerine katılmaya başladı. Yahudi akademisyenler gettolardan ve *shtetl*'lerden önemli kültürel miraslar taşıdı. Yahudi kültüründe eğitime fazlasıyla değer verilmesi Yahudi biliminsanlarının sıradışı başarısının asli sebeplerindendir. Eziyet görmüş azınlığın kendini ispatlama arzusu ve yetenekli Yahudilerin ordu ve devlet yönetimi gibi Yahudi karşıtlığı görülebilen kurumlarda yükselmesinin engellenmesi diğer faktörler arasında yer alır.

Ancak Yahudi biliminsanları yeşivaların sıkı disiplini ve bilginin değerine duyulan derin inancı taşımış olsalar da işe yarar somut fikir ve içgörü kazandırmamışlardır. Einstein Yahudi'ydi ama izafiyet teorisi "Yahudi fiziği" değildi. Tevrat'a inanmanın enerji eşittir kütle çarpı ışık hızının karesi bilgisine vâkıf olmakla ne ilgisi var? Karşılaştırma maksadıyla, Darwin de Hıristiyan'dı ve hatta Cambridge'e Anglikan rahibi olmak amacıyla başlamıştı. Buradan evrim teorisinin Hıristiyan teorisi olduğunu mu çıkaracağız? İzafiyet teorisini Yahudiliğin insanlığa katkısı şeklinde değerlendirmek, evrim teorisini Hıristiyanlığa atfetmek kadar saçma olur.

Aynı şekilde, Fritz Haber'in geliştirdiği amonyağın sentezlenmesi işleminde (Kimya dalında Nobel Ödülü, 1918), Selman Waksman'ın bulduğu antibiyotik streptomisinde (Fizyoloji ya da Tıp dalında Nobel Ödülü, 1952) ya da Dan Shechtman'ın yarı kristalleri keşfinde (Kimya dalında Nobel Ödülü, 2011) Yahudiliğe ilişkin bir şey görmek zor. Freud gibi beşeri bilimler ve sosyal bilimler alanlarında çalışanlar için Yahudi mirası büyük ihtimalle daha belirleyiciydi. Fakat bu tür durumlarda bile bağlardan kopuş, yerinde duran bağlantılardan daha belirleyicidir. Freud'un insan psişesine ilişkin görüşleri, Haham Yosef Karo ya da Haham Yochanan ben Zakkai'nin görüşlerinden çok farklıydı ve Oidipus kompleksini Şulhan Aruh'un (Yahudi hukuku kuralları) sayfalarını karıştırarak geliştirmedi.

Özetle, muhtemelen Yahudilerin öğrenmeye atfettiği büyük önem Yahudi biliminsanlarının olağanüstü başarısına önemli bir katkı sağlamıştır ama Einstein, Haber ve Freud'un başarılarının temellerini atanlar Yahudi olmayan düşünürlerdi. Bilimsel Devrim Yahudilere ait bir tasarı değildi ve Yahudiler bu tasarıdaki yerlerini ancak yeşivalardan üniversitelere geçince aldılar. Esasen Yahudilerin tüm sorulara eski metinleri okuyarak cevap arama alışkanlığı, Yahudilerin cevapları gözlem ve deney yoluyla bulan modern bilim dünyasına entegre olabilmesinin önünde büyük bir engeldi. Madem Yahudi dininin bünyesinde bilimsel buluşlara yol açmaya kadir bir unsur var, o zaman neden 1905'le 1933 arasında kimya, tıp ve fizik dallarında Nobel Ödülü alan on Yahudi'nin onu da laikti ve neden aynı dönem içinde tek bir aşırı Ortodoks, Bulgar ya da Yemen Yahudi'si herhangi bir Nobel Ödülü almadı?

"Yahudi olmaktan nefret eden" ya da "Yahudi aleyhtarı" zannı altında kalmamak için Yahudiliğin özellikle kötü ya da karanlıklara gömülü bir din olduğunu söylemediğimin altını çizmek istiyorum. Sadece insanlık tarihi için aşırı bir önem taşımadığını söylüyorum. Yahudilik yüzyıllar boyunca uzak ülkeleri işgal etmek ve kâfirleri yakarak öldürmek yerine okuyup düşünmeyi tercih eden çilekeş bir azınlığın mütevazı dini olmuştur.

Yahudi düşmanları genellikle Yahudilerin büyük önem taşıdığını düşünür. Dünyayı ya da bankacılık sistemini, o da olmadı medyayı kontrol ettiklerine ve küresel ısınmadan 11 Eylül saldırılarına her şeyin Yahudilerin başının altından çıktığına inanırlar. Bu tür bir Yahudi düşmanı paranoyası Yahudilerin megalomanlığı kadar gülünç. Yahudiler çok ilginç insanlar sayılabilir ama büyük resme baktığınızda dünyaya son derece sınırlı etkileri olduğunu görürsünüz.

İnsanlar tarih boyunca yüzlerce farklı din ve tarikat yarattı. Bunların arasında Hıristiyan, İslam, Hinduizm, Konfüçyüsçülük ve Budizm gibi çok azı milyarlarca insanı (her zaman iyi şekilde olmasa da) etkiledi. Bon dini, Yoruba dini ve Yahudilik gibi inançların çoğunun etkisi daha az olmuştur. Şahsen ben zalim dünya fatihlerinin değil de başkalarının işine burnunu pek sokmayan kendi halinde insanların soyundan gelme fikrinden hoşlanıyorum. Pek çok din alçakgönüllülüğün kıymetinden dem vurur sonra da kâinatın en mühim şeyi olduklarını kurgular. İnsanları şahsen alçakgönüllü olmaya çağırmakla yaygaracı bir kolektif küstahlığı aynı potada eritirler. Tüm inançların mensubu insanlar alçakgönüllülüğü biraz daha ciddiye alsa ne iyi olur.

Tüm alçakgönüllülük çeşitleri içinde belki de en önemlisi Tanrı karşısında alçakgönüllü olabilmektir. İnsanlar Tanrı'dan bahsederken çoğunlukla kendilerini küçük görüp tevazu sergiliyor ama sonra da Tanrı'nın adını anarak kendi kardeşlerine üstünlük taslıyorlar.

13

Tanrı

Adını boş yere anmayın

Tanrı var mı? Bu sorunun cevabı hangi Tanrı'dan bahsettiğinize göre değişir. Kozmik bir gizemden mi dünyevi bir kanun koyucudan mı bahsediyoruz? Kimi zaman Tanrı deyince, hakkında hiçbir şey bilmediğimiz yüce ve müthiş bir esrardan bahseder insanlar. Kâinatın en esrarengiz sırlarını açıklamak için bu gizemli Tanrı'yı anarız. Neden hiçlik değil de bir şeyler var? Temel fizik yasalarını ne şekillendirdi? Bilinç nedir ve nereden gelir? Bu soruların cevabını bilmiyoruz ve cehaletimizi Tanrı'nın yüce adıyla kapatıyoruz. Bu gizemli Tanrı'nın en temel özelliği, hakkında somut bir şey söylenememesi. Filozofların Tanrı'sı bu; gece yarısı ateşin etrafına oturup hayatı sorguladığımızda bahsettiğimiz Tanrı.

Diğer zamanlar, Tanrı'yı katı ve dünyevi bir kanun koyucu şeklinde görüyor insanlar. Bu Tanrı hakkında gereğinden fazla şey biliyoruz. Moda, yemek, cinsellik ve siyaset hakkında ne düşündüğünü harfiyen biliyoruz ve milyonlarca kural, hüküm ve anlaşmazlığı gerekçelendirmek için bu Gökyüzündeki Öfkeli Adam'a başvuruyoruz. Kadınlar kısa kollu tişört giyince kızıyor, iki erkek birbiriyle sevişince kızıyor, ergenler mastürbasyon yapınca kızıyor. Kimileri asla alkol almamamızı istediğini söylüyor. Kimileri de her cuma akşamı ya da her pazar sabahı şarap içmemizi bilhassa talep ettiğini söylüyor. O ne ister ve O nelerden hoşlanmaz diye en ufak ayrıntısına kadar açıklamak için kütüphaneler dolusu kitap yazılmış. Bu dünyevi kanun koyucunun en temel özelliği, hakkında son derece somut şeyler söylenebilmesi. Haçlıların ve cihatçıların, engizisyon hakimlerinin, kadın ve eşcinsel düşmanlarının Tanrı'sı bu. Ateşin etrafına toplaşıp cayır cayır yanan kâfirlere taş atıp küfrederken bahsettiğimiz Tanrı bu.

Dindarlara Tanrı gerçekten var mı diye sorulduğunda, genel olarak kâinatın anlaşılamayan gizemlerinden ve insan algısının sınırlarından söz açarlar. "Bilim, Büyük Patlama'yı açıklayamıyor," diye haykırırlar, "o halde bu, Tanrı'nın kerameti olmalı." Fakat dindarlar çaktırmadan bir kartı diğeriyle değiştirerek seyircileri kandıran sihirbazlar gibi kozmik gizemin yerine çarçabuk dünyevi kanun koyucuyu geçirir. Kâinatın bilinmezlerine "Tanrı" adını verdikten sonra bunu bir şekilde bikini giymeyi ve boşanmayı kınamak için kullanırlar. "Büyük Patlama'yı anlamıyoruz, o yüzden de insan içine çıkarken başımızı örtmeli ve eşcinsel evliliklerine izin vermemeliyiz." Bu iki şey arasında herhangi bir mantıksal bağ olmamasının ötesinde esasen çelişkili bir beyan sözkonusu. Kâinatın gizemleri ne ölçüde anlaşılamazsa, bunlardan sorumlu olan şeyin kadınların nasıl giyineceği ya da insanların cinsel hayatını o kadar umursamaması icap eder.

Kozmik gizem ve dünyevi kanun koyucu arasındaki kayıp halka bir kutsal kitap tarafından sağlanır genellikle. Kitap bir sürü ehemmiyetsiz mevzuatla doludur ama yine de kozmik gizeme mal edilir. Kitabı uzay ve zamanın yaratıcısı yazmıştır sözde ama üşenmeyip bizi daha ziyade birtakım üstü kapalı tapınak ritüelleri ve yemeğe ilişkin tabular hakkında bilgilendirme gereği duymuştur. İşin aslı Tevrat, Kuran, Mormon Kitabı, Vedalar ya da herhangi başka bir kutsal kitabın, enerji eşittir kütle çarpı ışık hızının karesi formülünü ve protonların elektronlardan 1,837 kat daha fazla kütleye sahip olmasını belirleyen güç tarafından yazıldığına dair elimizde hiçbir kanıt yok. Elimizdeki bilimsel verilere göre tüm bu kutsal metinler hayal gücü kuvvetli *Homo sapiens* üyeleri tarafından kaleme alınmış. Atalarımızın toplumsal normları ve siyasi yapıları gerekçelendirmek için yarattığı anlatılar bunlar.

Varlığın gizemleri her daim ilgimi çekmiştir. Ama bunun Yahudilik, Hıristiyanlık ya da Hinduizm'in titiz kurallarıyla ne gibi bir ilgisi bulunduğunu oldum olası anlayamamışımdır. Binlerce yıl boyunca toplumsal düzenin oluşturulması ve korunmasında çok faydalı oldukları kesin. Ama bu anlamda laik devlet ve kurumların yasalarından temel bir farkları yok.

Tevrat'taki On Emir'in üçüncüsü Tanrı'nın adının boş yere ağza alınmamasını buyuruyor. Çoğunluğun bu ifadeyi yorumlayışı çocukça; onlar bunu Tanrı'nın ismini söyleme yasağı olarak kabul ediyorlar (*Monty Python* filminin "Yehova dersen..." sahnesindeki gibi). Belki bu emrin altında yatan anlam, Tanrı'nın adını asla kendi siyasi çıkarlarımız, ekonomik hırslarımız ve şahsi düşmanlıklarımızı gerekçelendirmek için kullanmamamız gerektiğidir. İnsanlar birinden nefret edip ona, "Allah'ın belası" diyor; bir parça toprağa göz dikip, "Allah'ın emri" diyor. Üçüncü emre daha büyük bir sadakat göstersek dünya çok daha güzel bir yere dönüşürdü. Komşunuza savaş açıp onun topraklarını ele geçirmek mi istiyorsunuz? Tanrı'yı işe karıştırmayın ve başka bir bahane bulun.

Aslına bakılırsa bu bir semantik meselesi. Ben "Tanrı" dediğimde IŞİD'in, engizisyon mahkemelerinin ve "Tanrı Homoları Sevmez" pankartlarının Tanrı'sını düşünüyorum. Karışıklığa mahal vermemek için varlığa dair gizemlerden bahsedeceksem başka kelimeler kullanmayı tercih ediyorum. IŞİD'in ve Haçlılar'ın isimleri ve her şeyden öte kendi kutsal adını fazlasıyla önemseyen Tanrı'sının aksine, varlığın gizemi, biz maymunların ona ne ad taktığını zerre umursamıyor.

Tanrısız ahlak

Tabii kozmik gizemin toplumsal düzeni sağlamak konusunda bize hiçbir faydası yok. Elle tutulur birtakım kanunlar bahşeden bir tanrıya inanmazsak, ahlaksızlığın kol gezeceği ve topluma ilkel dönemlerin kaosunun hâkim olacağı insanların genel argümanlarından biri.

Çeşitli toplumsal düzenler için tanrı inancının şart olduğu ve bazen bu inancın olumlu sonuçlar verdiği kesinlikle doğru. Hatta aynı din, kimi insanlarda nefret ve bağnazlık kimi insanlarda sevgi ve şefkat duyguları uyandırıyor. Örneğin 1960'ların başlarında Metodist Kilise rahibi Ted McIlvenna cemaatindeki LGBT üyelerinin büyük sıkıntılar çektiğini fark etmiş. Gay ve lezbiyenlerin toplum genelindeki durumunu araştırmaya başlamış ve Mayıs 1964'te, Kaliforniya'da bulunan White Memorial Dinlenme Tesislerinde din adamlarıyla LGBT aktivistlerini bir araya getiren üç günlük bir toplantı düzenleyerek bir ilke imza atmış. Katılımcılar bu toplantının ardından "Din ve Eşcinseller Kurulu" adlı aktivistlerin yanı sıra Metodist, Episkopal, Lutheryan ve Birleşik İsa Kiliseleri üyesi din adamlarından meydana gelen bir teşkilat kurmuş. Resmi adında "eşcinsel" ibaresine yer vermeye cesaret eden ilk Amerikan kurumudur bu.

Kuruluşunu takip eden yıllarda bu teşkilat maskeli balo düzenlemekten haksız ayrımcılık ve cezalandırmalara karşı yasal işlem başlatmaya, çeşitli etkinliklerde bulunmuş. Din ve Eşcinseller Kurulu Kaliforniya'daki eşcinsel hakları hareketinin tohumu haline gelmiş. Rahip McIlvenna ve ona katılan diğer din adamları, İncil'in homoseksüellik karşıtı emirlerinin ayırdındaydı elbet. Ama İsa'nın merhametli ruhuna sadık kalmayı İncil'in katı kurallarından daha çok önemsiyorlardı.[1]

Tanrılar bizi merhamet göstermeye yönlendirebilir ama dinsel inanç ahlaklı davranmak için ille de gerekli bir koşul değil. Ahlaklı davranmak için doğaüstü bir varlığa ihtiyaç olduğu fikri, ahlaka doğaüstü bir özellik yüklüyor. Niye ki? Doğal bir ahlak türü var. Şempanzelerden farelere tüm sosyal memelilerin hırsızlık ve cinayete set çeken etik kodları var. İnsanlar arasında ahlaki davranış tüm topluluklarda görülüyor ve bu toplulukların hepsi aynı tanrıya ya da herhangi bir tanrıya inanmıyor. Hıristiyanlar, Hindu tanrılarına inanmasalar da yardımsever davranıyor, Müslümanlar, İsa'yı Allah'la bir tutmasalar da dürüstlüğe önem veriyor. Danimarka ve Çekya gibi laik ülkelerde İran ve Pakistan gibi dindar ülkelerden daha fazla şiddet görülmüyor.

Ahlak "ilahi buyruklara uymak" değil "çekilen acıları azaltmak" anlamına geliyor. Yani ahlaklı davranmak için bir mite ya da anlatıya inanmanız gerekmez, acıyı derinlemesine idrak etmeniz yeterlidir. Belli bir davranışın kendiniz ya da başkalarına nasıl lüzumsuz yere acı çektirdiğini gerçekten anlarsanız, haliyle bu davranıştan kaçınırsınız. İnsanların cinayet işlemeyi, tecavüz etmeyi ve hırsızlık yapmayı hâlâ sürdürüyor olmasının sebebi yaptıklarının yol açtığı acıları ancak yüzeysel bir şekilde idrak edebilmeleridir. Anlık arzu ve açgözlülüklerini tatmin etmeye odaklanarak başkalarına ne gibi zararlar verdiklerini ve hatta uzun vadede kendilerine verecekleri zararı hesaba katmazlar. Kurbanlarına kasten mümkün mertebe acı çektiren işkenceciler bile kendilerini yaptıklarından soyutlamak için duygulardan arınıp insanlıktan çıkma teknikleri uygularlar genellikle.[2]

İnsanlar doğal olarak acı çekmekten kaçınır ama tanrı buyurmadıkça niye başkalarının acılarını umursasınlar ki diye itiraz edebilirsiniz. Bunun bariz cevaplarından biri, insanların mutluluklarının büyük ölçüde başkalarıyla ilişkilerine bağlı sosyal hayvanlar olmasıdır. Sevgi, arkadaşlık ve topluluk yokluğunda kim mutlu olabilir? Benmerkezli bir hayat yaşıyorsanız bedbaht olmanız kuvvetle muhtemeldir. O yüzden en azından aileniz, arkadaşlarınız ve ait olduğunuz toplum üyelerini umursamanız gerekir.

Peki ya yedi kat yabancılar? Niye kendimi ve kabilemi zenginleştirmek için yabancıları öldürüp mallarına mülklerine el koymayayım? Bu tür bir davranışın uzun vadede ne gibi zararları olduğunu açıklamak için pek çok düşünür detaylı toplumsal kuramlar geliştirmiştir. Yabancıların düzenli bir biçimde soyulup öldürüldüğü bir toplumda yaşamak istemezsiniz. Hem daima tehlike içinde hisseder hem de yabancıların birbirine güvenine dayanan ticaret gibi faaliyetlerin faydalarından yoksun kalırsınız. Tüccarlar hırsızların inlerine uğramaz. Eski Çin'den çağdaş Avrupa'ya pek çok laik düşünür "başkalarına kendine davranılmasını istediğin gibi davran" altın kuralını bu şekilde gerekçelendirir.

Ama aslında evrensel merhamete doğal bir temel bulmak için bu tür uzun vadeli karmaşık teorilere ihtiyacımız yok. Bir anlığına ticareti unutun. Çok daha doğrudan bir şekilde, başkalarını incitmek her zaman beni de incitir. Dünyadaki tüm vahşi eylemler birinin kafasındaki vahşi arzulardan doğar ve bu vahşi arzular başkalarının huzurunu ve mutluluğunu kaçırmadan önce o kişinin kendi huzurunu ve mutluluğunu kaçırır. İnsanlar zihinlerini açgözlülük ve kıskançlıkla doldurmadan hırsızlık yapmazlar pek. Önce öfkeye ve nefrete kapılmadan cinayet işleyen çok çıkmaz. Açgözlülük, kıskançlık, öfke ve nefret gibi duygular hiç hoş değildir. Öfke ya da kıskançlıktan kudururken coşku ve huşuya kapılamazsınız. Dolayısıyla siz birini öldürmeden öfkeniz iç huzurunuzu öldürmüştür.

Esasen, öfkenize sebep olan şahsı öldürmeseniz de yıllar boyunca öfkeden kudurup durabilirsiniz. Bu durumda kimsenin canını yakmış sayılmazsınız ama yine de kendinize zarar verirsiniz. O yüzden bir tanrının emri değil de kendi çıkarınız doğrultusunda öfkenizin üstesinden gelmeniz gerekir. Öfkeden tamamıyla kurtulursanız, iğrenç düşmanınızı öldürerek elde edeceğinizden çok daha büyük bir huzura kavuşursunuz.

Kimileri için, bize öbür yanağımızı dönmemizi buyuran merhametli bir tanrıya inanmak öfkeyi dizginlemeye yardım edebiliyor. Dini inancın dünya barışı ve huzuruna yaptığı büyük bir katkı bu. Ama maalesef kimileri için de din tam tersine öfkelerini kamçılayıp gerekçelendiren bir unsur; özellikle de biri çıkıp tanrılarına dil uzatır ya da tanrılarının isteklerini dikkate almazsa. Yani kural koyan tanrının değeri ona inananların davranışlarına göre şekilleniyor. Düzgün davranıyorlarsa istedikleri şeye inanabilirler. Aynı şekilde dini ritüellerin ve kutsal mekânların değeri de vesile oldukları duygu ve davranışlar tarafından belirleniyor. Bir tapınağı ziyaret etmek insanlara huzur ve huşu veriyorsa bu harika bir şey. Ama belli bir tapınak şiddete ve çatışmaya yol açıyorsa ona ne diye ihtiyacımız olsun? Bu belli ki işlevini yitirmiş bir tapınak. Meyve yerine diken veren hasta bir ağaç yüzünden kavgaya tutuşmak ne kadar mantıksızsa, huşu yerine düşmanlığa yol açan başa bela bir tapınak için kavga etmek de o kadar yersiz.

Hiçbir tapınağa gitmemek ve hiçbir tanrıya inanmamak da geçerli bir seçenek. Son birkaç yüzyılın kanıtladığı gibi ahlaklı bir hayat sürmek için Tanrı'nın adını anmaya ihtiyacımız yok. Muhtaç olduğumuz tüm değerler laiklikte mevcuttur.

14

Laiklik

Gölgenizi tanıyın

Laik olmak ne demektir? Laiklik kimi zaman dini reddeden bir şeymiş gibi tanımlanıp laik insanlar da neye inanmayıp ne yapmadıkları üzerinden değerlendirilir. Bu tanım doğrultusunda, laikler hiçbir tanrıya ya da meleğe inanmaz, kiliselere ya da camilere gitmez ve dini ritüel ve âdetlere katılmazlar. Bu açıdan laik dünya boş, nihilist ve ahlakdışı bir şeyler tarafından doldurulmayı bekleyen boş bir kutu.

Bu tür olumsuz bir kimliği üstlenecek insan pek yoktur. Kendilerini laik olarak tanımlayanların laiklik anlayışıysa bambaşkadır. Onlara göre laiklik şu veya bu dine karşıtlıktan ziyade tutarlı değer yargılarıyla tanımlanan son derece olumlu ve aktif bir dünya görüşüdür. Aslen pek çok laik değer çeşitli dinlerce de tanınıyor. Tüm irfan ve ihsanın kendi tekelinde olduğunu düşünen kimi cemaatlerin aksine, laik insanların en temel özelliklerinden biri böyle bir iddiada bulunmamalarıdır. Erdem ve bilgeliğin belli bir yer ve zamanda gökten indiğine inanmaz, tüm insanların ortak doğal mirası olduğunu düşünürler. Dolayısıyla en azından kimi değerlerin dünyanın çeşitli yerlerindeki toplumlarda aynı şekilde görülmesi ve Müslümanlar, Hıristiyanlar, Hindular ve ateistler tarafından paylaşılması gayet normal.

Dini liderler cemaatlerine genellikle katı bir şekilde ya bu deveyi güdersin ya bu diyardan gidersin derler; ya Müslümansındır ya da değilsindir. Ve Müslümansan diğer öğretileri tamamen reddetmen gerekir. Oysa laik insanlar çeşitli kimliklerin bir arada bulunmasından rahatsızlık duymazlar. Laiklik çerçevesinde, laik etik kurallara bağlı kaldığınız müddetçe Müslüman olsanız da, Allah'a dua etseniz de, helal et tüketip hacca gitseniz de laik toplumun iyi bir üyesi sayılırsınız. Esasen milyonlarca Müslüman,

Hıristiyan ve Hindu'nun yanı sıra ateistler tarafından da kabul edilen bu etik kurallar hakikat, merhamet, eşitlik, özgürlük, cesaret ve sorumluluk değerlerini kutsal addeder. Çağdaş bilim ve demokratik kurumlara dayanak oluşturur.

Tüm ahlak kuralları gibi laik kurallar da toplumsal gerçeklikten ziyade erişilmek istenen idealleri yansıtır. Nasıl ki Hıristiyan toplumlar ve kurumlar Hıristiyan idealinden sapıyorsa, laik toplum ve kurumlar da laik ideallere erişmeyi başaramaz genellikle. Ortaçağda Fransa kendini Hıristiyan olarak tanımlayan bir krallıktı ama Hıristiyan sayılması pek de mümkün olmayan eylemlerden geçilmiyordu (ezilen köylüler şahit). Çağdaş Fransa laiklik iddiası taşıyan bir devlet ama Robespierre günlerinden bu yana özgürlüğün tanımını kafasına estiği gibi belirlemekten geri durmadı maalesef (kadınlar şahit). Fransa ya da başka yerlerdeki laik insanların vicdan ya da ahlaki sorumluluktan yoksun olduğu anlamına gelmez bu. Sadece ideallere ulaşmanın kolay olmadığı anlamına gelir.

Laiklik ideali

Peki laiklik ideali nedir? Laikliğin savunduğu en önemli değer, inanca değil gözlem ve delillere dayalı **hakikat**. Laikler hakikatin inançla karıştırılmamasına çabalıyor. Bir anlatıya büyük bir inançla bağlıysanız bu bize psikolojiniz, çocukluğunuz ve beyin yapınız hakkında pek çok şey söyleyebilir ama anlatının doğruluğunu kanıtlamaz (güçlü inançlara çoğunlukla anlatı doğru olmadığında ihtiyaç duyulur).

Ayrıca laikler belli bir grubu, insanı ya da kitabı hakikatin velayeti sadece ama sadece o grup, kişi ya da kitaba aitmişçesine kutsallaştırmaz. Onun yerine kendini farklı şekillerde; fosilleşmiş kemik kalıntılarında, uzak galaksilere ait görüntülerde, istatistiksel veri tablolarında ya da çeşitli geleneklerden kalma yazıtlarda gösteren hakikati kutsal sayarlar. Hakikati bu şekilde üstlenmek, insanlığın atomu parçalamasına, genomun şifresini çözmesine, evrim sürecinin izini sürmesine ve kendi tarihini anlamasına imkân veren çağdaş bilimin temelinde yatar.

Laik insanların savunduğu bir diğer değer de **merhamet**. Laik etik, şu veya bu tanrının buyruklarına değil çekilen acıları derinlemesine kavramaya dayanır. Örneğin laik insanların cinayet işlememe sebebi eski bir kitap tarafından yasaklanmış olması değil öldürmenin duyguları olan canlılara inanılmaz acılar yaşatmasıdır. Sırf "Tanrı öyle dedi" diye öldürmekten sakınan insanların oldukça rahatsız edici ve tehlikeli bir tarafı vardır.

Bu insanları merhamet değil itaat yönlendirir ve bu insanlar tanrılarının kâfirleri, cadıları, zina yapanları ya da yabancıları öldürmeyi emrettiğine inanmaya başlarlarsa ne yaparlar kim bilir.

Elbette mutlak ilahi emirler olmadığı için laik etik sık sık zorlu çelişkilere düşüyor. Bir davranış birine zarar verip başka birine iyi geliyorsa ne olacak? Fakirlere yardım etmek için zenginlerden daha fazla vergi almak etik mi? Zalim bir diktatörü devirmek için kanlı bir savaşa girilir mi? Bir ülke sınırsız sayıda mülteci kabul etmeli mi? Laikler bu tür ikilemlerle karşılaştıklarında, "Tanrı ne buyurmuş?" diye sormazlar. Onun yerine, ilgili tüm tarafların duyguları ölçülüp tartılır, geniş ölçekli gözlemler yapılıp olasılıklar değerlendirilir ve mümkün mertebe az zarara yol açacak bir orta yol aranır.

Mesela, cinsellikle ilgili tutumları düşünün. Laik insanlar tecavüz, eşcinsellik, hayvanlarla cinsel ilişkiye girilmesi ve ensesti uygun bulup bulmadıklarına nasıl karar verir? Duyguları masaya yatırarak. Tecavüz, ilahi bir emre aykırı olduğundan değil ama insanlara zarar verdiğinden elbette ahlaklı değil. Oysa birbirini seven iki erkek arasındaki ilişkide kimse zarar görmediğinden yasaklanmasına gerek yok.

Peki ya hayvanlarla cinsel ilişki? Eşcinsel evliliğe dair katıldığım pek çok özel ve kamusal tartışmada illa biri çıkıp, "İki erkeğin evlenmesi normalse o zaman neden bir erkekle bir keçinin evlenmesine de izin vermiyoruz?" gibi sorular sorar. Laik bakış açısından cevap açık. Sağlıklı ilişkiler duygusal, zihinsel ve hatta manevi derinlik gerektirir. Bu tür bir derinlik taşımayan evlilikler insanı hüsrana uğratır, yalnızlaştırır ve psikolojik açıdan baltalar. İki erkek hiç şüphesiz birbirinin duygusal, zihinsel ve manevi ihtiyaçlarını karşılayabilir. Keçiler için aynı şey geçerli değil. Evliliği, laik insanlar gibi insanların iyiliğine hizmet eden bir kurum olarak görüyorsanız böyle acayip bir soru sormayı aklınızdan bile geçirmezsiniz. Ancak evliliği bir tür doğaüstü ritüel sanan insanlar böyle bir soru sorabilir.

Peki ya baba ve kızı arasındaki ilişki? İkisi de insan sonuçta; bunda ne yanlış var? Şöyle ki pek çok psikolojik çalışma bu tür bir ilişkinin çocuğa aşırı derecede ve tedavisi mümkün olmayan zararlar verdiğini gösteriyor. Ayrıca ebeveynin zarar vermeye yönelik eğilimlerini yansıtıyor ve yoğunlaştırıyor. *Sapiens*'in ruhu evrim sürecinde aile bağlarıyla aşk bağlarının karışmasının iyi sonuçlar vermeyeceği şekilde gelişmiş. Bu yüzden ensest ilişkiye karşı gelmek için Tanrı'ya ya da Eski Ahit'e ihtiyacınız yok; konuya ilişkin psikolojik çalışmaları okumanız yeterli.[1]

Laik insanların bilimsel gerçekleri savunmasının altında yatan sebep budur. Dertleri meraklarını gidermek değil dünyadaki acıyı nasıl en iyi şekilde azaltabileceklerini öğrenmek. Bilimsel çalışmaların rehberliği olmadan merhametimiz kör kalabiliyor.

Hakikati ve merhameti savunmak beraberinde **eşitlik** ilkesini de savunmayı getirir. Ekonomi ve siyasetle ilgili sorulara dair fikirler farklılık gösterse de laik insanlar özünde tüm önceden belirlenmiş hiyerarşilere kuşkuyla yaklaşır. Kim çekiyor olursa olsun, acı acıdır ve kim bulmuş olursa olsun, bilgi bilgidir. Belli bir millet, sınıf ya da cinsiyetin deneyim ya da buluşlarına öncelik tanımak bizi hem duyarsız hem de cahil kılar. Laik insanlar kendi milletlerinin, ülkelerinin ve kültürlerinin eşsizliğinden gurur duymasına duyarlar ama "eşsizlik" kavramıyla "üstünlük" kavramını birbirine karıştırmazlar. Dolayısıyla kendi millet ve ülkelerine karşı özel görevlerinin farkında olsalar da bu görevleri ayrıcalıklı saymaz ve insanlığın bütününe karşı görevlerini de sahiplenirler.

Acıyı dindirme ve hakikat arayışını **özgürlük** olmadan; düşünme, araştırma ve tecrübe etme özgürlüğü olmadan sürdüremeyiz. Bu yüzden laikler özgürlüğü savunur ve herhangi bir metnin, kurum ya da liderin doğruyla yanlışı belirlemeye yetkili mutlak bir otorite haline gelmesini istemezler. İnsanların her daim şüphe etme, tekrar bakma, ikinci bir görüş alma ve farklı bir yol deneme özgürlüğü olmalıdır. Laikler dünyanın evrenin merkezinde hareketsiz durduğunu sorgulayan Galileo Galilei'ye, 1789'da Bastille'e akın edip despot XVI. Louis rejimini deviren halka ve beyaz yolculara ayrılmış otobüs koltuğuna oturma cesareti gösteren Rosa Parks'a hayrandır.

Önyargılarla ve baskıcı rejimlerle savaşmak büyük **cesaret** ister ama bilgi eksikliğini kabul edip bilinmeze doğru yol almak daha fazla cesaret istiyor. Laik eğitim, bir şeyi bilmiyorsak cehaletimizi kabul etmekten ve yeni deliller aramaya koyulmaktan korkmamayı öğretir bize. Bir şeyi bildiğimizi zannediyorsak bile fikirlerimizi sorgulamaktan ve kendimizi gözden geçirmekten kaçınmamalıyız. Çoğu insan bilinmezden korkar ve her soruya karşılık başı sonu belli cevaplar almak ister. Bilinmezlik korkusu elimizi kolumuzu bir zorbadan daha fena bağlayabilir. İnsanlar tarih boyunca bir dizi mutlak cevaba inanmazsak insan toplumlarının sonunun geleceği endişesiyle yaşamıştır. Oysa modern tarih, bilmediğini kabul edip zor sorular soran cesur insanlardan oluşan toplumların, herkesin sorgulamadan tek bir gerçeği kabul etmek zorunda olduğu toplumlardan hem daha zengin hem de daha huzurlu olduğunu gözler önüne serdi. Hakikati kaybetmekten korkan insanlar dünyaya pek çok farklı açıdan bakmaya alışık insanlardan daha saldırgandır. Cevaplayamadığınız soruların faydası, sorgulayamadığınız cevapların faydasından fazladır genellikle.

Son olarak, laikler için **sorumluluk** da çok değerlidir. Dünyayı çekip çeviren, kötüleri cezalandırıp iyileri ödüllendiren ve bizi kıtlık, veba ya da savaştan koruyan ilahi bir güce inanmazlar. O yüzden de biz, etten ve kemikten yapılmış ölümlü varlıklar, yaptığımız ya da yapmadığımız şeylerin tüm sorumluluğunu almalıyız. Dünyaya sefalet hâkimse, çözüm bulmak bizim görevimiz. Laik insanlar çağdaş toplumların salgın hastalıkları iyileştirmek, açları doyurmak ve dünyanın büyük kısmına barış getirmek gibi muazzam başarılarından gurur duyarlar. Bu başarıları herhangi bir ilahi koruyucuya atfetmek yersiz olur; insanların kendi bilgisi ve merhameti sayesinde gerçekleştiler. Ancak tam da aynı nedenle, modernitenin soykırımdan ekolojik tahribata uzanan suçlarının ve başarısızlıklarının sorumluluğunu da almalıyız. Mucize olsun diye dua edeceğimize yardım etmek için ne yapabiliriz diye sormalıyız.

Laik dünyanın başat değerleridir bunlar. Daha önce de belirtildiği üzere, bu değerlerin hiçbiri laikliğe özgü değildir. Yahudiler de hakikate, Hıristiyanlar da merhamete, Müslümanlar da eşitliğe, Hindular da sorumluluğa ve daha nicesi nicelerine değer verir. Laik toplum ve kurumlar bu bağlantıları kabullenmek ve dindar Yahudileri, Hıristiyanları, Müslümanları ve Hinduları kucaklamaktan mutlu, yeter ki laik ilkelerle dini doktrinler çatıştığında laiklik ilkeleri gözetilsin. Örneğin laik toplumda kabul görebilmeleri için Ortodoks Yahudilerin Yahudi olmayanları kendileriyle eşit görmesi, Hıristiyanların kâfirleri yakmaya kalkışmaması, Müslümanların ifade özgürlüğüne saygı göstermesi ve Hinduların kast sistemine dayalı ayrımcılıktan vazgeçmesi gerekir.

Buna karşın dindar insanların Tanrı'yı reddetmesi ya da geleneksel ritüellerini ve âdetlerini bırakmaları gibi bir beklenti yoktur. Laik dünyada insanların davranışlarına bakılır, ne giyip nasıl dua ettiklerine değil. Bir insan mezhebinin öngördüğü en değişik kıyafetleri giyip en alışılagelmedik dini ritüelleri düzenlediği halde laik değerlere derin bağlılık sergileyebilir. Dünyada bir dolu Yahudi biliminsanı, Hıristiyan çevreci, Müslüman feminist ve Hindu insan hakları savunucusu var. Bilimsel hakikate, merhamete, eşitliğe ve özgürlüğe riayet eden herkes laik dünyanın üyesi sayılır ve takkelerini, haçlarını, türbanlarını ya da alın boyalarını çıkarmaları için bir sebep yoktur.

Benzer nedenlerle, laik eğitim çocuklara Tanrı'ya inanmamayı ve dini ayinlere katılmamayı benimseten karşı bir öğreti barındırmaz. Laik eğitimin yaptığı, çocuklara hakikatle inancı ayırmayı, acı çeken tüm varlıklara karşı merhamet duymayı, tüm dünya sakinlerinin bilgeliğine ve deneyimlerine değer vermeyi, bilinmezden korkmadan özgürce düşünebilmeyi ve kendi eylemlerinin yanı sıra dünyanın sorumluluğunu da üstlenmeyi öğretmektir.

Stalin laik miydi?

Bu yüzden, laikliği ahlaki yükümlülüklerden ya da toplumsal sorumluluklardan yoksun diye eleştirmenin bir temeli yoktur. Aslında laiklikle ilgili esas sorun bunun tam tersidir. Muhtemelen laiklik etik çıtasını çok yüksek tutuyor. Çoğu insan böyle iddialı ilkeleri hayata geçiremiyor ve geniş toplumlar ucu açık bir hakikat ve merhamet arayışına dayanılarak yönetilemiyor. Toplumlar, özellikle savaş ya da ekonomik kriz gibi acil durumlarda, neyin hakikat neyin yapılacak en merhametli şey olduğundan emin olamasalar da hızlı ve etkin davranmak zorundadır. Açık seçik talimatlara, akılda kalıcı sloganlara ve teşvik edici savaş naralarına ihtiyaçları var. Belirsiz varsayımlar adına cepheye asker göndermek ve radikal ekonomik reformlar dayatmak zor olduğundan, laik akımlar dogmatik öğretilere dönüşüp durur.

Örneğin Karl Marx ilk başta tüm dinlerin insanları kandırdığını ve ezdiğini söylemiş ve insanları küresel düzenin gerçek doğasını kendi kendilerine araştırmaya teşvik etmişti. Bunu takip eden dönemlerde devrimin yarattığı baskı ve savaş Marksizm'i katılaştırdı ve Stalin'in zamanına gelindiğinde Sovyet Komünist Partisi'nin resmi düsturu, küresel düzenin sıradan insanların anlayamayacağı kadar karmaşık olduğu ve bu yüzden de en doğrusunun her daim partinin aklına güvenmek ve milyonlarca masum insanın hapse atılması ve infaz edilmesi durumunda bile parti ne diyorsa onu yapmak olacağı yönündeydi. Çirkin bir tablo gibi gelebilir ama partinin ideolojisini belirleyenlerin defalarca açıkladığı gibi devrim pikniğe gitmeye benzemiyordu ve omlet yapılmak isteniyorsa birkaç yumurta kırmak gerekiyordu.

Stalin'e laik bir lider denilip denilemeyeceği, işte bu sebeple laikliği nasıl tanımladığımıza bağlıdır. İndirgemeci bir yaklaşımla olumsuz tanımı kullanıp, "Laik insanlar Tanrı'ya inanmazlar," dersek o vakit Stalin kesinlikle laikti. Olumlu tanımı kullanıp, "Laik insanlar her tür bilimdışı dogmayı reddeder ve hakikate, merhamete ve özgürlüğe itimat ederler," dersek o zaman Marx laik bir aydındı ama Stalin'in laiklikle uzaktan yakından alakası yoktu. Kendisi tanrıtanımazdı ama aşırı derecede dogmatik Stalinizm dininin peygamberiydi.

Stalinizm istisnai bir örnek değildir. Siyasi yelpazenin diğer ucunda, kapitalizm de son derece açık görüşlü bilimsel bir kuram şeklinde doğmuştu ama zaman içinde bir dogma biçimini aldı. Çoğu kapitalist sahadaki koşulları dikkate almaksızın, serbest piyasa ve ekonomik büyüme şiarını tekrarlayıp duruyor. Modernleşme, sanayileşme ya da özelleştirme sebebiyle zaman zaman ortaya çıkan türlü korkunç sonuçlara rağmen kapitalizme canı gönülden inananlar, bunları "büyüme sancıları" olarak başlarından savıp, her şeyin biraz daha büyümeyle düzeltileceğine söz veriyorlar.

Orta yolcu liberal demokratlar, laikliğin hakikat ve merhamet arayışına hep daha sadık oldular ama onlar bile bazen konfor sağlayan dogmalar adına yollarından sapıyorlar. Öyle ki zalim diktatörler ve başarısızlığa uğramış devletlerin harabeleriyle karşı karşıya kaldıklarında laiklerin genellikle yaptığı şey, kayıtsız şartsız inandıkları harikulade bir ritüel olan genel seçimlere bel bağlamak. Irak, Afganistan ve Kongo gibi yerlerde genel seçim düzenlemenin buraları sihirli bir değnek değmiş gibi Danimarka'nın güneşli birer versiyonuna dönüştüreceğine dair sağlam bir inançla savaşıp milyarlar harcıyorlar. Ve bunu tekrarlanan başarısızlıklara, genel seçim geleneği olan yerlerde bile bu tarz ritüellerin daha ziyade otoriter halkçıları başa geçirmesine ve ortaya çoğunluk diktatörlüklerinden daha şahane bir şey çıkmamasına rağmen yapıyorlar. Genel seçimin kerametini sorgulamaya kalkarsanız çalışma kampına gönderilmiyorsunuz belki ama kafanızdan aşağı bir kova dogmatik taciz dökülüyor.

Tabii tüm dogmalar aynı ölçüde zararlı değildir. Kimi dinsel inançların insanlığa faydası dokunduğu gibi kimi dogmaların da faydası görülmüştür. Bu durum bilhassa insan hakları doktrini için geçerlidir. Hakların var olduğu tek yer, insanların icat edip birbirine anlattığı hikâyeler. Dinsel bağnazlık ve despot hükümetlerle mücadele edilirken, bu hikâyeler hikmetinden sual olunmaz bir dogma mertebesine çıkarılmış. İnsanların yaşamaya ya da özgürlüğe doğal bir hakları olmasa da bu anlatıya inanç, otoriter rejimlerin gücüne gem vurmuş, azınlıkları çeşitli belalardan ve milyarlarca insanı en ağır yoksulluk ve şiddet koşullarından korumuş. Bu nedenle insanlığın mutluluğu ve refahına belki de gelmiş geçmiş diğer tüm doktrinlerden daha fazla katkı sağlamış.

Ama bu onun bir dogma olduğunu değiştirmiyor. Bu doğrultuda, Birleşmiş Milletler'in İnsan Hakları Evrensel Beyannamesi'nin 19. maddesi, "Her ferdin fikir ve fikirlerini açıklamak hürriyetine hakkı vardır," der. Bunu siyasi bir talep şeklinde değerlendirirsek ("Her ferdin fikir ve fikirlerini açıklamak hürriyetine hakkı *olmalıdır*") akla gayet yatkın geliyor. Ama her bir *Sapiens* doğal olarak "fikir hürriyeti hakkı" sahibidir ve bu yüzden de sansür bir doğa kanunu çiğnemektir gibi bir şeye inanırsak insanlığa ilişkin hakikati kaçırırız. Kendinizi "elinden alınamayacak doğal haklara sahip bir birey" olarak tanımladığınız sürece esasen kim olduğunuzu bilemez ve toplumunuzla kendi zihninizi ("doğal hak" dediğimiz şeye inancınız dahil) şekillendiren tarihsel etmenleri anlayamazsınız.

Belki 20. yüzyılda, insanlar Hitler ve Stalin'le boğuşurken bu tür bir cehaletin pek bir ehemmiyeti yoktu. Ama bu, 21. yüzyılda ölümcül bir şeye dönüşebilir çünkü artık biyoteknoloji ve yapay zekâ insanlığın tanımını değiştirmeye talip. Yaşam hakkını savunuyorsak biyoteknolojiyi ölümü alt etmek için mi kullanacağız? Özgürlüğü savunuyorsak algoritmalara gizli arzularımızı deşifre edip tatmin etme yetisi mi bahşedeceğiz? Tüm insanlar eşit insan haklarına sahipse insanüstülerin üstün hakları mı olacak? Laik insanlar için "insan hakları" dogmatik bir inanç olarak kaldığı sürece, bu soruları cevaplamakta zorlanacaklar.

İnsan hakları dogması önceki yüzyıllarda Engizisyon, *ancien régime* [eski rejim], Naziler ve Ku Klux Klan'a karşı bir silah olarak geliştirilmişti. İnsanüstülerle, robot-insanlarla ve süper zekâ bilgisayarlarla başa çıkmaya uygun bir donanıma sahip değil. İnsan hakları hareketleri dinsel önyargılara ve zorbalara karşı tesirli bir görüş ve savunma hattı geliştirmişse de bu hat bizi aşırı tüketimden ve teknolojik ütopyalardan koruyacak gibi durmuyor.

Gölgeyi tanımak

Laikliği Stalinci dogmacılıkla ya da Batı emperyalizminin ve denetimsiz sanayileşmenin meyveleriyle karıştırmamak gerek. Ama bunların hiçbir sorumluğu yoktur da denilemez. Laik akımlar ve bilimsel kurumlar insanlığı mükemmelleştirme ve Dünya gezegeninin hazinelerini türümüze fayda sağlamak için kullanma vaadiyle milyarlarca insanı büyülediler. Bu tür vaatler, vebanın ve kıtlıkların üstesinden gelmenin dışında çalışma kamplarına ve eriyen buzullara da yol açtı. Bunun suçlusu temel laik idealleri ve bilimin gerçek bulgularını yanlış anlayıp çarpıtanların suçudur diyebilirsiniz. Kesinlikle haklısınız. Ama bu tüm etkin akımların ortak sorunudur.

Örneğin Hıristiyanlık Engizisyon, Haçlı Seferleri dünya genelinde yerli kültürlerinin baskıya maruz bırakılması ve kadınların yetkisiz kılınması gibi büyük suçların mümessilidir. Hıristiyan biri bu sözlerden alınıp, bu suçların

Hıristiyanlığın tamamen yanlış anlaşılması sonucu işlendiğini belirtebilir. Hz. İsa sadece sevgiyi öğütlemiş ve Engizisyon onun öğretilerinin korkunç bir şekilde çarpıtılmasına dayandırılmış. Bu açıklamayı kabul edebiliriz ama Hıristiyanlığı taşıdığı sorumluluktan bu kadar kolay azat etmek yanlış olur. Engizisyon ve Haçlı Seferleri'ni dehşetle karşılayan Hıristiyanlar bu felaketleri öylece geride bırakamazlar; kendilerine birtakım zor soruları yöneltmeleri gerekir. Nasıl olmuş da "sevgi dini" saydıkları bu din, öyle bir iki kere de değil, defalarca çarpıtılmasına izin vermiş? Tüm suçu Katoliklerin fanatikliğine atan Protestanların, İrlanda ya da Kuzey Amerika'daki Protestan sömürgecilerin davranışları hakkında bir kitap okuması tavsiye edilir. Aynı şekilde, Marksistlerin kendilerine Marx'ın öğretilerinin hangi yönünün çalışma kamplarına giden yolu açtığını sorması, biliminsanlarının bilimsel projenin nasıl küresel ekosistemin dengesini bozduğunu sorgulaması ve özellikle de genetikçilerin Nazi döneminde Darwin'in teorilerinin nasıl saptırıldığını ibret alması gerekir.

Her din, ideoloji ve inancın bir de gölgesi vardır ve hangi öğretinin takipçisi olursanız olun bu gölgeyi tanımanız ve safça, "Bizim başımıza böyle bir şey gelemez," diye avunmaktan kaçınmanız gerekir. Laik bilimin, çoğu geleneksel dine karşı en azından bir büyük avantajı var: kendi gölgesinden korkmuyor ve ilkesel olarak hatalarını ve kör noktalarını kabul etmekten kaçınmıyor. Yüce bir gücün vahiy yoluyla bildirdiği mutlak bir gerçeğe inanıyorsanız, herhangi bir hatayı kabul etmeniz mümkün olmaz, çünkü tüm anlatı boşa çıkar. Ama yanılma payı bulunan insanların hakikat arayışına inanıyorsanız, hataların kabulü oyunun bir parçasıdır.

Dogmatik olmayan laik akımlar biraz da bu yüzden nispeten mütevazı vaatlerde bulunur. Kusurlarının farkında oldukları için kademeli ufak değişiklikler elde etmeyi umar, asgari ücreti üç beş dolar artırmaya, çocuk ölümlerini birazcık da olsa azaltmaya bakarlar. Durmadan imkânsızı vadetmek, aşırı özgüven sahibi dogmatik ideolojilere özgüdür. Liderleri, sanki kanun koyarak, tapınak inşa ederek ya da bir bölgeyi ele geçirerek tek bir görkemli hareketle tüm dünyayı kurtarabileceklermiş gibi durduk yere "sonsuzluk", "namus" ve "günahlardan arınma" hakkında konuşurlar.

Hayatımızın gelmiş geçmiş en önemli kararlarını almanın eşiğinde, ben şahsen şaşmazlık iddiası taşıyanlardan ziyade cehaletlerini kabul edenlere güvenmeyi tercih ederim. Dininizin, ideolojinizin ya da dünya görüşünün dünyayı yönetmesini istiyorsanız soracağım ilk soru şudur: "Dininizin, ideolojinizin ya da dünya görüşünüzün düştüğü en büyük hata neydi? Neyi yanlış anladı?" Ciddi bir şey bulup çıkaramazsanız, kendi adıma size de güvenmem.

IV. Kısım

HAKİKAT

Küresel durumun vahametinden bunalıp telaşlandıysanız doğru yoldasınız. Küresel işleyiş tek bir insanın kavrayamayacağı denli karmaşıklaştı. O halde, dünyaya ilişkin hakikati nasıl anlayacağız ve propaganda ve yanlış bilgilendirme tuzaklarından nasıl sakınacağız?

15

Cehalet

Sandığınızdan daha az şey biliyorsunuz

Önceki bölümlerde, içinde bulunduğumuz dönemde yaşanan, fazla abartılan terörizm tehdidinden yeterince dikkate alınmayan teknolojik sıçramaya, en önemli sorun ve gelişmelerden bazıları ele alındı. Tüm bunlar size fazla geldiyse ve sıkıntıya kapılıp hepsini tek seferde sindirmekte zorlandıysanız kesinlikle haklısınız. Kimsenin yapabildiği bir şey değil bu.

Liberal düşünce son yüzyıllarda rasyonel bireye karşı muazzam güven geliştirdi. Bireyleri bağımsız akıl sahibi aktörler şeklinde resmedip bu hayali yaratıkları modern toplumun temeli yaptı. Demokrasi, en iyisini seçmen bilir görüşü üzerine inşa edilmiştir. Serbest piyasa kapitalizmi, müşterinin her zaman haklı olduğuna inanır. Ve liberal eğitim, öğrencilere kendi kendilerine düşünmeyi öğretir.

Ancak rasyonel bireye bu kadar bel bağlamak yanlıştır. Postkolonyal ve feminist düşünürler tarafından ortaya koyulduğu üzere "rasyonel birey", üst sınıf beyaz erkeklerin otonomisini ve gücünü yücelten şovence bir Batı fantezisi olabilir. Daha önce de belirtildiği gibi davranışsal ekonomistler ve evrimsel psikologlar, insanların aldığı çoğu kararın rasyonel analizlerden ziyade duygusal tepkilere ve sezgisel kısa yol arayışlarına dayandığını ve duygularımızla sezgilerimizin Taş Devri yaşamıyla başa çıkmaya elverişli olmasına rağmen Silikon Devri'nde maalesef yetersiz kaldığını ortaya koyuyor.

Sadece rasyonellik değil bireysellik de bir mittir. İnsanlar nadiren kendi kendilerine düşünüp taşınırlar. Daha ziyade gruplar halinde düşünürüz. Bir çocuk yetiştirmek için tüm kabilenin çabasına ihtiyaç duyulması gibi bir alet icat etmek, bir anlaşmazlığı çözmek ya da bir hastalığı iyileştirmek için de kabilenin ortak çabası gerekir. Hiçbir birey katedral, atom bombası ya da uçak inşa etmek için gerekli her şeye vâkıf değildir. *Homo sapiens*'i diğer hayvanlardan farklı kılan ve bizi gezegenin efendisi konumuna yükselten bireysel aklımız değil, büyük gruplar halinde hep beraber düşünebilmemizdir.[1]

İnsanlar tek başlarına dünya hakkında utanç verici düzeyde az şey bilirler ve tarihsel süreç içinde giderek daha az şeye vâkıf bir konuma gerilemişlerdir. Taş Devri'nde yaşayan avcı toplayıcı bir insan kendi giysilerini yapmayı, ateş yakmayı, tavşan avlamayı ve aslanlardan kaçmayı bilirdi. Günümüzde daha çok şey bildiğimizi zannetsek de kendi başımıza çok daha az bilgiye sahibiz esasında. Neredeyse tüm ihtiyaçlarımız için başkalarının uzmanlığına güveniyoruz. İnsanlara sıradan bir fermuarın işleyişini ne ölçüde bildiklerinin sorulduğu mahcup edici bir deney yapılmış. Çoğu kişi büyük bir özgüvenle gayet iyi bildiğini söylemiş; ne de olsa mütemadiyen fermuar kullanıyorlar. Sonra bu insanlardan fermuarın işleyişini ellerinden geldiğince ayrıntılı anlatmaları istenmiş. Çoğunun en ufak bir fikrinin bile olmadığı ortaya çıkmış.[2] Steven Sloman ve Philip Fernbach bu durumu "bilgi yanılsaması" diye adlandırıyor. Birey olarak çok az şey bilmemize karşın çok şey bildiğimizi zannediyoruz çünkü başkalarının kafasındaki bilgilere kendi kafamızdaymış muamelesi yapıyoruz.

Bu ille de kötü bir durum değil. Grup düşüncesine itimadımız, bizi dünyanın efendisi kıldı ve bilgi yanılsaması sayesinde her şeyi kendi başımıza anlamak gibi imkânsız bir çaba içine girmeden yaşayabiliyoruz. Evrimsel açıdan başkalarının bilgisine güvenmek *Homo sapiens* için inanılmaz faydalı oldu.

Fakat insanın geçmişte anlam ifade eden ama modern çağda sorun çıkaran pek çok niteliği gibi bilgi yanılsamasının da olumsuz bir tarafı var. Dünya giderek daha da karmaşıklaşıyor ve insanlar ne olup bittiği hakkında ne kadar cahil olduklarını algılayamıyorlar. Bunun sonucunda meteoroloji ya da biyoloji hakkında neredeyse hiçbir şey bilmeyen biri, kalkıp iklim değişikliği ve genetiğiyle oynanmış ekinler hakkında siyasi önerilerde bulunabiliyor; haritada Irak ya da Ukrayna'nın yerini gösteremeyecek insanlar, bu ülkelerde ne yapılması gerektiği konusunda son derece kesin görüşlere sahip olabiliyorlar. İnsanlar cehaletlerinin ayırdına pek sık varmazlar çünkü kendilerini, benzer düşünen arkadaşlar ve düşündüklerini olumlayan haberlerden oluşan bir yankı odasına kapatırlar ve odada inançları durmadan desteklenirken neredeyse hiç sorgulanmaz.[3]

İnsanlara daha çok ve daha nitelikli bilgi sunmanın işleri yoluna koyması uzak bir ihtimal. Biliminsanları yanlış fikirleri daha iyi bir bilimsel eğitimle gidermeyi, uzmanlar da Obamacare ya da küresel ısınma gibi konularda kamuoyunu kesin olgular ve uzman raporları sunarak etkilemeyi umuyorlar. Bu tür umutlar insanların gerçekten nasıl düşündüğünü yanlış anlamanın bir sonucudur. Çoğu fikrimiz bireysel rasyonalite doğrultusunda değil ortak bir grup düşüncesi çerçevesinde şekilleniyor ve gruba sadık kalmak için bu fikirlerden vazgeçmiyoruz. İnsanları bulgulara boğup bireysel cehaletlerini açığa çıkarmak, kuvvetle muhtemel geri teper. Pek çok insan fazla miktarda bulgudan haz etmez ve elbette aptal hissetmek de istemez. Çay Partisi taraftarlarını küresel ısınma hakikatine ikna etmenin yolunun kendilerine sayfalarca istatistiksel veri göstermekten geçtiğine o kadar emin olmayın.[4]

Grup düşüncesinin gücü öyle baskın ki fikirleri son derece rasgele görünse de pençesinden kurtulmak zor. Misal, ABD'de sağ görüşlü tutucular çevre kirliliği ve nesli tükenmekte olan türler gibi konuları sol görüşlü yenilikçilerden çok daha az umursuyorlar. Louisiana'nın çevre yasaları bu yüzden Massachusetts'ten çok daha gevşek. Alışık olduğumuz bir durum olduğu için bu bize normal geliyor ama aslında oldukça şaşırtıcı. Tutucuların eski ekolojik düzenin ve ata topraklarının, orman ve nehirlerin korunmasına daha çok önem vermesi beklenir. Aksine yenilikçilerin de kırsal kesimleri radikal değişiklere uğratmaya, özellikle de amaç gelişimi hızlandırmak ve yaşam standardını yükseltmekse, daha açık olması beklenir. Ancak partinin bu meseleler konusundaki yaklaşımı çeşitli tarihsel rastlantılar sonucu belirlendikten sonra, tutucular kirli derelere ve kayıplara karışan kuşlara aldırış etmezken, sol tandanslı yenilikçiler eski ekolojik düzene zarar gelecek diye korkar oldular.[5]

Biliminsanları bile grup düşüncesinin gücünden azade değil. Öyle ki bulguların kamuoyunu değiştirebileceğine inanan biliminsanları bile bilimsel grup düşüncesinin kurbanı olabiliyor. Bilimsel cemaat bulguların tesirine inandığı için bu cemaate bağlı insanlar da aksi yöndeki sayısız ampirik delile rağmen doğru bulguları öne sürerek kamusal tartışmaları kazanabileceklerine inanmayı sürdürüyor.

Benzer şekilde liberalizmin bireysel rasyonaliteye duyduğu inanç da liberal grup düşüncesinin bir ürünüdür belki. Monty Python'un *Brian'ın Hayatı* filminin doruk noktalarından birinde, aklı beş karış havada bir güruh insan Brian'ı Mesih sanar. Brian müritlerine şöyle seslenir: "Benim takipçim olmanıza gerek yok, kimsenin takipçisi olmanıza gerek yok! Kendi kendinize düşünmelisiniz! Hepiniz birer bireysiniz! Hepiniz farklısınız!" Heyecanlı kitle hep bir ağızdan bağırır, "Evet! Hepimiz bireyiz! Evet, hepimiz farklıyız!" Monty Python 1960'ların karşıkültürünün ortodoksluğunu alaya alıyordu ama aynı şey rasyonel bireycilik inanışının geneli için de geçerli sayılabilir. Çağdaş demokrasiler hep bir ağızdan, "Evet, en iyisini seçmenler bilir! Evet, müşteri her zaman haklıdır!" diye bağıran kitlelerle dolu.

Gücün kara deliği

Grup düşüncesi ve bireylerin cehaletiyle ilgili sorun, bu dertten sadece sıradan seçmenlerin ve müşterilerin değil, devlet başkanlarının ve şirket yöneticilerinin de mustarip olmasıdır. Liderlerin elinin altında bir dolu danışman ve etkili istihbarat örgütleri var ama bu durum illa ki her şeyi yoluna koymaya yetmiyor. Dünyayı yönetirken hakikati keşfetmek ziyadesiyle zor. İşiniz başınızdan aşkın. Çoğu siyasi lider ve şirket patronu durmadan koşuşturuyor. Oysa bir konuya derinlemesine eğilmek için çok zamana ve özellikle de zaman harcama lüksüne ihtiyaç vardır. Verimsiz yolları aşındırmak, açmazları keşfetmek, kuşku ve can sıkıntısına mahal vermek ve minnacık sezgi tohumlarının yavaşça büyüyüp çiçek açmasına müsaade etmek gerekir. Harcayacak zamanınız yoksa hakikate asla ulaşamazsınız.

Daha fenası, büyük güç kaçınılmaz olarak hakikati çarpıtıyor. Güç gerçekliği olduğu gibi görmekten ziyade onu değiştirmeye dair bir meseledir. Elinizde çekiç varsa her şey çivi gibi görünür ve elinizde büyük bir güç varsa her şeye burnunuzu sokmanıza davetiye gibidir. Siz bu dürtüye kapılmamayı başarsanız da etrafınızdaki insanlar elinizde tuttuğunuz koca çekici asla unutmaz. Sizinle konuşan herkesin bilinçli ya da bilinçsiz bir gündemi vardır ve bu yüzden söylediklerine hiçbir zaman bütünüyle inanamazsınız. Hiçbir sultan maiyetindekilerin ve kullarının hakikati dile getirdiğine inanamaz.

Bu yüzden de büyük güç, etrafındaki uzayı büken kara deliklere benzer. Ne kadar yaklaşırsanız her şey o kadar çarpıklaşır. Yörüngenize giren her kelime fazlasıyla ağırlaşır ve karşınıza çıkanlar sizi ya pohpohlar ya idare eder ya da sizden bir fayda sağlamaya çalışırlar. Kendilerine bir iki dakikadan fazlasını ayıramayacağınızı bilirler ve uygunsuz ya da muğlak bir şey söylemekten çekindikleri için ağızlarından ya boş sloganlar dökülür ya da klişelerin en kötüsü.

Birkaç yıl önce İsrail başbakanı Benjamin Netanyahu'yla akşam yemeğine davet edildim. Arkadaşlarım gitmemem konusunda beni uyardı ama ben fırsatı tepmek istemedim. Nihayet sadece kapalı kapılar ardında önemli insanlara ifşa edilen kimi büyük sırları duyabilirim sandım. Ne büyük bir hayal kırıklığıydı! Yemekte otuz kadar insan vardı ve herkes Büyük Adam'ın ilgisini çekmeye, onu zekâlarıyla etkilemeye, yaltaklanmaya ya da çıkar sağlamaya çalışıyordu. Ortamda büyük bir sırra vâkıf biri vardıysa da bu sırrı kendisine saklamakta son derece başarılıydı. Netanyahu'nun ya da herhangi birinin suçu değildi bu aslında; gücün çekim kuvvetinin suçuydu.

Gerçekten hakikatin peşindeyseniz, gücün kara deliğinden kaçmanız ve kenarda köşede dolanıp bir sürü vakit harcamaya razı gelmeniz gerekir. Devrimsel bilgi nadiren merkeze ulaşır çünkü merkez halihazırdaki bilgiler üzerine kurulmuştur. Gücün merkezine kimin erişip kimin erişemeyeceğine karar veren genellikle eski düzenin bekçileridir ve onlar da geleneklere uymayan rahatsız edici fikirleri içeri sokmamaya meyillidir. Tabii inanılmaz miktarda zırvayı da almazlar içeri. Davos Dünya Ekonomik Forumu'na çağrılmak bilgeliğinizin bir göstergesi sayılamaz. Bu sebeple merkezin dışında uzun zaman geçirmek gerekiyor; bu mevki birtakım parlak devrimsel açılımlar barındırsa da burada çoğunlukla cahilce tahminler, çürütülmüş kuramlar, batıl dogmalar ve gülünç komplo teorileri cirit atıyor.

Dolayısıyla liderler iki arada bir derede kalıyorlar. Gücün merkezinde kalınca dünyayı son derece çarpık bir şekilde görüyorlar. Kenara köşeye çekilmeye kalkışırlarsa değerli zamanlarını boşa harcıyorlar. Ve bu sorun ileride daha da ciddileşecek. Önümüzdeki dönemlerde dünya şimdikinden daha karmaşık bir hal alacak. Bu sebeple bireyler ister piyon ister şah olsunlar, teknolojik cihazlar, ekonomik eğilimler ve dünyayı şekillendiren siyasi dinamikler hakkında daha az şey biliyor olacaklar. Sokrates'in iki bin yıldan fazla bir süre önce gösterdiği üzere, bu tür koşullar altında yapabileceğimiz en iyi şey bireysel cehaletimizi kabullenmektir.

Ama o zaman ahlak ve adalet ne olacak? Dünyayı anlayamıyorsak doğruyla yanlışı, haklıyla haksızı nasıl ayırt edeceğiz?

16

Adalet

Adalet algımızın tarihi geçmiş olabilir

Tüm algılarımız gibi adalet algımızın da çok eski evrimsel kökenleri vardır. İnsanların ahlak algısı milyonlarca yıl süren evrim sürecinde şekillenmiş, küçük avcı toplayıcı toplulukların yaşamında ortaya çıkan toplumsal ve etik ikilemlerle başa çıkmaya adapte olmuştur. Beraber ava çıksak ve siz bir şey avlayamamış, bense bir geyik vurmuş olsam, avımı sizinle paylaşmalı mıyım? Mantar toplamaya çıkıp bir sepet dolusu mantarla gelseniz, sizden güçlü olmam bu mantarları elinizden almama müsaade mi eder? Veya beni öldürmeyi planladığınızı bilsem, önce davranıp gecenin yarısı boğazınızı kesmeye hakkım var mıdır?[1]

Kentin vahşi doğasına atılmak üzere Afrika savanasını geride bıraktığımızdan beri görünüşte değişen pek bir şey yok. Günümüzde yaşanan Suriye iç savaşı, küresel eşitsizlik ve küresel ısınma gibi sorunların eski dertlerin büyük harflerle yazılmış halinden ibaret olduğu düşünülebilir. Bu bir yanılgı. Boyut önemli ve çoğu açıdan olduğu gibi adalet açısından da içinde yaşadığımız dünyayla uyumlu değiliz.

Sorun, bir değer yargısı sorunu değil. 21. yüzyılda hem laik hem de dini pek çok değer yargısı bulunuyor. Sorun, bu değer yargılarını karmaşık küresel dünyada uygulamaya koymak. Sayılar başa bela. Avcı toplayıcıların adalet algısı birkaç düzine insanı ve birkaç düzine kilometrekareyi ilgilendiren ikilemlerle başa çıkmak üzere yapılandırılmıştır. Kıtalara yayılmış milyonlarca insanın birbiriyle ilişkisini kavramaya çalıştığımızdaysa ahlak duygumuz allak bullak oluyor.

Adalet bir dizi soyut ilkenin yanı sıra somut sebep sonuç ilişkilerini anlamayı da gerektirir. Çocuklarınızı doyurmak için mantar topladıysanız ve ben bu mantarları zorla elinizden alıp tüm uğraşınızı boşa çıkararak çocuklarınızın aç uyumasına yol açarsam haksızlık etmiş olurum. Bunu anlamak kolay çünkü sebep sonuç ilişkisi gayet açık. Ne yazık ki çağdaş küresel dünyamıza has özelliklerden biri de fazlasıyla dallanıp budaklanmış, karmaşık nedensel ilişkiler barındırmasıdır. Karıncayı bile incitmeden evimde huzur içinde otursam da solcu aktivistlere göre İsrail askerlerinin ve Batı Şeria sakinlerinin yanlışlarına baştan sona ortak sayılırım. Sosyalistlere göre yaşadığım rahat yaşamı Üçüncü Dünya ülkelerindeki iç karartıcı atölyelerde çalıştırılan çocuklara borçluyum. Hayvan hakları savunucularının hatırlattığı üzere, dünyanın en dehşet verici suçlarından biriyle (milyarlarca çiftlik hayvanının zalimce bir sömürüye maruz bırakılmasıyla) iç içe yaşıyorum.

Tüm bunlar gerçekten de benim suçum mu? Cevap vermek kolay değil. Varlığım akıllara durgunluk verecek bir ekonomik ve siyasi ilişkiler ağına bağlı bulunduğu ve küresel nedensel bağıntılar bu denli kördüğüm olduğu için bu yediğim şeyin kaynağı ne, giydiğim ayakkabıları kim yapmış, emeklilik fonumla ne işler çevriliyor gibi en basit soruları bile cevaplamakta zorluk çekiyorum.[2]

Nehir hırsızlığı

İlkel bir avcı toplayıcı gayet iyi bilirdi yediği şeyin kaynağını (kendi toplamıştı), çarıklarını kimin yaptığını (az ilerde uyuyordu) ve emeklilik fonunun ne yaptığını (çamurda oynuyordu; o zamanlar insanların tek bir emeklilik fonu vardı ve adına da "çocuk" deniyordu). Ben bu avcı toplayıcıdan daha cahilim. Yıllar süren araştırmalar sonucu oy verdiğim hükümetin dünyanın bir ucundaki karanlık bir diktatöre el altından silah sattığını ortaya çıkarabilirim. Ama bunu öğrenene kadar geçen süre içinde, akşam yediğim yumurtaları yumurtlayan tavukların kaderi gibi çok daha elzem bilgileri es geçiyor olabilirim.

Sistem öyle bir şekilde teşkilatlanmış ki bir şeyleri öğrenmek için çaba göstermeyenler cehalet içinde mutlu mesut yaşarken, işin iç yüzünü öğrenmeye çalışanlarsa hakikate ulaşmakta büyük zorluk çekiyor. Küresel ekonomik sistem benim adıma ve haberim olmadan boyuna çalıp çırparken, benim çalıp çırpmaktan kaçınmam nasıl mümkün olacak? Eylemleri sonuçlarına göre değerlendirmeniz (çalmak yanlıştır çünkü mağdurları zor duruma düşürmüş olursunuz) ya da sonuçlardan bağımsız olarak uyulması gereken katı görevlere inanmanız (çalmak yanlıştır çünkü Tanrı öyle diyor) hiçbir şeyi değiştirmez. Sorun, aslında ne yaptığımızı kavramanın son derece güç bir hale gelmiş olmasıdır.

Çalmayacaksın emri, çalma eyleminin size ait olmayan bir şeyi kendi ellerinizle fiilen el koymak anlamı taşıdığı bir dönemde formüle edilmiş. Ancak hırsızlığa dair gerçekten önemli tartışmalar artık bütünüyle farklı senaryolar üzerinden dönüyor. Varsayalım büyük bir petrokimya şirketinin hisselerine 10 bin dolar yatırıyorum ve yılda yüzde 5 kâr elde ediyorum. Şirket büyük kazançlar elde ediyor çünkü dışsallıklar için vergi ödemiyor. Yörenin su kaynaklarına, halk sağlığına ya da bölgenin doğal hayatına verdiği hasarı umursamadan zehirli atıklarını yakındaki bir dereye döküyor. Servetini kullanıp kendisini herhangi bir tazminat talebinden koruyacak bir avukat ordusuna sahip. Ayrıca daha sağlam çevre yasaları çıkarılmasına engel olmak için lobi faaliyetleri yürütüyor.

Bu şirketi "bir nehri çalmakla" suçlayabilir miyiz? Peki şahsen beni? Kimsenin evini soyduğum ya da cüzdanından paralarını yürüttüğüm yok. Bu şirket nasıl kazanç sağlıyor haberim yok. Bu hisse senetlerine yatırım yaptığımı bile hatırlamıyorum belki. O zaman hırsız sayılır mıyım? Konuyla ilgili tüm gerçekleri bilmemin bir yolu yoksa, nasıl ahlaklı davranabilirim?

Bu sorun "niyet ahlakı" yoluyla baştan savılabilir. Önemli olan neye niyet ettiğim, tam olarak ne yaptığım ya da yaptığım şeyin sonucu değil. Fakat her şeyin birbiriyle iç içe geçtiği bir dünyada en mühim ahlaki zorunluluk bilme zorunluluğu. Modern tarihin en büyük suçları sadece nefret ve açgözlülükten kaynaklanmadı. Cehaletin ve umursamazlığın rolü belki daha bile fazlaydı. Afrika ya da Karayipler'e adımını bile atmamış sevimli İngiliz hanımlar, Londra borsasından hisse senetleri ve bonolar alarak Atlas Okyanusu'nda yapılan köle ticaretini finanse etti. Sonra da akşamüstü çaylarına, çekilen cehennem azabından bihaber, kölelerin çalıştığı tarlalardan gelen kar beyaz şekerleri attılar.

1930'ların sonlarında Almanya'da yaşayan yerel bir postane müdürü, belki de emrindekilerin iyiliğini düşünen ve sıkıntı içindeki insanların kayıp postalarını bulmaya şahsen yardım eden düzgün bir vatandaştı. İşe ilk gelen ve en son paydos eden, kar fırtınalarında bile postaları zamanında yetiştiren biri. Ama idare ettiği bu yetkin ve dostane postane Nazi devletinin sinir sistemini oluşturan elzem hücrelerden biriydi. Irkçı propagandanın, Wehrmacht'ın celplerini ve SS koluna iletilen katı emirlerin çabucak yerine ulaşmasını sağlıyordu. Ne olup bittiğini öğrenmeye canıgönülden çabalamayan insanların niyetlerinde ters bir şey vardır.

Peki "canıgönülden çabalamak" neye tekabül ediyor? Tüm ülkelerdeki posta müdürleri iletecekleri postaları açıp içinde devlet propagandası bulduklarında istifa ya da isyan mı etmeli? 1930'ların Nazi Almanya'sına mutlak bir ahlak yargısıyla bakmak kolay çünkü sebep sonuç ilişkisinin nereye vardığını biliyoruz. Ama geriye dönüp bakma avantajı olmadan kesin ahlak yargılarına varmak bizi aşabilir. Acı gerçek şu ki bu denli karmaşıklaşmış bir dünya avcı toplayıcı beyinlerimize fazla geliyor.

Çağdaş dünyada çoğu haksızlık, kişisel hükümlerden ziyade büyük ölçekli yapıların yanlı tavırlarından doğuyor ve avcı toplayıcı beyinlerimiz yanlı yapısal tavırları fark edecek şekilde evrimleşmemiş. Hepimiz bu tür yanlı tavırların en azından bir kısmına iştirak ediyoruz ve bunların hepsini keşfetmeye ne vaktimiz ne enerjimiz var. Bu kitabı kaleme almak, bana şahsen ders oldu. Küresel meseleleri tartışırken her daim yeryüzünün seçkinlerinin bakış açısına öncelik verip dezavantajlı grupları ikinci plana itme tehlikesiyle karşı karşıyayım. Gündemi küresel seçkinler belirlediğinden onların görüşlerini ıskalamak mümkün değil. Oysa dezavantajlı gruplar mütemadiyen susturuluyor ve bu yüzden –kasten kötülük olsun diye değil, safi cehaletten– onları unutup geçmek kolay.

Mesela Tazmanyalı Aborjinlerin kendilerine has görüşleri ve dertleri hakkında hiçbir şey bilmiyorum. Hatta o kadar bilmiyorum ki daha önce yazdığım kitaplardan birinde bu halkın Avrupalı yerleşimciler tarafından yok edildikleri için artık var olmadığını varsaymıştım. Oysa kökenleri Tazmanya'nın Aborjinlerine uzanan binlerce insan ve bu insanların kendilerine has pek çok sorunu var; varlıklarının sık sık eğitimli akademisyenler tarafından bile görmezden gelinmesi gibi.

Şahsen dezavantajlı bir gruba dahilseniz ve bu grubun bakış açısını doğrudan ve derinlemesine biliyor olsanız da tüm dezavantajlı grupların bakış açısını anlıyor sayılmazsınız. Her grup ve alt grubun içine düştüğü fanus, çifte standart, yerleşik hakaret ve kurumsal ayrımcılık labirenti farklı. Otuz yaşındaki Afro-Amerikan bir adamın, Afro-Amerikan bir adam olmak konusunda otuz yıllık deneyimi var. Ama Afro-Amerikan bir kadının, Bulgar bir Roman, kör bir Rus ya da lezbiyen bir Çinli olmak konusunda hiçbir deneyimi yok.

Bu Afro-Amerikan adam büyürken defalarca polis tarafından durdurulup ortada hiç sebep yokken üstü aranmış; Çinli lezbiyenin asla maruz kalmadığı bir şey bu. Buna karşın, Afro-Amerikan bir aileye doğmuş ve Afro-Amerikanların yaşadığı bir mahallede büyümüş olduğundan etrafı kendisi gibi insanlarla, ona hayatta kalmak ve başarılı olmak için gerekli bilgileri öğretenlerle çevrili. Çinli lezbiyenin ailesi, lezbiyen mahallesinde oturan lezbiyen bir aile değil ve belki de kendisine önemli hayat dersleri verecek kimsesi olmadı. Dolayısıyla Baltimore'da büyümüş bir siyah olmak Hangzhou'da büyümüş bir lezbiyenin mücadelesini anlamayı kolaylaştırmaz.

Önceki devirlerde bu daha az önem taşıyordu çünkü dünyanın öbür ucundaki insanların dertlerinden sorumlu değildiniz. Sizin kadar şanslı olmayan komşularınıza yakınlık duymanız yeterliydi genellikle. Ancak günümüzde iklim değişikliği ve yapay zekâ gibi büyük küresel tartışmalar Tazmanya'dan Hangzhou ya da Baltimore'a herkesi etkiliyor, o yüzden tüm bakış açılarını hesaba katmalıyız. Fakat bunu kim yapabilir? Kim dünya genelinde binlerce kesişen grubun birbiriyle ilişki ağını kavrayabilir?[3]

Boyutu küçültmek mi göz ardı etmek mi?

Gerçekten istesek de çoğumuz dünyaya hâkim asli ahlaki sorunları anlamaya muktedir değiliz artık. İnsanlar iki avcı toplayıcı ya da iki komşu klan arasındaki ilişkileri kavrayabilir ancak milyonlarca Suriyeli, 500 milyon Avrupalı ya da gezegenimizde yaşayan tüm kesişen grup ve alt gruplar arasındaki ilişkileri kavramaya yetecek donanımları yok.

Bu ölçekte ahlaki açmazları kavramaya çalışırken genellikle dört yöntemden biri tercih edilir. İlki ölçeği küçültmek: Suriye iç savaşını iki avcı toplayıcı arasında cereyan ediyormuşçasına değerlendirmek; Esad rejimini ve ona başkaldıranları, biri iyi diğeri kötü birer şahıs olarak ele almak. Böylece çatışmanın tarihsel karmaşıklığının yerine basit ve net bir hikâye yerleştirilir.[4]

İkincisi, iç parçalayıcı bir insan hikâyesini tüm çatışmanın temsilcisi şeklinde kullanmak. Çatışmanın karmaşıklık boyutunu istatistikler ve eksiksiz veriler aracılığıyla anlatmaya kalkışırsanız insanlar ilgilenmez, oysa bir çocuğun kaderine dair insani bir hikâye gözyaşı pınarlarını harekete geçirir, sinirleri ayağa kaldırır ve sahte bir ahlaki kesinlik yaratır.[5] Pek çok hayır kurumunun uzun süredir vâkıf olduğu bir şey bu. Dikkate değer bir deney dahilinde, insanlardan Rokia adında yedi yaşındaki fakir bir Malili çocuk için bağışta bulunmaları istenmiş. Çoğu insan çocuğun hikâyesinden etkilenip yüreklerini ve cüzdanlarını açmış. Ama Rokia'nın kişisel hikâyesinin yanı sıra Afrika'daki fakirlik sorununun geneline dair istatistikler de sunulduğunda deneyin muhataplarının yardım etmeye *daha az* hevesli olduğu gözlemlenmiş. Başka bir çalışma dahilinde, araştırmacılar hem bir hasta çocuk hem de sekiz hasta çocuk için bağış toplamayı denemiş. İnsanlar tek çocuğa sekizli gruptan daha çok para vermişler.[6]

Büyük ölçekli ahlaki açmazları ele almanın üçüncü yöntemi, komplo teorileri uydurmak. Küresel ekonomi nasıl işliyor ve bu iyi mi yoksa kötü bir şey mi? Durum algılanamayacak kadar karmaşık. Perde arkasındaki yirmi multimilyarderin ipleri elinde tuttuğunu, servetlerine servet katmak için medyayı yönetip savaş çıkarttıklarını kurgulamak çok daha kolay. Bu tür fanteziler neredeyse her zaman temelsizdir. Çağdaş dünyanın karmaşıklığı sadece ahlak algımızı değil, yönetimsel yeteneğimizi de aşıyor. Multimilyarderler, CIA, Masonlar ve Siyon Liderler dahil hiç kimse dünyada ne olup bittiğine gerçekten hâkim değil. Demek ki kimse ipleri elinde hakkıyla tutabilecek durumda değil.[7]

Bu üç yöntem, dünyanın gerçek karmaşıklığını yadsımaya çalışıyor. Dördüncü ve en uç yöntem, bir dogma yaratıp kadirimutlak varsaydığımız bir kurama, kurum ya da lidere bütünüyle inanmak ve o bizi nereye çekerse o yöne gitmek. Dinsel ve ideolojik dogmaların, içinde bulunduğumuz bilimsel çağda hâlâ oldukça çekici gelmesinin nedeni tam olarak bu: üzerimize çöken karmaşık gerçeklikten kaçabileceğimiz sığınılacak bir liman sunuyorlar. Daha önce de belirtildiği gibi laik akımlar da bu tehlikeden muaf değil. Bilimsel hakikate son derece bağlı ve tüm dinsel dogmaları reddederek yola koyulsanız bile, gerçekliğin karmaşıklığı er ya da geç öyle bunaltıcı bir hal alır ki sorgulanmaması gereken bir doktrin icat etmek gerekir. Bu tarz doktrinler insanların kafasını rahatlatıp ahlaki kesinlik sağlasa da adalet sağlayıp sağlamadıkları tartışılır.

O halde, ne yapacağız? Liberal dogmayı benimseyip seçmen ve müşteri bireylerin oluşturduğu kitlelere mi güvenmeliyiz? Yoksa bireyci yaklaşımı reddedip, tarihteki pek çok eski kültürün yaptığı gibi toplulukları dünyayı *beraber* anlamlandırmaya muktedir mi kılmalıyız? Ama böylesi bir çözüm bizi anca bireysel cehalet sofrasından kaldırıp yanlı grup düşüncesi şölenine oturtur. Avcı toplayıcı kabileler, köy komünleri ve hatta kentlerdeki mahalleler ortak sorunları hakkında beraberce düşünebilirler. Ama artık karşımızda küresel sorunlar var ama küresel bir topluluk yok. Ne Facebook ne milliyetçilik ne de din böyle bir toplum yaratmanın eşiğinde. Mevcut insan kabileleri küresel hakikati kavramaktan ziyade kendi kişisel çıkarlarını gözetme derdinde. Amerikalılar, Çinliler, Müslümanlar, Hindular; hiçbiri "küresel topluluk" boyutunda değil. O yüzden gerçekliği nasıl yorumladıklarına güven olmaz.

O zaman pes edip insanların hakikati anlama ve adalet sağlama çabası suya düşmüştür mü diyelim? Resmen hakikat sonrası döneme mi girdik?

17

Hakikat Sonrası

Kimi yalan haberler kalıcıdır

Bugünlerde sık sık "hakikat sonrası" çağında yaşadığımız ve dört bir yanımızın yalanlar ve kurmacalarla çevrili olduğu söyleniyor. Örneklere rastlamakta zorluk çekilmiyor. Bu minvalde, Şubat 2014'ün sonlarına doğru, üzerlerinde herhangi bir ordu nişanı bulunmayan Rus özel harekât birimleri Ukrayna'ya girdi ve Kırım'daki birtakım kilit noktaları işgal etti. Rus hükümeti ve Başkan Putin, bunların Rus birlikleri olduğunu durmadan reddettiler ve sözkonusu işgalcileri Ruslarınkine benzer mühimmatları yerel dükkânlardan temin etmiş olabilecek birtakım kendiliğinden oluşmuş "nefsi müdafaa grupları" şeklinde tanımladılar.[1] Putin ve yardımcıları, bu abesle iştigal iddiaları dile getirirken yalan söylediklerinin gayet bilincindeydiler.

Rus milliyetçileri bu yalanı daha büyük bir hakikate hizmet ediyor diye hoş görebilir. Rusya savaşa gitmişti ve haklı bir ülkü uğruna insan öldürmek mübahsa yalan söylemek de mübah değil miydi? Ukrayna'ya saldırılmasını gerekçelendirdiği öne sürülen haklı ülkü, kutsal Rus milletinin korunmasıydı. Rusya'nın milli mitlerine göre Rusya azgın düşmanların işgal ve parçalama çabalarına rağmen binlerce yıl ayakta kalmayı başarmış kutsal bir varlık. Moğollar, Polonyalılar, İsveçliler, Napolyon'un Büyük Ordusu (*Grande Armée*) ve Hitler'in Wehrmacht'ının ardından şimdi de NATO, ABD ve AB Rusya'yı parçalara ayırmaya ve bu parçalardan Ukrayna gibi "sahte ülkeler" kurmaya çalışıyordu. Çoğu Rus milliyetçisinin nazarında Ukraynalıların Ruslardan ayrı bir millet olduğu, Rus milletinin birlikteliğini sağlamak adına kutsal bir yola baş koymuş Başkan Putin'in ağzından çıkabilecek herhangi bir şeyden çok daha büyük bir yalandır.

Ukrayna vatandaşları, dış gözlemciler ve profesyonel tarihçiler bu açıklamayı sinir bozucu bulup Rus cephaneliğinden çıkma bir çeşit "yalan bombası" olarak değerlendirecektir. Ukraynalıların bir millet ve Ukrayna'nın bağımsız bir ülke olmadığını iddia etmek bir dizi tarihsel gerçeği hiçe saymaktır. Örneğin Rusya'nın birlik içinde bulunduğu iddia edilen bin yıl içinde Kiev ve Moskova'nın aynı ülke sınırlarında yer aldığı süre sadece üç yüz yıl kadardır. Ayrıca bu tavır, Rusya'nın daha önceden kabul ettiği ve bağımsız Ukrayna'nın egemenliğini ve sınırlarını koruyan çeşitli uluslararası yasa ve anlaşmaları ihlal ediyor. En önemlisi de milyonlarca Ukraynalının kendilerine dair düşünceleri hiçe sayılıyor. Bu insanlar kim oldukları konusunda söz sahibi değiller mi?

Ukraynalı milliyetçiler dünyada sahte ülkeler bulunduğu konusunda hiç şüphesiz Ruslarla fikir birliği edecektir. Ama Ukrayna onlardan biri değil. Onlara göre bu ülkeler "Lugansk Halk Cumhuriyeti" ve "Donetsk Halk Cumhuriyeti" gibi Rusya'nın durduk yere Ukrayna'ya saldırmasının üstünü örtmek için kurduğu devletler.[2]

Hangi tarafı tutarsanız tutun, sadece askeri olayların değil tüm bir tarihin ve milletin uydurulabildiği, gerçekten de korkunç bir hakikat sonrası dönemde yaşıyoruz gibi görünüyor. Ama madem şimdi hakikat sonrası dönemdeyiz, hakikatin altın çağı ne zaman yaşandı? 1980'ler? 1950'ler? 1930'lar? Ve hakikat sonrası döneme geçişi ne tetikledi? İnternet mi? Sosyal medya mı? Putin ve Trump'ın yükselme dönemi mi?

Tarihe şöylesine bir bakmak propaganda ve yanlış bilgilendirmenin yeni bir şey olmadığını ve tüm bir milleti inkâr etme ve sahte ülkeler yaratma alışkanlığının uzun bir şeceresinin olduğunu ortaya koyar. 1931'de Japonlar Çin'e savaş açmaya gerekçe yaratmak için kendi kendilerine düzmece saldırılar düzenleyip işgali gerekçelendirmek için Manchukuo adlı sahte bir ülke yaratmıştı. Çin de uzunca süreler Tibet diye bağımsız bir ülke olduğunu inkâr etmişti. İngiltere'nin Avustralya'yı ele geçirmesi "hiç kimsenin toprağı" anlamına gelen *terra nullius* doktrinine dayandırılarak 50 bin yıllık Aborjin tarihi etkin bir şekilde hiçe sayılmıştı.

20. yüzyılın başlarında Siyonistlerin sıkça kullandığı sloganlardan biri, topraksız bir halkın [Yahudiler] halksız bir toprağa [Filistin] dönüşünden dem vuruyordu. İşlerine öyle geldiği için yerli Arap nüfusunu yok saymışlardı. İsrail Başbakanı Golda Meir'in 1969'da sarfettiği şu sözler yankı uyandırmıştı: Filistin halkı diye bir şey yok, hiçbir zaman da olmadı. Bu tür görüşler, olmayan bir şeyle yıllardır süren silahlı çatışmaya rağmen, günümüzde bile

yaygın bir şekilde kabul görüyor İsrail'de. Örneğin Şubat 2016'da milletvekili Anat Berko, İsrail Parlamentosu'nda bir konuşma yapıp Filistin halkının gerçekliğinden ve tarihinden şüphe duyduğunu ortaya koydu. Kanıtı? Arapçada "p" diye bir harf bile yok, "Palestinian" diye bir halk nasıl olsun (Başka dillerde Filistin'e Palestine deniyor. Filistin adı Türkçeye, "p" yerine "f" kullanılan Arapçadan geçmiş).

Hakikat sonrasının canlı türleri

Aslında insanlar hep hakikat sonrası dönemde yaşamış. *Homo sapiens* hakikat sonrası döneme ait, gücünü kurmacalar üreterek onlara inanmaktan alan bir canlı türüdür. Kendi kendini güçlendiren mitler Taş Devri'nden bu yana insan topluluklarının hizmetinde olmuştur. Esasen *Homo sapiens*, gezegeni ele geçirmesini her şeyden önce insanlara özel bu kurmaca yaratma ve yayma yeteneğine borçludur. Çok sayıda yabancıyla işbirliği yapabilen tek memeli biziz çünkü sadece biz kurmaca anlatılar icat edip bunları yayabiliyor ve milyonlarca başka insanı da bunlara inanmaya ikna edebiliyoruz. Herkes aynı kurmacaya inandığı müddetçe, aynı yasalara uyup etkin bir şekilde işbirliği yapmamız mümkün.

Bu yeni ve korkunç hakikat sonrası dönemin öncüsü olmakla Facebook, Trump ya da Putin'i sorumlu tutuyorsanız kendinize şunu hatırlatın: yüzyıllar önce milyonlarca Hıristiyan, İncil'in olgusal gerçekliğini sorgulamaya kalkışmadan, kendilerini mitolojik bir balonun içine hapsetmiş ve Müslümanlar da sorgusuz sualsiz Kuran'a inanmış. Bin yıl boyunca insan toplumları ağında yer alan "haber" ve "olgu" niteliğindeki çoğu şey, cesur habercilerin yeraltının en derin katmanlarından canlı yayın yaparak duyurduğu mucize, melek, iblis ve cadılara ilişkin şeylerdi. Havva'nın aklının bir yılan tarafından çelindiğine, tüm kâfirlerin ruhunun cehennemde cayır cayır yandığına ya da kâinatın yaratıcısının Brahma kastından birinin dokunulmaz kastından biriyle evlenmesinden hiç hoşlanmadığına dair elimizde sıfır kanıt var ama yine de milyarlarca insan bu hikâyelere binlerce yıl boyunca inanmayı sürdürdü. Kimi yalan haberler kalıcıdır.

Dini yalan haberle bir tutmamın pek çok insanı kızdıracağının farkındayım ama mesele tam da bu. Bin kişi uydurma bir hikâyeye bir ay inanırsa bu yalan haber sayılıyor. Bir milyar kişi böyle bir şeye bin yıl inanırsa bunun adı din oluyor ve inananların duygularını incitmemek (ya da öfkelerini üzerimize çekmemek) için "yalan haber" diye tanımlamamamız tembihleniyor. Yalnız dinin potansiyel iyiliğini ve etkinliğini yok saymadığıma dikkat çekmek isterim. Aksine. Kurmaca iyisiyle kötüsüyle insanların elindeki en etkin araçlardan biridir. Dinsel öğretiler, insanları bir araya getirerek büyük ölçekli işbirliğini mümkün kılıyor. İnsanları ordu ve hapishanelerin yanı sıra hastaneler, okullar ve köprüler inşa etmeye teşvik ediyor. Adem'le Havva hiç var olmadı ama Chartres Katedrali hâlâ güzel. İncil'in büyük bir kısmı kurmaca ama yine de milyarlarca insanı coşkulandırıp hayırsever, cesur ve yaratıcı olmaya sevk edebiliyor; tıpkı *Don Quijote*, *Savaş ve Barış*, *Harry Potter* ve benzeri diğer ünlü kurmaca eserler gibi.

Kimileri İncil'le *Harry Potter*'ı aynı kefeye koymamdan da rahatsızlık duyabilir. Bilime kafası çalışan bir Hıristiyan, İncil'de yer alan tüm hataları ve mitleri, kutsal kitaplar gerçek bir olay anlatısı şeklinde değil de derin anlamlar içeren metaforlar şeklinde okunmalıdır diyerek bertaraf edebilir. Peki aynı şey *Harry Potter* için de geçerli değil mi?

Köktendinci bir Hıristiyan'sanız, İncil'de yazan her kelimenin birebir doğru olduğunu iddia etmeyi sürdürebilirsiniz. Bir anlığına haklı olduğunuzu varsayalım. Diyelim ki İncil gerçekten de tek Tanrı'nın mutlak kelamı. O zaman Kuran, Talmud, Mormon Kitabı, Vedalar, Avesta ve Mısır Ölüler Kitabı ne olacak? Bu metinleri insan elinden (ya da şeytan elinden) çıkma mükellef kurmacalar saymak gelmez mi içinizden? Peki, Augustus ve Claudius gibi Roma imparatorlarını nasıl değerlendiriyorsunuz? Roma Senatosu insanları tanrı katına çıkarma gücü bulunduğunu iddia ediyor ve imparatorluk tebaasının bu tanrılara tapmasını talep ediyordu. Bu da bir kurmaca değil miydi? Aslında tarihte kendi ağzıyla kurmaca olduğunu kabul etmiş, en azından bir adet sahte tanrı örneğimiz var. Daha önce de bahsedildiği gibi 1930'lar ve 1940'ların başında Japon militarizmi İmparator Hirohito'nun kutsallığına fanatik bir inanç üstüne kuruluydu. Japonya yenik düştükten sonra Hirohito bunun gerçek olmadığını, kendisinin tanrı olmadığını alenen açıkladı.

Yani İncil'in hakiki bir Tanrı kelamı olduğunu düşünsek de binlerce yıl boyunca farklı kurmacalara inanmış milyarlarca dindar Hindu, Müslüman, Yahudi, Mısırlı, Romalı ve Japon kalıyor geriye. Tekrar belirtmeliyim ki sözkonusu kurmacalar değersiz ya da zararlıdır anlamına gelmiyor bu. Yine de güzel ve ilham verici sayılabilirler.

Elbette tüm dini mitler aynı derecece faydalı olmamıştır. 29 Ağustos 1255'te, Lincoln kasabasında Hugh adlı dokuz yaşında bir İngiliz çocuğunun cesedi bir kuyunun dibinde bulunmuş. Facebook ya da Twitter'in yokluğunda bile çocuğun bölgenin Yahudileri tarafından ayinle öldürüldüğü söylentisi hızla yayılmış. Hikâye anlatıla anlatıla almış yürümüş ve dönemin önde gelen İngiliz vakanüvislerinden Matthew Paris, İngiltere'nin çeşitli yerlerinden birtakım seçkin Yahudilerin nasıl çocuğu kaçırıp şişmanlatmak, işkence etmek ve sonunda da çarmıha germek için bir araya geldiklerini korkunç detaylarıyla kayda geçirmiş. Cinayeti işlediklerinden şüphe edilen on dokuz Yahudi yargılanıp infaz edilmiş. Benzer iftiralar başka İngiliz kasabalarına da sıçramış ve bunun sonucunda Yahudi topluluklarının topluca öldürüldüğü bir dizi katliam yaşanmış. En sonunda 1290'da İngiltere'deki tüm Yahudiler ülke dışına sürülmüş.[3]

Hikâye burada bitmiyor. Yahudiler İngiltere'den sürüldükten yüz yıl sonra, İngiliz edebiyatının babası Geoffrey Chaucer, *Canterbury Hikâyeleri*'nde yer alan "Baş Rahibe'nin Hikâyesi"nde Lincoln'lı Hugh'nun öyküsünü model alan bir öykü anlatır. Hikâye Yahudinin asılmasıyla sonuçlanır. Benzer iftiralar ortaçağ sonlarında İspanya'dan modern Rusya'ya her Yahudi karşıtının olmazsa olmazı haline gelmiştir. Bunun uzak bir yankısını 2016'da bile duymak mümkün. Ortaya atılan "yalan haberde", Hillary Clinton'ın çocuk ticareti yapan bir teşkilatın başı olduğu, çocukların bilindik bir pizzacının bodrum katında seks kölesi olarak çalıştırılmak için tutulduğu iddia edilmişti. Clinton'ı seçim kampanyasına zarar verecek sayıda Amerikalı bu hikâyeye inandı ve hatta bir adam eline silah alıp pizzacıyı basarak bodrum katını görmeyi talep etti (meğer pizzacının bodrum katı yokmuş).[4]

Lincoln'lı Hugh'nun kendisine gelince, kimse gerçekten nasıl öldüğünü bilmiyor ama Lincoln Katedrali'ne gömülüp aziz ilan edilmiş. Çeşitli mucizeler gerçekleştirmekle nam salmış ve tüm Yahudiler İngiltere'den sürgün edildikten yüzyıllar sonra bile mezarı hacıların ziyaret ettiği yerlerden biri olarak kalmış.[5] Nihayet 1955'te, Soykırım'dan on yıl sonra, Lincoln Katedrali iftirayı yalanlamış ve Hugh'nun mezarının yanına üzerinde şunlar yazan bir levha yerleştirmiş:

> Hıristiyan çocukların Yahudi cemaati tarafından "ayinle öldürüldüğü" hakkında uydurma hikâyeler ortaçağ ve çok sonrasında dahi yaygındı. Bu kurmacalar pek çok masum Yahudi'nin hayatına mal oldu. Lincoln'ın da böyle efsanevi bir hikâyesi var ve kurban edildiğine inanılan bu çocuk Katedral'e 1255'te gömülmüştür. Bu tür hikâyeler Hıristiyanlığın şanına leke sürmektedir.[6]

Yani kimi yalan haberlerin ömrü yedi yüz yıl.

Bir zamanlar yalan dediğimiz hakikat olur çıkar

İşbirliğini sağlamak için kurmacaya başvuran sadece eski dinler değil. Daha yakın geçmişte her millet kendi milli mitolojisini yarattı ve komünizm, faşizm ve liberalizm gibi akımlar kendilerini güçlendirecek nitelikte mükellef öğretiler tasarladı. Nazi propagandası ustası ve belki de modern çağın en başarılı medya sihirbazı Joseph Goebbels'in yöntemini kısa ve öz bir biçimde, "Bir kere söylenen yalan, yalan olarak kalır ama bin kere söylenen bir yalan, hakikate dönüşür," diyerek açıkladığı rivayet edilir.[7] Hitler *Kavgam* kitabında, "En parlak propaganda tekniği, tek bir temel ilkeyi daima aklında tutmadıkça başarı yakalayamaz; birkaç noktayla sınırlı kalmalı ve bunları tekrar tekrar dile getirmelidir."[8] Günümüzde bunun üstüne laf söyleyebilecek bir yalan haber simsarı var mı?

Sovyet propaganda mekanizması da hakikat konusunda aynı derece esnekti. Bütün bir savaşın tarihinden tutun da tek bir fotoğrafa kadar her şeyin tarihini baştan yazıyorlardı. 29 Haziran 1936'da resmi gazete *Pravda* ("gerçek" anlamına geliyor) Joseph Stalin'in yedi yaşındaki kız çocuğu Gelya Markizova'ya gülümseyerek sarıldığı bir fotoğrafı manşete taşıdı. Bu imge, Stalinist bir ikona dönüşerek Stalin'i Milletin Babası konumuna çıkarıp "Mutlu Sovyet Çocukları" ideası yarattı. Ülke çapında matbaa ve fabrikalar SSCB'nin bir ucundan diğer ucuna tüm kamu kuruluşlarında sergilenmek üzere bu sahneyi tasvir eden milyonlarca poster, heykel ve mozaik üretmeye başladı. Nasıl Rus Ortodoks Kilisesinde kucağında bebek İsa'yı tutan Meryem ikonu eksik olmazsa, Sovyet okulları da minik Gelya'yı kucaklayan Stalin Baba ikonu olmadan olmuyordu.

Fakat Stalin'in imparatorluğunda nam salmak felakete davetiye çıkarmak demekti. Bir yıl içinde Gelya'nın babası, Japon ajanı ve Troçkist terörist suçlamasıyla tutuklandı. 1938'de idam edilip Stalin terörünün milyonlarca kurbanından biri oldu. Gelya ve annesi Kazakistan'a sürüldü ve anne de kısa bir süre sonra şaibeli bir şekilde hayatını kaybetti. Şimdi, tüm bu "halk düşmanı" hükümlünün kızını kucaklayan Milletin Babası ikonları ne yapılacaktı? Sorun değil. O dakikadan itibaren Gelya Markizova kayıplara karıştı ve her yerde biten "Mutlu Sovyet Çocuk" imgesi Mamlakat Nakhangova'yla özdeşleştirildi. Mamlakat azimle tarlada çalışıp yüklü miktarda pamuk toplayarak Lenin Nişanı almış on üç yaşında Tacik bir kızdı (resimdeki kızın on üç yaşında göstermediğini düşünen olduysa da bu devrim karşıtı düşünceyi dile getirmeyecek kadar kafaları çalışıyordu).[9]

Sovyet propaganda mekanizması o kadar etkindi ki hem ülke içinde yaşanan korkunç vahşeti gizlemeyi hem de dışarıya ütopik bir vizyon yansıtmayı başarıyordu. Günümüzde Ukraynalılar Putin'in pek çok Batılı medya kuruluşunu Rusya'nın Kırım ve Donetz havzasındaki eylemleri konusunda kandırmayı başardığından şikâyet ediyor. Fakat Putin kandırma sanatı konusunda Stalin'in eline su dökemez. 1930'ların başında Ukraynalılar ve diğer Sovyet vatandaşları Stalin'in neden olduğu kıtlıktan kırılırken, Batı'nın solcu gazetecileri ve entelektüelleri SSCB'yi ideal toplum diye göklere çıkarıyordu. Facebook ve Twitter çağında insanın olayların hangi versiyonuna inanacağına karar vermesi kimi zaman zor olsa da en azından artık bir yönetimin milyonlarca insanı dünyanın geri kalanının haberi olmadan katletmesi mümkün değil.

Dinler ve ideolojilerin dışında reklam firmaları da kurmacalara ve yalan haberlere bel bağlıyor. Markalaşma çoğunlukla aynı kurmaca anlatının, insanlar bunun gerçek olduğuna ikna olana kadar tekrar tekrar anlatılmasını gerektiriyor. Coca-Cola deyince aklınıza ne tür imgeler geliyor? Spor yapıp birlikte eğlenen sağlıklı gençler mi? Yoksa hastane yatağında yatan aşırı kilolu diyabet hastaları mı? Sürekli Coca-Cola içmek, sizi ne genç kılar ne de atletik; olsa olsa obez ve diyabetli olma şansınızı yükseltir. Fakat Coca-Cola kendisini gençlik, sağlık ve sporla özdeşleştirmek için yıllar boyunca milyarlarca dolar harcadı ve milyarlarca insanın bilinçaltına bu bağlantıyı yerleştirdi.

Gerçek şu ki hakikat hiçbir zaman *Homo sapiens* gündeminin tepesinde yer almadı. Çoğu insan sanıyor ki belli bir din veya ideoloji gerçeği yanlış naklediyorsa, bu din ya da ideolojinin mensupları gün gelir durumun farkına varır çünkü daha keskin görüşlü rakiplerle yarışamazlar. Sonuçta bu da teselli edici bir mit. Aslında insanlar arasındaki işbirliğinin gücü hakikat ve kurmaca arasındaki hassas dengeye bağlıdır.

Gerçeği çok çarpıtırsanız sizi gerçekçilikten uzak davranmaya iterek güçten düşürür. Örneğin 1905'te Kinjikitile Ngwale adlı Doğu Afrikalı bir medyum, Hongo isimli yılanın ruhu tarafından ele geçirildiğini ileri sürmüş. Bu yeni peygamber Doğu Afrika'da Alman sömürgesi altında yaşayanlara birleşin ve Almanları topraklarınızdan sürün mesajı veriyormuş. Ngwale mesajını daha cazip kılmak için takipçilerine Alman kurşunlarını suya (Svahili dilinde "*maji*") dönüştüreceğini iddia ettiği sihirli bir ilaç vermiş. Maji Maji Ayaklanması bu şekilde başlamış. Başarısız olmuş. Çünkü savaş alanında Alman kurşunları suya dönüşmek yerine yetersiz silahlanmış isyancıların bedenlerini delip geçmiş.[10] İki bin yıl önce Yahudilerin Romalılara büyük başkaldırışı da benzer bir şekilde, Tanrının Yahudilerin tarafını tuttuğu ve yenilmez görünen Roma İmparatorluğu'nu alt etmelerine yardım edeceğine dair coşkun bir inancın eseriydi. Bu da başarısızlıkla sonuçlandı ve Kudüs'ün yerle bir edilmesine ve Yahudilerin sürülmesine yol açtı.

Öte yandan mitolojik bir anlatı olmadan insan kitlelerini etkin bir şekilde örgütleyemezsiniz. Katışıksız gerçekliğe bağlı kalırsanız peşinizden çok az insan gelir. Mitler olmadan sadece başarısızlıkla sonuçlanan Maji Maji ve Yahudi ayaklanmaları değil, çok daha büyük başarılar kazanmış Mehdi ve Makkabiler ayaklanmaları da harekete geçirilemezdi.

İşin aslı, mesele insanları bir araya getirmek olduğunda yalan hikâyelerin hakikat karşısında yapısal bir avantajı var. Grubun sadakatini ölçmek istiyorsanız insanların saçmalığa inanıp inanmadığına bakmak, hakikate inanıp inanmadıklarına bakmaktan çok daha iyi bir testtir. Büyük şef, "Güneş doğudan doğup batıdan batar," dediğinde alkış tutmak için şefe sadakat şart değildir. Ama şef, "Güneş batıdan doğar ve doğudan batar," derse, sadece gerçekten sadık olanlar alkış tutar. Aynı şekilde, tüm komşularınız aynı ipe sapa gelmez hikâyeye inanıyorsa, bir kriz anında birbirlerine destek çıkacaklarına güvenebilirsiniz. Sadece kanıtlanmış olgulara inanmaları neyi ispatlar ki?

İnsanları, en azından kimi koşullarda, kurmaca ve mitler yerine mutabakat anlaşmaları aracılığıyla etkin olarak örgütlemek mümkündür diyebilirsiniz. Mesela ekonomik düzlemde para ve şirketler (bunların birer insan icadı olduğu herkes tarafından bilinse de) insanları herhangi bir tanrı ya da kutsal kitaptan daha etkin bir biçimde birbirine bağlıyor. Kutsal kitap sözkonusuysa gerçekten inançlı biri, "Bu kitabın kutsallığına inanıyorum," der ama dolara gelince gerçekten inançlı biri sadece, "*Başkalarının* doların değerli olduğuna inandığına inanıyorum," diyebilir. Doların insan icadı olduğu ortada ama dünyadaki herkes yine de ona saygı duyuyor. Durum buysa, neden insanlar mitleri ve kurmacaları bırakıp dolar gibi karşılıklı mutabakat anlaşmaları doğrultusunda örgütlenmiyorlar?

Hoş, bu tür anlaşmalar da kurmacadan tamamen farklı değil. Örneğin kutsal kitaplarla para arasındaki fark ilk bakışta göründüğünden çok daha azdır. Çoğu insan doları görünce bunun insanların uzlaşımıyla anlam kazanmış bir şey olduğunu unutuyor. Üzerinde ölü bir adamın resmi bulunan bu yeşil kâğıt parçasının kendi başına bir değeri olduğunu sanıyorlar. "Aslında bu değersiz kâğıt parçasını kullanabiliyor olmamın nedeni öteki insanlar için değer taşıması," diye kendilerine hatırlatmıyorlar pek. Bir insana içi yüz dolarlık banknotlarla dolu bir çanta uzatıldığında, bu insanın beynini fonksiyonel manyetik rezonans görüntüleme sistemiyle gözlemleyebilseydiniz, beyninin heyecanla harekete geçen kısımlarının şüpheci ("Başkaları bunun değerine inanıyor.") kısımlar değil açgözlü kısımlar ("Aman Tanrım! Bunu istiyorum!") olduğunu görürdünüz. Benzer bir şekilde pek çok durumda insanlar İncil, Vedalar ya da Mormon Kitabı'na, bu kitapları kutsal addeden başka insanlara maruz kaldıkça değer atfetmeye başlarlar. Kutsal kitaplara saygı duymayı, banknotlara saygı duymayı öğrendiğimiz şekilde öğreniyoruz.

Dolayısıyla "bir şeyin sadece insanların uzlaşımı olduğunu bilmek"le "bir şeyin kendi özünde değer taşıdığına inanmak" arasında pratikte ciddi bir fark yok. Bu ayrım konusunda insanlar çoğu durumda kararsız ya da kayıtsız kalıyorlar. Başka bir örnek vermek gerekirse, oturup konu hakkında derinlemesine bir felsefi tartışmaya girerseniz, hemen herkes şirketlerin insanlar tarafından yaratılmış kurmacalar olduğunda anlaşır. Microsoft'u Microsoft yapan sahip olduğu binalar, çalıştırdığı insanlar ya da hizmet ettiği hissedarlar değil. Microsoft yasa koyucular ve avukatlar tarafından örülmüş çetrefilli bir hukuki kurmacadır. Fakat zamanımızın yüzde 99'unu derin felsefi tartışmalarla geçirmiyoruz ve şirketlere kaplanlar ya da insanlar gibi gerçek varlıklar muamelesi yapıyoruz.

Gerçekle kurmacayı ayıran çizgiyi belirsizleştirmek pek çok amaca hizmet edebilir ("eğlence olsun diye" gibi bir gerekçeden tutun da "hayatta kalmak" gibi ciddi bir amaca kadar). Gerçekle bağınızı, en azından bir süreliğine, askıya almadan ne oyun oynayabilir ne de roman okuyabilirsiniz. Futboldan gerçek bir keyif alabilmek için en azından doksan dakikalığına oyunun kurallarını kabul etmeniz ve bu kuralları insanların kararlaştırdığını unutmanız gerek. Böyle yapmazsanız, yirmi iki kişinin bir topun peşinden koşmasını son derece saçma bulursunuz. Herhangi bir İngiliz fanatik ya da Arjantinli milliyetçinin de katılacağı üzere, futbol eğlence olsun diye başlayıp çok daha ciddi bir meseleye dönüşebilir. Kişisel kimliklerin şekillenmesinde ve geniş ölçekli toplulukların oluşmasında rol oynayabileceği gibi şiddet gerekçesi haline bile gelebilir. Milletler ve dinler hormonlu futbol kulüplerine benzer.

İnsanların aynı anda hem bilip hem de bilmemek gibi muhteşem bir yeteneği var. Daha doğrusu bir şeyi gerçekten o konu hakkında düşününce biliyor ama çoğu zaman düşünmedikleri için bilmiyorlar. Konuya odaklanırsanız, paranın kurmacadan ibaret olduğunu bilirsiniz. Ama genellikle konuya odaklanmazsınız. Biri soracak olsa, futbolun insan icadı olduğunu bilirsiniz.

Ama kendinizi maçın heyecanına kaptırdığınızda, gelip böyle bir şey soran çıkmaz. Vaktinizi ve enerjinizi ayırırsanız, millet denen şeylerin karmaşık kurmacalardan ibaret olduğunu keşfedersiniz. Ama bir savaşın ortasında böyle bir şeye ne zamanınız vardır ne de enerjiniz. Mutlak hakikate ulaşmayı talep etseniz, Adem ile Havva anlatısının bir mit olduğunun ayırdına varırsınız. Ama mutlak hakikate ulaşmayı ne sıklıkla talep ediyorsunuz?

Hakikat ve iktidar bir yere kadar yan yana hareket edebilir ama er ya da geç kendi yollarına giderler. İktidar peşindeyseniz, bir aşamada etrafa kurmaca saçmaya başlamanız gerekir. Dünya hakkındaki hakikati öğrenmek istiyorsanız, bir aşamada iktidardan vazgeçmeniz gerekir. Müttefiklerinizi kızdıracak, taraftarlarınızın hevesini kıracak ya da toplumsal uyumu sarsacak birtakım şeyleri kabullenmeniz gerekir, örneğin kendi iktidarınızın kaynağını. Hakikat ve iktidar arasındaki bu uçurumun esrarengiz bir yanı yok. Şahit olmak isterseniz, gidin tipik bir ortasınıf beyaz Amerikalı bulun ve ırk konusunu gündeme getirin, anaakım görüşlere sahip bir İsrailli bulun ve İşgal meselesini açın ya da sıradan bir adamla ataerkil düzen hakkında konuşmayı deneyin.

Âlimler tarih boyunca bu açmazla karşı karşıya kalmıştır: İktidara mı hakikate mi hizmet ediyoruz? Herkesin aynı hikâyeye inanmasını sağlayarak, insanları bir arada mı tutalım, yoksa ayrı gayrı düşmek pahasına, hakikati açık mı edelim? İster Hıristiyan rahipler ister Konfüçyüsçü Mandarinler ya da Komünist ideologlar tarafından kurulmuş olsun, en güçlü ilmi kurumlar, birliği hakikatten üstün tutmuştur. Bu nedenle son derece güçlüydüler.

Tür itibarıyla insanlar iktidarı hakikate yeğler. Dünyayı kontrol altında tutmaya dünyayı anlamaktan çok daha fazla çaba harcarız ve anlamaya çalıştığımızda da dünyayı anlarsak onu daha kolay kontrol edebiliriz umudu taşırız. Bu yüzden hakikatin hüküm sürdüğü ve mitlerin kulak arkası edildiği bir toplum hayali kuruyorsanız, *Homo sapiens*'ten medet ummayın. Şansınızı şempanzelerle deneyin daha iyi.

Beyin yıkama makinesinden çıkmak

Tüm bunlar, yalan haber tehlikeli değildir ya da siyasetçilerin ve din adamlarının tek ayak üstünde bin yalan söylemeye hakkı vardır anlamı taşımaz. Her haberin yalan olduğunu varsaymak, hakikati bulmak için gösterilecek tüm çabaları başarısızlığa mahkûm etmek ve ciddi gazetecilikle propaganda arasında fark gözetmemek gibi sonuçlar da bir o kadar yanlıştır. Tüm yalan haberlerin altında gerçek olgular ve gerçek acılar yatar. Örneğin

Ukrayna'da Rus askerler gerçekten savaşıyor, binlerce insan gerçekten ölüyor ve yüz binlerce insan gerçekten evinden barkından oluyor. İnsanların acısının kaynağı çoğunlukla kurmacaya duyulan inanç olsa da çekilen acılar yine de gerçek.

O yüzden yalan haberleri norm olarak kabul etmek yerine sandığımızdan daha çetrefilli bir sorunun bir parçasını oluşturduklarını fark etmeli ve gerçekle kurmacayı birbirinden ayırmak için daha fazla gayret göstermeliyiz. Mükemmellik arayışına girmeyin. En büyük kurmacalardan biri de dünyanın karmaşıklığını reddetmek ve dünyayı el değmemiş bir masumiyetle şeytani kötülüğü karşı karşıya getiren keskin ayrımlar doğrultusunda algılamaktır. Hiçbir siyasetçi doğruyu ve yalnızca doğruyu dile getirmez ama kimi siyasetçiler diğerlerinden katbekat daha iyidir. Seçme şansım olsa, Stalin'i değil, her ne kadar işine geldiğinde gerçeği saptırmaktan imtina edecek yüceliği göstermemişse de, Churchill'i tercih ederim. Aynı şekilde hiçbir gazete önyargı ve hatalardan muaf değil ama bazı gazeteler doğruya ulaşmak için elinden geleni yaparken, bazıları birer beyin yıkama makinesi. 1930'larda yaşasaydım *Pravda* veya *Der Stürmer* yerine *New York Times* gazetesine inanmayı tercih ederdim.

Kendi önyargılarımızı ortaya çıkarmaya ve bilgi kaynaklarımızı soruşturmaya vakit ve çaba harcamak hepimizin sorumluluğu. Önceki bölümlerde belirtildiği gibi, her şeyi kendi başımıza araştıramayız. Ama tam da bu sebepten ötürü, en azından gazete, internet sitesi, televizyon kanalı ya da bir şahıs olmasına bakmaksızın en gözde bilgi kaynaklarımızı dikkatli bir şekilde sorgulamalıyız. 20. bölümde beynimizin yıkanmasını nasıl önleyebileceğimizi ve gerçekle kurmacayı birbirinden nasıl ayırabileceğimizi çok daha derinlemesine ele alacağız. Şimdilik iki basit kural önermek istiyorum.

Öncelikle güvenilir bilgiye ulaşmak istiyorsanız karşılığını ödeyin. Habere bedava erişiyorsanız, elde edilen ürün siz olabilirsiniz. Düşünün ki meçhul bir milyarder size şöyle bir teklifle geldi: "Sana ayda 100 TL vereceğim ve karşılığında günde bir saat beynini yıkamama, kafana istediğim siyasi ve ticari önyargıyı yerleştirmeme izin vereceksin." Böyle bir teklifi kabul eder miydiniz? Aklı başında olup da böyle bir şeyi kabul eden pek çıkmaz. O vakit, meçhul milyarder azıcık farklı bir teklifle gelir: "Her gün bir saat boyunca beynini yıkamama izin verirsen, senden bu hizmet karşılığında hiçbir şey talep etmeyeceğim." Ve teklif birden milyonlarca insana cazip gelir. Siz de onlardan olmayın.

İkinci temel kural şu: Bilhassa önemsediğiniz bir mesele varsa, konuyla ilgili bilimsel külliyatı okumaya çalışın. Bilimsel külliyat derken kastettiğim hakemli dergilerde yayımlanmış makaleler, tanınmış akademik yayınevleri tarafından basılmış kitaplar ve saygın kuruluşlarda görev yapan profesörlerin yazıları. Bilimin sınırları olduğu ortada ve bilim geçmişte pek çok hataya imza attı. Ama bilim camiası yine de yüzyıllardır en güvenilir bilgi kaynağımız. Bilim camiasının bir konu hakkında yanıldığını düşünüyorsanız, bu gayet mümkün ama en azından reddettiğiniz bilimsel kuramları bilin ve savınızı desteklemek için birtakım ampirik deliller sunun.

Biliminsanları da güncel kamusal tartışmalarla daha içli dışlı olmalı. İster tıp ister tarih olsun, konu kendi uzmanlık alanlarını ilgilendirdiğinde seslerini duyurmaktan korkmamalılar. Sessizlik tarafsızlık anlamına gelmez; sessizlik statükoya arka çıkar. Tabii akademik çalışmaları sürdürmek ve sonuçları sadece birkaç uzmanın okuduğu bilimsel dergilerde yayımlamak da mühim. Ama son bilimsel kuramları popüler bilim kitapları vasıtasıyla hatta sanatla kurmacayı ustaca kullanarak halka duyurmak da bir o kadar önemli.

Biliminsanları bilimkurgu yazmaya mı başlasın yani? Esasen bu o kadar da kötü bir fikir değil. Sanat insanların dünya görüşünü etkilemede kilit rol oynar ve 21. yüzyılda bilimkurgu en önemli tür sayılabilir çünkü pek çok insanın yapay zekâ, biyomühendislik ve iklim değişikliği gibi meselelerden ne anladığını bilimkurgu şekillendiriyor. İyi bilime ihtiyacımız olduğu kesin ama siyasi açıdan bakınca, iyi bir bilimkurgu film *Science* ya da *Nature* dergilerinde yayımlanan bir makaleden çok daha değerli.

18

Bilimkurgu

Gelecek filmlerde gördüğünüz gibi değil

İnsanlar diğer tüm hayvanlardan daha iyi işbirliği yapabildikleri için dünyayı kontrol ediyor ve kurmacaya inandıkları için işbirliği konusunda bu kadar iyiler. O yüzden şairler, ressamlar ve oyun yazarları da en az askerler ve mühendisler kadar önemli. İnsanlar Tanrı inancıyla katedraller inşa edip savaşa gidiyor ve Tanrı'ya inanmalarının sebebi de Tanrı hakkında şiirler okumuş, Tanrı'yı resmeden tablolara bakmış ve Tanrı hakkında tiyatro oyunlarından büyülenmiş olmaları. Aynı şekilde, çağdaş kapitalizm mitolojisine duyduğumuz inancın altında da Hollywood ve popüler kültür endüstrisi yatıyor. Televizyonda kendi gözümüzle gördüğümüz kapitalizm cenneti yüzünden daha çok şey satın almanın bizi mutlu edeceğine inanıyoruz.

21. yüzyılın başlarında belki de en önemli sanat türü bilimkurgu. Makine öğrenmesi teknolojisi ya da genetik mühendisliği konularında yayımlanan son makaleleri pek az insan okuyor. Onun yerine *Matrix* ve *Her* gibi filmlerle *Westworld* ve *Black Mirror* gibi diziler insanların zamanımızın en önemli teknolojik, toplumsal ve ekonomik gelişimlerini nasıl anladığını biçimlendiriyor. Bu aynı zamanda bilimkurgunun bilimsel gerçekleri ele alırken çok daha fazla sorumluluk taşıması gerektiğini de gösteriyor, aksi takdirde insanlara yanlış fikirler aşılayıp insanların dikkatini yanlış sorunlara çekebilir.

Önceki bölümlerin birinde belirtildiği üzere, günümüzde bilimkurgunun belki de en büyük gafleti zekâyla bilinci birbirine karıştırması. Bunun sonucunda robotlarla insanların savaşına gereğinden fazla eğiliyor. Oysa bizi daha çok endişelendirmesi gereken algoritmaların gücünü elinde tutan az sayıda insanüstüyle gücü elinden alınmış *Homo sapiens*'in oluşturduğu geniş kitleler arasında çıkabilecek olası bir çatışma. Yapay zekânın geleceği üzerine kafa yorarken, Karl Marx hâlâ Steven Spielberg'den daha iyi bir kılavuz.

Gerçekten de yapay zekâ hakkındaki pek çok film bilimsel gerçeklikten o kadar uzak ki insanın aklına tüm bu filmlerin tamamen farklı kaygılarla çekilmiş birer alegoriden ibaret olduğu düşüncesi geliyor. Misal 2015 yapımı *Ex Machina*, görünüşte dişi bir robota âşık olan ama sonuçta bu robot tarafından aklı çelinip oyuna getirilen bir yapay zekâ uzmanını anlatıyor. Ama esasen bu film insanların zeki robot korkusu hakkında değil. Bu film erkeklerin zeki kadın korkusu, özellikle de kadınların özgürleşmesiyle onların hâkimiyeti ele geçirmesi ihtimalinin yarattığı korku hakkında. Yapay zekânın kadın, uzman karakterin de erkek olduğu bir yapay zekâ filmi görürseniz, bilin ki konu büyük ihtimalle sibernetik değil feminizm. Zira ne diye yapay zekânın cinsiyeti ya da cinsel kimliği olsun? Cinsiyet çok hücreli organik varlıklara ait bir özellik. Organik olmayan sibernetik bir varlığın cinsiyetle ne işi olur?

Bir kutunun içinde yaşamak

Teknolojinin insanları yönlendirmek ve kontrol etmek için kullanılması tehlikesi, bilimkurgu türünün çok daha derinlemesine ele aldığı bir konu. *Matrix* neredeyse tüm insanların siber âleme hapsedildiği ve deneyimledikleri her şeyin master algoritma tarafından şekillendirildiği bir dünyayı göz önüne seriyor. *Truman Show* durumdan haberi olmadan bir televizyon programında başrol oynayan Truman'a odaklanıyor. Annesi ve en yakın dostu dahil tüm arkadaşlarının ve tanıdıklarının oyuncu olduğundan habersiz, yaşadığı her şey özenle hazırlanmış bir senaryonun parçası ve söylediği ya da yaptığı her şey gizli kameralarla kaydedilip milyonlarca hayranı tarafından şevkle izleniyor.

Ancak dahice olmalarına rağmen bu iki film de senaryolarının erişebileceği nihai imadan geri adım atıyor. Matrislere hapsolmuş bu insanların sahici bir benlik taşıdıklarını, bu sahici benliğin tüm teknolojik yönlendirmelere rağmen el değmeden durduğunu ve kahramanların yeterince çabalarlarsa erişebileceği matrisin dışında sahici bir gerçeklik bulunduğunu varsayıyorlar. Matris sahici iç benliğinizi sahici dış dünyadan ayıran yapay bir bariyerden ibaret. Pek çok sıkıntı çektikten sonra, *Matrix* filminin Neo'su da *Truman Show*'un Truman'ı da kendilerini kontrol eden ağları aşıp kaçmayı başarıyor, sahici benliklerini keşfediyor ve vadedilmiş sahici topraklara ulaşıyor.

Nasıl oluyorsa, vadedilmiş sahici toprakların her tür belirleyici özelliği matris yaratısıyla birebir aynı. Truman televizyon stüdyosundan kaçınca, daha önceden televizyon programından atılmış olan lise aşkıyla tekrar bir araya gelmenin peşine düşüyor. Ama Truman bu romantik fanteziyi gerçekleştirirse, hayatı tıpkı *Truman Show* tarafından dünyanın dört bir yanına pazarlanan mükemmel Hollywood rüyasına benzeyecek; bir de Fiji'ye tatile gidebilir tabii. Filmde Truman'ı gerçek dünyada bekleyen alternatif hayata dair en ufak bir ipucu verilmiyor.

Aynı şekilde Neo şu meşhur kırmızı hapı yutup matristen çıkınca, karşısına çıkan dış dünya içerideki dünyanın tıpkısının aynısı. Dışarıda da içeride de şiddetli çatışmalar yaşanıyor ve insanlar korku, tutku, aşk ve kıskançlık duygularıyla hareket ediyor. Film, Neo'ya eriştiği gerçekliğin daha büyük bir matristen başka bir şey olmadığı ve "asıl gerçek dünyaya" geçmek istiyorsa yine mavi ya da kırmızı hapı seçmesi gerektiği söylenerek sona ermeliydi.

Yaşadığımız teknolojik ve bilimsel devrim sahici birey ve sahici gerçekliklerin algoritmalar ve televizyon kameraları tarafından manipüle edilebildiğine değil, sahicilik denen şeyin bir mit olduğuna işaret ediyor. İnsanlar bir kutunun içine hapsolmaktan korkuyor ama zaten bir kutunun –kendi beyinlerinin– içinde hapsolduklarının farkına varmıyorlar, ki bu da daha büyük bir kutunun, toplum ve toplumun sayısız kurmacasının içinde hapsolmuş durumda. Matristen kurtulunca karşınıza çıkacak şey sadece daha büyük bir matris. 1917'de çiftçi ve işçiler çara karşı ayaklandığında karşılarında Stalin'i buldular. Dünyanın sizi ne şekilde yönlendirdiğini keşfe çıkarsanız, sonuç olarak benliğinizin merkezinin sinir ağları tarafından yaratılmış bir yanılsama olduğunu fark edersiniz.

İnsanlar bir kutuya hapsolup kalırlarsa dünyadaki her türlü harika şeyi kaçıracaklarından korkuyorlar. Neo matrisin içinde, Truman da televizyon stüdyosunda sıkışıp kaldığı müddetçe Fiji'ye, Paris'e ya da Machu Picchu'ya gezmeye gidemeyecek. Ama esasen bu hayatta deneyimleyip deneyimleyebileceğiniz her şey kendi bedeninizin ve zihninizin içinde. Matristen çıkmak ya da Fiji'ye gitmek bir şeyi değiştirmiyor. Sanki zihninizin bir yerinde "Sadece Fiji'ye gidince açılabilir!" yazılı kocaman kırmızı bir uyarı işareti taşıyan demirden bir sandık var da sonunda Güney Pasifik'e gezmeye gittiğinizde bu sandığı açıp sadece Fiji'de tadabileceğiniz birtakım özel duygu ve hislere kapılacaksınız. Fiji'ye hiç gitmezseniz bu özel hisleri asla tadamayacaksınız. Hayır. Fiji'de ne hissedecekseniz dünyanın herhangi bir yerinde de hissedebilirsiniz; matrisin içinde bile.

Belki hepimiz *Matrix*'teki gibi devasa bir bilgisayar simülasyonunun içinde yaşıyoruz. Böyle bir durum tüm milli, dinsel ve ideolojik anlatılarımızla çelişirdi. Ama zihinsel deneyimimiz yine gerçek kalırdı. Tüm insanlık tarihinin Zircon gezegenindeki birtakım fareler tarafından yürütülen bir deney için oluşturulmuş süper bilgisayar simülasyonu olduğu ortaya çıkarsa, Karl Marx ve IŞİD utançtan yerin dibine geçer. Ama sözkonusu farelerin yine de Ermeni soykırımı ve Auschwitz vakaları için hesap vermesi gerekir. Bunları Zircon Üniversitesi etik kurulundan nasıl geçirmişler acaba? Gaz odaları silikon çiplerin ilettiği elektrik sinyallerinden ibaret olsa da çekilen acılar, duyulan korkular ve hissedilen çaresizliğin azabı bir gıdım bile azalmaz.

Acı acıdır, korku korkudur ve aşk da aşktır; matriste bile. Hissettiğiniz korkunun dış dünyadaki birtakım atomlardan mı, bir bilgisayarın yönlendirdiği elektrik sinyallerinden mi kaynaklandığı fark etmez. Korku aynı ölçüde gerçektir. Bu yüzden zihninizin gerçekliğini sorgulamak istiyorsanız bunu matrisin içinde de dışında da yapabilirsiniz.

Çoğu bilimkurgu film aslında çok eski bir anlatıyı, aklın maddeyi alt etmesini anlatır. Otuz bin yıl önce anlatı şöyle seyrediyordu: "Akıl taş bir bıçak tahayyül eder, el bıçağı yaratır, insan mamutu öldürür." Ama işin aslı, insanlar dünyanın kontrolünü bıçağı icat edip mamutları öldürmekten ziyade insan aklını yönlendirerek kazandı. Akıl tarihsel eylemleri ve biyolojik gerçekleri özgürce şekillendiren bir özne değil, tarih ve biyoloji tarafından şekillendirilen bir nesne. En çok el üstünde tuttuğumuz ülkülerimiz –özgürlük, sevgi, yaratıcılık– birinin bir mamutu öldürmek için biçimlendirdiği taş bir bıçaktan farksız. En iyi bilimsel kuramlara ve en yeni teknolojik araçlara bakılırsa, akıl hiçbir zaman yönlendirmeden azade değil. Manipülatif bir kabuktan kurtarılmayı bekleyen sahici bir benlik yok.

Yıllar içinde kaç adet film, roman ve şiir tükettiğiniz ve bu eserlerin aşka dair düşüncelerinizi nasıl etkilediği konusunda bir fikriniz var mı? Seks sözkonusu olduğunda pornografi, savaş sözkonusu olduğunda Rambo neye denk düşüyorsa romantik komediler de aşk sözkonusu olduğunda ona denk düşüyor. Ve sil tuşuna basıp bilinçaltı ve limbik sisteminizden Hollywood'un tüm izlerini silebileceğinizi sanıyorsanız kendinizi kandırıyorsunuz.

Taş bıçaklara şekil verme fikrini seviyoruz ama kendimizin taş bıçak olması fikrinden hoşlanmıyoruz. Buna istinaden, şu eski mamut hikâyesinin matris versiyonu şu şekilde seyrediyor: "Akıl bir robot düşler, el robotu yaratır, robot teröristleri öldürür ama aklı da kontrol etmeye çalışır; akıl robotu öldürür." Fakat bu hikâye yanlış. Sorun, aklın robotu öldüremeyecek olması değil. Sorun, robotu düşleyen aklın çok daha önceden maruz kaldığı manipülasyonların bir ürünü olması. Dolayısıyla robotu öldürmek bizi özgürleştirmez.

Disney özgür iradeye inancını kaybediyor

Pixar Studios ve Walt Disney Pictures 2015'te, insanlık haline ilişkin çok daha gerçekçi ve tedirgin edici bir animasyon film sürdü piyasaya. Film hem çocukların hem de büyüklerin ilgisini çekerek kısa zamanda büyük hasılat yaptı. *Ters Yüz* adlı bu film on bir yaşındaki kız çocuğu Riley Anderson'ın hikâyesini anlatıyor. Riley ailesiyle birlikte Minnesota'dan San Francisco'ya taşınıyor. Arkadaşlarını ve eski evini özleyen Riley yeni hayatına alışmakta zorluk çekiyor ve Minnesota'ya kaçmaya çalışıyor. Ancak Riley'nin haberi olmayan çok daha büyük bir kriz yaşanıyor. Riley ne bir televizyon programının bir şeyden habersiz yıldızı ne de matrise sıkışıp kalmış biri; Riley'nin kendisi matris ve içinde sıkışıp kalmış bir şey var.

Disney imparatorluğu aynı mitin tekrar tekrar anlatılmasıyla kuruldu. Sayısız Disney filminde kahramanlar zorluklar ve tehlikelerle karşılaşır ama sonunda sahici benliklerini bulup özgür iradelerini kullanarak zafere ulaşırlar. *Ters Yüz* bu miti acımasızca parçalıyor. Filmde günümüzün nörobiyolojik insan algısı benimsenmiş. İzleyiciyi Riley'nin beyninin içine doğru bir yolculuğa çıkarıyor ve orada çocuğun sahici bir benliği olmadığı ve herhangi bir özgür seçimde bulunmadığı çıkıyor karşımıza. Riley aslında birbiriyle çatışan bir dizi biyokimyasal mekanizma tarafından kontrol edilen koca bir robot gibi. Filmde bu mekanizmalar sevimli çizgi film karakterleriyle temsil edilmiş: sarı ve güler yüzlü Neşe, mavi ve asık suratlı Üzüntü, kırmızı ve asabi Öfke gibi. Riley'nin her hareketini Merkez'deki koca bir ekrandan seyredip duruma çeşitli buton ve kollar vasıtasıyla müdahale eden bu karakterler Riley'nin ruh halini, kararlarını ve eylemlerini kontrol ediyor.

Riley'nin San Francisco'daki yeni hayatına uyum sağlayamaması, Merkez'de işlerin karışıp Riley'nin beynindeki dengenin altüst olmasından kaynaklanıyor. Neşe ve Üzüntü işleri yoluna koymak için Riley'nin beyninde uzun bir yolculuğa çıkıyor, düşünce trenine biniyor, bilinçaltı hapishanesini keşfediyor ve yaratıcı birtakım nöronların rüya üretmekle meşgul olduğu iç stüdyoyu ziyaret ediyorlar. Riley'nin beyninin derinliklerindeki bu kişileştirilmiş biyokimyasal mekanizmaları izlerken herhangi bir ruhla, sahici bir benlikle ya da özgür iradeyle karşılaşmıyoruz. Hatta tüm hikâyenin belkemiği olan aydınlanma anı, Riley sahici benliğini keşfedince değil, Riley'nin tek bir özle özdeşleştirilemeyeceği ve iyiliğinin pek çok farklı mekanizma arasındaki etkileşime bağlı olduğu ortaya çıkınca yaşanıyor.

Seyirciler ilk başta Riley'yi ana karakter olan güler yüzlü Neşe'yle özdeşleştirmeye sevk ediliyor. Ancak Riley'nin hayatını karartma tehlikesi taşıyan kritik hatanın tam da bu olduğu zamanla ortaya çıkıyor. Kendisini Riley'nin sahici özü sayan Neşe, diğer tüm iç karakterleri geri planda bırakıp Riley'nin beyninin hassas dengesini bozuyor. Katarsis, Neşe hatasını anlayınca ve hem Neşe hem de izleyiciler Riley'nin Neşe, Üzüntü ya da diğer karakterlerden biri olmadığını fark edince yaşanıyor. Riley tüm bu biyokimyasal karakterlerin çatışması ve işbirliği sonucu ortaya çıkan karmaşık bir hikâye.

Gerçekten şaşırtıcı olan şey, sadece Disney'in böyle radikal bir mesaj içeren bir filmi piyasaya sürmesi değil, bu filmin dünya çapında büyük başarı yakalaması. Belki de başarısının sebebi mutlu sonla biten bir komedi olması ve çoğu izleyicinin filmin taşıdığı nörolojik boyutu ve bunun meşum çağrışımlarını ıskalamış olmasıdır.

Aynı şeyi 20. yüzyılın en kâhinvari bilimkurgu kitabı için söylemek mümkün değil. Bu kitabın uğursuz çağrışımlarını ıskalamak imkânsız. Neredeyse yüz yıl önce yazılmış olsa da her geçen yıl daha da isabetli hale geliyor. Aldous Huxley *Cesur Yeni Dünya*'yı 1931 yılında, komünizm ve faşizm Rusya'da ve İtalya'da iyice yerleşmişken, Nazizm Almanya'da yükselişe geçmişken, Japonya Çin'i fethetmeye atılırken ve Büyük Buhran tüm dünyayı tutsak etmişken kaleme almış. Ama Huxley tüm bu karanlık bulutların ötesini görüp hiçbir savaşın, kıtlığın ya da salgın hastalığın yaşanmadığı, aralıksız bir huzurun, bolluğun ve sağlığın hüküm sürdüğü bir dünya kurgulamayı başarmış. Bu dünya insanların dilediğince takıldığı bir tüketici dünyası; seks ve uyuşturucu gırla gidiyor ve en yüce değer mutluluk. Kitabın temelinde insanların biyokimyasal algoritmalar olduğu, bilimin insan algoritmasına hâkim olabileceği ve teknolojiyle bunun yönlendirilebileceği varsayımı yatıyor.

Bu cesur yeni dünyada Dünya Hükümeti, gelişmiş bir biyoteknoloji ve toplum mühendisliği kullanarak herkesin her daim memnun hissetmesini ve kimsenin başkaldırmak için bir nedeni olmamasını sağlıyor. Riley'nin beynindeki Neşe, Üzüntü ve diğer karakterlerin birer devlet ajanına dönüştürülmüş olması gibi bir durum sözkonusu. Dolayısıyla ne gizli polislere ne toplama kamplarına ne de Orwell'in *Bin Dokuz Yüz Seksen Dört*'ündeki gibi Sevgi Bakanlığı'na ihtiyaç var. İşin aslı, Huxley'nin dehasını açığa çıkaran, insanların korku ve şiddettense sevgi ve zevk sayesinde çok daha sıkı kontrol edilebileceğini göstermesi.

İnsanlar *Bin Dokuz Yüz Seksen Dört*'ü okuyunca Orwell'in kabus gibi bir dünyayı tasvir ettiğini net bir şekilde anlarlar ve sorulacak tek soru, "Böyle korkunç bir duruma gelmemek için ne yapabiliriz?" olur. *Cesur Yeni Dünya*'yı okumak çok daha rahatsız edici ve zorlayıcı bir deneyimdir çünkü bu dünyayı distopya kılan şeyin ne olduğunu tespit etmekte güçlük çekersiniz. Dünya huzurlu, işler yolunda ve herkes yaşadığı hayattan son derece tatminkârdır. Bunda ne gibi bir yanlış olabilir?

Romanın zirvesinde, Batı Avrupa'nın Dünya Denetçisi Mustapha Mond'la tüm hayatını New Mexico'daki bir yerel koruma alanında geçirmiş ve Londra'da Shakespeare ve Tanrı hakkında hâlâ bir şeyler bilen tek insan olan Yabani John arasında geçen konuşma esnasında bu soruya bizzat değiniyor Huxley.

Yabani John Londra halkına kendilerini kontrol eden sisteme karşı ayaklanma çağrısında bulununca insanlar oralı bile olmaz ama polis John'u tutuklayıp Mustapha Mond'un karşısına çıkarır. Dünya Denetçisi John'la tatlı tatlı konuşup asosyal davranışlarında ısrarcıysa ıssız bir yere gidip inzivaya çekilebileceğini açıklar. Bunun üzerine John bu dünya düzeninin altında yatan görüşleri sorgular ve Dünya Hükümeti'ni mutluluk adına sadece hakikat ve güzelliği değil onurlu ve kahramanca olan her şeyi feda etmekle suçlar:

> "Sevgili genç dostum," dedi Mustafa Mond, "medeniyetin asilliğe ya da kahramanlığa hiç ihtiyacı yoktur. Bunlar siyasi yetersizlik belirtileridir. Bizimki gibi tam anlamıyla örgütlü bir toplumda kimse asil ya da kahraman olmaya fırsat bulamaz. Böyle bir fırsat doğması için önce koşulların bütünüyle dengesiz olması gerekir. Savaşların sürdüğü, aynı anda farklı odaklara sadakat gösterilen, direnilmesi gereken cezbedici şeyler bulunan, uğruna savaşılacak ya da korunacak sevgi nesnelerinin mevcut olduğu yerlerde asillik ve kahramanlık bir şey ifade edebilir elbet. Ancak günümüzde savaş çıkmıyor. Birini çok sevmenizi engellemek için her türlü önlem alınıyor. Farklı odaklara sadakat diye bir şey yok; öyle bir şartlandırılıyorsunuz ki yapmanız gerekeni yapmamanız mümkün değil. Ve yapmanız gerekenler baştan sona son derece keyif verici olduğu ve pek çok doğal dürtüye tolerans gösterildiği için ortada sakınılacak bir cazibe unsuru da kalmıyor. Ve olur da bir talihsizlik sonucu hoş kaçmayan bir şey, bir şekilde yaşanırsa, e o zaman da *soma** [uyuşturucu] var; yutar ve gerçeklerden uzaklaşırsın. *Soma* her daim sinirini yatıştırır, düşmanla-

* (Yun.) Beden. –yhn

rınla aranı düzeltir, sabrını ve metanetini artırır. Eskiden bunları başarmak için büyük çaba sarfetmek ve yıllarca nefsini terbiye etmek dışında yapılacak bir şey yoktu. Artık iki üç yarım gramlık tablet almanız yeterli. Herkes erdemli olabiliyor artık. Ahlakının en azından yarısını bir şişeye koyup yanında taşıyabiliyorsun. Gözyaşlarından azade bir Hıristiyanlık; işte *soma* bu."

"Ama gözyaşı da şart. Othello ne demiş hatırlamıyor musunuz? 'Her fırtınadan sonra ortalık olacaksa böyle süt liman, varsın essin rüzgârlar ölüleri kaldırıncaya kadar.' Yaşlı Kızılderililerden birinin bize anlattığı bir hikâye vardı; Mátsakili Kız hakkında. Kızla evlenmeye talip olan delikanlıların sabahları gelip kızın bahçesini çapalamaları gerekiyormuş. Kolay gibi duran bir iş ama bahçede büyülü karasinekler ve sivrisinekler varmış. Çoğu delikanlı sineklerin ısırıp sokmasına katlanamıyormuş. Ama katlanabilen biri çıkmış ve o da kızı almış."

"Büyüleyici! Ama medeni ülkelerde," dedi Denetçi, "kızları bahçelerini çapalamadan da alabilirsin ve etrafta ısırıp sokan karasinekler, sivrisinekler de yok. Yüzyıllar önce kurtulduk onlardan."

Yabani kaşlarını çatıp başını salladı. "Bunlardan kurtuldunuz. Evet, size yakışan da bu. Katlanmayı öğrenmek yerine nahoş ne varsa başınızdan savıyorsunuz. Hangisi daha asil, zihnimizde zalim kaderin fırlattığı taşlara ve oklara katlanmak mı yoksa dert deryasına karşı silaha sarılıp kafa tutarak bitirmek mi işlerini (...) Ama siz ikisini de yapmıyorsunuz. Ne katlanıyor ne kafa tutuyorsunuz. Taşları ve okları ortadan kaldırıyorsunuz, o kadar. Ne kolaylık." (...) "İhtiyacınız olan," diye devam etti Yabani, "değişiklik olsun diye gözyaşı *içeren* bir şey yaşamak (...) Tehlikeye atılarak yaşamanın başka bir tadı yok mu?"

"Çok var," diye yanıtladı Denetçi, "Adamların ve kadınların zaman zaman adrenalinlerini uyarması gerek (...) Son derece sağlıklı olmanın koşullardan biri bu. ŞAM işlemini bu yüzden şart koştuk."

"ŞAM mı?"

'Şiddet Arzusu Muadili. Ayda bir kez düzenli uygulanıyor. Tüm sisteme adrenalin basıyoruz. Korku ve hiddetin birebir fizyolojik muadili. Desdemona'yı öldürmenin ve Othello tarafından öldürülmenin tüm uyarıcı etkileri alınıyor, üstelik hiçbir külfete katlanmadan."

"Ama ben külfetleri seviyorum."

"Biz sevmiyoruz," dedi Denetçi. "Biz her şeyi rahat rahat yapmak istiyoruz."

"Ama ben rahatlık peşinde değilim. Tanrı'nın, şiirin, gerçek tehlikenin, özgürlüğün, iyiliğin peşindeyim. Günahın peşindeyim."

"Aslında," dedi Mustapha Mond, "mutsuz olma hakkı talep ediyorsun."

"Peki öyle olsun," dedi Yabani cüretkâr bir tavırla, "mutsuz olma hakkı talep ediyorum."

"Dahası yaşlanıp iktidarsız kalma hakkı, frengiye ve kansere yakalanma hakkı, yiyecek doğru dürüst bir şey bulamama hakkı, rezil olma hakkı, durmadan yarın başıma ne gelecek diye endişe içinde yaşama hakkı, tifoya yakalanma hakkı, tarif edilemeyecek kadar korkunç acılar içinde kıvranma hakkı."

Uzun bir sessizlik oldu.

"Hepsini talep ediyorum," dedi Yabani sonunda.

Mustapha Mond omuz silkti. "Buyur al," dedi.[1]

Yabani John ıssız bir yere gidip inzivaya çekilir. Yıllarca Kızılderili kampında yaşadığı ve beyni Shakespeare ve dinle yıkanmış olduğu için modernitenin tüm nimetlerini reddetmeye koşullanmıştır. Ama böyle sıradışı ve ilginç birinin yaşadığı söylentisi hızla yayılır, insanlar onu izleyip ne yapıp ettiğini kayıt altına almak üzere akın ederler ve John kısa süre sonra ünlü birine dönüşür. Tüm bu istenmeyen ilgiden daralan Yabani, medeniyet matrisinden kırmızı bir hap yutarak değil kendini asarak kaçar.

Matrix ve *Truman Show*'un yaratıcılarının aksine Huxley kaçış imkânından kuşku duymuş çünkü kaçmayı başarabilecek birinin çıkacağından şüpheliymiş. Beyniniz ve "benliğiniz" matrisin bir parçası olduğuna göre, matristen kaçmak için kendinizden kaçmanız gerek. Doğrusu, düşünülmesi gereken bir imkân bu. Benliğin sınırlı tanımından kaçmak, 21. yüzyılda hayatta kalmak için zaruri bir yetenek haline gelebilir.

V. Kısım

DİRENÇ

Eski anlatıların çöküp yerine yenilerinin gelmediği bir şaşkınlık çağında nasıl yaşanır?

19

Eğitim

Değişmeyen tek şey değişimdir

İnsanlık eşi benzeri görülmemiş devrimlerin şafağında. Tüm eski anlatılarımız ufalanıp gidiyor ve onların yerine geçecek yeni bir anlatı henüz ortaya çıkmadı. Kendimizi ve çocuklarımızı böyle emsalsiz dönüşümlerin ve esaslı belirsizliklerin hüküm sürdüğü bir dünyaya nasıl hazırlayabiliriz? Bugün doğmuş bir çocuk, 2050'de otuz küsur yaşında olacak. Her şey yolunda giderse, bu bebek 2100 yılında hâlâ hayatta olacak. Hatta belki 22. yüzyılın etkin yurttaşlarından biri bile olabilir. 2050 yılında ya da 22. yüzyılda hayatta kalabilmesi ve başarılı olabilmesi için bu bebeğe ne öğretmeliyiz? İşe girebilmek, etrafında olan biteni anlamlandırabilmek ve yaşam labirentinde yol alabilmek için ne gibi becerilere ihtiyaç duyacak?

Maalesef kimse bırakın 2100'ü, 2050'de dünya neye benzeyecek bilmediğinden bu soruların cevabını da bilmiyoruz. Tabii ki insanlar asla geleceği net bir şekilde tahmin edememiştir. Ama günümüzde bu çok daha zor çünkü teknoloji beden, beyin ve zihin mühendisliği yapabilmemizi olanaklı kılınca, daha önce sabit ve ebedi görünenler de dahil hiçbir şeyden emin olamıyoruz.

Bin yıl önce, 1018'de insanların gelecek hakkında bilmediği bir sürü şey vardı ama en azından toplumun temel özelliklerinin aynı kalacağına kaniydiler. 1018'de Çin'de yaşıyor olsaydınız 1050'ye gelindiğinde Song İmparatorluğu'nun çökmüş olabileceğini, kuzeyden gelen Hitaylar'ın toprakları işgal edebileceğini ve milyonlarca insanın salgın hastalıklardan ölebileceğini tahmin edebilirdiniz. Ancak 1050'de bile çoğu insanın çiftçilik ya da dokumacılıkla uğraşacağı, hükümdarların ordu ve memuriyetlerde çalıştıracak insanlara ihtiyaç duyacağı, erkeklerin hâlâ kadınlardan üstün görüleceği kesindi. Dolayısıyla 1018'de fakir Çinli aileler çocuklarına pirinç ekmeyi ya da ipek dokumayı öğretirken varsıl Çinli aileler oğullarına Konfüçyüs'ün eserlerini okumayı, güzel yazı yazmayı ya da ata binmeyi; kızlarına da mütevazı ve yumuşak başlı bir ev kadını olmayı öğretiyorlardı. Bu becerilere 1050'de de ihtiyaç duyulacağı barizdi.

Oysa günümüzde Çin'in ya da dünyanın geri kalanının 2050'de neye benzeyeceğine dair bir fikrimiz yok. İnsanlar geçimlerini sağlamak için ne yapacak bilmiyoruz, ordular ya da bürokrasiler nasıl işleyecek bilmiyoruz, cinsiyet ilişkileri neye benzeyecek bilmiyoruz. Büyük olasılıkla kimi insanlar şimdikinden çok daha uzun yaşayacak. Biyomühendislik ve beyinle bilgisayar ara yüzleri arasında kurulacak doğrudan bağlantılarla insan bedeni de eşsiz bir devrim geçirebilir. Bu yüzden çocukların bugün öğrendikleri 2050'de hiçbir işlerine yaramayabilir.

Günümüzde çoğu okul bilgi yüklemeye odaklanıyor. Eskiden bunun bir anlamı vardı çünkü bilgi azdı ve yavaş yavaş sızan mevcut bilgilerin önü sık sık sansürle kesiliyordu. Mesela 1800'lerde Meksika'da bir taşra kasabasında yaşasaydınız dünyanın geneli hakkında çok fazla bilgi edinmeniz zordu. Radyo, televizyon, günlük gazete ya da halk kütüphaneleri yoktu.[1] Okuma yazma bilip özel bir kütüphaneye erişebilseniz dahi roman ve dini risaleler dışında okuyacak pek bir şey bulamazdınız. İspanyol İmparatorluğu yerel yayınlara ağır sansürler uyguluyordu ve dışarıdan sadece kontrol edilmiş az sayıda neşriyat girmesine izin veriyordu.[2] Aynı şey Rusya, Hindistan, Türkiye ya da Çin'in taşrasındaki kasabalar için de geçerliydi. Çağdaş okullar devreye girdiğinde, her çocuğa okuma yazma öğretmek ve coğrafya, tarih ve biyolojiye dair temel bilgilerin aktarılması muazzam bir gelişim yaşandığının göstergesiydi.

Oysa 21. yüzyılda inanılmaz miktarda bilgiye maruz bırakılıyoruz ve sansürcüler bile bunları durdurmaya çalışmıyor. Onun yerine yanlış bilgi yayıp lüzumsuz şeylerle dikkatimizi dağıtmaya çalışıyorlar. Meksika'nın bir taşra kasabasında şimdi yaşıyorsanız ve elinizin altında bir akıllı telefon varsa okuyup dinleyebileceğiniz Vikipedi maddelerine, TED konferanslarına, ücretsiz çevrimiçi derslere bakmaya ömrünüz yetmez. Hiçbir hükümet hoşuna gitmeyen tüm bilgilerin üstünü örtme beklentisine giremez. Öte yandan kamuyu birbiriyle çelişen haberlere ve dikkat dağıtıcı ıvır zıvıra boğmak da korkutucu ölçüde kolay. Dünyanın dört bir yanındaki insanlar Halep'in bombalanmasından ya da Kuzey Kutbu'nda eriyen buz tabakasından bir tık uzak ama o kadar çok çelişkili bilgi var ki neye inanacağını bilmek zor.

Ayrıca bir tık uzakta sayısız başka şey de olduğu düşünülünce tek bir şeye odaklanmak zorlaşıyor ve siyaset ya da bilim aşırı karmaşık geldiğinde bir kedi videosu, sosyete dedikodusu ya da porno izlemek daha cazip gelebiliyor.

Böyle bir dünyada bir öğretmenin öğrencilerine vermesi gereken son şey daha fazla bilgi. Zaten gereğinden fazlasına maruz kalıyorlar. Bunun yerine insanların bilgiyi anlamlandırabilme, neyin önemli neyin önemsiz olduğunu ayırt edebilme ve her şeyden önce de pek çok bilgi parçasını dünyaya ilişkin geniş bir resme dönüştürebilme yeteneğine gereksinimleri var.

Aslında bu yüzyıllardır Batılı liberal eğitimin ideali ama şimdiye dek çoğu Batılı okul bu ideali uygulamaya geçirmek konusunda etkili davranamadı. Öğretmenler verileri göstermeye odaklanıp çocukları "kendi kendine düşünmeye" teşvik etmekle yetindi. Liberal okullar otoriter rejimlerden korktukları için büyük anlatılara dehşetle yaklaştılar. Öğrencilere bolca veri ve bir miktar özgürlük sağlarsak, kendi kendilerine dünyaya dair bir resim çizerler ve eğer bu nesil tüm verileri sentezleyip tutarlı ve anlamlı bir dünya görüşü yaratmayı başaramazsa, gelecekte iyi bir sentez oluşturmak için daha çok zamanımız var diye düşündüler. Artık zamanımız kalmadı. Önümüzdeki dönemlerde alacağımız kararlar, bizzat hayatın geleceğini şekillendirecek ve bu kararları ancak mevcut dünya görüşümüz doğrultusunda verebiliriz. Bu nesil evrene dair kapsamlı bir görüşten yoksun kalırsa, yaşamın geleceğine rasgele karar verilir.

İşler kızıştı

Çoğu okul bilginin yanı sıra öğrencilere diferansiyel denklem çözmek, C++ diliyle bilgisayar kodu yazmak, bir test tüpündeki kimyasalları tespit etmek ya da Çince konuşmak gibi bir dizi önceden belirlenmiş yetenek kazandırmaya fazlasıyla yoğunlaşıyor. Fakat 2050'de dünyanın ve iş piyasasının neye benzeyeceğini bilmediğimizden, insanların hangi hususi becerilere ihtiyaç duyacağını da bilmiyoruz aslında. Çocuklara C++ ya da Çince öğretmek için bir sürü çaba harcayıp, 2050'ye gelindiğinde yapay zekânın insanlardan çok daha iyi kod yazabildiğini ve yeni Google Çeviri uygulaması sayesinde sadece "*Ni hao*" demeyi bilseniz de neredeyse kusursuz bir şekilde Mandarin, Kantonca ya da Hakka dillerinde sohbet edebileceğimizi keşfedebiliriz.

O vakit, ne öğreteceğiz? Çoğu pedagoji uzmanı okulların şu dört şeyi öğretmeye başlaması gerektiğini savunuyor: eleştirel düşünce, iletişim, işbirliği ve yaratıcılık.[3] Kabaca ifade edecek olursak, okullar teknik becerileri ikinci plana alıp genel amaçlı yaşam becerilerine ağırlık vermeli. Hepsinden önemlisi de değişimle başa çıkma, yeni şeyler öğrenebilme ve alışılmışın dışında durumlarda akli dengeyi koruyabilme becerileri olacak. 2050'nin dünyasına ayak uydurabilmek için sadece yeni fikirler ve ürünler icat etmek yeterli gelmeyecek; önce kendinizi tekrar tekrar yeniden inşa etmeniz gerekecek.

Çünkü değişim hızı arttıkça, sadece ekonomi değil "insan olmak" kavramının anlamı da mutasyona uğrayabilir. Daha 1848'de *Komünist Manifesto*, "Katı olan her şey buharlaşır," diye bildirmişti. Ne var ki Marx ve Engels'in aklında ağırlıklı olarak toplumsal ve ekonomik yapılar vardı. 2048'e gelindiğinde fiziksel ve bilişsel yapılar da buharlaşacak ya da veri parçacıkları bulutlarına karışacak.

1848'de milyonlarca insan çiftliklerdeki işlerinden olup fabrikalarda çalışmak için şehirlere taşınıyordu. Ama büyük şehre vardıklarında cinsiyetlerini değiştirmeleri ya da altıncı his geliştirmeleri uzak bir ihtimaldi. Ve olur da bir tekstil fabrikasında iş bulurlarsa, çalışma hayatlarının tamamını bu işte geçirmeyi düşünebilirlerdi.

2048'de insanların siber âleme göç etmekle, akışkan cinsel kimliklerle ve bilgisayar implantlarıyla sağlanan yeni duyusal deneyimlerle başa çıkması gerekebilir. Diyelim üç boyutlu bir sanal gerçeklik oyunu için son moda kıyafetler tasarlamak gibi keyif aldıkları bir iş buldular; on sene içinde hem bu iş kolunun hem de bu seviyede sanatsal yaratıcılık gerektiren tüm mesleklerin yapay zekâ tarafından ele geçirilmeyeceği ne malum? Yani yirmi beş yaşında bir çöpçatan sitesine kendinizle ilgili, "Yirmi beş yaşında, Londra'da yaşayan ve moda sektöründe çalışan heteroseksüel bir kadın," yazıyorsunuz. Otuz beş yaşında tanımınız, "Cinsiyeti belirsiz, yaş değişimi geçiren, neokortikal faaliyeti çoğunlukla YeniKozmos sanal âleminde süren ve hayatının amacı hiçbir modacının ulaşamadığı doruklara ulaşmak olan biri," olarak değişiyor. Kırk beşinize geldiğinizde flört de kendini tanımlamak da modası geçmiş şeyler. Bir algoritmanın size en uygun eşi bulmasını (ya da yaratmasını) bekliyorsunuz. Hayatın anlamını moda tasarımında bulmaya gelince, algoritmalar sizi öyle geride bırakmış ki, önceki dönemlerde yakaladığınız büyük başarılara bakınca kıvanç değil utanç duyuyorsunuz. Ve kırk beş yaşında, önünüzde daha nice radikal değişimler var.

Lütfen bu senaryoyu olduğu gibi algılamayın. Yaşanacak belirli değişiklikleri hiç kimse tahmin edemez. Herhangi bir senaryo muhtemelen gerçeğin yanına bile yaklaşamayacaktır. Biri size 21. yüzyılın ortasında dünyanın nasıl olacağını tasvir eder ve bu size bilimkurgu gibi gelirse, bu büyük olasılıkla yanlış bir tasvirdir. Ama biri size 21. yüzyılın ortasında dünyanın nasıl olacağını tasvir eder ve bu size bilimkurgu gibi *gelmezse*, bu kesinlikle yanlış bir tasvirdir. Ayrıntılardan emin olamayız ama değişimin kendisi kesin olan tek şey.

Böyle yoğun bir değişim pekâlâ hayatın temel yapısını dönüştürüp en çarpıcı unsurun sürekliliğine gölge düşürebilir. Çok eski dönemlerden beri hayat birbirini tamamlayan iki parçaya ayrılıyordu; öğrenme evresini takiben çalışma evresi geliyordu. Hayatınızın ilk döneminde bilgi biriktiriyor, beceriler geliştiriyor, dünya görüşü ediniyor ve sabit bir kimlik inşa ediyordunuz. On beş yaşında gününüzün çoğunu (okul yerine) ailenizin pirinç tarlasında geçirseniz bile yaptığınız en önemli şey öğrenmekti; pirinç ekip biçmeyi, büyük şehirden gelen açgözlü pirinç tüccarıyla pazarlık etmeyi ve toprak ve su yüzünden diğer köylülerle aranızda çıkan anlaşmazlıkları çözmeyi öğreniyordunuz. Hayatınızın ikinci evresinde dünyada yolunuzu bulmak, geçiminizi sağlamak ve topluma katkı sağlamak için edindiğiniz becerilere güveniyordunuz. Tabii ki elli yaşında bile pirinç, tüccarlar ve anlaşmazlıklar hakkında yeni şeyler öğreniyordunuz ama bunlar yalnızca iyice şekillenmiş becerilerinize atılan ufak çentiklerdi.

21. yüzyılın ortasına gelindiğinde, ivme kazanan değişim ve buna ek olarak ortalama yaşam süresinin uzaması sonucu bu geleneksel model hükmünü yitirecek. Yaşamın elle tutulacak bir tarafı kalmayacak ve farklı evreler arasında gitgide daha az bir süreklilik gözlemlenecek. “Ben kimim?” sorusu her zamankinden daha ivedi ve karmaşık bir soruya dönüşecek.[4]

Bu durumun yoğun gerginlikler içermesi muhtemel. Zira değişim neredeyse her daim gerginlik yaratır ve çoğu insan belli bir yaştan sonra değişimden hazzetmez. On beş yaşındayken tüm hayatınız değişimden ibarettir. Bedeniniz büyür, zihniniz gelişir, ilişkileriniz derinleşir. Her şey akış halinde, her şey yenidir. Kendinizi keşfetmekle meşgulsünüzdür. Çoğu genç durumu tedirginlikle karşılar ama aynı zamanda heyecan duyar. Önünüzde yeni ufuklar açılır ve fethedeceğiniz koca bir dünya vardır.

Elli yaşına geldiğinizde değişmek istemezsiniz ve çoğu insan dünyayı fethetmekten umudu kesmiştir. Yaşadık gitti kafasına girersiniz. Sabit koşulları tercih edersiniz. Becerilerinize, kariyerinize, kimliğinize ve dünya görüşünüze bir sürü yatırım yapmış olduğunuz için yeni baştan başlamak istemezsiniz. Bir şeyi kurmak için ne kadar çaba sarfettiyseniz, ondan vazgeçmek ve yeni bir şeye yer açmak da o kadar güçtür. Halen yeni deneyimlerden ve minik ayarlardan keyif alsanız da ellilerindeki çoğu insan kimliklerinin ve kişiliklerinin derin yapısını elden geçirmeye hazır ve nazır değildir.

Bunun nörolojik nedenleri var. Yetişkin beyni bir zamanlar sanıldığından daha esnek ve değişken olsa da şekillendirmeye gençlerin beyinlerinden daha az müsaittir. Nöronları yeniden birbirine bağlamak ve sinapsları baştan yapılandırmak çok zor iştir.[5] Ama 21. yüzyılda istikrar sağlama şansınız az. Sabit bir kimliğe, işe ya da dünya görüşüne sarılmaya çalışırsanız dünya yanınızdan vın diye geçerken bakakalma riskiniz var. Ortalama yaşam süresinin uzama olasılığını göz önüne alırsak, uzun yıllar boyunca budala bir fosil gibi kalabilirsiniz. Sırf ekonomik açıdan değil, en önemlisi toplumsal açıdan işlevinizi koruyabilmek için durmadan öğrenme ve kendinizi baştan inşa etme yeteneğine ihtiyacınız var; hele ki elli gibi genç bir yaşta.

Yabancılık çekmek normalleşeceğinden tüm insanlığın eski deneyimleriyle beraber kendi eski deneyimleriniz de daha az güvenilir kılavuzlar haline gelecek. İnsanlar birey olarak da bir bütün olarak da süper zekâlı makineler, biyomühendislik ürünü bedenler, duygularınızı son derece isabetli bir şekilde yönlendirebilen algoritmalar, insanların sebep olduğu ani iklim felaketleri ve on yılda bir meslek değiştirmek zorunda kalmak gibi daha önce kimsenin karşılaşmadığı şeylerle başa çıkmak zorunda kalacak. Daha önce hiç karşılaşılmamış bir durumla yüzleşince yapılacak en doğru şey nedir? İnanılmaz miktarlarda bilgi yağmuruna tutuluyorsanız ve bunları sindirip analiz etmenizin hiçbir yolu yoksa nasıl davranmalısınız? Yoğun belirsizlik halinin bir arıza değil de bir özellik olduğu bir dünyada nasıl yaşanır?

Böyle bir dünyada hayatta kalıp başarı sağlamak için zihninizi son derece esnek, duygusal dengenizi son derece ihtiyatlı kullanmaya ihtiyacınız var. Durmadan hâkim olduğunuz şeyleri geride bırakmak ve bilinmezliği benimsemek durumunda kalacaksınız. Ne yazık ki çocuklara bilinmezi kucaklamayı ve akli dengelerini korumayı öğretmek, bir fizik denklemi ya da I. Dünya Savaşı'nın nedenlerini öğretmekten çok daha zor. İnsan dirençli olmayı bir kitap okuyup ya da bir ders dinleyip öğrenemez. Genellikle öğretmenlerin kendileri de 21. yüzyılın gerektirdiği zihinsel esneklikten yoksun çünkü onlar da eski eğitim sisteminin ürünü.

Sanayi Devrimi bize seri üretim bandı kavramı üzerine kurulu bir eğitim kuramı miras bıraktı. Şehrin orta yerinde beton bir bina var, içinde birbirinin aynı bir sürü oda, hepsinin içinde sıra sıra masa ve sandalyeler. Zil çalınca hepsi aynı yıl doğmuş otuz çocukla beraber bu sınıflardan birine giriyorsunuz. Her saat bir yetişkin gelip konuşmaya başlıyor. Hepsi bunun için devletten maaş alıyor. Biri dünyanın şekli hakkında konuşuyor, öbürü insanlığın geçmişini anlatıyor, bir üçüncüsü insan bedenini açıklıyor. Bu modeli alaya almak kolay ve eski başarılarına rağmen artık iflas ettiğine neredeyse herkes katılıyor. Ama henüz bir alternatif geliştirmedik. Hele ki sadece Kaliforniya'nın üst sınıf mahallelerinde değil, Meksika taşrasında da uygulanabilecek hiçbir seçenek yok.

İnsanları hacklemek

O yüzden Meksika, Hindistan ya da Alabama'nın bir yerlerinde miadını doldurmuş bir okula kısılıp kalmış on beş yaşındaki bir gence verebileceğim en iyi tavsiye: yetişkinlere fazla bel bağlama. Çoğu iyi niyetli ama dünyayı anlamıyorlar işte. Eskiden yetişkinleri örnek almak nispeten sağlam bir yoldu çünkü dünyayı oldukça iyi biliyorlardı ve dünya yavaş değişiyordu. Ama 21. yüzyıl farklı olacak. Değişimin artan hızı yüzünden, yetişkinlerin söylediği şeylerin eskimeyecek bir bilgi mi yoksa modası geçmiş bir önyargı mı olduğu belli olmayacak.

Peki onun yerine neye bel bağlanabilir? Teknolojiye mi? Bu daha da riskli bir kumar. Teknolojinin pek çok faydası görülebilir ama hayatınızda çok yer kaplarsa, onun gündemine esir düşebilirsiniz. İnsanlar binlerce yıl önce tarımı keşfetmiş ama bu teknoloji sadece bir avuç seçkini zenginleştirirken insanların çoğunu tutsak etmiş. Çoğu insan kendini sabahtan akşama ot yolarken, kavurucu güneşin altında su kovaları taşıyıp mısır toplarken bulmuş. Aynı şey sizin de başınıza gelebilir.

Teknoloji kötü bir şey değil. Hayattan beklentiniz belliyse, teknolojinin o şeyi elde etmenize yardımı dokunur. Ama hayattan ne beklediğinizi bilmiyorsanız, teknolojinin amaçlarınızı şekillendirmesi ve hayatınızın kontrolünü ele geçirmesi çok kolaydır. Özellikle de teknoloji insanları daha iyi anladıkça, o size hizmet edeceğine siz ona hizmet eder hale gelirsiniz hızla. Suratları akıllı telefonlarına yapışmış şekilde sokaklarda dolaşan zombileri gördünüz mü? Sizce onlar mı teknolojiyi kontrol ediyor, yoksa teknoloji mi onları?

O zaman kendinize mi güveneceksiniz? *Susam Sokağı* ya da eski moda bir Disney filminde kulağa harika bir fikir gibi gelir bu. Ama gerçek hayatta o kadar işe yaramıyor. Disney bile idrak etmeye başladı durumu. Tıpkı Riley Andersen gibi çoğu insan da kendisini çok az tanır ve "kendilerini dinlemeye" çalıştıklarında dışsal yönlendirmelere kolayca yenik düşerler. Kafamızın içinde duyduğumuz ses oldum olası güvenilir değildi çünkü her zaman biyokimyasal arızaların yanı sıra devlet propagandası, ideolojik beyin yıkama ve ticari reklamları yansıtıyordu.

Biyoteknoloji ve makine öğrenmesi geliştikçe insanların en derin duygu ve arzularını yönlendirmek kolaylaşacak ve sadece yüreğinin sesini dinlemek her zamankinden daha tehlikeli bir hal alacak. Coca-Cola, Amazon, Baidu ya da hükümet yüreğinizin iplerini elinde tutmayı ve beyninizdeki butonlara basmayı bilirse, kendi benliğinizle onların pazarlama uzmanlarını birbirinden ayırabilir misiniz?

Böyle göz korkutucu bir işin altından kalkabilmek için, işletim sisteminizi daha iyi tanımak adına büyük çaba sarfetmeniz gerekir. Ne olduğunuzu ve hayattan beklentinizi bilmek için. Elbette bilindik en eski nasihatlerden biridir bu: kendini bil. Filozoflar ve peygamberler binlerce yıl boyunca insanları kendilerini tanımaya teşvik etmişler. Ama bu tavsiye 21. yüzyılda daha önce hiç olmadığı kadar ivedi çünkü Lao Tzu ya da Sokrates zamanlarının aksine şimdi karşınızda ciddi bir rakip var. Coca-Cola, Amazon, Baidu ve hükümet sizi ele geçirmek için yarışıyor. Akıllı telefonunuzu, bilgisayarınızı, banka hesabınızı değil, *sizi* ve organik işletim sisteminizi ele geçirme yarışındalar. Bilgisayarların "hacklendiği" bir çağda yaşadığımızı duymuşsunuzdur ama bu gerçeğin olsa olsa küçük bir kısmı. Aslında insanların "hacklendiği" bir çağda yaşıyoruz.

Algoritmalar şu anda sizi izliyor. Nereye gittiğinizi, ne aldığınızı, kiminle buluştuğunuzu izliyorlar. Yakında attığınız her adımı, aldığınız her nefesi, kalbinizin her atışını takip edecekler. Büyük veri ve makine öğrenmesi sayesinde sizi gitgide daha iyi tanımayı umuyorlar. Ve bu algoritmalar sizi sizden daha iyi bilir hale gelince sizi kontrol edip yönlendirebilecekler ve bu konuda yapabileceğiniz pek bir şey bulunmayacak. Matriste ya da *Truman Show*'da yaşayacaksınız. Sonuçta basit bir ampirik mesele bu: algoritmalar içinizde neler döndüğünü sizden daha iyi bilirse otorite onlara geçer.

Tabii tüm otoriteyi algoritmalara devredip sizin ve tüm dünyanın yerine kararları onların almasında hiçbir sakınca görmeyebilirsiniz. Öyleyse rahatlayın ve olayları akışına bırakın. Hiçbir şey yapmanız gerekmiyor. Algoritmalar her şeyi halleder. Ama kendi varoluşunuzun ve hayatın geleceğinin kontrolünü bir nebze de olsa elinizde tutmak istiyorsanız algoritmalardan daha hızlı, Amazon'dan daha hızlı, hükümetten daha hızlı koşmalı ve kendinizi onlardan önce tanımalısınız. Hızlı koşabilmek için yanınıza fazla yük almayın. Tüm yanılsamalarınızı geride bırakın. Fazla ağırlık yapıyorlar.

20

Anlam

Hayat bir anlatı değil

Ben kimim? Bu hayatta ne yapmalıyım? Hayatın anlamı ne? İnsanlar ezelden beri bu soruları soruyorlar. Her neslin yeni cevaplara ihtiyacı var çünkü neyi bilip neyi bilmediğimiz durmadan değişiyor. Bilim, Tanrı, siyaset ve din hakkında bildiklerimizi ve bilmediklerimizi dikkate aldığımızda, günümüzde verebileceğimiz en iyi cevaplar nelerdir?

İnsanlar ne tür cevaplar bekliyorlar? İnsanlar hayatın anlamını sorguladıklarında, hemen her zaman bir hikâye duymayı beklerler. *Homo sapiens* hikâye anlatan, sayılar ve grafiklerden ziyade hikâyeler üzerinden düşünen, evrenin kendisinin de iyi ve kötü karakterle, çatışma ve çözümlerle, doruk noktaları ve mutlu sonlarla dolu bir hikâye gibi işlediğine inanan bir tür. Hayatın anlamını aradığımızda gerçekliğin ne olduğunu ve kendimizin bu kozmik tiyatro oyunundaki rolünü açıklayacak bir hikâye isteriz. Bu rol bizi kendimizden daha büyük bir şeyin parçası yapar, tüm deneyim ve tercihlerimize anlam katar.

Binlerce yıl boyunca milyarlarca endişeli insana anlatılan popüler hikâyelerden biri, hepimizin tüm varlıkları kapsayan ve birbirine bağlayan ebedi bir döngünün parçası olduğunu anlatır. Her varlığın bu döngüde ayırt edici bir işlevi vardır. Hayatın anlamını çözmek kendinize özgü işlevi anlamak, iyi bir hayat yaşamak da bu işlevi gerçekleştirmek demektir.

Hindu destanı *Bhagavad Gita* büyük savaşçı prens Arjuna'nın korkunç bir savaşın ortasında kafasındaki kuşkularla nasıl cebelleştiğini anlatır. Karşı orduda arkadaşlarını ve akrabalarını görünce savaşmaya devam edip onları öldürmeye tereddüt eder. İyi ve kötü nedir, bunları kim belirlemiştir ve insan hayatının amacı nedir diye sorgular. Bunun üzerine tanrı Krishna, Arjuna'ya büyük kozmik döngüde her varlığın kendine has bir "*dharma*'sı", izlemesi gereken bir yolu ve yerine getirmesi gereken görevleri olduğunu açıklar. *Dharma*'nızı gerçekleştirirseniz, yol ne kadar zorlayıcı olursa olsun, iç huzuruna kavuşur, kuşkulardan kurtulursunuz. *Dharma*'nızın peşinden gitmeyi reddeder ve başka birinin yolunu benimsemeye çalışırsanız ya da hiçbir yolda ilerlemeden dolanıp durursanız, kozmik dengeyi bozarsınız ve ne huzur bulursunuz ne de neşe. Yolu izlediğiniz sürece, size özgü bu yolun ne olduğunun bir önemi yok. Çamaşırcılık yoluna baş koymuş bir çamaşırcı kadın, prenslik yolundan sapan bir prensten çok daha üstündür. Hayatın anlamını kavrayan Arjuna bir savaşçı olarak *kendi dharma*'sını izlemeye koyulur. Arkadaşlarını ve akrabalarını öldürür, ordusuna zafer kazandırır ve Hindu dünyasının en çok sevilip sayılan kahramanlarından biri olur.

1994 yapımı Disney destanı *Aslan Kral* bu eski hikâyeyi, Arjuna'nın yerine Simba'yı koyarak çağdaş seyirciler için yeni bir kılıfa soktu. Simba varlığın anlamını öğrenmek isteyince babası, aslan kral Mufasa, ona büyük Yaşam Döngüsü'nü anlatır. Mufasa antilopların otları, aslanların antilopları yediğini ve aslan öldüğünde bedenlerinin çözülüp otları beslediğini açıklar. Her hayvan rolünü oynadığını müddetçe hayat nesilden nesile bu şekilde devam eder. Her şey birbiriyle bağlantılı ve herkes birbirine muhtaç, o yüzden tek bir ot bile görevini yerine getirmekte başarısız olursa tüm Yaşam Döngüsü çökebilir. Mufasa'nın dediğine göre Simba'nın görevi Mufasa öldükten sonra aslan krallığının başına geçip diğer hayvanların düzenini sağlamaktır.

Fakat Mufasa kötü kardeşi Scar tarafından öldürülüp vaktinden önce ölünce, genç Simba bu felaketten kendini suçlar ve suçluluk duygusuyla aslan krallığını terk eder, hükümdarlık kaderini reddeder ve yabani doğaya doğru yol alır. Orada biri firavun faresi, diğeri yabani domuz iki kaçkınla daha tanışır ve hep beraber birkaç yıl vurdumduymaz bir şekilde kendi başlarına takılırlar. Asosyal felsefeleri doğrultusunda her soruna *Hakuna matata*, takma kafana, diye karşılık verirler.

Ama Simba *dharma*'sından kaçamaz. Olgunlaştıkça sıkıntısı artar, kim olduğunu ve bu hayatta ne yapması gerektiğini bilemez. Filmin doruk noktasında Mufasa'nın ruhu Simba'ya görünür ve Yaşam Döngüsünü ve asil kimliğini kendisine hatırlatır. Bunun yanı sıra Simba kendi yokluğunda tahta kötü Scar'ın geçtiğini, krallığı kötü bir şekilde yönettiğini ve krallığın uyumsuzluk ve kıtlıktan kırıldığını öğrenir. Simba nihayet kim olduğunu ve ne yapması gerektiğini kavrar. Aslan krallığına geri döner, amcasını öldürür, kral olur ve yeniden uyum ve bolluğu getirir. Film gururlu Simba'nın büyük

Yaşam Döngüsünün devam edeceğini garanti eden yeni doğmuş varisini toplanan hayvanlara takdim etmesiyle son bulur.

Yaşam Döngüsü kozmik tiyatroyu döngüsel bir anlatı şeklinde sunar. Simba ve Arjuna'ya göre ezelden beri aslanlar antilopları yemiş, savaşçılar savaşmıştır ve bu ebediyen bu şekilde devam edecektir. Sonsuz tekrar olayların doğal akışının bu olduğunu ima ederek anlatıya güç katar; Arjuna savaşmayı, Simba kral olmayı reddederse doğa kanunlarına karşı geliyor sayılırlar.

Yaşam Döngüsü anlatısının bir versiyonuna inanırsam, bundan hayattaki görevlerimi belirleyen sabit ve hakiki bir kimliğim olduğu anlamı çıkar. Yıllar boyunca bu kimlikten şüphe edebilir veya habersiz kalabilirim. Ama bir gün, can alıcı bir anda, bunun ne olduğu açığa çıkar, ben de kozmik tiyatrodaki rolümü kavrarım. Ve daha sonra pek çok sıkıntı ve güçlük çeksem de kuşku ve umutsuzluktan arınmış olurum.

Diğer din ve ideolojiler belli bir başlangıcı, çok uzun sayılamayacak bir ortası ve kesin bir sonu bulunan çizgisel bir kozmik tiyatroya inanır. Örneğin Müslüman anlatısına göre Allah tüm kâinatı yaratmış ve kâinatın kurallarını koymuştur. Sonra da bu kuralları Kuran vasıtasıyla insanlara iletmiştir. Fakat cahil ve habis insanlar Allah'a başkaldırmış ve bu kuralları yıkmaya ya da gizlemeye çalışmıştır. Faziletli ve sadık Müslümanların görevi de bu kurallara uymak ve bu bilgileri yaymaktır. Sonunda Mahşer Günü Allah her bir bireyi davranışlarına göre yargılayacaktır. Erdemli kullarını sonsuza dek mutluluk içinde yaşayacakları cennete gönderecek, günahkârları cehennem ateşine atacaktır.

Bu büyük anlatıya göre hayattaki küçük ama önemli rolüm Allah'ın emirlerine uymak, O'nun kanunlarını yaymak ve isteklerinin yerine gelmesini sağlamaktır. Müslüman anlatısına inanırsam, hayatın anlamını günde beş vakit namaz kılmakta, yeni camiler yaptırmak için bağışta bulunmakta, mürtet ve kâfirlerle mücadele etmekte bulabilirim. El yıkamak, şarap içmek, sevişmek gibi sıradan eylemler bile kozmik anlamlar taşır.

Milliyetçilik de çizgisel bir anlatı izler. Siyonist anlatı Yahudi halkının eski zamanlardaki maceraları ve başarılarıyla başlar, iki bin yıllık sürgün ve zulüm dönemini aktarır, Soykırım ve İsrail devletinin kurulmasıyla doruk noktasına ulaşır ve İsrail'in huzura ve refaha kavuşup tüm dünyanın ahlaki ve manevi kılavuzu haline geleceği günleri dört gözle bekler. Siyonist anlatıya inanırsam, hayatımın amacı İbranicenin saflığını koruyarak, kaybedilmiş Yahudi topraklarını geri alarak ya da belki kendini İsrail'e adayacak yeni bir nesil yetiştirerek Yahudi halkının çıkarlarına hizmet etmek diye düşünürüm.

Bu durumda monoton işler bile anlam yüklüdür. Bağımsızlık Günü'nde İsrailli öğrenciler anavatana hizmet eden eylemleri öven popüler bir İbranice şarkı söyler genellikle. Bir çocuk, "İsrail topraklarında bir ev inşa ettim," der, diğeri, "İsrail topraklarına bir ağaç ektim," der, bir üçüncüsü, "İsrail topraklarında bir şiir yazdım," der ve şarkı bu şekilde devam ederek hep bir ağızdan söylenen, "İşte bu yüzden İsrail topraklarında evimiz, ağacımız, şiirimiz (ne eklemek isterseniz ekleyebilirsiniz) var," kısmıyla sona erer.

Komünizm de benzer bir anlatıya sahiptir ama etnik köken yerine toplumsal ve ekonomik sınıfa odaklanır. *Komünist Manifesto* şöyle başlar:

> Şimdiye kadarki bütün toplumların tarihi, sınıf mücadelelerinin tarihidir. Özgür insanlarla köleler, patrisyenlerle plebler, baronlar ve serfler, lonca mensubu yurttaşlarla kalfalar, kısacası ezenlerle ezilenler arasında her zaman çelişki vardı, bunlar birbirlerine karşı kâh gizli kâh açık kesintisiz bir mücadele yürüttüler, her defasında tüm toplumun devrimci bir dönüşümüyle veya mücadele eden sınıfların beraberce çöküşüyle sonuçlanan bir mücadeleydi bu.*[1]

Manifesto modern zamanlardaki durumu, "Tüm toplum gitgide iki büyük düşman kampa, birbirinin tam karşısına dikilen iki büyük sınıfa ayrılmaktadır: burjuvazi ve proletarya" şeklinde açıklıyor.[2] Mücadele proletaryanın zaferiyle sona erecek ve bu tarihin sonuna işaret edecek. Dünya kimsenin mülk sahibi olmadığı ve herkesin bütünüyle özgür ve mutlu yaşadığı bir komünizm cennetine dönecek.

Bu komünist anlatıya inanırsam hayatımın amacının coşkulu kitaplar yazarak, grev ve eylemler düzenleyerek ya da belki açgözlü kapitalistlere suikast düzenleyip onların yardakçılarına karşı savaşarak küresel devrimin gerçekleşmesini hızlandırmak olduğuna kanaat getiririm. Bu anlatı Bangladeş'teki tekstil işçilerini sömüren bir markayı boykot etmek ya da Noel sofrasında kapitalist domuz kayınpederimle laf dalaşına girişmek gibi ufak hareketlere bile anlam katar.

Hakiki kimliğimi tanımlamayı ve eylemlerimi anlamlandırmayı güden anlatılar silsilesine bakınca, çarpıcı bir şekilde ölçeğin pek bir önem taşımadığı fark ediliyor. Simba'nın Yaşam Döngüsü gibi kimi anlatılar sonsuzluğa uzanıyor gibi duruyor. Kim olduğumu ancak tüm kâinatı temel alarak bile-

* Türkçe çevirisi: Komünist Manifesto, çev. Tanıl Bora, İstanbul: İletişim Yayınları, 2018, s. 52.

bilirim. Çoğu milliyetçi ve kavim kökenli mit, bunun yanında çok küçük ölçekli kalıyor. Siyonizm insanlığın yaklaşık yüzde 0,2'sinin, dünya yüzeyinin yüzde 0,005'inde, oldukça kısa bir zaman dilimi içinde başından geçenleri kutsal kabul ediyor. Siyonist anlatı Çin imparatorluklarına, Yeni Gine kabilelerine, Andromeda galaksisine ve Hz. Musa ile Hz. İbrahim'in doğuşundan ve maymunların evrimleşmesinden önce geçen sayısız devre bir anlam atfetmeye yetmiyor.

Bu tür bir miyopluğun çok ciddi yansımaları olabilir. Örneğin İsraillilerle Filistinliler arasında barış anlaşması imzalanmasının önündeki en büyük engellerden biri İsrail'in Kudüs şehrini bölmeye yanaşmaması. Bu şehrin "Yahudi halkının ezeli ve ebedi başkenti" olduğunu iddia ediyorlar ve pek tabii sonsuz bir şeyden ödün veremezsiniz.[3] Sonsuzlukla kıyaslayınca birkaç insanın ölmesinin ne önemi var? Bu elbette saçmalığın daniskası. Ezel en azından 13,8 milyar yıl; evrenin şu anki yaşı bu. Dünya gezegeni 4,5 milyar yıl önce önce oluşmuş ve insanlar da en azından 2 milyon yıldır var. Buna karşın Kudüs şehri sadece 5000 yıl önce kurulmuş ve Yahudi halkının geçmişi de olsa olsa 3000 yıl öncesine dayanıyor. Ezeli sınıfına sokulabilecek gibi değil.

Ebediyete gelirsek, fizikçiler Dünya gezegeninin bundan yaklaşık 7,5 milyar yıl sonra genişleyen Güneş tarafından yutulacağını[4] ve evrenimizin en azından 13 milyar yıl daha var olacağını söylüyor. Yahudi halkının, İsrail devletinin ya da Kudüs şehrinin, bırakın 13 milyar yıl sonrasını, 13 bin yıl sonra hâlâ var olacağını sahiden düşünen var mı acaba? Siyonizm'in ufku ancak birkaç yüz yıla uzansa da bu çoğu İsraillinin hayal gücünü zorlayıp "ebedi" sınıfına girmeye yetiyor. Ve insanlar "ezeli ve ebedi şehir" adına muhtemelen gelip geçici bir dizi ev için yapmayı reddedecekleri bir sürü fedakârlıkta bulunmaya razı geliyorlar.

İsrail'de bir genç olarak ben de önceleri milliyetçiliğin vadettiği gibi kendimden büyük bir şeyin parçası olmanın cazibesine kapılmıştım. Kendimi millete vakfedersem sonsuza dek milletin kalbinde yaşayacağıma inanmak istiyordum. Ama "sonsuza dek milletin kalbinde yaşamak" ne demek tam olarak idrak edemiyordum. Etkileyici bir tabirdi ama gerçekten ne anlama geliyordu? On üç, on dört yaşlarından hatırladığım bir Anma Günü var. ABD'de Anma Günü genellikle mağazalardaki indirimlerle kutlanan bir şey olsa da İsrail'deki Anma Günü son derece ciddi ve önemli bir etkinliktir. Okullar o gün İsrail'in çeşitli savaşlarında şehit düşen askerleri anmak için törenler düzenler. Öğrenciler beyaz giyinir, şiirler okur, şarkılar söyler, çelenkler bırakıp bayrak sallar. İşte ben de beyazlar içinde törendeydim ve bayrak sallamayla şiir okuma arasında bir an, kendiliğinden, düşümdüm ki ben de büyüdüğümde şehit asker olmak istiyorum. Ne de olsa hayatını İsrail için feda etmiş bir şehit olursam, tüm bu çocuklar benim onuruma da bayraklar sallayıp şiirler okur.

Ama sonra, "Bir dakika. Öldüğümde bu çocukların gerçekten de benim onuruma şiir okuyacağını nereden bileceğim?" diye düşündüm. Ve kendi ölümümü hayal etmeye çalıştım. Muntazam bir asker mezarlığında, beyaz bir mezar taşının altında yatıp toprağın üstünde okunan şiirleri dinlediğimi canlandırdım gözümde. Ama sonra, "Ölüysem şiirleri duyamam ki çünkü kulağım olmaz, beynim olmaz ve bir şey duyup hissedemem. E ne anladım ben bu işten?" diye düşündüm.

Daha fenası, on üç yaşıma geldiğimde evrenin birkaç milyar yıl yaşında olduğunu ve muhtemelen milyarlarca yıl daha yerinde duracağını biliyordum. Gerçekçi olmak gerekirse, İsrail'in onca zaman yerli yerinde durması gibi bir beklentim olabilir miydi? Beyazlar giymiş *Homo sapiens* çocuklar 200 milyon yıl sonra da onuruma şiirler mi okuyacaktı? Bu işte bir bit yeniği vardı.

Filistinliyseniz de kendinizden o kadar emin olmayın. Bundan 200 milyon yıl sonra ortada Filistinli de kalmayacak. Hatta çok büyük bir ihtimalle herhangi bir memeli türü de olmayacak. Diğer milliyetçi hareketler de aynı ölçüde dar görüşlü. Sırp milliyetçiliği Jurassic devrinde yaşananları hiç umursamıyor, Koreli milliyetçiler de Asya'nın doğu kıyısındaki o küçük yarımadanın, kozmosun büyük resim için gerçekten önem taşıyan tek parçası olduğuna inanıyor.

Elbette daimi Yaşam Döngüsüne kendini vakfeden Simba bile durup aslanların, antilopların ve otların aslında sonsuz olmadığını düşünmüyor. Simba memelilerin evriminden önce kâinatın neye benzediğine kafa yormuyor; insanlar tüm aslanları öldürüp otlakları asfalt ve betonla kaplayınca o çok sevdiği Afrika savanasını nasıl bir kaderin beklediğine de. Bu yüzden Simba'nın hayatı tamamen anlamsızlaşır mı?

Tüm anlatılar yarımdır. Fakat kendime geçerli bir kimlik inşa etmek ve hayatıma anlam katmak için kör noktalardan, iç çelişkilerden azade, tamamlanmış bir anlatıya ihtiyacım yok esasen. Hayatıma anlam katmak için bir anlatının iki koşulu sağlaması gerek. Öncelikle *bana* oynayacağım bir rol sunmalı. Yeni Gineli bir kabile üyesinin Siyonizm ya da Sırp milliyetçiliğine inanması pek mümkün değil çünkü bu anlatıların Yeni Gine ve halkıyla hiçbir alakası yok. İnsanlar da film yıldızları gibi sadece kendilerine önemli bir rol verilmiş senaryolardan hoşlanır.

İkincisi, iyi bir anlatının sonsuzluğa uzanması şart değilse de benim ufkumu aşması gerekir. Anlatı beni kendimden daha büyük bir şeyin içine yerleştirerek bana bir kimlik sağlar ve hayatımı anlamlandırır. Ancak sözkonusu "daha büyük şeye" anlam verenin ne olduğunu merak etmeye başlamam gibi bir tehlike var daima. Hayatımın anlamı proletaryaya ya da Polonya halkına yardım etmekse, proletarya ya da Polonya halkını anlamlı kılan tam olarak nedir? Dünyanın koca bir filin sırtında durduğuna inanan adamla ilgili bir öykü vardır. Adama filin neyin üzerinde durduğu sorulunca, dev bir kaplumbağanın üstünde duruyor demiş? Peki ya kaplumbağa? Çok daha büyük bir kaplumbağanın sırtında. Peki ya o, çok daha büyük bir kaplumbağa? Adam daha fazla dayanamamış ve, "Boşuna sorma. Oradan sonrası hep kaplumbağa," demiş.

Çoğu başarılı anlatının ucu açıktır. Anlamın nihai olarak nereden geldiğini açıklama gereği duymazlar çünkü insanların ilgisini cezbetmek ve bu ilgiyi güvenli bir bölgede tutmak konusunda çok başarılıdırlar. Bu yüzden de dünyanın koca bir filin sırtında durduğunu açıklarken, herhangi bir zorlayıcı soruyu bertaraf etmek için fil koca kulaklarını salladığında fırtına kopar ve fil öfkeyle titrediğinde yeryüzü depremlerle sarsılır gibi detaylı tasvirler yapmanız gerekir. Yeterince alengirli bir hikâye anlatırsanız kimsenin aklına filin neyin üzerinde durduğunu sormak gelmez. Aynı şekilde milliyetçilik de bizi kahramanlık öyküleriyle büyüler, geçmiş felaketlerden dem vurup ağlatır ve halkımızın maruz kaldığı haksızlıklara değinerek öfkemizi ateşler. Bu milli destanın içinde öyle bir kayboluruz ki dünyada olan biten her şeyi kendi vatanımıza etkisi üzerinden değerlendiririz ve evvela vatanımızı bu kadar önemli yapan şey nedir diye sormak aklımızdan bile geçmez.

Belli bir anlatıya inandığınızda, onun en ufak ayrıntısıyla bile son derece alakadar olurken kapsamı dışında kalan şeyleri görmezden gelirsiniz. Kendini komünizme adamış insanlar devrimin ilk safhalarında sosyal demokratlarla işbirliği yapmak mübah mıdır diye saatlerce tartışabilir ama durup Dünya gezegeni üzerindeki memelilerin evrim sürecinde ya da kozmosta organik hayatın yayılmasında proletaryanın yerine kafa yormazlar pek. Bu tür gereksiz konuşmalar devrim karşıtlığının boşa nefes tüketmesi gibi görülür.

Kimi anlatılar tüm uzay ve zamanı kapsama zahmetine girse de, dikkati kontrol altında tutabilme marifetiyle pek çok başarılı anlatı kapsam açısından çok daha mütevazı kalabilme fırsatı bulur. Hikâye anlatıcılığının can alıcı kurallarından biri şudur ki, bir hikâye dinleyicilerin ufkunu aştıktan sonra nihai kapsamı çok da önemli değildir. İnsanlar bir milyar yıllık tanrı adına gösterecekleri ölümcül fanatikliği bin yıllık millet için de gösterebilir. İnsanların büyük sayılarla arası pek iyi değildir. Çoğu zaman şaşılacak derecede azı bile aklımızı başımızdan almaya yeter.

Evren hakkında bildiklerimizi göz önüne alınca, aklı başında bir insanın evren ve insan varoluşunun mutlak hakikatinin İsrail, Alman ya da Rus milliyetçiliğinde ya da esasen herhangi bir milliyetçilikte yattığına inanması kesinlikle mümkün görünmüyor. Zamanın, uzayın, Büyük Patlama'nın, kuantum fiziğinin ve canlıların evriminin neredeyse tamamını hiçe sayan bir anlatı, olsa olsa hakikatin minnacık bir parçasıdır. Ancak insanlar bir şekilde ötesini görmemeyi başarıyorlar.

Aslında tarih boyunca milyarlarca insan hayatlarına anlam katmak için bir millet ya da büyük bir ideolojik harekete dahil olmaları gerektiğine bile inanmamış. "Geride bir şey bırakmayı" ve kişisel hikâyelerinin bu yolla kendileri öldükten sonra da sürmesini yeterli görmüşler. Geride bırakacağım "şey" tercihen ruhum ya da şahsi özüm. Mevcut bedenim öldükten sonra başka bir bedende yeniden doğarsam, ölüm son sayılmaz. İki bölüm arasındaki boşluktur sadece ve bir bölümde başlayan olaylar dizisi bir sonrakinde devam eder. Çoğu insan bu tür bir kurama, bunu belli bir teolojiyle özdeşleştirmeseler bile, en azından üstü kapalı bir şekilde inanırlar. Tam teşekküllü bir dogmaya ihtiyaç duymazlar; hikâyelerinin ölümden sonra da devam edeceğine dair rahatlatıcı bir hisse gereksinimleri vardır yalnızca. Yaşamın sonu gelmez bir destan olduğuna işaret eden bu kuram son derece cazip ve yaygındır ama iki temel sorundan mustariptir. Birincisi, kişisel hikâyemi uzatarak onu daha anlamlı kılmış olmuyorum aslında. Süreyi uzatıyorum, o kadar. Esasen sonu gelmeyen bir doğum ve ölüm döngüsünü benimseyen iki büyük dinin, Hinduizm ve Budizm'in ortak korkusu tüm bunların beyhudeliğidir. Milyonlarca ve milyonlarca kez yürümeyi öğreniyorum, büyüyorum, kayınvalidemle kavga ediyorum, hastalanıyorum, ölüyorum; sonra bunları tekrar yapıyorum. Ne anlamı var? Önceki hayatlarımda döktüğüm gözyaşlarını biriktirsem, Pasifik Okyanusu'nu doldurur; döktüğüm tüm diş ve saçları toplasam, boyları Himalaya Dağları'nı aşar. Ve tüm bunlardan elimde ne kaldı? Hindu ve Budist rahiplerin döngünün devamlılığını sağlamaya değil de bu çemberden çıkmanın bir yolunu bulmaya daha çok çaba harcamaları boşuna değil.

Bu kurama ilişkin ikinci sorun, destekleyici kanıt yetersizliği. Önceki hayatımda ortaçağ döneminde yaşayan bir çiftçi, Neandertal bir avcı, bir Tiranozor [T-rex] ya da bir amip olduğuma dair elimde ne kanıt var (gerçekten milyonlarca hayat yaşadıysam bir aşamada dinozor ve amip olmuş olmalıyım çünkü insanlar sadece son 2,5 milyon yıldır var)? Gelecekte bir Siborg, bir galaksi kâşifi ve hatta kurbağa olarak yeniden dünyaya geleceğimi kim garanti ediyor? Hayatımı bu vaade bağlamak, evimi hayali bir bankada gelecek bir tarihte bozdurulmak üzere yazılmış bir çek karşılığında satmama benziyor biraz.

Bu nedenle kendileri öldükten sonra geride bir ruh ya da hayalet kalacağından şüphe eden insanlar, geride daha elle tutulur bir şey bırakmayı arzular. Bu "elle tutulur şey" iki türden biri olabilir: kültürel ya da biyolojik. Mesela ardımda bir şiir ya da kıymetli genlerimden bir kısmını bırakabilirim. Hayatımın bir anlamı var çünkü bundan yüz yıl sonra bile insanlar şiirimi okuyacaklar ya da çocuklarım ve torunlarım hayatta olacaklar. Peki onların hayatının anlamı ne? O da onların sorunu, beni ilgilendirmez. Dolayısıyla hayatın anlamı pimi çekilmiş bir elbombası gibi. Elden ele geçirmeyi başarırsanız paçayı sıyırırsınız.

Maalesef "geride bir şey bırakmak" üstüne kurulu bu mütevazı ümit nadiren hayata geçirilebilir. Bir zamanlar var olmuş birçok organizma hiçbir genetik miras bırakmadan yok olup gitti. Neredeyse tüm dinozorlar mesela. Veya *Sapiens* üstün çıkınca soyu tükenen Neandertal bir aile. Veya büyükannemin Polonya'daki akrabaları. 1934'te büyükannem Fanny, anne babası ve iki kız kardeşiyle birlikte İsrail'e göç etmiş fakat akrabalarının çoğu Polonya'nın Chmielnik ve Czestochowa kasabalarında kalmış. Birkaç yıl sonra Naziler gelip çocuklar dahil herkesi öldürmüş.

Geriye kültürel miras bırakma girişimleri de daha başarılı sayılmaz. Büyükannemin Polonyalı akrabalarından geriye aile albümündeki birkaç soluk yüzden başka bir şey kalmadı ve doksan altı yaşına gelen büyükannem bile kimin kim olduğunu çıkaramıyor. Bildiğim kadarıyla arkalarında kültürel bir eser bırakmamışlar; ne bir şiir ne de bir günlük var hatta bir alışveriş listesi bile yok. Yahudi halkının ortak mirasında ya da Siyonist harekette payları olduğunu iddia edebilirsiniz ama bunun her birinin şahsi hayatına anlam katması zor. Dahası, hepsinin Yahudi kimliğinden gerçekten hazzettiğini ya da Siyonist hareketi destekleyip desteklemeyeceklerini nereden biliyoruz? İçlerinden biri komünizmi benimsemiş ve hayatını Sovyetler için ajanlık yaparken kaybetmiş olamaz mı? Belki içlerinden birinin en büyük hayali Polonya toplumunun arasına karışmaktı; Polonya ordusunda subaylık yaptı ve Katyn katliamında Sovyetler tarafından öldürüldü. Belki bir üçüncüsü radikal bir feministti ve geleneksel her tür dini ve milli kimliği reddediyordu. Geride bir şey bırakmadıkları için kendilerini şu veya bu amaca malzeme yapmak çok kolay; itiraz edemiyorlar nasıl olsa.

Geriye gen ya da şiir gibi elle tutulur bir şey bırakamazsak, dünyayı bir nebze olsun güzelleştirmek yeterli olmaz mı? Birine yardım edebilirsiniz, yardım ettiğiniz bu kişi de gidip başka birine yardım eder ve böylece dünyanın iyileştirilmesine katkı sağlar, uzun bir iyilik zincirinin küçük bir halkası olursunuz. Belki zor ama parlak bir çocuğa kılavuzluk edersiniz ve bu çocuk doktor olup yüzlerce insanın hayatını kurtarır. Ya da yaşlı bir kadının karşıdan karşıya geçmesine yardım eder kadının hayatının bir saatini aydınlatırsınız. Yararlı tarafları olsa da iyilik zinciri biraz şu üst üste duran kaplumbağalar zincirine benzer; anlamın nereden geldiği meçhuldür. Yaşlı bir bilgeye hayatın anlamı hakkında ne öğrendiği sorulmuş. "Valla," demiş adam, "bu dünyaya başka insanlara yardım etmek için geldiğimi öğrendim. Henüz çözemediğim şey diğer insanların neden burada olduğu."

Ne uzun zincir ne geleceğe bırakılan miras ne de kolektif destanlara inananların başvurabilecekleri belki de en emin ve en kişisel hikâye aşk. Şimdi ve burada olanın ötesine geçmeye çabalamayan bir hikâye bu. Sayısız aşk şiirinin doğruladığı gibi insan âşık olunca tüm kâinat sevgilinin kulak memesine, kirpiğine ya da meme ucuna dönüşür. Yanağını çenesine yaslamış duran Juliet'i izleyen Romeo, "Ah, o elde eldiven olsam, Dokunabilsem o yanağa," diye haykırır. Şimdi ve burada tek bir bedene bağlanarak bütün kozmosla bağlantı kurabilirsiniz.

İşin aslı, âşık olduğunuz kişi özünde her gün trende ve süpermarkette görmezden geldiğiniz onlarca insandan farksız bir insandır. Ama size sonsuz görünür ve kendinizi bu sonsuzlukta kaybetmekten mutlu olursunuz. Çeşitli geleneklerde tasavvuf şairleri, dünyevi aşkla vahdet-i vücud kavramını bir araya getirir ve Tanrı'dan maşuk şeklinde bahsederler. Romantizm şairleri iltifata iltifatla karşılık verircesine, sevgililerinden tanrı şeklinde bahseder. Birine gerçekten âşıksanız hayatın anlamını kafaya takmazsınız.

Peki ya âşık değilseniz? Aşk hikâyesine inanıyor ama âşık değilseniz en azından hayatınızın amacını bilirsiniz: gerçek aşkı bulmak. Sayısız filmde izlediğiniz, sayısız kitapta okuduğunuz bir hikâye bu. Bir gün o özel kişiyle tanışıp onun parıldayan gözlerinde sonsuzluğu göreceğinizi, tüm hayatınızın birdenbire anlam kazanacağını ve içinizi kemiren tüm soruların o ismi tekrar tekrar söyleyerek cevaplanacağını bilirsiniz; tıpkı *Batı Yakasının Hikâyesi*'ndeki Tony ya da balkondan aşağı kendisine bakan Juliet'i gören Romeo gibi.

Çatının ağırlığı

İyi bir anlatı bana bir rol vermeli ve ufkumu genişletmeli ama doğru olmasına gerek yok. Bir anlatı baştan sona uydurma olsa da bana bir kimlik kazandırıp hayatımın anlam taşıdığını hissetmemi sağlayabilir. Aslında elimizdeki bilimsel verilere göre farklı kültürlerin, dinlerin ve kabilelerin tarih boyunca ürettiği binlerce anlatının hiçbiri doğru değil. Hepsi insan icadı. Hayatın anlamını sorar ve cevap olarak bir anlatı alırsanız, bilin ki bu yanlış cevap. Ayrıntıların önemi yok. *Herhangi bir* anlatı sırf anlatı olduğu için yanlıştır. Evren bir anlatı gibi işlemez, hepsi bu.

Peki insanlar neden bu kurmacalara inanıyor? Sebeplerden biri kişisel kimliklerinin anlatı üzerine kurulu olması. Çok küçük yaşlardan itibaren anlatıya inanmaları öğretiliyor insanlara. Anlatıları, bu tür anlatıların doğruluklarını sorgulayıp teyit etmek için gerekli zihinsel ve duygusal bağımsızlığı kazanmadan çok önce anne babalarından, öğretmenlerinden, komşularından ve toplumun genelinden duyuyorlar. Zihinleri olgunlaştığında anlatıya o kadar yatırım yapmış oluyorlar ki akıllarını, anlatıdan şüphe etmek yerine anlatıyı akla mantığa uygun hale getirmek için kullanmaları daha muhtemel. Kimlik arayışına çıkan çoğu insan define avına çıkan çocuklara benzer. Bula bula anne babalarının onlar bulsun diye önceden sakladığı şeyleri bulurlar.

İkincisi, sadece kişisel kimliklerimiz değil kolektif kurumlarımız da anlatı üstüne kurulu. O yüzden anlatıdan kuşku duymak son derece korkutucu. Çoğu toplumda böyle bir şeye kalkışanlar ya sürülür ya da zulme maruz bırakılır. Öyle bir şey sözkonusu olmasa da, toplumun çatısını teşkil eden bir şeyi sorgulamak büyük cesaret ister. Zira anlatı gerçekten yanlışsa, tanıdığımız bildiğimiz dünyanın tamamı anlamını yitirir. Devlet yasaları, toplumsal normlar, ekonomik kurumlar; hepsi çökebilir.

Çoğu anlatıyı ayakta tutan temellerinin sağlamlığından ziyade çatılarının ağırlığıdır. Hıristiyan anlatısını düşünün. Temeli alabildiğine çürük. Tüm kâinatın yaratıcısının iki bin yıl kadar önce Samanyolu'nun bir yerinde karbon bazlı bir yaşam formu şeklinde doğduğuna dair ne gibi bir kanıtımız var? Olayın Celile'de cereyan ettiğine ve annesinin bakire olduğuna dair ne tür bir kanıtımız var? Fakat bu anlatı üstüne dünya genelinde koskoca kurumlar kurulmuş ve bunların ağırlığı öyle büyük bir güçle bastırıyor ki anlatı yıkılmadan duruyor. Anlatının tek bir kelimesi değiştirilmesin diye nice savaşlar çıkmış. Kısa süre önce Hırvatların Sırpları, Sırpların Hırvatları kesip biçmesinde kendini belli eden, Batılı Hıristiyanlar ve Doğulu Ortodoks Hıristiyanlar arasındaki bin yıllık bölünme, Latincede "ve oğuldan" anlamına gelen "filioque" kelimesiyle başlamıştı. Batılı Hıristiyanlar bu kelimeyi Hıristiyanlığın inanç yeminine eklemek isterken Doğulu Hıristiyanlar buna katiyetle karşı çıkıyordu. (Bu kelimenin eklenmesinin teolojik açıdan nelere tekabül ettiği o kadar örtük ki bunları burada anlamlı bir şekilde açıklamak mümkün değil. Merak ettiyseniz Google'a sorun.)

Kişisel kimlikler ve koskoca toplumsal sistemler bir anlatı üstüne kurulunca, ondan kuşku duymak anlatıyı destekleyen delillerden ötürü değil, anlatının çöküşü bireysel ve toplumsal bir felaketi tetikleyeceği için akla gelmez. Tarihte kimi zaman çatı temellerden daha önemlidir.

Hokus pokus ve inanç endüstrisi

Bize anlam ve kimlik sunan tüm anlatılar kurmaca olsa da insanların bunlara inanmaya ihtiyacı var. O halde, bir anlatıya nasıl gerçeklik *hissi* verilir? İnsanların anlatıya *niye* inanmak istedikleri ortada ama gerçekten *nasıl* inanıyorlar? Binlerce yıl önce rahipler ve şamanlar cevabı bulmuş bile: ayinler. Ayin soyutu somut, kurmacayı gerçek yapan bir sihir gösterisidir. Ayinin özü "Hokus pokus; X, Y'dir!" sihirli sözleridir.[5]

İsa'yı inananların gözünde nasıl gerçek kılarsınız? Komünyon ayininde rahip bir parça ekmek ve bir bardak şarap alır ve ekmeği İsa'nın bedeni, şarabı İsa'nın kanı ilan eder. Bunları yiyip içen inançlılar İsa'yla birlik olurlar. İsa'yı bizzat ağzınızda tatmaktan daha gerçek ne olabilir? Eskiden rahipler bu cesur duyuruyu din, hukuk ve hayatın sırlarının eski dilini konuşarak, Latince yaparlardı. Rahip toplaşmış çiftçilerin büyülenmiş bakışları önünde bir parça ekmeği havaya kaldırır ve "*Hoc est corpus!*" (Bu [İsa'ya ait] bedendir!) diye haykırırdı ve ekmeğin İsa'nın bedenine dönüştüğü varsayılırdı. Okuma yazma ve Latince bilmeyen çiftçilerin zihninde "*Hoc est corpus!*" tabiri, "Hokus pokus!" şeklini almış ve böylece kurbağaları prense, balkabağını at arabasına dönüştüren sihirli kelimeler doğmuş.[6]

Hıristiyanlığın doğuşundan bin yıl önce eski Hindular da aynı hileye başvuruyordu. *Brihadaranyaka Upanişad* bir atın kurban edilmesini, kozmosun tüm anlatısının hayata geçirilmesi şeklinde yorumlar. Metin, "Hokus pokus; X, Y'dir!" yapısını takip eder ve şöyle der: "Kurbanlık atın kafası şafak, gözü güneş, yaşamsal gücü hava, açık ağzı Vaisvanara denilen ateş ve bedeni de bir yıldır (...) uzuvları mevsimler, eklemleri tam ve yarım aylar, ayakları günler ve geceler, kemikleri yıldızlar ve eti bulutlardır (...) esnemesi şimşek, titremesi gök gürlemesi, işemesi yağmur ve kişnemesi sestir."[7] Böylece zavallı at kozmosa dönüşür.

Mum yakmak, çan çalmak ya da tespih çekmek gibi sıradan eylemlere derin dinsel anlamlar katılarak, neredeyse her şey bir ayine dönüştürülebilir. Aynı şey başı öne eğmek, secdeye varmak ya da iki avucu birleştirmek gibi fiziksel hareketler için de geçerlidir. Sih türbanından Müslüman türbanına çeşitli başörtülerine o kadar çok anlam yüklenmiştir ki yüzyıllar boyunca bunlar adına tutkulu mücadeleler verilmiştir.

Yemeğe de besin değerini katbekat aşan manevi değerler yüklenebilir. Örneğin Paskalya yumurtaları yeni hayatı ve İsa'nın dirilişini temsil eder; Yahudilerin Hamursuz bayramında yemesi gereken acı otlar ve mayasız ekmek, Mısır'daki köleliklerini ve mucizevi kaçışlarını hatırlamalarına hizmet eder. Dünyada bir şeyi sembolize ettiği düşünülmeyen yemek yok gibidir. Mesela Yahudiler, o seneyi tatlı geçirmek için yılbaşında bal yerler; balıklar gibi verimli olmak ve geriye değil de ileriye gidebilmek için balık kafası yerler; iyilikleri nar taneleri gibi çoğalsın diye nar yerler.

Benzer ayinler siyasi amaçlar için de kullanılmış. Binlerce yıl boyunca taçlar, tahtlar ve asalar krallıkları ve imparatorlukları temsil etmiş ve "tahtı" ya da "tacı" ele geçirmek için savaşırken milyonlarca insan ölmüştür. Saraylarda en çetrefilli dini ayinleri aratmayacak, ayrıntılı protokoller geliştirilmiştir. Orduda disiplin ve ayin birbirinden ayrılamaz bir ikilidir ve askerler eski Roma'dan günümüze kadar günlerinin çoğunu uygun adım yürüyerek, üstlerini selamlayarak ve postallarını parlatarak geçiriyorlar. Napolyon'un meşhur gözlemine göre askerleri renkli bir kurdele için bile hayatlarını feda etmeye ikna edebilirdi.

Ayinlerin siyasi önemini Konfüçyüs'ten daha iyi anlayan yoktur herhalde. Konfüçyüs törenlere (*li*) katı bir şekilde riayet edilmesinin toplumsal uyum ve siyasi istikrarın anahtarı şeklinde değerlendiriyordu. *The Book of Rites* [Liji - Törenler Kitabı], *The Rites of Zhou* [Zhou Törenleri] ve *The Book of Etiquette and Rites* [Görgü Kuralları ve Törenler Kitabı] gibi Konfüçyüsçü klasikler, hangi devlet etkinliğinde hangi törenin yapılacağını en ufak ayrıntısına; seremonide kullanılacak tören kaplarının sayısı, çalınacak müzik enstrümanları ve giyilecek cüppelerin rengine kadar kayıt altına almıştır. Çin ne zaman bir krizle sallansa, Konfüçyüsçü âlimler suçu hemen törenlerin ihmal edilmesine atmıştır; tıpkı askeri yenilgiden ayakkabılarını cilalamayan savsak askerleri sorumlu tutan bir başçavuş misali.[8]

Çağdaş Batı'da Konfüçyüsvari ritüel takıntısı genellikle sığlık ve geri kafalılık olarak yorumlanır. Aslında muhtemelen Konfüçyüs'ün insan doğasını derin ve geniş ölçekli bir biçimde anlamış olduğunu kanıtlayan bir şey bu.

Başta Çin ve bunun yanı sıra Çin'in komşusu Kore, Vietnam ve Japonya gibi Konfüçyüsçü kültürlerin fazlasıyla uzun soluklu toplumsal ve siyasi yapılar üretmesi bir tesadüf olmasa gerek. Hayatın mutlak hakikatini öğrenmek istiyorsanız, tören ve ayinler büyük engellerdir. Ama Konfüçyüs gibi toplumsal istikrarın ve uyumun peşindeyseniz, hakikat genellikle yükünüz haline gelir ama tören ve ayinler en iyi müttefikleriniz arasında yer alır.

Bu durum eski Çin'de olduğu kadar 21. yüzyılda da geçerlidir. Hokus pokusun gücü çağdaş endüstriyel dünyamızda sapasağlam duruyor. 2018'de çoğu insan için birbirine çakılmış iki tahta çubuk Tanrı, duvarda asılı renkli bir poster Devrim ve rüzgârda dalgalanan bir kumaş parçası da Millet demek. Fransa'yı göremez, duyamazsınız çünkü Fransa sadece hayal dünyanızdadır ama hiç şüphesiz üç renkli bayrağı görüp, "La Marseillaise" marşını duymak mümkün. Dolayısıyla renkli bir bayrağı sallayıp bir marş söylemek milleti soyut bir anlatıdan elle tutulur bir gerçeğe dönüştürür.

Binlerce yıl önce dindar Hindular pek kıymetli atları kurban ediyormuş; şimdi de pahalı bayraklar imal etmeye yatırım yapıyorlar. Hindistan'ın milli bayrağı *Tirañgā* (üç renk) şeklinde anılıyor, çünkü safran, beyaz ve yeşil renklerinde üç çizgiden oluşuyor. 2002 tarihli Hindistan Bayrağı Kanunu'na göre bayrak, "Hindistan halkının umutlarını ve amaçlarını temsil eder. Milli onurumuzun simgesidir. Son elli yıldır, ordu mensupları da dahil pek çok insan üç renkli bayrak tüm şanıyla dalgalanmaya devam etsin diye seve seve canını vermiştir."[9] Bayrak kanunu bunun ardından Hindistan'ın ikinci başkanı Sarvepalli Radhakrishnan'dan alıntı yapar:

> Safran rengi feragat ve çıkar gözetmemeyi simgeler. Liderlerimiz maddi çıkar gözetmemeli ve kendilerini görevlerine adamalıdır. Ortadaki beyaz yönetimimize rehberlik edecek ışık ve hakikat yoludur. Yeşil toprakla ilişkimizi, bu topraklarda yaşayan tüm diğer canlıların yaşamının bağlı olduğu bitkilerle ilişkimizi gösterir. Beyaz kısmın ortasındaki Asoka çarkı, *dharma* kanunun çarkıdır. Bu bayrak altında çalışan herkesin prensipleri hakikat ya da Satya, *dharma* ya da erdem olmalıdır.[10]

2017'de Hindistan'ın milliyetçi hükümeti, Hindistan'la Pakistan sınırındaki Attari'de dünyanın en büyük bayraklarından birini göndere çekti. Bu hesaplı hareketin amacı ne feragat ne de çıkar gözetmekti; amaç Pakistanlıları kıskandırmaktı. Sözkonusu Tiranga 36 metre uzunluğunda, 24 metre genişliğindeydi ve 110 metrelik bir direğe çekilmişti (Freud bu konuda ne derdi acaba?). Bayrak Pakistan'ın büyük şehirlerinden olan Lahor'dan bile görülebiliyordu. Maalesef güçlü rüzgârlar bayrağı yırtıp durdu ve Hint vergi mükelleflerine külfet yaratacak şekilde milli gururun tekrar tekrar dikilmesi gerekti.[11] Hindistan hükümeti neden kısıtlı kaynakları devasa bayraklar dokumaya harcıyor da Delhi'nin varoşlarına kanalizasyon sistemi kurmaya harcamıyor? Çünkü kanalizasyon sistemlerinin aksine bayrak Hindistan'ı gerçek kılıyor.

Hatta bayrağın ederi ayini daha etkin bir hale getiriyor. Tüm ayinler içinde en tesirlisi kurban kesmektir çünkü acı dünyadaki en gerçek şeydir. Acıya aldırmamak ya da şüpheyle yaklaşmak imkânsızdır. İnsanların bir kurmacaya gerçekten inanmasını istiyorsanız, onları bu yolda kurban kesmeye ikna edin. Bir anlatı için acı çekmek, anlatının gerçekliğine ikna olmanıza yeter genellikle. Tanrı öyle emretti diye oruç tutarsanız, çektiğiniz fiziki açlık Tanrı'yı herhangi bir heykel ya da ikonadan daha etkili bir biçimde hissetmenizi sağlar. Vatan uğruna verilen bir savaşta bacaklarınızı kaybederseniz, kol değnekleriniz ve tekerlekli arabanız milleti herhangi bir şiir ya da marştan daha etkili bir biçimde gerçek kılar. Bu kadar gayriciddi bir düzeyde düşünürsek, yüksek kalite İtalyan makarnası almak yerine daha kötü olsa da yerel üretim makarna almak gibi küçük bir ödün vererek süpermarkette bile millete gerçek duygusu katabilirsiniz.

Bu elbette mantıkdışı bir şey. Tanrı ya da millet inancı yüzünden acı çekmeniz inandığınız şeyin doğru olduğunu ispatlamaz. Sadece kolay kandırılabilir olmanın bedelini ödüyor olamaz mısınız? Ancak çoğu insan enayiliklerini kabullenmek istemez. Bunun sonucunda bir inanç uğruna ne kadar fedakârlıkta bulunurlarsa inançları da o kadar güçlenir. Kurban vermenin esrarengiz simyası budur. Kurban törenini yöneten rahibin bize bir şey vermesi gerekmez; ne yağmur ne para ne de savaşta zafer. Aksine bizden bir şey alması gerekir. Bizi acı verici bir fedakârlıkta bulunmaya ikna ettiği an tuzağa düşmüşüzdür.

Ticari dünyada da aynı mantık işler. Mesela 10 bin liraya ikinci el bir Fiat araba alsanız, arabaya kusur bulma olasılığınız yüksektir. Ama bir milyon liraya yepyeni bir Ferrari alırsanız, arabaya durmadan methiyeler düzersiniz; çok iyi olduğundan değil, bu arabaya bu kadar para verdiğinize göre onun dünyanın en muhteşem şeyi olduğuna inanmanız gerektiği için. Aşkta bile Romeo ya da Werther olmaya özenen herkes uğruna fedakârlıkta bulunulmayan aşkın gerçek aşk olmadığını bilir. Fedakârlığınız sadece sevdiğinize niyetinizin ciddi olduğunu göstermenin bir yolu olmakla kalmaz, gerçekten aşık olduğunuza kendinizi inandırmanıza da yarar. Kadınlar neden sevgililerinin elmas yüzükle gelmesini ister sanıyorsunuz? Âşık böyle büyük bir maddi fedakârlıkta bulunduktan sonra, kendini yaptığına değdiğine ikna etmesi gerekir.

Özveri sadece şehitler için değil, şahitler için de inanılmaz derecede inandırıcıdır. Şehitler olmadan ayakta kalabilen pek az tanrı, millet ya da devrim bulunur. İlahi bir kurmacayı, milliyetçi bir miti ya da devrimci bir efsaneyi sorgulamaya kalktığınız an zılgıtı yersiniz: "Ama bu uğurda aziz şehitler verdik! Boş yere mi öldüler yani? Bu kahramanlara enayi mi diyorsun?"

Şii Müslümanlara göre kozmik kurmaca doruk noktasına, Aşure Günü olarak anılan Hicret'ten 61 yıl sonra Muharrem ayının onuncu günü (Miladi takvime göre 10 Ekim 680) erişti. O gün Irak'taki Kerbela'da gaspçı Yezid'in askerleri, Hz. Muhammed'in torununu, Ali'nin oğlu Hüseyin'i ve beraberindekileri katletti. Şiiler için Hüseyin'in şehit düşmesi iyinin kötülüğe, ezilenlerin haksızlığa karşı ebedi savaşını sembolize eder. İsa'nın çarmıha gerilmesini canlandırıp İsa'nın çilesini taklit eden Hıristiyanlar gibi Şiiler de Aşure gününde yaşanan trajediyi canlandırıp Hüseyin'in çilesini taklit ederler. Milyonlarca Şii her sene Kerbela'da Hüseyin'in şehit olduğu yere inşa edilmiş mabede akın ediyor ve dünyanın başka yerlerindeki Şiiler de Aşure gününde ağıt törenleri düzenleyip kimi zaman kendilerini zincirlerle kamçılıyorlar.

Fakat Aşure'nin önemi tek bir yer ve günle sınırlı değil. Ruhullah Humeyni ve diğer Şii liderlerinin müritlerine sıkça söylediği şeylerden biri şudur: "Her gün Aşure ve her yer Kerbela."[12] Dolayısıyla Hüseyin'in Kerbela'da şehit düşmesi her olaya, her yere, her ana anlam katıyor ve en sıradan kararların bile iyiyle kötü arasındaki kozmik mücadeleye bir etkisi bulunduğunun düşünülmesi gerekiyor. Bu anlatıyı sorgulayacak olursanız, size hemen Kerbela olayı hatırlatılır; Hüseyin'in şehitliğine gölge düşürmek ya da bunu hafife almaktan daha büyük bir hakaret yoktur.

Bunun dışında, ortada şehit yoksa ve insanlar kendilerini feda etmeye gönüllü değilse, insanları kurbana teşvik eden rahip bu insanların başka birini kurban etmesini sağlayabilir. İntikamcı tanrı Ba'al'a insan kurban edebilir, İsa Mesih'in büyük şanı adına kâfirleri kazığa bağlayıp yakabilir, Allah'ın emri diye zina yapan kadınları infaz edebilir ya da siyasi suçluları çalışma kampına yollayabilirsiniz. Bu koşulda, biraz daha farklı bir kurban simyasının etkisi altına girersiniz. Bir anlatı uğruna kendinize acı çektirdiğinizde ortada iki seçenek vardır: "Ya bu anlatı doğru ya da ben enayinin tekiyim."

Başkalarına acı çektirdiğinizde de iki seçenek vardır: "Ya bu anlatı doğru ya da ben acımasız bir kötü karakterim." Ve enayi olduğumuzu itiraf etmek istemediğimiz gibi kötü karakter olduğumuzu da itiraf etmek istemeyiz. Bu yüzden de anlatının doğruluğuna inanmayı tercih ederiz.

Mart 1839'da, İran'ın Meşhed şehrinde yörenin üfürükçülerinden biri, bir çeşit deri hastalığından mustarip Yahudi bir kadına bir köpek öldürüp ellerini onun kanıyla yıkarsa iyileşeceğini söylemiş. Meşhed kutsal bir Şii şehri ve kadının da bu dehşet verici tedaviyi kutsal Aşure gününde uygulayacağı tutmuş. Şiiler kadının bu yaptığını görmüş ve köpeği Kerbela'daki şehitlerle alay etmek için öldürdüğüne inanmışlar ya da buna inandıklarını iddia etmişler. Bu akla sığmaz saygısızlığın söylentisi çarçabuk Meşhed sokaklarına yayılmış. Bölge imamının gazına gelen öfkeli kalabalık Yahudi mahallesine dalmış ve sinagogu ateşe verip otuz altı Yahudi'yi oracıkta öldürmüşler. Hayatta kalan Yahudilere bir tercih yapmaları şart koşulmuş: ya hemen Müslüman olun ya da sizi de öldüreceğiz. Bu melun olay, "İran'ın manevi başkenti" Meşhed'in şanına leke sürmemiş.[13]

İnsan kurban etmek deyince aklımıza Kenan ya da Aztek tapınaklarında uygulanan ürkütücü ayinler geliyor ve tektanrıcılığın bu korkunç uygulamayı yürürlükten kaldırdığına dair yaygın bir kanı var. Aslında tektanrıcı topluluklar çoktanrılı inanca sahip çoğu topluluğa kıyasla oldukça fazla sayıda insan kurban etmiştir. Hıristiyanlığın ve İslamiyet'in Tanrı adına öldürdüğü insan sayısı Ba'al ya da Huitzilopochtli müritlerinin öldürdüğü insan sayısından çok daha fazladır. İspanyol istilacıların Aztek ve İnka tanrılarına insan kurban edilmesine son verdiği dönemde, anavatanları İspanya'da Engizisyon yığınlarca kâfiri yakıyordu.

Bir inanç uğruna bir şey feda etmek çok farklı şekillere bürünebilir. İşin içinde her daim eli bıçaklı bir rahip ya da kanlı katliamlar yoktur. Mesela Yahudilik, Şabat günü çalışmayı ya da seyahat etmeyi yasaklar ("şabat" ya da "sebt", "durmak" ya da "dinlenmek" anlamına gelir). Şabat, Cuma akşamı gün batımıyla başlar ve Cumartesi günbatımına kadar devam eder. Bu süre zarfında Ortodoks Yahudiler hemen her tür işten uzak durur; bu işlerin arasına klozette otururken tuvalet kâğıdı koparmak da dahildir. (En bilgili hahamlar bu konuyu tartışıp tuvalet kâğıdı koparmanın Şabat'ı bozacağına kanaat getirmiş; buna istinaden Şabat günü popolarını silmek isteyen Yahudiler tuvalet kâğıtlarını önceden koparıp hazırlıyor.[14])

İsrail'deki dindar Yahudiler sık sık laik Yahudileri hatta ateistleri bu tabulara biat etmeye zorlamaya çalışır. Ortodoks partiler İsrail siyasetinde baskın geldiğinden, yıllar içinde pek çok kanunu yürürlüğe koymayı başarıp Şabat günlerinde bir sürü etkinliğin yapılmasını yasakladılar. Şabat günü özel araç kullanımını yasaklamayı becerememiş olsalar da, toplu taşımayı yasaklamayı başardılar. Yurt çapında gösterilen bu fedakârlık en çok toplumun en yoksul kesimlerini vuruyor çünkü Cumartesi günü işçi sınıfının seyahat edip uzaklarda oturan akrabalarını, arkadaşlarını ve turistik mekânları ziyaret edebileceği tek gün. Zengin bir büyükanne yepyeni arabasına atlayıp başka şehirde yaşayan torunlarını görmeye rahatça gidebiliyor ama fakir büyükanne böyle bir şey yapamıyor çünkü otobüsler ve trenler çalışmıyor.

Dindar partiler yüzlerce vatandaşa böyle zorluklar çektirerek Yahudiliğe olan sarsılmaz inançlarını kanıtlayıp sağlamlaştırıyor. Tek damla kan dökülmese bile pek çok insanın refahı kurban ediliyor. Yahudilik sadece kurmaca bir anlatıysa, bir büyükannenin torunlarını görmesini ya da parasız bir öğrencinin sahil kenarında eğlenmeye gitmesini engellemek zalimlik ve taş kalpliliktir. Buna rağmen böyle davranan dindar partiler, Yahudi anlatısına gerçekten inandıklarını hem dünyaya hem de kendilerine kanıtlıyorlar. Yoksa geçerli hiçbir sebep olmadığı halde insanlara zarar vermenin hoşlarına gittiğini mi sanıyordunuz?

Kurban, anlatıya inancınızı kuvvetlendirmekle kalmaz, ona karşı diğer yükümlülüklerinizi de ikame eder. İnsanlığın harika anlatılarının çoğu, insanların genellikle yerine getiremeyeceği idealler belirlemiştir. Kaç Hıristiyan On Emir'e harfiyen itibar edip asla yalan söylemiyor ya da tamah etmiyor? Şimdiye kadar kaç Budist bencillikten tamamen sıyrılabilmiş? Kaç sosyalist canını dişine takıp çalışarak gerçekten ihtiyacı olandan fazla parayı reddetmiş?

Bu idealleri tutturamayan insanlar çözümü kurbanda bulur. Vergi kaçıran, arada sırada fuhuş yapan ve yaşlı ebeveynlerine kötü davranan bir Hindu, Ayodhya'daki Babri Camisi'nin yıkımını destekledi ve hatta onun yerine inşa edilen Hindu tapınağına bağış yaptı diye kendini dini bütün sayabilir. Tıpkı eski zamanlardaki gibi, 21. yüzyılda da insanların anlam arayışı bir dizi fedakârlıkla sonuçlanıyor çoğunlukla.

Kimlik portföyü

Eski Mısırlılar, Kenanlılar ve Yunanlar verecekleri kurbanları garantiye alırlardı. Pek çok tanrı arasından biri işe yaramazsa, ötekinin işe yarayacağını umarlardı. Bu yüzden sabahları güneş tanrısına, öğlenleri toprak tanrısına, akşamları da bir dizi peri ve iblise kurban verirlerdi. Bu da pek değişmemiştir. İnsanların günümüzde inandığı ister Yahveh ya da Mamon ister Millet ya da Devrim olsun tüm anlatılar ve tanrılar kusurlu, boşluklar ve çelişkilerle doludur. Bu sebeple insanlar tek bir anlatıya inanmaktansa pek çok anlatı ve pek çok kimlik içeren bir portföy oluşturuyor ve ihtiyaca göre bunlar arasında geçiş yapıyorlar. Bu tür bilişsel uyumsuzluklara hemen her toplum ve harekette rastlanıyor.

Hükümetin sosyal yardım politikalarına şiddetle karşı çıkan ve Ulusal Tüfek Birliği'ni canıgönülden destekleyen aşırı sağcı bir Amerikalı, aynı zamanda coşkuyla İsa Mesih'e inanabiliyor bir şekilde. Hz. İsa silah kuşanmaktan ziyade yoksullara yardım etme taraftarı değil miydi? Bunlar birbiriyle örtüşmeyen şeyler gibi dursa da insan beyninin bir sürü çekmecesi ve bölmesi var ve kimi nöronlar birbiriyle haberleşmiyor. Aynı şekilde, gelecekte bir devrim yaşanacağına belli belirsiz bir inanç besleyen kimi Bernie Sanders taraftarları, akıllıca maddi yatırımlar yapmanın önemine de inanıyor. Dünyadaki haksız gelir dağılımı tartışmasından gayet rahat bir şekilde Wall Street'te yaptıkları yatırımların performansından bahsetmeye geçebiliyorlar.

Tek kimlikli birine rastlamak neredeyse imkânsızdır. Kimse sadece Müslüman, sadece İtalyan ya da sadece kapitalist değildir. Ama arada bir fanatik bir öğreti çıkar ve herkes tek bir anlatıya inanmalı, herkesin tek bir kimliği olmalıdır diye tutturur. Son nesillerin bu tür bir tavır takınan en fanatik öğretisi faşizmdi. Faşizm insanların milliyetçilik dışında bir anlatıya inanmamaları ve milli kimlik dışında bir kimliğe sahip olmamaları konusunda ısrarcıydı. Tüm milliyetçiler faşistlere benzemez. Çoğu milliyetçi milletlerinin anlatısına güçlü bir inanç besler, milletlerinin eşsiz faziletlerini ve milletlerine karşı benzersiz yükümlülüklerini vurgular ama yine de dünyada başka milletlerin olduğunu da kabul ederler. İtalyan milletine özel yükümlülükleri bulunan sadık bir İtalyan vatandaşı olsam da başka kimliklerim de bulunabilir. Aynı zamanda sosyalist, Katolik, koca, baba, biliminsanı ve vejetaryen olabilirim ve bu kimlikler başka yükümlülükler barındırır. Bazen kimliklerimden bazıları beni farklı yönlere çeker ve kimi yükümlülüklerim birbiriyle çelişir. Ama kim demiş hayat kolay diye?

Faşizm, milliyetçilik kendi hayatını kolaylaştırmak için diğer tüm kimlikleri ve yükümlülükleri reddettiğinde ortaya çıkan şeydir. Son zamanlarda faşizmin tam olarak ne ifade ettiği konusunda kafalar son derece karışık. İnsanlar hoşlanmadıkları hemen herkese "faşist" sıfatı yakıştırıyor. Bu terim genel amaçlı bir küfre indirgenme tehlikesi taşıyor. Peki gerçekten neyi ifade ediyor faşizm? Özetle, milliyetçilik kendi milletimin eşsiz olduğuna ve milletime karşı belli yükümlülüklerim olduğuna işaret ederken, faşizm milletimin üstün olduğunu ve milletime karşı özel yükümlülükler borçlu olduğumu dikte eder. Koşullar ne olursa olsun, başka bir grup ya da bireyin çıkarlarını kendi milletimin çıkarlarından üstün tutmamalıyım. Milletim saçma bir kazanç için uzaklardaki bir ülkede yaşayan milyonlarca yabancıya zulmetmeye kalksa bile Milletimi desteklemekte tereddüt etmemeliyim. Aksi takdirde, aşağılık bir hain sayılırım. Milletim milyonlarca insanı öldürmemi buyuruyorsa, milyonlarca insanı öldürmeliyim. Milletim hakikate ve güzelliğe ihanet etmemi buyuruyorsa, hakikate ve güzelliğe ihanet etmeliyim.

Bir faşist sanatı nasıl değerlendirir? Bir faşist izlediği filmin iyi mi kötü mü olduğuna nasıl karar verir? Çok kolay. Tek bir ölçüt var. Milletin çıkarına hizmet ediyorsa iyi bir filmdir. Milletin çıkarına hizmet etmiyorsa kötü bir filmdir. Peki bir faşist okulda çocuklara ne öğretileceğine nasıl karar verir? Aynı ölçütü kullanır. Çocuklara milletin çıkarına ne hizmet ediyorsa onu öğretin; hakikatin bir önemi yoktur.[15]

Bu şekilde Millete tapınmak hem pek çok zorlu ikilemi basitleştirdiği hem de insanların kendilerini dünyanın en mühim ve en güzel şeyine, milletlerine ait hissetmesini sağladığı için son derece cazip. II. Dünya Savaşı'nda yaşanan kabuslar ve Soykırım bu doğrultuda düşünmenin sebep olduğu feci sonuçları göz önüne seriyor. Maalesef insanlar faşizmin illetlerinden bahsederken üstünkörü davranıyorlar çünkü faşizmi korkunç bir canavar şeklinde resmedip neden bu kadar çekici olduğunu açıklamaya yeltenmiyorlar. Günümüzde insanların kimi zaman farkında olmadan faşist fikirler edinmesi bu durumla ilişkili. İnsanlar, "Bana faşizmin çirkin bir şey olduğu öğretildi ve ben aynaya bakınca çok güzel bir şey görüyorum, o yüzden faşist olamam," diye düşünüyorlar.

Hollywood'un Voldemort, Lord Sauron, Dart Vader gibi kötü karakterleri çirkin ve kaba resmederken düştüğü gaflete benzer bir durum var ortada. Bu karakterler genellikle en sadık taraftarlarına karşı bile zalim ve edepsizdir. Bu tür filmleri izlerken hiç anlayamadığım bir şey var: Voldemort gibi tiksinç bir sürüngenin peşinden kim niye gitsin?

Kötülükle ilgili sorun, onun gerçek hayatta ille de çirkin olmamasıdır. Oldukça güzel görünebilir. Hıristiyanlık bu duruma Hollywood'dan daha hâkim olacak ki geleneksel Hıristiyan sanatında Şeytan genellikle iri kıyım ve kaslı bir ilah şeklinde tasvir edilir. Şeytana uymamak bu yüzden o kadar zordur. Faşizmle başa çıkmanın zorluğu da bundan kaynaklanıyor. Faşist aynasına baktığınızda, hiç de çirkin bir şey görmezsiniz. Almanlar 1930'larda faşist aynasına bakmış ve Almanya'da dünyanın en güzel şeyini görmüşler. Aynısı günümüzde Ruslar ve İsrailliler için geçerli, her ikisi de faşist aynasına baksa, kendi ülkelerini dünyanın en güzel şeyi gibi görürler. Sonra da kendilerini bu güzel birliğin içinde kaybetmek isterler.

"Faşizm" kelimesi Latincede "çubuk demeti" anlamına gelen "*fascis*" kelimesinden gelir. Dünyanın en gaddar ve ölümcül ideolojilerinden birini tanımlamak için pek hafif bir sembol gibi geliyor kulağa. Ama derin ve habis bir anlam taşıyor. Tek bir çubuk çok zayıftır ve bu çubuğu kolayca kırabilirsiniz. Fakat bir sürü çubuğu bir araya toplarsanız bir *fascis* elde edersiniz ve bu çubukları kırmak neredeyse imkânsızdır. Bundan insanların tek tek bir önem taşımadığı ama birlikten kuvvet doğacağı anlamı çıkıyor.[16] Bu yüzden faşistler birliğin çıkarlarını herhangi bir bireyin çıkarlarından üstün tutarlar ve hiçbir çubuğun demetin bütünlüğünü bozmaya yeltenmemesini buyururlar.

Elbette bir "çubuk demeti" insanın nerede bitip bir diğerinin nerede başladığı meçhul. Neden İtalya'yı dahil olduğum bir çubuk demeti olarak kabul etmeliyim ki? Neden aileme, Floransa şehrine, Toskana bölgesine, Avrupa kıtasına ya da tüm insan türüne dahil olamayayım? Daha yumuşak milliyetçilik türleri, İtalya'ya karşı özel yükümlülüklerim dışında elbette aileme, Floransa'ya, Avrupa'ya ve tüm insanlığa karşı yükümlülüklerim de olabileceğini söyler. Oysa İtalyan faşistler sadece ve sadece İtalya'ya sadakat göstermemi talep eder.

Mussolini ve onun faşist partisinin tüm çabalarına rağmen çoğu İtalyan, İtalya'yı ailelerinden üstün tutmaya o kadar da sıcak bakmıyordu. Nazi propagandası Almanya'da çok daha iyi iş çıkardı ama Hitler bile insanların diğer tüm anlatıları unutmasını sağlayamadı. Nazi döneminin en karanlık günlerinde dahi insanlar resmi anlatıya ek olarak kimi anlatıları yedekte tuttular. 1945'te bu durum açıkça ortaya çıktı. Naziler tarafından on iki yıl boyunca beyni yıkanan insanların savaş sonrası hayatlarını anlamlandırmaktan aciz kalması beklenir. Tüm inançlarını tek bir anlatıya bağlayan insanlar bu anlatı yıkılınca ne yapar? Fakat Almanlar inanılmaz bir hızla toparlandılar. Zihinlerinin bir yerlerinde dünyaya dair başka anlatılar duruyordu ve Hitler kafasına kurşunu sıkar sıkmaz Berlin'deki, Hamburg'daki ve Münih'teki insanlar yeni kimlikler benimseyip hayatlarına yeni anlamlar atfettiler.

Nazi yerel parti liderlerinin (*gauleiters*) yüzde 20'sinin ve generallerin yaklaşık yüzde 10'unun intihar ettiği doğru.[17] Ama demek ki liderlerin yüzde 80'i ve generallerin yüzde 90'ı yaşamaya devam etmekte bir beis görmemiş. İpleri elinde tutan Nazilerin ve hatta SS askerlerinin büyük çoğunluğu ne delirdi ne de intihar etti. Gidip üretken çiftçiler, öğretmenler, doktorlar ve sigortacılar oldular.

Hatta intihar bile tek bir anlatıya duyulan mutlak inancın kanıtı değildir. 13 Kasım 2015'te IŞİD Paris'te bir dizi intihar saldırısı düzenleyerek 139 kişiyi öldürdü. Aşırı İslamcı grup, saldırıları Fransız Hava Kuvvetlerinin Suriye ve Irak'taki IŞİD savaşçılarını bombalamasının intikamını almak ve Fransa'yı gelecekte bu tür bombardımanlarda bulunmaktan caydırmak adına düzenlendiğini açıkladı.[18] IŞİD aynı açıklamada Fransız Hava Kuvvetleri tarafından öldürülen Müslümanların şehit olduğunu ve Allah'ın rahmetine kavuşup cennete gittiklerini dile getirdi.

Burada akla yatmayan bir şey var. Fransız kuvvetlerinin öldürdüğü şehitler cennete gittiyse, bunda intikam alınacak ne var? Ne için intikam? İnsanların cennete gönderilmesinin intikamı mı? Çok sevdiğiniz abinize piyangodan bir trilyon çıktığını duysanız tepkiniz gidip intikam almak için piyango bayilerini bombalamak mı olurdu? Peki neden Fransız Hava Kuvvetleri birkaç kardeşinizi ebediyen cennete yolladı diye Paris'e kan kusturuyorsunuz? Hatta Fransızları gerçekten de Suriye'yi bombalamaktan caydırmayı başarsalardı çok daha feci olurdu. O vakit daha az Müslüman cennete giderdi.

Bunun sonucunda IŞİD'in şehitlerin cennete gittiğine inanmadığını düşünebilirsiniz. O yüzden bombalanıp öldürülünce sinirleniyorlar. Ama öyle olsa, neden bazıları üzerlerine taktıkları bombayı patlatıp kendilerini parçalara ayırıyor? Her koşulda bunun cevabı, tutarsızlıklar üzerine fazla düşünmeden birbiriyle çelişen iki anlatıya inanmaları. Daha önce de belirtildiği gibi kimi nöronlar birbirine küs.

Fransız Hava Kuvvetleri Suriye ve Irak'taki IŞİD üslerini bombalamadan sekiz yüz yıl önce, başka bir Fransız ordusu, sonraki nesillerin "VII. Haçlı Seferi" olarak adlandıracağı bir harekâtla Ortadoğu'yu işgal etti. Kutsal kral IX. Louis komutanlığındaki Haçlılar, Nil Vadisi'ni ele geçirip Mısır'ı Hıristiyanlığın siperine dönüştürmek istiyorlardı. Ancak Mansure Muharebesi'nde yenik düştüler ve çoğu Haçlı askeri esir alındı. Jean de Joinville adlı bir Haçlı şövalyesi, daha sonradan kaleme aldığı anılarında, savaş kaybedilip teslim olma kararı alınınca adamlarından birinin, "Bu karara katılmam mümkün değil. Tavsiyem, bırakalım hepimizi öldürsünler, böylece cennete gideriz," dediğini yazmış. Joinville'in bu konudaki kısa ve öz yorumu, "Hiçbirimiz bu tavsiyeye kulak asmadık."[19]

Joinville tavsiyeyi niye reddettiklerini açıklamıyor. Ne de olsa bu adamların Fransa'daki rahat şatolarını bırakıp Ortadoğu'da uzun ve zorlu bir maceraya atılmasının ardında büyük ölçüde ebedi kurtuluş vaadine inanmaları yatıyordu. O zaman neden cennete kavuşmalarına ramak kala Müslümanlara esir düşmeyi tercih ettiler? Belli ki Haçlılar kurtuluşa ve cennete tutkuyla inansalar da karar anı geldiğinde riske girmek istememişler.

Helsingör'deki süpermarket

Tarih boyunca insanların neredeyse tümü aynı anda birden fazla anlatıya inanmışlar ve hiçbir zaman bunların hiçbirinin bütünüyle gerçek olduğuna ikna olmamışlar. Bu tereddüt pek çok dini sarsmış ve o yüzden de dinler, inancı en üstün meziyet diye nitelendirip şüpheyi en kötü günahlardan biri addetmiştir. Sanki kanıtı bulunmayan şeylere inanmak tabiatı gereği iyilik barındırıyormuş gibi. Fakat modern kültürün doğuşuyla işler tersine döndü. İnanç gitgide zihinsel kölelik gibi görülmeye başlanıp şüphe özgürlüğün önkoşulu konumuna yükseldi.

William Shakespeare 1599 ila 1602 yıllarında kendi *Aslan Kral* versiyonunu yani *Hamlet*'i kaleme aldı. Fakat Simba'nın aksine Hamlet Yaşam Döngüsünü tamamlamaz. Sonuna kadar şüpheci ve çelişkide kalır ve ne hayatın anlamını bulur ne de olmak ya da olmamak konusunda bir karara varır. Bu açıdan Hamlet paradigmatik modern kahramandır. Modernite geçmişten miras kalan anlatı bolluğunu reddetmedi, aksine bunları alıp bir süpermarkete koydu. Modern insan hepsini denemekte, zevkine göre seçip istediklerini birleştirmekte özgür.

Bazı insanlar bu kadar özgürlüğü ve belirsizliği kaldıramaz. Faşizm gibi modern totaliter akımlar, muğlak fikirlerle dolu bu süpermarkete şiddetle karşı çıktı ve tek bir anlatıya koşulsuz inanç talebi konusunda geleneksel dinleri bile geride bıraktı. Ama çoğu modern insan süpermarketi sever oldu. Hayatın anlamını ve hangi anlatıya inanacağınızı bilmiyorsanız ne yaparsınız? Seçebiliyor olmayı kutsallaştırırsınız. İlelebet süpermarket koridorlarında istediğinizi seçme özgürlüğünün gücüyle durur, önünüze dizili ürünleri incelersiniz ve... bu sahneyi durdurun; ekran kararır ve işte Son. Sonra da jenerik.

Liberal mitolojiye göre bu dev süpermarkette yeterince vakit geçirirseniz, eninde sonunda liberal bir aydınlanma yaşar ve hayatın gerçek anlamının farkına varırsınız. Süpermarketin raflarındaki tüm anlatılar sahte. Hayatın anlamı hazır bir ürün değil. İlahi bir senaryo yok ve dışımdaki hiçbir şey hayatıma anlam katamaz. Özgür tercihlerim ve kendi duygularım doğrultusunda ben yüklüyorum her şeye anlamı.

George Lucas'ın yazdığı orta karar bir peri masalı olan *Willow* filminde, filme adını veren karakter büyük bir büyücü olup varlığın sırlarına hâkim olmayı hayal eden sıradan bir cücedir. Bir gün kendisine çırak arayan böyle bir büyücünün yolu cücenin köyüne düşer. Willow iki hevesli arkadaşıyla beraber büyücüye kendilerini takdim eder ve büyücü bu adayları basit bir sınava tabi tutar. Sağ elini kaldırır, parmaklarını açar ve Yoda benzeri bir sesle, "Dünyayı kontrol etme gücü hangi parmakta?" diye sorar. Her cüce bir parmak seçer ama hepsinin cevabı yanlıştır. Yine de büyücü Willow'da bir şey fark eder ve sonradan, "Parmaklarımı kaldırdığımda içinden geçen ilk şey neydi?" diye sorar ona. "Valla, aptalca bir şey," der Willow mahcup bir şekilde, "kendi parmağımı seçmek geçti içimden". "İşte!" diye bir zafer nidası atar büyücü, "Doğru cevap bu! Senin kendine güvenin eksik." Liberal mitoloji bu dersi tekrarlamaktan asla bıkmaz.

İncil'i, Kuran'ı ve Vedalar'ı kendi ellerimizle yazdık ve zihnimizde bu hikâyelere güç atfettik. Bu hikâyelerin güzelliği su götürmez ama güzelliklerinin tek kaynağı bizim onları öyle görmemiz. Kudüs, Mekke, Varanasi ve Bodh Gaya kutsal yerler ama bunun tek sebebi insanların oralara gidince deneyimlediği duygular. Evren kendi başına anlamsız bir atom çorbasıdır. Hiçbir şey kendiliğinden güzel, kutsal ya da seksi değildir ama insanların hisleri onları öyle kılar. Kırmızı bir elmayı cezbedici, dışkıyı iğrenç yapan sadece insanın hisleridir. İnsanın hislerini çıkarınca geriye sadece bir tutam molekül kalır.

Kendimizi evrene dair hazır ve nazır bir hikâyeye yerleştirerek anlam bulmaya çalışıyoruz ama liberal dünya algısına göre hakikat bunun tam tersi. Evren bana anlam sunmaz. *Ben* evrene anlam veririm. Kozmik misyonum budur. Sabit bir kadere ya da *dharma*'ya sahip değilim. Kendimi Simba ya da Arjuna'nın yerinde bulsam, pek tabii krallık tacı için savaşabilirim ama buna mecbur değilim. İster sirke katılırım, ister gidip bir Broadway müzikalinde şarkı söylerim, ister Silikon Vadisi'ne taşınır bir iş kurarım. Kendi *dharma*'mı kendim yaratmakta özgürüm.

Demek ki liberal anlatı da tüm kozmik anlatılar gibi bir yaradılış anlatısıyla başlar. Yaradılışın her an gerçekleştiğini söyler ve yaratıcı da benim. O halde hayatımın amacı ne? Hissederek, düşünerek, algılayarak ve icat ederek yaratmak. İnsanın hissetme, düşünme, arzulama ve icat etme özgürlüğünü kısıtlayan her şey evrenin anlamını kısıtlar. Bu yüzden de bu tür kısıtlamalardan kurtulmak en yüce idealdir.

Liberal anlatıya inananlar uygulamada iki emrin ışığında yaşarlar: yarat ve özgürlük için savaş. Yaratıcılık kendini şiir yazmakta, cinselliğinizi keşfetmekte, yeni bir uygulama geliştirmekte ya da bilinmeyen bir kimyasal maddeyi keşfetmekte gösterebilir. Özgürlük için savaşmak insanları toplumsal, biyolojik ve fiziksel baskılardan kurtaran her şeyi içerir; bu, zalim diktatörlere karşı eyleme geçmek ya da kız çocuklarına okuma yazma öğretmek de olabilir, kansere çare bulmak ya da uzay gemisi inşa etmek de. Liberal kahramanlar anıtında Rosa Parks ve Pablo Picasso da vardır, Louis Pasteur ve Wright kardeşler de.

Tüm bunlar teoride son derede heyecan verici ve etkileyici geliyor. Ne yazık ki insanların özgürlüğü ve yaratıcılığı liberal anlatının tasavvur ettiği gibi değil. Mevcut bilimsel anlayışa göre, tercih ve yaratılarımızın ardında büyü yok. Bunlar biyokimyasal sinyaller alıp veren milyarlarca nöronun ürünü ve insanları Katolik Kilisesi ya da Sovyetler Birliği'nin boyunduruğundan kurtarsanız da seçimleri yine de Engizisyon ve KGB kadar acımasız biyokimyasal algoritmalar tarafından dikte edilecek.

Liberal anlatı ifade özgürlüğünün peşine düşmemi, kendimi gerçekleştirmemi salık veriyor. Ama hem "kendim" hem de özgürlük eski zaman masallarından ödünç alınmış mitolojik yaratıklar. Liberalizm oldukça muğlak bir "özgür irade" anlayışına sahip. İnsanların besbelli bir iradesi var, arzuları var ve kimi zaman arzularını gerçekleştirmekte özgürler. "Özgür irade" tabirinden kastedilen arzuladığın şeyi yapma özgürlüğüyse, o zaman evet, insanların özgür iradesi var. Ama "özgür irade" istediğini arzulama özgürlüğüyse, o zaman hayır, insanların özgür iradesi yok.

Erkeklerden hoşlanıyorsam, fantezilerimi gerçekleştirmekte özgür olabilirim ama kadınlardan hoşlanmaya başlamakta özgür değilim. Kimi durumlarda cinsel isteklerimi bastırmayı ve hatta "cinsel dönüşüm" terapisi almayı tercih edebilirim ama cinsel yönelimimi değiştirme arzusunun kendisi, kültürel ya da önyargılar tarafından kışkırtılmış olabilecek nöronlarımın dayattığı bir şey. Neden biri cinselliğinden utanıp bunu değiştirme gereği duyuyor da bir başkası aynı cinsel arzuları en ufak bir suçluluk duygusuna kapılmadan seve seve yaşıyor? Belki ilkinin dinsel duyguları ikincisinden güçlüdür diyebilirsiniz. Ama insanlar güçlü ya da zayıf dinsel duygular taşımayı özgürce mi seçiyor? Yine, bir insan her pazar kiliseye giderek bilinçli bir şekilde zayıf dinsel duygularını güçlendirme tercihinde bulunabilir. Ama neden bir insan daha dindar olmaya heves ediyor da bir diğeri ateist kalmaktan gayet mutlu? Bu pek çok kültürel ve genetik eğilimden kaynaklanabilir ama asla "özgür irade" eseri değil.

Cinsel arzu için geçerli olan şey tüm arzular ve esasen tüm hisler ve düşünceler için geçerlidir. Aklınıza gelen ilk düşünceyi ele alın. Nereden geldi? Önce özgürce bir tercih yapıp sonra mı düşündünüz bunu? Kesinlikle hayır. İnsanın kendini keşfetme süreci önce basit şeylerle başlar ve gittikçe güçleşir. İlk başta, dışımızdaki dünyayı kontrol etmediğimizi fark ederiz. Yağmur yağıp yağmayacağını ben belirlemiyorum. Sonra bedenimizde olan biteni kontrol etmediğimizi anlarız. Kan basıncımı ben kontrol etmiyorum. Bunun ardından, beynimize bile hâkim olmadığımızı öğreniriz. Nöronların ne zaman harekete geçeceğini ben belirlemiyorum. Sonuçta arzularımızı ve hatta bu arzulara verdiğimiz tepkileri de kontrol etmediğimizi idrak etmeliyiz.

Bunu fark etmek fikirlerimiz, hislerimiz ve arzularımız konusunda daha az saplantılı hale gelmemize yardım edebilir. Özgür irademiz yok ama irademizin zulmünden az da olsa kurtulabiliriz. İnsanlar genellikle arzularına, dünyayı arzuları doğrultusunda kontrol etmeye ve şekillendirmeye çalışacak kadar çok önem verirler. İhtiraslarının peşinde Ay'a çıkarlar, savaş çıkarırlar ve tüm ekosistemin dengesini bozarlar. Arzularımızın özgür seçimlerin sihirli bir tezahürü olmadığını, daha ziyade (kontrolümüzün tamamen dışındaki kültürel faktörlerin etkisi altında kalmış) biyokimyasal süreçlerin ürünü olduklarını anlarsak, onlarla daha az meşgul olabiliriz. Aklımızda beliriveren fantezileri gerçekleştirmeye çalışmak yerine kendimizi, zihnimizi ve arzularımızı anlamak daha iyidir.

Kendimizi anlamak için atılması gereken önemli adımlardan biri, "benlik" dediğimiz şeyin zihnimizin karmaşık mekanizması tarafından durmadan üretilen, yenilenen ve yeniden yazılan bir kurmaca olduğunu kabullenmektir. Kafamda kim olduğumu, nereden geldiğimi, nereye gittiğimi ve şimdi ne olduğunu açıklayıp duran bir anlatıcı var. Yaşanan siyasi çalkantıları kamuoyuna yutturmaya çalışan hükümet şakşakçıları gibi iç anlatıcı da durmadan bir şeyleri yanlış anlar ama bunu etse etse kırk yılda bir kabul eder. Bayraklar, semboller ve geçit törenleriyle bir millet miti kuran hükümet gibi içimdeki propaganda makinesi de çoğunlukla gerçekle alakası olmayan değerli anılar ve mühim travmalarla kişisel bir mit kurar.

Facebook ve Instagram çağında, bu mit yaratma sürecini hiç olmadığı kadar iyi gözlemleyebilirsiniz çünkü bu işlemin bir kısmı zihinden çıkarılıp bilgisayara devredildi. İnsanların çevrimiçi mecrada kusursuz bir benlik yaratmak için saatlerini harcamalarına, kendi yarattıkları bu şeye bağlanmalarına ve bunu kendileriyle ilgili gerçeklikle karıştırmalarına tanık olmak çok şaşırtıcı ve korkutucu.[20] Bu şekilde trafikte kitlenip kalarak, gereksiz atışmalara girerek ve gergin sessizlikler yaşayarak geçirilen bir tatil güzel manzaralar, mükemmel yemekler ve gülen yüzlerden oluşan bir derlemeye dönüşüyor; deneyimlediğimiz şeylerin yüzde 99'u asla benlik anlatısının parçası haline gelmiyor.

Fiili deneyimlerimiz bedenselken hayali benliğimizin bu denli görsel olması özellikle dikkat çekici. Hayal âlemindeyken, zihnimizde ya da bilgisayar ekranında bir sahne canlandırırsınız. Kendinizi tropik bir sahilde, arkanızda mavi deniz ve yüzünüzde koca bir gülümsemeyle, bir elinizde kokteyl, öbür eliniz sevgilinizin belinde görürsünüz. Cennet. Resimde görünmeyenler bacağınızı ısıran sinir bozucu bir sinek, o kötü balık çorbasını içtiğiniz için midenizde oluşan burulma hissi, mahsusçuktan gülmeye çalıştığınız için çenenizde oluşan gerginlik ve mutlu çiftin beş dakika önce yaşadığı çirkin kavga. Keşke fotoğraftaki insanların fotoğraf çekilirken ne hissettiğini hissedebilseydik!

Dolayısıyla gerçekten kendinizi anlamak istiyorsanız, Facebook hesabınızla ya da içsel benlik anlatınızla özdeşleşmemelisiniz. Onun yerine bedeninizin ve zihninizin gerçek akışını gözlemlemelisiniz. Göreceksiniz ki düşünceler, duygular ve arzular çok da bir sebebi olmadan ve sizden bir komut gelmeden belirip kayboluyor, tıpkı sağdan soldan esip saçınızı başınızı dağıtan rüzgâr gibi. Üstelik nasıl ki rüzgâr değilseniz, deneyimlediğiniz düşünce, duygu ve arzular karmaşası da değilsiniz ve bunlara dair geriye dönüp bakarak anlattığınız sterilize anlatı hiç değilsiniz. Hepsini deneyimliyorsunuz ama kontrol etmiyorsunuz; bunlar sahip olduğunuz şeyler değil ve siz onlar değilsiniz. İnsanlar, "Ben kimim?" diye sorup cevap olarak bir anlatı bekliyorlar. Kendiniz hakkında bilmeniz gereken ilk şey bir anlatı olmadığınız.

Anlatı yok

Liberalizm kozmik tiyatroyu reddederek radikal bir adım attı ama sonra aynı tiyatroyu insanın içinde yeni baştan yarattı; evrenin bir olay örgüsü yok, o yüzden de olay örgüsü yaratmak biz insanlara kaldı; misyonumuz da, hayatımızın anlamı da bu. Liberal çağdan binlerce yıl önce, kadim Budizm öğretisi daha da ileri giderek sadece kozmik tiyatroları değil, insanın kendi yaratısı olan içsel tiyatrosunu da reddetmişti. Evrende anlam yoktur, aynı şekilde insan duyguları da bir anlam taşımaz. Hiçbiri müthiş kozmik masalların parçası değiller; belirli bir amacı olmaksızın belirip kaybolan fani titreşimlerden ibaretler. Hakikat bu. Kabul edin.

Brihadaranyaka Upanişad, "Kurbanlık atın kafası şafak, gözü güneş (...) uzuvları mevsimler, eklemleri tam ve yarım aylar, ayakları günler ve geceler, kemikleri yıldızlar ve eti bulutlardır," der bize. Bunun aksine temel Budist metinlerinden *Mahasatipatthana Sutta*, bir insan meditasyon yaptığında bedenini dikkatle izler ve "Bu bedende saçlar, tüyler, tırnaklar, dişler, deri, et, kaslar, kemikler, ilik, böbrek, kalp (...) tükürük, sümük, eklem sıvısı ve sidik," olduğunu fark eder ve, "Böylece bedenini gözlemleyerek oturur (...) Artık anlayışı pekişir: 'Beden bu!'"[21] Saçlar, kemikler ya da sidik başka hiçbir şeyi temsil etmez. Neyse odur.

Bu metin pasajlar boyunca, meditasyon yapan insan bedeninde ya da zihninde ne gözlemlerse gözlemlesin, bunu olduğu gibi anlar diye açıklamaya devam ediyor. Dolayısıyla meditasyon yapan nefes aldığında, "Derin nefes alınca, gerektiği gibi 'derin bir nefes alıyorum,' diye anlar. Sığ nefes alınca, gerektiği gibi, 'Sığ nefes alıyorum,' diye anlar."[22] Uzun nefes mevsimleri temsil etmediği gibi kısa nefes de günleri temsil etmez. Bunlar sadece vücuttaki titreşimlerdir.

Buda evrenin üç temel gerçekliği olduğunu düşündü: her şeyin durmadan değişmesi, hiçbir şeyin kalıcı bir özünün bulunmaması ve hiçbir şeyin bütünüyle tatmin edici olmaması. Galaksinin, bedeninizin ya da zihninizin en kuytu köşelerini keşfetseniz de hiç değişmeyen, sonsuz bir öz taşıyan ve sizi bütünüyle tatmin eden bir şey asla bulamazsınız.

Acı, insanlar bunun kıymetini bilmediği için ortaya çıkıyor. Bir yerlerde sonsuz bir öz olduğunu ve onu bulup ona bağlanırlarsa bütünüyle tatmin olabileceklerine inanıyorlar. Bu sonsuz öz kimi zaman Tanrı, kimi zaman millet, kimi zaman sahici benlik, kimi zaman da gerçek aşk, ve insanlar kendilerini bunu bulmaya ne kadar adarlarsa, bulmayı başaramadıkları için o kadar hüsrana ve mutsuzluğa kapılıyorlar. Daha fenası, bu öz sevdası ne kadar büyükse, güttükleri gayeyle aralarına giriyormuş izlenimi uyandıran insanlara, gruplara ya da kurumlara o kadar büyük nefret besliyorlar.

O halde Buda'ya göre hayatta anlam yok ve insanların anlam yaratmaya ihtiyaçları yok. Bunu fark etmeli ve bu sayede bağlandığımız şeyler ve içi boş fenomenlerle özdeşleşmek yüzünden çektiğimiz acılardan kurtulmalıyız. "Ne yapmalıyım?" diye soruyor insanlar ve Buda şöyle bir tavsiye veriyor: "Hiçbir şey yapmayın. Hiç ama hiçbir şey yapmayın." Sorun sürekli bir şey yapmamız. İlla fiziksel düzeyde değil (gözlerimizi kapatıp saatlerce kıpırdamadan durabiliriz), zihinsel düzeyde de harıl harıl hikâyeler ve kimlikler yaratıyor, savaşlara giriyor, zaferler kazanıyoruz. Hiçbir şey yapmamak demek zihnin de hiçbir şey yapmaması ve hiçbir şey yaratmaması demek.

Ne yazık ki bu da çabucak kahramanlık destanına dönüşüveriyor. Gözleriniz kapalı oturup burun deliklerinizden girip çıkan nefese dikkat kesilirken bile bununla ilgili hikâyeler oluşturmaya başlayabilirsiniz. "Çok hızlı nefes aldım. Daha sakin nefes alırsam daha sağlıklı olurum" ya da "Nefesimi gözlemleyip hiçbir şey yapmazsam aydınlanır ve dünyanın en bilge ve en mutlu insanı olurum." Sonra destan dallanıp budaklanır ve insanlar sadece kendi bağlarından kurtulma yolculuğuna çıkmanın değil başkalarını da aynı şeyi yapmaya ikna etmenin derdine düşerler. Hayatta bir anlamın olmadığını kabullendikten sonra, anlamı bunu başkalarına anlatmakta, inanmayanlarla tartışmakta, şüphecilere ders vermekte, manastır inşası için bağış yapmakta bulurlar, vs. "Anlatı yok" hemen başka bir anlatıya dönüşebilir.

Budizmin tarihi, bağlanmamanın önemine, her tür fenomenin geçiciliğine ve boşluğuna inanan insanların nasıl bir ülkenin yönetimi, bir binanın mülkiyeti hatta bir kelimenin anlamı yüzünden didişip kavga edebileceğine dair binlerce örnek barındırır. Ezeli ve ebedi bir Tanrı'nın yüceliğine inandığınız için insanlarla kavga etmek hoş olmasa da anlaşılır bir şeydir; tüm fenomenlerin boşluğuna inandığınız için insanlarla kavga etmek gerçekten çok acayip ama son derece insani.

18. yüzyılda hem Burma hem de komşusu Siyam hanedanları Buda'ya bağlılıklarıyla övünüyor ve meşruiyetlerini Budist inanışı korumaktan alıyorlardı. Krallar manastırlara bağış yapar, pagodalar inşa ettirir ve her hafta tüm insanların beş temel ahlaki sorumluluğu (öldürmekten, çalmaktan, cinsel tacizden, hileden ve sarhoşluktan uzak durmak) üzerine güzel konuşmalar yapan eğitimli rahipleri dinlerlerdi. Yine de bu iki kral yıllar boyunca kıyasıya savaştı. 7 Nisan 1767'de Burma Kralı Hsinbyushin uzun bir kuşatmadan sonra Siyam'ın başkentine akın etti. Muzaffer bölükler önlerine geleni öldürdü, malları yağmaladı, kadınlara tecavüz etti ve muhtemelen orada burada sarhoş oldu. Sonra da şehri ve beraberinde sarayları, manastırları ve pagodaları yakıp yıktı, yanlarına binlerce köle ve arabalar dolusu altın ve mücevher alıp evlerine döndüler.

Kral Hsinbyushin, Budizm'i hafife falan almıyordu. Bu büyük zaferden yedi yıl sonra İravadi Nehri boyunca yol aldı ve yol üstündeki önemli pagodalarda ibadet edip Buda'dan ordularına daha çok zafer bahşetmesini diledi. Yangon'a vardığında tüm Burma'nın en kutsal mabedi olan Shwedagon Pagoda'sını yeniden inşa ettirip genişletti. Sonra da bu büyütülmüş yapıyı ağırlığınca altınla kaplatıp pagodanın üzerine diktirdiği altın külahı değerli taşlarla donattı (taşlar Siyam'dan yağmalanmış olabilir). Fırsat bu fırsat, esir Bago kralını, erkek kardeşini ve oğlunu da infaz etti.[23]

1930'larda, Japonya'da insanlar Budist öğretileri milliyetçilik, militarizm ve faşizmle birleştirmenin bile yaratıcı yollarını buldular. Nissho Inoue, Ikki Kita ve Tanaka Chigaku gibi radikal Budist düşünürler bencil bağlardan kurtulmak için insanların kendilerini bütünüyle imparatora vakfetmesi, şahsi düşüncelere son vermesi ve sadece millete sadakat göstermesi gerektiğini iddia ettiler. Bu tür fikirler çeşitli aşırı milliyetçi örgütü etkiledi. Bunlardan biri Japonya'nın tutucu siyasi sitemini yıkmak için bir dizi suikast düzenleyen fanatik bir askeri gruptu. Eski maliye bakanını, Mitsui şirketinin genel müdürünü ve en sonunda da Başbakan Inukai Tsuyoshi'yi öldürdüler. Bu sayede Japonya'nın militan bir diktatörlüğe dönüşüm süreci hızlandı. Ordu savaşa girince, Budist rahipler ve Zen ustaları, insanlara devlet otoritesine kendilerini düşünmeden uymayı öğütleyip savaş için kendilerini feda etmelerini tembihlediler. Öte yandan Budizm'in şiddet uygulamamaya ve merhamete dair öğretileri bir şekilde unutuldu ve Japon birliklerinin Nankin, Manila ya da Seul'deki davranışları üzerinde görünür bir etkisi olmadı.[24]

Günümüzde Budist Myanmar insan hakları sicili dünyanın en kötü ülkeleri arasında ve Budist rahip Ashin Wirathu ülkedeki Müslüman karşıtı hareketin başını çekiyor. Sadece Myanmar ve Budizm'i Müslüman mücahitlerin komplolarından korumayı amaçladığını söylüyor ama verdiği vaazlar ve yazdığı yazılar o kadar kışkırtıcı ki Şubat 2018'de Facebook, nefret söylemi yasağı gerekçesiyle hesabını kaldırdı. 2017'de *Guardian* gazetesiyle yaptığı bir söyleşide bir sivrisineğe bile şefkat göstermekten bahseden rahip, Myanmar askerlerinin Müslüman kadınlara tecavüz ettiği iddiaları gündeme gelince gülüp, "Mümkün değil. Vücutları çok iğrenç," dedi.[25]

Sekiz milyar insan düzenli olarak meditasyona başlasa, dünyaya barış ve ahengin gelme ihtimali çok düşük. İnsanın kendi hakkındaki hakikati gözlemlemesi inanılmaz zor! Bir şekilde çoğu insanı denemeye ikna etseniz de pek çoğumuz hemen karşılaştığımız hakikati çarpıtıp içinde kahramanlar, hainler ve düşmanlar bulunan bir anlatıya dönüştürürüz ve savaşa gitmek için sağlam bahaneler buluruz.

Gerçeklik testi

Tüm bu anlatılar zihnimizde yarattığımız kurmacalar olsa da umutsuzluğa kapılmaya gerek yok. Gerçeklik yerinde duruyor. Hayal ürünü bir tiyatroda rol alamazsınız ama zaten niye böyle bir şey yapmak isteyesiniz ki? İnsanların karşılaştığı en büyük soru, "Hayatın anlamı nedir?" değil, "Acıdan nasıl kurtulunur?" Tüm kurmacalardan vazgeçtiğinizde, gerçekliği öncekinden çok daha berrak gözlemleyebilirsiniz ve kendiniz ve dünya hakkındaki hakikati gerçekten biliyorsanız, hiçbir şey sizi aşağı çekemez. Ama tabii, söylemesi kolay.

Biz insanlar dünyayı kurmacalar yaratma ve bunlara inanma yeteneğimiz sayesinde fethettik. Bu sebeple kurmacayla gerçeği birbirinden ayırmak konusunda oldukça kötüyüz. Bu farkı görmezden gelmek, bizim için bir hayatta kalma meselesi olmuş. Ama yine de aradaki farkı görmek isterseniz, çekilen acıya bakarak işe başlayabilirsiniz. Çünkü dünyadaki en gerçek şey acıdır.

Karşınıza büyük bir anlatı çıkar ve bunun gerçek mi hayal ürünü mü olduğunu anlamak isterseniz, sorulacak kilit sorulardan biri, hikâyenin ana kahramanının acı çekip çekemeyeceğidir. Örneğin biri size Polonya halkının hikâyesini anlatırsa, durup Polonya acı çekebilir mi diye düşünün. Romantizm dönemi şairi ve çağdaş Polonya milliyetçiliğinin babası Adam Mickiewicz, Polonya'yı "milletlerin Mesih'i" diye adlandırmıştı. Polonya Rusya, Prusya ve Avusturya arasında bölüştürüldükten onlarca yıl sonra ve 1830 Polonya ayaklanmasının Ruslar tarafından hunharca bastırılmasının hemen ardından Mickiewicz 1832'de, Polonya'nın çektiği acıların tüm insanlık adına yapılan, İsa Mesih'in fedakârlığına denk bir fedakârlık olduğunu ve Mesih gibi Polonya'nın da dirileceğini yazmıştı.
Mickiewicz meşhur bir pasajında şöyle der:

> Polonya [Avrupa halklarına] şöyle dedi, "Benden çıkacak her şey özgür ve eşit olacaktır çünkü ben ÖZGÜRLÜĞÜM." Ama bunu duyan kralların yüreğini korku sardı ve Polonya milletini çarmıha gerip onu mezara koyarken şöyle seslendiler, "Özgürlüğü katlettik ve gömdük." Ama haykırışları nafileydi (...) Çünkü Polonya Millet'i ölmedi (...) Üçüncü Gün, Ruh Bedene dönecek ve Millet dirilip tüm Avrupa halklarını Kölelik'ten kurtaracak.[26]

Bir millet gerçekten acı çekebilir mi? Bir milletin gözleri, elleri, duyuları, duygulanımları ve tutkuları var mı? İğne batırsanız kanar mı? Elbette hayır. Savaşta yenilirse, bir yetkisini kaybeder ve hatta bağımsızlığını kaybeder ama yine de acı, üzüntü ya da başka tür bir cefa çekmez çünkü bir bedeni, bir zihni ve herhangi bir hissi yoktur. İşin aslı sadece bir metafordur. Polonya sadece birtakım insanların tasavvurunda acı çekmeye muktedir bir varlıktır. Polonya acıya katlanır çünkü bu insanlar ona bedenlerini ödünç vermiştir; sadece Polonya ordusunda askerlik yaparak değil milletin neşe ve üzüntülerini vücuda getirerek de. Mayıs 1831'de, Ostrołęka Muharebesi'nde Polonyalıların yenik düştüğü haberi Varşova'ya ulaştığında, insanların midesi düğümlendi, insanların yürekleri sızladı, insanların gözlerinden yaşlar aktı.

Tüm bunlar Rus işgalini gerekçelendiremez elbette. Polonyalıların bağımsız bir ülke kurma ve kendi yasalarıyla göreneklerini belirleme hakkını da hakir görmez. Fakat en nihayetinde, gerçekliğin Polonya milletinin anlatısı olamayacağı anlamına gelir çünkü Polonya'nın varlığı insanların zihinlerindeki imgelere bağlıdır.

Öte yandan Rus askerlerince soyulan ve tecavüz edilen bir Varşovalı kadının kaderini düşünün. Polonya milletinin metaforik acısının aksine, kadının çektiği acı son derece gerçektir. Bu acıya yol açan insanların Rus milliyetçiliği, Ortodoks Hıristiyanlık ve maço bir kahramanlık gibi çeşitli kurmacalara duydukları inançlar olabilir; tüm bunlar Rus devlet adamlarını ve askerlerinin esinlendiği şeyler. Fakat sonuçta yaşanan acı yüzde yüz gerçektir.

Siyasetçiler muammalı konuşmaya başlayınca sakının. Gerçek acıları anlaşılmaz sözlerle sarıp sarmalayıp gizlemeye çalışıyor olabilirler. Özellikle de şu dört kelimeye dikkat edin: fedakârlık, ebediyet, saflık, kefaret. Bunlardan herhangi birini duyarsanız alarm çalmaya başlayın. Hele bir de başındaki liderin mütemadiyen, "Yaptıkları fedakârlık aziz milletimizin saflığını tescil ediyor," gibi cümleler kurduğu bir ülkede yaşıyorsanız, bilin ki başınız büyük dertte. Aklınıza mukayyet olmak için her zaman bu içi boş şeyleri gerçek koşullara tercüme edin: ıstırap içinde kıvranarak ağlayan bir asker, dövülüp zalimce muamele gören bir kadın, korkuyla titreyen bir çocuk.

O yüzden evren hakkındaki gerçeği, hayatın anlamını ve kendi kimliğinizi öğrenmek istiyorsanız, acıyı gözlemleyerek ve acının neye tekabül ettiğini inceleyerek başlamak en iyisi.

Cevap bir anlatı değil.

21

Meditasyon

Sadece izle

Bu kadar çok anlatıyı, dini ve ideolojiyi eleştirdikten sonra, kendimi de ateş hattına koyup, bu kadar kuşkucu birinin nasıl olup da sabahları hâlâ neşeli uyanabildiğini açıklamak hakkaniyetli olacaktır. Ne var ki, kısmen bir rahat düşkünü gibi algılanmak korkusuyla, kısmen de sanki benim için iyi işleyen bir sistem herkes için aynı şekilde işleyecekmiş gibi bir yanlış intiba uyandırmak istemediğimden, bunu yapma konusunda tereddüt ediyorum. Genlerimin, nöronlarımın, kişisel tarihimin ve *dharma*'mın herkeste ortak olmadığının son derece farkındayım. Ama okurların en azından benim dünyaya bakarken taktığım gözlüğün camlarının hangi tonlarla renklendiğini, dolayısıyla aslında görümü ve yazımı çarpıttığını mutlaka bilmesi belki de iyidir.

Gençken sorunlu ve huzursuz biriydim. Dünya bana hiçbir şey ifade etmiyordu ve hayata dair aklımdaki büyük sorulara ilişkin hiçbir cevabım yoktu. Özellikle, dünyada ve benim hayatımda neden bu kadar çok acı olduğunu anlamıyor, bu konuda ne yapılabileceğini bilmiyordum. Çevremdeki insanlardan ve okuduğum kitaplardan tek öğrendiğim, ayrıntıları incelikle işlenmiş kurmacalardı: tanrılar ve tanrı katı hakkında dini mitler, anavatan hakkında milliyetçi mitler, aşk ve macera hakkında romantik mitler ya da ekonomik büyüme, satın alma ve tüketmenin beni nasıl mutlu edeceğini anlatan kapitalist mitler. Bunların hepsinin muhtemelen sadece kurmacadan ibaret olduğunu fark edecek kadar kafam çalışıyordu ama hakikati nasıl bulacağıma dair hiçbir fikrim yoktu.

Üniversiteye başlayınca, üniversitenin cevapları bulmak için en uygun mekân olacağını zannettim. Ama hayal kırıklığına uğradım. Akademik dünya beni insanların şimdiye kadar yarattığı bütün mitleri yıkmak için güçlü aletlerle donattı ama hayatın büyük soruları için tatmin edici cevaplar sunmadı. Aksine beni gitgide sınırları daha da dar sorulara odaklanmaya teşvik etti. Nihayetinde kendimi Oxford Üniversitesi'nde ortaçağ askerlerine ait otobiyografik metinler üstüne bir doktora tezi yazarken buldum. Hobi olarak onlarca felsefe kitabını okumaya ve birçok felsefi tartışmaya girmeye devam ettim. Bunlar bitmez tükenmez bir entelektüel eğlence kaynağı sunsa da, bana gerçek anlamda neredeyse hiçbir içgörü kazandırmadı. Bu son derece siniri bozucu bir durumdu.

Sonunda bir gün, yakın arkadaşım Ron bütün kitapları ve entelektüel tartışmaları bir kenara bırakıp Vipassana meditasyonu dersini denememi tavsiye etti. ("Vipassana" Eski Hindistan'ın Pali dilinde "içe bakış" anlamına gelir.) Bunun yeni akım saçmalıklardan biri olduğunu düşündüm ve bir mit daha duymaya hevesim olmadığından gitmeyi reddettim. Fakat Ron beni bir yıl boyunca sabırla yokladıktan sonra, Nisan 2000'de on günlük bir Vipassana meditasyonu kampına gitmeye ikna etti.[1]

Bunun öncesinde meditasyon hakkında çok az şey biliyordum ve her tür karmaşık mistik kuramdan nasibini almış bir şeyle karşılaşacağımı varsayıyordum. Bu yüzden son derece uygulamalı bir öğretiyle karşılaşınca çok şaşırdım. Dersin hocası S. N. Goenka, öğrencilere bağdaş kurup gözlerini kapamalarını ve bütün dikkatlerini burun deliklerinden giren ve çıkan nefese yoğunlaştırmalarını söyledi. Sürekli, "Hiçbir şey yapmayın, nefesinizi kontrol etmeye ya da belli bir biçimde nefes alıp vermeye çalışmayın. Sadece şu anın gerçekliğini, bu her neyse, izleyin. Nefesin bedeninize girerken bunun sadece farkına varın, şimdi nefes bedeninize giriyor. Nefesiniz bedeninizden çıkarken bunun sadece farkına varın, şimdi nefesiniz bedeninizden çıkıyor. Dikkatiniz dağıldığında, zihniniz anılar ve hayaller arasında dolaşmaya başladığında bunun sadece farkına varın, şimdi zihniniz nefesinizden uzaklaştı," deyip durdu. O zamana kadar herhangi birinden duyduğum en önemli şeydi.

İnsanlar hayata dair büyük sorular sorduklarında, genellikle nefeslerinin burun deliklerine ne zaman girip çıktığıyla zerre kadar ilgilenmezler. Daha ziyade, öldükten sonra kendilerine ne olacağı gibi şeyleri bilmek isterler. Oysa hayatın gerçek esrarı siz öldükten sonra ne olacağı değil siz ölmeden önce ne olacağı. Ölümü anlamak için yaşamı anlamanız gerek.

İnsanlar, "Ölünce tamamen yok olup gidecek miyim? Cennete mi gideceğim? Yeni bir bedende yeniden doğacak mıyım?" diye sorarlar. Bu sorular, doğumdan ölüme dek varlığını sürdüren bir "Ben" bulunduğu varsayımına dayanır ve asıl soru şudur: "Ölünce bu Ben'e ne olacak?" Ama doğumdan ölüme kadar varlığını sürdüren nedir ki? Beden her an değişip durur, beyin her an değişip durur, zihin her an değişip durur. Kendinizi ne kadar yakından izlerseniz, aslında hiçbir şeyin bir andan diğerine bile aynı kalmadığı o kadar aşikâr olur. O halde bütün bir hayatı bir arada tutan nedir? Eğer bunun cevabını bilmiyorsanız, hayatı anlamamışsınız demektir ve şurası kesin ki ölümü anlama ihtimaliniz hiç yoktur. Hayatı neyin bir arada tuttuğunu bir gün keşfederseniz, o zaman ölüme ilişkin büyük sorunun cevabı da ortaya çıkacaktır.

İnsanlar, "Ruh doğumdan ölüme kadar varlığını korur ve dolayısıyla hayatı bir arada tutar," der ama bu sadece bir anlatıdır. Hiç bir ruhu izlediniz mi? Bunu sadece ölüm anında değil, her an keşfedebilirsiniz. Eğer bir an bitip diğer an başladığında size ne olduğunu anlayabilirseniz, ölüm anında da size ne olacağını anlayabilirsiniz. Eğer kendinizi bir nefes alış süresi boyunca gerçekten izleyebilirseniz, her şeye vâkıf olursunuz.

Nefesimi izleyerek öğrendiğim ilk şey, okuduğum bütün kitaplara ve üniversitedeyken katıldığım bütün derslere rağmen, zihnim hakkında aslında neredeyse hiçbir şey bilmediğim ve zihnimi neredeyse hiç kontrol edemediğimdi. Var gücümle çabalamama rağmen burun deliklerimden giren ve çıkan nefesin gerçekliğini izlemeye başladıktan on saniye sonra, zihnim nefesimden uzaklaşıp gezinmeye başlıyordu. Onca yıl hayatımın efendisi ve kendi kişisel markamın patronu olduğum yanılsamasıyla yaşamıştım. Oysa birkaç saat meditasyon yapmak, kendi üzerimde neredeyse hiç kontrolümün olmadığını göstermeye yetti de arttı. Bırakın patron olmayı, neredeyse kapıcı bile değildim. Bedenimin kapısında, burun deliklerimde durmam ve neyin girip çıktığını gözlemlemem söylenmişti. Ama birkaç saniye sonra dikkattim dağılıyordu ve görev yerimi terk ediyordum. Ufkumu açan bir deneyimdi.

Meditasyon dersi ilerledikçe öğrencilere sadece nefeslerini değil tüm bedenlerindeki hissiyatı da gözlemlemeleri söylendi. Mutluluk ve coşku gibi özel hisler değil daha ziyade en alelade, en sıradan hisler: sıcaklık, baskı, acı ve dahası. Vipassana tekniği, zihnin akışının beden hislerine sıkı sıkıya bağlı olduğu içgörüsüne dayanır. Dünyayla aramda her zaman bedensel hisler vardı. Ben hiçbir zaman dışarıdaki dünyaya tepki vermem, her zaman kendi bedenimdeki hislere tepki veririm. Bu his nahoş olduğunda tiksinmeyle tepki veririm. His hoş olduğunda daha fazlasını isterim. Bir başka kişinin yaptığı bir şeye, Başkan Trump'ın attığı son tweet'e ya da geçmişte kalmış bir çocukluk anısına tepki verdiğimizi zannettiğimizde bile, gerçek şu ki, her zaman o andaki bedensel hislerimize tepki veririz. Biri milletimize ya da tanrımıza hakaret etti diye öfkeden deliye döndüğümüzde, hakareti dayanılmaz kılan midemizdeki yakıcı his ve kalbimizi avcuna alan acı kuşağıdır. Milletimiz bir şey hissetmez ama bedenimiz gerçekten acır.

Öfke nedir, bilmek ister misiniz? O halde öfkeliyken bedeninizde yükselen ve bedeninizden geçen hisleri gözlemleyin sadece. Bu meditasyon kampına gittiğimde yirmi dört yaşındaydım ve öncesinde belki on bin defa öfkeyi deneyimlemiştim ama öfkenin gerçekten nasıl hissettirdiğini gözlemlemeye zahmet etmemiştim. Öfkelendiğimde, öfkenin hissi gerçekliğine değil öfkelendiğim şeye, birinin yaptığı ya da söylediği bir şeye odaklanmıştım.

Sanırım kendi duyumlarımı on gün boyunca izleyerek, kendim ve insanlar hakkında bütün hayatım boyunca öğrendiğimden çok daha fazlasını öğrendim. Dahası, bunu yapmak için herhangi bir anlatıyı, kuramı ya da miti kabul etmek zorunda kalmadım. Sadece gerçeği olduğu gibi izlemek zorunda kaldım. Fark ettiğim en önemli şey, çektiğim acının en derin kaynağının kendi zihnimin örüntülerinde olduğuydu. Bir şey istediğimde ve istediğim olmadığında zihnim acı üreterek tepki veriyor. Acı dış dünyadaki nesnel bir koşul değil, kendi zihnimin ürettiği zihinsel bir tepki. Bunu öğrenmek, daha fazla acı üretmenin önüne geçme yolunda atılacak ilk adımdır.

2000 yılında katıldığım o ilk dersten beri günde iki saat meditasyon yapıyorum ve her yıl bir ila iki aylığına uzun meditasyon inzivalarına çekiliyorum. Gerçeklikten uzaklaşmak için değil. Gerçeklikle temas etmek için. Geri kalan yirmi iki saatte e-postaların, tweet'lerin ve sevimli köpek videolarının altında ezilirken, en azından günde iki saat gerçekliği gerçek haliyle gerçekten izliyorum. Bu egzersizin sağladığı odaklanma ve berraklık olmasa ne *Sapiens*'i yazabilirdim ne de *Homo Deus*'u. Meditasyon en azından benim için asla bilimsel araştırmayla ters düşmedi. Aksine bilimsel donanımıma eklenen kıymetli bir araç halini aldı, özellikle de insan zihnini anlamaya çalışırken.

İki uçtan kazmak

Zihnin gizemlerini çözme konusunda bilim genellikle etkin araç yoksunluğundan zorlanır. Birçok biliminsanı da dahil olmak üzere birçok kişi zihinle beyni karıştırmaya meyillidir ama aslında bu ikisi birbirinden son derece farklıdır. Beyin nöronların oluşturduğu somut bir ağken zihin acı, zevk, öfke ve aşk gibi öznel deneyimlerden mürekkep bir akıştır. Biyologlar beynin bir biçimde zihni ürettiğini ve milyarlarca nörondaki biyokimyasal tepkilerin de bir biçimde acı ve aşk gibi deneyimleri ürettiğini varsayarlar. Ancak şimdiye kadar zihnin beynin faaliyeti sonucu oluştuğuna dair hiçbir açıklamaya ulaşmış değiliz. Niçin milyarlarca nöron belli bir biçimde elektrik sinyali gönderince acı hissediyorum da sinyal başka biçimde gönderilince âşık oluyorum? Elimizde bir ipucu yok. Bu yüzden zihin gerçekten beynin faaliyetinin bir sonucu olarak ortaya çıkıyorsa bile zihni incelemek beyni incelemekten, en azından şimdilik, farklı bir görev.

Mikrospkoplar, beyin tarayıcıları ve güçlü bilgisayarlar sayesinde beyin araştırmaları büyük bir hızla ilerliyor. Ama zihni mikroskop altında ya da beyin tarayıcısında göremiyoruz. Bu araçlar beyindeki biyokimyasal ve elektrik faaliyetlerini saptamamıza imkân sağlıyor ama bu faaliyetlerle ilişkilendirilen öznel deneyimlere erişmemizi sağlamıyorlar. 2018'den itibaren doğrudan erişebildiğim tek zihin kendi zihnim. Hisleri olan diğer varlıkların neler deneyimlediğini anlamak istersem, bunu ancak dolaylı kaynaklara dayanarak yapabilirim ve bu kaynaklar doğal olarak pek çok kısıtlamadan ve çarpıtmadan mustarip.

Elbette çeşitli insanlardan dolaylı bilgiler toplayabilir ve tekrarlayan örüntüleri saptamak için istatistiksel araçlar kullanabiliriz. Bu tür yöntemler, psikologların ve beyin üzerine çalışan biliminsanlarının zihni daha iyi anlamalarını sağlamakla kalmadı, aynı zamanda milyonlarca kişinin hayat koşullarını iyileştirmesine hatta hayatını kurtarmasına imkân tanıdı. Ancak dolaylı bilgiler kullanarak belli bir noktanın ötesine geçmek zor görünüyor. Bilim dünyasında belli bir olguyu araştırırken sözkonusu olguyu doğrudan gözlemlemek en iyisidir. Örneğin antropologlar ikincil kaynakları yaygın bir şekilde kullanırlar ama Samoa kültürünü gerçekten anlamak istiyorsanız er ya da geç bavulunuzu hazırlayıp Samoa'ya gitmekten başka çareniz yoktur.

Hiç şüphesiz, gitmek yeterli değil. Samoa'yı gezen sırt çantalı bir gezginin yazdığı bir blog, bilimsel bir antropolojik çalışma kabul edilemez çünkü çoğu gezgin antropolojik çalışma için gerekli araçlardan ve eğitimden yoksundur. Onların gözlemleri fazlasıyla gelişigüzel ve taraflıdır. Güvenilir antropologlar olmak için insan kültürlerini sistemli ve nesnel bir biçimde nasıl gözlemleyebileceğimizi öğrenmemiz gerekir. Antropoloji bölümünde öğrendiğiniz ve antropologların farklı kültürler arasında köprü kurmak gibi önemli bir görev üstlenmelerini sağlayan şey budur.

Zihnin bilimsel açıdan incelenmesi nadiren bu antropolojik modeli izler. Antropologlar uzak adalara ve gizemli ülkelere yaptıkları ziyaretleri sık sık rapor ederken, bilinç üstüne araştırmacılar zihnin topraklarına bu tür kişisel seyahatlerde nadiren bulunurlar. Çünkü doğrudan gözlemleyebileceğim tek zihin kendi zihnim ve Samoa kültürünü önyargısız ve tarafsız bir biçimde gözlemlemek son derece zor olsa da kendi zihnimi tarafsız bir şekilde gözlemlemek daha da zor. Bir yüzyıldan fazla süren yoğun bir çalışmanın ardından, günümüzde antropologların emrinde nesnel gözlemler yapmak için güçlü yöntemler var. Zihin üstüne çalışan araştırmacılar dolaylı bilgileri toplamak ve analiz etmek için birçok araç geliştirmiş olsa da, kendi zihinlerimizi gözlemlemek sözkonusu olduğunda daha işin başındayız.

Zihni doğrudan gözlemlemek için modern yöntemler bulunmadığı için modern öncesi kültürlerin geliştirdiği bazı araçları deneyebiliriz. Pek çok eski medeniyet, zihni incelemekle yoğun bir şekilde ilgilenmiş ve zihni anlamak için dolaylı bilgiler toplamaya değil, insanlara kendi zihinlerini sistemli bir şekilde izlemeyi öğretme yoluna gitmiştir. Geliştirdikleri yöntemler "meditasyon" genel başlığı altında bir araya geliyor. Günümüzde bu terim genellikle din ve mistisizmle ilişkilendirilir ama aslında prensipte meditasyon kişinin kendi zihnini doğrudan doğruya gözlemlemesi için kullanılan herhangi bir yönteme verilen isimdir. Gerçekten de birçok din çeşitli meditasyon tekniklerine fazlasıyla başvurmuştur ama bu meditasyonun ille de dinsel bir pratik olduğu anlamına gelmez. Aynı şekilde birçok dinin kitaplara fazlasıyla başvurmuş olması da kitaplara başvurmayı dinsel bir pratik kılmaz.

İnsanlar bin yıl boyunca, ilke ve etkinlik açısından değişiklik gösteren yüzlerce meditasyon tekniği geliştirdi. Benim sadece bir teknikle, Vipassana'yla ilgili kişisel bir deneyimim oldu, dolayısıyla hakkında söz söyleyebileceğim tek teknik de bu. Bir sürü farklı meditasyon tekniği gibi Vipassana'nın da Eski Hindistan'da Buda tarafından icat edildiği söylenir. Yüzyıllar içinde, genellikle herhangi bir destekleyici delil olmaksızın Buda'ya sayısız kuram ve anlatı atfedilmiştir. Fakat meditasyon yapmak için bunlardan hiçbirine inanmanız gerekmez. Vipassana'yı bana öğreten hocam Goenka uygulamaya son derece ağırlık veren bir rehberdi. Öğrencilere zihni gözlemlerken dolaylı bütün tarifleri, dinsel dogmaları ve felsefi çıkarımları bir kenara bırakmalarını, kendi deneyimleriyle bizzat karşılaştıkları gerçekliğe odaklanmaları gerektiğini yineleyip dururdu. Her gün sayısız öğrenci odasına gelip kendilerine rehber olmasını ister, sorular sorardı. Odanın girişinde asılı bir işaret levhasında şöyle yazıyordu: "Lütfen kuramsal ve felsefi tartışmalardan kaçın ve kendi pratiğinle ilgili meselelerde kendi sorularına odaklan."

Pratik, bedensel hisleri ve bu hislere verilen zihinsel tepkileri sistemli, sürekli ve nesnel bir tavırla gözlemlemek ve böylece zihnin temel örüntülerini açığa çıkarmaktır. İnsanlar meditasyonu bazen birtakım özel mutluluk ve coşku deneyimleri arayışına dönüştürür. Oysa aslında bilinç evrendeki en büyük gizemdir ve sıcaklık ya da kaşıntı gibi alelade duyguların her bir zerresi bile en az aşkın bir sevinç duygusu ya da vahdet-i vücud kadar esrarengizdir. Vipassana meditasyonu yapanlara, asla özel bir deneyim arayışına girmemeleri, kendi zihinlerinin gerçeğini anlamak için konsantre olmaları tembih edilir.

Son yıllarda hem zihin hem de beyin konusunda çalışan biliminsanlarının bu tür meditasyon tekniklerine ilgisi giderek arttı ama araştırmacıların çoğu bu aracı şimdiye kadar sadece dolaylı şekilde kullandı.[2] Tipik bir araştırmacı meditasyonu kendi başına yapmaz. Meditasyon yapan deneyimli kişileri laboratuvarına çağırır, başlarına elektrotlar takar, onlardan meditasyon yapmalarını ister ve bunun sonucunda beyinde ortaya çıkan faaliyetleri gözlemler. Böyle bir çalışma beyinle ilgili birçok ilginç şey öğretebilir bize ama amaç zihni anlamaksa, o zaman böyle bir yaklaşımla en önemli içgörülerden bazıları ıskalanır. Bu tıpkı maddenin yapısını anlamaya çalışan birinin eline bir büyüteç alıp taşa bakmasına benzer. Bu kişiye bir mikroskop verip, "Al bunu dene. Çok daha iyi göreceksin," deyin. Kişi mikroskopu alır, sonra çok güvendiği büyütecini kaldırır ve büyüteçten bakarak mikroskobun neden yapıldığını dikkatli bir biçimde inceler. Meditasyon zihni doğrudan gözlemlemek için bir araçtır. Kendiniz meditasyon yapacağınıza, meditasyon yapan başka birinin beynindeki elektriksel faaliyetleri izlediğinizde meditasyonun sunduğu potansiyeli büyük ölçüde kaçırırsınız.

Beyin araştırmalarında halihazırda kullanılan araç ve uygulamaların terk edilmesini öneriyor değilim kesinlikle. Meditasyon bunların yerini tutamaz ama tamamlayıcı olabilir. Bu biraz, muazzam bir dağın ortasından geçecek bir tünel kazan mühendislere benzer. Neden sadece dağın tek tarafından kazalım? Aynı anda dağın iki ucundan kazmak daha iyi sonuç verir. Eğer beyin ve zihin gerçekten tek ve aynıysa, o zaman iki uçtan kazılan tünellerin ortada bir yerde buluşması gerekir. Peki ya beyin ve zihin aynı şey değilse? O zaman sadece beyin tarafından kazmayıp zihin tarafından da kazmak çok daha önemli hale gelir.

Bazı üniversiteler ve laboratuvarlar meditasyonu, beyin araştırmalarının sadece nesnesi değil araştırma aracı olarak da kullanmaya başladı bile. Ancak bu yöntem, kısmen araştırmacıların sıradışı bir yatırım yapmalarını gerektirdiği için hâlâ emekleme döneminde. Ciddi meditasyon, muazzam bir disiplin gerektirir. Nesnel bir biçimde hislerinizi izlemeye çalıştığınızda ilk fark edeceğiniz şey zihninizin ne kadar vahşi ve sabırsız olduğudur. Örneğin burun deliklerinizden nefesin giriş ve çıkışı gibi nispeten belirgin bir duyumu izlemeye yoğunlaşsanız bile zihniniz genellikle birkaç saniyeden fazla odaklanamaz, kısa bir süre içinde dikkati dağılan zihin düşünceler, anılar ve hayaller arasında gezinmeye başlar.

Mikroskobun odağı bozulduğunda sadece küçük bir kolu çevirmeniz yeterlidir. Kol bozuksa, tamir etmesi için bir usta çağırabilirsiniz. Ama zihin odağını kaybettiğinde, onu bu kadar kolay tamir edemezsiniz. Genellikle zihnin sakinleşmesi ve konsantre olması için çokça pratik yapması gerekir ki sonunda sistematik ve nesnel bir şekilde kendini gözlemlemeye başlayabilsin. Belki gelecekte bir gün bir hap alıp anında odaklanmayı başarabiliriz. Ama meditasyon sadece zihni odaklamayı değil, aynı zamanda onu keşfetmeyi de amaçladığından, bu tür bir kestirme yöntem ters tepebilir. Hap bizi son derece uyanık ve odaklanmış hale getirebilir ama aynı zamanda zihnin bütün spektrumunu incelememize müsaade etmeyebilir. Sonuçta, şimdi de zihnimizi televizyondaki iyi bir korku filmini izlemek için rahatlıkla odaklayabiliyoruz ama zihin filme öyle odaklanıyor ki kendi dinamiklerini gözlemleyemiyor.

Yine de bu tür teknolojik alet edevata güvenemesek bile onlardan vazgeçmemeliyiz. Antropologlar, zoologlar ve astronotlardan ilham alabiliriz. Antropologlar ve zoologlar bir dolu rahatsızlık ve tehlikeye maruz kalarak uzak adalarda yıllarını harcarlar. Astronotlar uzaya yapacakları kısa yolculuklar için hazırlanırlarken yıllarını zorlu eğitim süreçlerine vakfederler. Yabancı kültürleri, bilinmeyen türleri ve uzak gezegenleri anlamak için bu kadar çaba sarfetmeye hevesliysek, kendi zihinlerimizi anlamak için de o kadar çabalamaya değebilir. Dahası, algoritmalar bizim yerimize karar vermeye başlamadan evvel kendi zihinlerimizi anlamamız hayrımıza olacaktır.

Kendini gözlemlemek hiçbir zaman kolay olmadı ama zamanla işler daha da zorlaşabilir. Tarih ilerledikçe, insanlar kendileriyle ilgili giderek daha da karmaşık anlatılar yarattılar. Bu da aslında kim olduğumuzu anlamamızı daha da zorlaştırdı. Bu anlatıların amacı çok sayıda insanı birleştirmek, güç toplamak ve toplumsal uyumu korumaktı. Bu anlatılar milyarlarca aç insanı beslemek ve bu insanların birbirinin boğazını kesmeyeceğinden emin olmak için elzemdi. İnsanlar kendilerini gözlemlemeye çalıştığında, genellikle bu hazır anlatılar çıkıyordu karşılarına. Ucu açık bir keşfe çıkmak fazlasıyla tehlikeliydi. Toplumsal düzenin altını oyma tehlikesi taşıyordu.

Teknoloji gelişince iki şey oldu: Öncelikle, çakmaktaşından yapılma bıçaklar aşama aşama nükleer füzelere evrilirken, toplumsal düzeni istikrarsızlaştırmak daha tehlikeli hale geldi. İkincisi, mağara resimleri aşama aşama televizyon yayınlarına evrilirken, insanların gözünü boyamak giderek daha da kolaylaştı. Yakın gelecekte algoritmalar insanların kendileriyle ilgili gerçeği gözlemlemelerini neredeyse imkânsız hale getirerek bu süreci nihayete erdirebilir. O noktadan sonra, kim olduğumuza ve kendimiz hakkında ne bilmemiz gerektiğine bizim yerimize algoritmalar karar verecektir.

Önümüzdeki birkaç yıl ya da birkaç on yıl hâlâ bir seçeneğimiz var. Eğer çabalarsak, gerçekten kim olduğumuzu hâlâ araştırabiliriz. Ama bu fırsatı değerlendirmek istiyorsak, en doğrusu hemen işe koyulmak.

Teşekkür

Yazmama ve silmeme yardım eden herkese teşekkürü borç bilirim:

Bu kitabı yazma fikrini ortaya atan ve bu uzun yazma sürecinde bana rehberlik eden Penguin Random House'taki yayıncım Michal Shavit'e, emekleri ve destekleri için Penguin Random House ekibine.

Her zamanki gibi yazdıklarımı sıkı bir edisyondan geçiren, ki bazen sırf, "David okusa ne derdi?" diye düşündüğüm için metin üzerinde daha fazla çalışma ihtiyacı hissettiğim, David Milner'a.

Penguin Random House'taki sanat direktörüm ve kitap kapağının tasarımının arkasındaki dâhi Suzanne Dean'e.

Muhteşem bir tanıtım kampanyası yürüten Riot Communications'tan Preena Gadher ve takım arkadaşlarına.

Verdiği geribildirimler ve Atlantik'in ötesinden işleri hallettiği için Spiegel&Grau'dan Cindy Spiegel'e.

Bana güvendikleri, bu kitaba kendilerini adayıp ortaya profesyonel bir iş çıkardıkları için dünyanın bütün kıtalarındaki (Antarktika hariç) yayıncılarıma.

Eski sinagoglardan yapay zekâya kadar her şeyi gözden geçiren araştırma asistanım Idan Sherer'e.

Aralıksız desteği ve tavsiyeleri için Shmuel Rosner'a.

Bu kitabın taslağını okuyup yanlışlarımı düzeltmek için zaman ve çaba harcayan ve olaylara yeni bir açıdan bakmamı sağlayan Yigal Borochovsky ve Sarai Aharoni'ye.

Kamikaze, gözetleme, psikoloji ve algoritmalar konusunda bilgilerini paylaşan Danny Orbach, Uri Sabach, Yoram Yovell ve Ron Merom'a.

Benim yüzümden e-posta cehenneminde günler geçiren fedakâr takımımın üyeleri Ido Ayal, Maya Orbach, Naama Wartenburg ve Eilona Ariel'e.

Sabırları ve sevgileri için tüm dostlarıma ve aile üyelerime.

Zamanlarını ve deneyimlerini paylaştıkları için annem Pnina ve kayınvalidem Hannah'ya.

Eşim ve menajerim Itzik'e. O olmasaydı bunların hiçbiri olmazdı. Ben sadece kitap yazmayı biliyorum. Geri kalan her şeyi o yapıyor.

Ve son olarak da ilgileri, vakitleri ve yorumları için okurlarıma. Bir kitap rafta durur ve kimse tarafından okunmazsa, ses çıkarır mı?

* * *

Giriş bölümünde de söz edildiği üzere bu kitap halkla diyalog içinde yazıldı. Bölümlerin birçoğu okurların, gazetecilerin ve iş arkadaşlarımın bana sorduğu sorulara cevap olarak kaleme alındı. Bazı parçaların ilk versiyonları, deneme ya da makale olarak yayımlandı. Bu da bana geribildirim alma ve iddialarımı damıtma imkânını tanıdı. Daha önce basılan bazı denemeler ve makaleler şöyle:

"If We Know Meat Is Murder, Why Is It So Hard For Us to Change and Become Moral?", *Haaretz*, 21 Haziran 2012.

"The Theatre of Terror", *Guardian*, 31 Ocak 2015.

"Judaism Is Not a Major Player in the History of Humankind", *Haaretz*, 31 Temmuz 2016.

"Yuval Noah Harari on Big Data, Google and the End of Free Will", FT.com, 26 Ağustos 2016.

"Isis is as much an offshoot of our global civilisation as Google", *Guardian*, 9 Eylül 2016.

"Salvation by Algorithm: God, Technology and New 21st Century Religion", *New Statesman*, 9 Eylül 2016.

"Does Trump's Rise Mean Liberalism's End?", *New Yorker*, 7 Ekim 2016.

"Yuval Noah Harari Challenges the Future According to Facebook", *Financial Times*, 23 Mart 2017.

"Humankind: The Post-Truth Species", Bloomberg.com, 13 Nisan 2017.

"People Have Limited Knowledge. What's the Remedy? Nobody Knows", *New York Times*, 18 Nisan 2017.

"The Meaning of Life in a World Without Work", *Guardian*, 8 Mayıs 2017.

"In Big Data vs. Bach, Computers Might Win", *Bloomberg View*, 13 Mayıs 2017.

"Are We About to Witness the Most Unequal Societies in History?", *Guardian*, 24 Mayıs 2017.

"Universal Basic Income is Neither Universal Nor Basic", *Bloomberg View*, 4 Haziran 2017.

"Why It's No Longer Possible For Any Country to Win a War", Time.com, 23 Haziran 2017.

"The Age of Disorder: Why Technology is the Greatest Threat to Humankind", *New Statesman*, 25 Temmuz 2017.

"Reboot for the AI Revolution", *Nature News*, 17 Ekim 2017

Notlar

1. UYANIŞ

1. Örneğin bkz. George W. Bush'un 2005 tarihli göreve başlama konuşmasında söyledikleri: "Olaylar ve sağduyu çerçevesinde tek bir sonuca varıyoruz: kendi topraklarımızdaki özgürlüğün kaderi gitgide başka topraklardaki özgürlüğe bağlı hale gelmiştir. Kendi dünyamızda barışı sağlamak için en büyük umudumuz özgürlüğün tüm dünyaya yayılmasıdır." "Bush Pledges to Spread Democracy", CNN, 20 Ocak 2005, http://edition.cnn.com/2005/ALLPOLITICS/01/20/bush.speech/, 7 Ocak 2018'de erişildi. Obama için bkz. örneğin Birleşmiş Milletler'de yaptığı son konuşma: Katie Reilly, "Read Barack Obama's Final Speech to the United Nations as President", *Time*, 20 Eylül 2016, http://time.com/4501910/president-obama-united-nations-speech-transcript/, 3 Aralık 2017'de erişildi.
2. William Neikirk ve David S. Cloud, "Clinton: Abuses Put China 'On Wrong Side of History'", *Chicago Tribune*, 30 Ekim1997, http://articles.chicagotribune.com/1997-10-30/news/9710300304_1_human-rights-jiang-zemin-chinese-leader, 3 Aralık 2017'de erişildi.
3. Eric Bradner, "Hillary Clinton's Email Controversy, Explained", CNN, 28 Ekim 2016, http://edition.cnn.com/2015/09/03/politics/hillary-clinton-email-controversy-explained-2016/index.html, 3 Aralık 2017'de erişildi.
4. Chris Graham ve Robert Midgley, "Mexico Border Wall: What is Donald Trump Planning, How Much Will It Cost and Who Will Pay for It?", *Telegraph*, 23 Ağustos 2017, http://www.telegraph.co.uk/news/0/mexico-border-wall-donald-trump-planning-much-will-cost-will/, 3 Aralık 2017'de erişildi; Michael Schuman, "Is China Stealing Jobs? It May Be Losing Them, Instead", *New York Times*, 22 Temmuz 2016, https://www.nytimes.com/2016/07/23/business/international/china-jobs-donald-trump.html, 3 Aralık 2017'de erişildi.
5. 19. ve 20. yüzyıllardan çeşitli örnekler için bkz. Evgeny Dobrenko ve Eric Naiman (der.), *The Landscape of Stalinism: The Art and Ideology of Soviet Space* (Seattle: University of Washington Press, 2003); W. L. Guttsman, *Art for the Workers: Ideology and the Visual Arts in Weimar Germany* (New York: Manchester University Press, 1997). Genel bir tartışma için bkz. Nicholas John Cull, *Propaganda and Mass Persuasion: A Historical Encyclopedia, 1500 to the Present* (Santa Barbara: ABC-CLIO, 2003).
6. Bu yorum için bkz. Ishaan Tharoor, "Brexit: A modern-day Peasants' Revolt?",

Washington Post, 25 Haziran 2016, https://www.washingtonpost.com/news/worldviews/wp/2016/06/25/the-brexit-a-modern-day-peasants-revolt/?utm_term=.9b8e81bd5306; John Curtice, "US election 2016: The Trump–Brexit voter revolt", BBC, 11 Kasım 2016, http://www.bbc.com/news/election-us-2016–37943072.

7. Bunların en meşhuru: Francis Fukuyama, *The End of History and the Last Man* (Londra: Penguin, 1992).
8. Karen Dawisha, *Putin's Kleptocracy* (New York: Simon & Schuster, 2014); Timothy Snyder, *The Road to Unfreedom: Russia, Europe, America* (New York: Tim Duggan Books, 2018); Anne Garrels, *Putin Country: A Journey Into the Real Russia* (New York: Farrar, Straus & Giroux, 2016); Steven Lee Myers, *The New Tsar: The Rise and Reign of Vladimir Putin* (New York: Knopf Doubleday, 2016).
9. Credit Suisse, *Global Wealth Report 2015*, 53, https://publications.credit-suisse.com/tasks/render/file/?fileID=F2425415-DCA7-80B8-EAD989AF9341D47E, 12 Mart 2018'de erişildi; Filip Novokmet, Thomas Piketty ve Gabriel Zucman, "From Soviets to Oligarchs: Inequality and Property in Russia 1905–2016", Temmuz 2017, *World Wealth and Income Database*, http://www.piketty.pse.ens.fr/files/NPZ2017WIDworld.pdf, 12 Mart 2018'de erişildi; Shaun Walker, "Unequal Russia", *Guardian*, 25 Nisan 2017, https://www.theguardian.com/inequality/2017/apr/25/unequal-russia-is-anger-stirring-in-the-global-capital-of-inequality, 12 March 2018'de erişildi.
10. Ayelet Shani, "The Israelis Who Take Rebuilding the Third Temple Very Seriously", *Haaretz*, 10 Ağustos 2017, https://www.haaretz.com/israel-news/.premium-1.805977, 7 Ocak 2018'de erişildi; "Israeli Minister: We Should Rebuild Jerusalem Temple", *Israel Today*, 7 Temmuz 2013, http://www.israeltoday.co.il/Default.aspx?tabid=178&nid=23964, 7 Ocak 2018'de erişildi; Yuri Yanover, "Dep. Minister Hotovely: The Solution Is Greater Israel without Gaza", *Jewish Press*, 25 Ağustos 2013, http://www.jewishpress.com/news/breaking-news/dep-minister-hotovely-the-solution-is-greater-israel-without-gaza/2013/08/25/, 7 Ocak 2018'de erişildi; "Israeli Minister: The Bible Says West Bank Is Ours", *Al Jazeera*, 24 Şubat 2017, http://www.aljazeera.com/programmes/upfront/2017/02/israeli-minister-bible-west-bank-170224082827910.html, 29 Ocak 2018'de erişildi.
11. Katie Reilly, "Read Barack Obama's Final Speech to the United Nations as President", *Time*, 20 Eylül 2016, http://time.com/4501910/president-obama-united-nations-speech-transcript/, 3 Aralık 2017'de erişildi.

2. İŞ

1. Gregory R. Woirol, *The Technological Unemployment and Strutctural Unemployment Debates* (Westport: Greenwood Press, 1996), s. 18–20; Amy Sue Bix, *Inventing Ourselves out of Jobs? America's Debate over Technological Unemployment, 1929–1981* (Baltimore: Johns Hopkins University Press, 2000), s. 1–8; Joel Mokyr, Chris Vickers ve Nicolas L. Ziebarth, "The History of Technological Anxiety and the Future of Economic Growth: Is This Time Different?", *Journal of Economic Perspectives* 29:3 (2015), s. 33–42; Joe Mokyr, *The Gifts of Athena: Historical Origins of the Knowledge Economy* (Princeton: Princeton University Press, 2002), s. 255–7; David H. Autor, "Why Are There Still So Many Jobs? The History and the Future of Workplace Automation", *Journal of Economic Perspectives* 29:3 (2015), s. 3–30; Melanie Arntz, Terry Gregory ve Ulrich Zierahn, "The Risk of Automation for Jobs in OECD Countries", *OECD Social, Employment and Migration Working Papers* 89 (2016); Mariacristina Piva ve Marco Vivarelli, "Technological Change and Employment: Were Ricardo and Marx Right?", *IZA Institute of Labor Economics, Discussion Paper* No.10471 (2017).
2. İnsanları uçuşta, özellikle de savaş uçuşlarında geride bırakan yapay zekâ için bkz. Nicholas Ernest vd., "Genetic Fuzzy based Artificial Intelligence for Unmanned Combat Aerial Vehicle Control in Simulated Air Combat Missions", *Journal of Defense Management* 6:1 (2016), s. 1–7; zeki antrenörlük ve eğitim sistemleri: Kurt VanLehn, "The Relative Effectiveness of Human Tutoring, Intelligent Tutoring Systems, and Other Tutoring Systems", *Educational Psychologist* 46:4 (2011), s. 197–221; algorithmik alım satım: Giuseppe Nuti vd., "Algorithmic Trading", *Computer* 44:11 (2011), s. 61–9; finans planlaması, portföy yönetimi vs. Arash Baharammirzaee, "A comparative Survey of Artificial Intelligence Applications in Finance: Artificial Neural Networks, Expert System and Hybrid Intelligent Systems", *Neural Computing and Applications* 19:8 (2010), s. 1165–95; tıbbi sistemlerde karmaşık veri analizi ve teşhis ile tedavi üretme: Marjorie Glass Zauderer vd., "Piloting IBM Watson Oncology within Memorial Sloan Kettering's Regional Network", *Journal of Clinical Oncology* 32:15 (2014), e17653; çok büyük ölçekte veriyi taban alıp doğal dilde özgün metin oluşturma:: Jean-Sébastien Vayre vd., "Communication Mediated through Natural Language Generation in Big Data Environments: The Case of Nomao", *Journal of Computer and Communication* 5 (2017), s. 125–48; yüz tanıma: Florian Schroff, Dmitry Kalenichenko ve James Philbin, "FaceNet: A Unified Embedding for Face Recognition and Clustering", *IEEE Conference on Computer Vision and Pattern Recognition (CVPR)* (2015), 815–23; ve sürüş: Cristiano Premebida, "A Lidar and

Vision-based Approach for Pedestrian and Vehicle Detection and Tracking", *2007 IEEE Intelligent Transportation Systems Conference* (2007).

3. Daniel Kahneman, *Thinking, Fast and Slow* (New York: Farrar, Straus & Giroux, 2011); Dan Ariely, *Predictably Irrational* (New York: Harper, 2009); Brian D. Ripley, *Pattern Recognition and Neural Networks* (Cambridge: Cambridge University Press, 2007); Christopher M. Bishop, *Pattern Recognition and Machine Learning* (New York: Springer, 2007).
4. Seyed Azimi vd., "Vehicular Networks for Collision Avoidance at Intersections," SAE International Journal of Passenger Cars – Mechanical Systems 4 (2011), s. 406–16; Swarun Kumar vd., "CarSpeak: A Content-Centric Network for Autonomous Driving", SIGCOM Computer Communication Review 42 (2012), 259–70; Mihail L. Sichitiu ve Maria Kihl, "Inter-Vehicle Communication Systems: A Survey", IEEE Communications Surveys & Tutorials (2008), s. 10; Mario Gerla, Eun-Kyu Lee ve Giovanni Pau, "Internet of Vehicles: From Intelligent Grid to Autonomous Cars and Vehicular Clouds", 2014 IEEE World Forum on Internet of Things (WF-IoT) (2014), s. 241–6.
5. David D. Luxton vd., "mHealth for Mental Health: Integrating Smartphone Technology in Behavioural Healthcare", *Professional Psychology: Research and Practice* 42:6 (2011), s. 505–12; Abu Saleh Mohammad Mosa, Illhoi Yoo ve Lincoln Sheets, "A Systematic Review of Healthcare Application for Smartphones", *BMC Medical Informatics and Decision Making* 12:1 (2012), s. 67; Karl Frederick Braekkan Payne, Heather Wharrad ve Kim Watts, "Smartphone and Medical Related App Use among Medical Students and Junior Doctors in the United Kingdom (UK): A Regional Survey", *BMC Medical Informatics and Decision Making* 12:1 (2012), s. 121; Sandeep Kumar Vashist, E. Marion Schneider ve John H. T. Loung, "Commercial Smartphone-Based Devices and Smart Applications for Personalised Healthcare Monitoring and Management", *Diagnostics* 4:3 (2014), s. 104–28; Maged N. Kamel Bouls vd., "How Smartphones Are Changing the Face of Mobile and Participatory Healthcare: An Overview, with Example from eCAALYX", *BioMedical Engineering OnLine* 10:24 (2011), https://doi.org/10.1186/1475-925X-10-24, 30 Temmuz 2017'de erişildi; Paul J. F. White, Blake W. Podaima ve Marcia R. Friesen, "Algorithms for Smartphone and Tablet Image Analysis for Healthcare Applications", *IEEE Access* 2 (2014), s. 831–40.
6. Dünya Sağlık Örgütü, *Global status report on road safety 2015* (2016); "Estimates for 2000–2015, Cause-Specific Mortality", http://www.who.int/healthinfo/global_burden_disease/estimates/en/index1.html, 6 Eylül 2017'de erişildi.

7. ABD'de araba kazalarının sebeplerine dair bilgi için bkz. Daniel J. Fagnant ve Kara Kockelman, "Preparing a Nation for Autonomous Vehicles: Opportunities, Barriers and Policy Recommendations", *Transportation Research Part A: Policy and Practice* 77 (2015), s. 167–81; dünya genelini kapsayan bir çalışma için bkz. *OECD/ITF, Road Safety Annual Report 2016* (Paris: OECD Publishing, 2016), http://dx.doi.org/10.1787/irtad-2016-en.
8. Kristofer D. Kusano ve Hampton C. Gabler, "Safety Benefits of Forward Collision Warning, Brake Assist, and Autonomous Braking Systems in Rear-End Collisions", *IEEE Transactions on Intelligent Transportation Systems* 13:4 (2012), s. 1546–55; James M. Anderson vd., *Autonomous Vehicle Technology: A Guide for Policymakers* (Santa Monica: RAND Corporation, 2014), özellikle s. 13–15; Daniel J. Fagnant ve Kara Kockelman, "Preparing a Nation for Autonomous Vehicles: Opportunities, Barriers and Policy Recommendations", *Transportation Research Part A: Policy and Practice* 77 (2015), s. 167–81; Jean-Francois Bonnefon, Azim Shariff ve Iyad Rahwan, "Autonomous Vehicles Need Experimental Ethics: Are We Ready for Utilitarian Cars?", *arXiv* (2015), s. 1–15. Çarpışmayı engelleyici taşıtlar arası ağ önerileri için bkz. Seyed R. Azimi vd., "Vehicular Networks for Collision Avoidance at Intersections", *SAE International Journal of Passenger Cars – Mechanical Systems* 4:1 (2011), s. 406–16; Swarun Kumar vd., "CarSpeak: A Content-Centric Network for Autonomous Driving", *SIGCOM Computer Communication Review* 42:4 (2012), s. 259–70; Mihail L. Sichitiu ve Maria Kihl, "Inter-Vehicle Communication Systems: A Survey", *IEEE Communications Surveys & Tutorials* 10:2 (2008); Mario Gerla vd., "Internet of Vehicles: From Intelligent Grid to Autonomous Cars and Vehicular Clouds", *2014 IEEE World Forum on Internet of Things (WF-IoT)* (2014), s. 241–6.
9. Michael Chui, James Manyika ve Mehdi Miremadi, "Where Machines Could Replace Humans – and Where They Can't (Yet)", McKinsey Quarterly (2016), http://www.mckinsey.com/business-functions/digital-mckinsey/our-insights/where-machines-could-replace-humans-and-where-they-cant-yet, 1 Mart 2018'de erişildi.
10. Wu Youyou, Michal Kosinski ve David Stillwell, "Computer-based personality judgments are more accurate than those made by humans", *PANS* 112 (2014), s. 1036–8.
11. Stuart Dredge, "AI and music: will we be slaves to the algorithm?" *Guardian*, 6 Ağustos 2017, https://www.theguardian.com/technology/2017/aug/06/artificial-intelligence-and-will-we-be-slaves-to-the-algorithm, 15 Ekim 2017'de erişildi. Yöntemler hakkında genel bilgi için bkz. Jose David Fernández ve

Francisco Vico, "AI Methods in Algorithmic Composition: A Comprehensive Survey", *Journal of Artificial Intelligence Research* 48 (2013), s. 513–82.

12. Eric Topol, *The Patient Will See You Now: The Future of Medicine is in Your Hands* (New York: Basic Books, 2015); Robert Wachter, *The Digital Doctor: Hope, Hype and Harm at the Dawn of Medicine's Computer Age* (New York: McGraw-Hill Education, 2015); Simon Parkin, "The Artificially Intelligent Doctor Will Hear You Now", *MIT Technology Review* (2016), https://www.technologyreview.com/s/600868/the-artificially-intelligent-doctor-will-hear-you-now/; James Gallagher, "Artificial intelligence 'as good as cancer doctors'", BBC, 26 Ocak 2017, http://www.bbc.com/news/health-38717928.
13. Kate Brannen, "Air Force's lack of drone pilots reaching 'crisis' levels", *Foreign Policy*, 15 Ocak 2015, http://foreignpolicy.com/2015/01/15/air-forces-lack-of-drone-pilots-reaching-crisis-levels/.
14. Tyler Cowen, *Average is Over: Powering America Beyond the Age of the Great Stagnation* (New York: Dutton, 2013); Brad Bush, "How combined human and computer intelligence will redefine jobs", *TechCrunch* (2016), https://techcrunch.com/2016/11/01/how-combined-human-and-computer-intelligence-will-redefine-jobs/.
15. Ulrich Raulff, *Farewell to the Horse: The Final Century of Our Relationship* (Londra: Allen Lane, 2017); Gregory Clark, *A Farewell to Alms: A Brief Economic History of the World* (Princeton: Princeton University Press, 2008), s. 286; Margo DeMello, *Animals and Society: An Introduction to Human-Animal Studies* (New York: Columbia University Press, 2012), s. 197; Clay McShane ve Joel Tarr, "The Decline of the Urban Horse in American Cities", *Journal of Transport History* 24:2 (2003), s. 177–98.
16. Lawrence F. Katz ve Alan B. Krueger, "The Rise and Nature of Alternative Work Arrangements in the United States, 1995–2015", *National Bureau of Economic Research* (2016); Peter H. Cappelli ve J. R. Keller, "A Study of the Extent and Potential Causes of Alternative Employment Arrangements", *ILR Review* 66:4 (2013), s. 874–901; Gretchen M. Spreitzer, Lindsey Cameron ve Lyndon Garrett, "Alternative Work Arrangements: Two Images of the New World of Work", *Annual Review of Organizational Psychology and Organizational Behavior* 4 (2017), s. 473–99; Sarah A. Donovan, David H. Bradley ve Jon O. Shimabukuru, "What Does the Gig Economy Mean for Workers?", Washington DC: Congressional Research Service (2016), https://fas.org/sgp/crs/misc/R44365.pdf, 11 Şubat 2018'de erişildi; "More Workers Are in Alternative Employment Arrangements", Pew Research Center, 28 Eylül 2016, http://www.pewsocialtrends.

org/2016/10/06/the-state-of-american-jobs/st_2016-10-06_jobs-26/, 11 Şubat 2018'de erişildi.

17. David Ferrucci vd., "Watson: Beyond Jeopardy!", Artificial Intelligence 199–200 (2013), s. 93–105.
18. "Google's AlphaZero Destroys Stockfish in 100-Game Match", Chess.com, 6 Aralık 2017, https://www.chess.com/news/view/google-s-alphazero-destroys-stockfish-in-100-game-match, 11 Şubat 2018'de erişildi; David Silver vd., "Mastering Chess and Shogi by Self-Play with a General Reinforcement Learning Algorithm", *arXiv* (2017), https://arxiv.org/pdf/1712.01815.pdf, 2 Şubat 2018'de erişildi; ayrıca bkz. Sarah Knapton, "Entire Human Chess Knowledge Learned and Surpassed by DeepMind's AlphaZero in Four Hours", *Telegraph*, 6 Aralık 2017, http://www.telegraph.co.uk/science/2017/12/06/entire-human-chess-knowledge-learned-surpassed-deepminds-alphazero/, 11 Şubat 2018'de erişildi.
19. Cowen, *Average is Over*, a.g.e; Tyler Cowen, "What are humans still good for? The turning point in freestyle chess may be approaching" (2013), http://marginalrevolution.com/marginalrevolution/2013/11/what-are-humans-still-good-for-the-turning-point-in-freestyle-chess-may-be-approaching.html.
20. Maddalaine Ansell, "Jobs for Life Are a Thing of the Past. Bring On Lifelong Learning", *Guardian*, 31 Mayıs 2016, https://www.theguardian.com/higher-education-network/2016/may/31/jobs-for-life-are-a-thing-of-the-past-bring-on-lifelong-learning.
21. Alex Williams, "Prozac Nation Is Now the United States of Xanax", *New York Times*, 10 Haziran 2017, https://www.nytimes.com/2017/06/10/style/anxiety-is-the-new-depression-xanax.html.
22. Simon Rippon, "Imposing Options on People in Poverty: The Harm of a Live Donor Organ Market", Journal of Medical Ethics 40 (2014), s. 145–50; I. Glenn Cohen, "Regulating the Organ Market: Normative Foundations for Market Regulation", Law and Contemporary Problems 77 (2014); Alexandra K. Glazier, "The Principles of Gift Law and the Regulation of Organ Donation", Transplant International 24 (2011), s. 368–72; Megan McAndrews ve Walter E. Block, "Legalizing Saving Lives: A Proposition for the Organ Market", Insights to A Changing World Journal 2015, s. 1–17.
23. James J. Hughes, "A Strategic Opening for a Basic Income Guarantee in the Global Crisis Being Created by AI, Robots, Desktop Manufacturing and BioMedicine", Journal of Evolution & Technology 24 (2014), s. 45–61; Alan Cottey, "Technologies, Culture, Work, Basic Income and Maximum Income", AI & Society 29 (2014), s. 249–57.

24. Jon Henley, "Finland Trials Basic Income for Unemployed", *Guardian*, 3 Ocak 2017, https://www.theguardian.com/world/2017/jan/03/finland-trials-basic-income-for-unemployed, 1 Mart 2018'de erişildi.
25. "Swiss Voters Reject Proposal to Give Basic Income to Every Adult and Child", *Guardian*, 5 Haziran 2017, https://www.theguardian.com/world/2016/jun/05/swiss-vote-give-basic-income-every-adult-child-marxist-dream.
26. Isabel Hunter, "Crammed into squalid factories to produce clothes for the West on just 20p a day, the children forced to work in horrific unregulated workshops of Bangladesh", *Daily Mail*, 1 Aralık 2015, http://www.dailymail.co.uk/news/article-3339578/Crammed-squalid-factories-produce-clothes-West-just-20p-day-children-forced-work-horrific-unregulated-workshops-Bangladesh.html, 15 Ekim 2017; Chris Walker and Morgan Hartley, "The Culture Shock of India's Call Centers", *Forbes*, 16 Aralık 2012, https://www.forbes.com/sites/morganhartley/2012/12/16/the-culture-shock-of-indias-call-centres/#17bb61d372f5, 15 Ekim 2017'de erişildi.
27. Klaus Schwab ve Nicholas Davis, *Shaping the Fourth Industrial Revolution* (World Economic Forum, 2018), s. 54. Uzun vadeli gelişim stratejileri için bkz. Ha-Joon Chang, *Kicking Away the Ladder: Development Strategy in Historical Perspective* (Londra: Anthem Press, 2003).
28. Lauren Gambini, "Trump Pans Immigration Proposal as Bringing People from 'Shithole Countries'", *Guardian*, 12 Ocak 2018, https://www.theguardian.com/us-news/2018/jan/11/trump-pans-immigration-proposal-as-bringing-people-from-shithole-countries, 11 Şubat 2018'de erişildi.
29. Koşulların mutlak bir şekilde iyileşmesiyle birlikte eşitsizlikte artış görülebileceğine dair özellikle bkz. Thomas Piketty, *Capital in the Twenty-First Century* (Cambridge, MA: Harvard University Press, 2013).
30. "2017 Statistical Report on Ultra-Orthodox Society in Israel", *Israel Democracy Institute* ve *Jerusalem Institute for Israel Studies* (2017), https://en.idi.org.il/articles/20439, 1 Ocak 2018'de erişildi; Melanie Lidman, "As ultra-Orthodox women bring home the bacon, don't say the F-word", *Times of Israel*, 1 Ocak 2016, https://www.timesofisrael.com/as-ultra-orthodox-women-bring-home-the-bacon-dont-say-the-f-word/, 15 Ekim 2017'de erişildi.
31. Melanie Lidman, "As ultra-Orthodox women bring home the bacon, don't say the F-word", *Times of Israel*, 1 Ocak 2016, https://www.timesofisrael.com/as-ultra-Orthodox-women-bring-home-the-bacon-dont-say-the-f-word/, 15 Ekim 2017'de erişildi; "Statistical Report on Ultra-Orthodox Society in Israel", *Israel Democracy Institute* ve *Jerusalem Institute for Israel Studies* 18 (2016), https://en.idi.

org.il/media/4240/shnaton-e_8-9-16_web.pdf, 15 Ekim 2017'de erişildi. Mutluluk konusunda İsrail, yakın zamanda, Ekonomik Kalkınma ve İşbirliği Örgütü tarafından otuz sekiz ülke içinde on birinci olarak belirlenmiş: "Life Satisfaction", *OECD Better Life Index*, http://www.oecdbetterlifeindex.org/topics/life-satisfaction/, 15 Ekim 2017'de erişildi.

32. "2017 Statistical Report on Ultra-Orthodox Society in Israel", *Israel Democracy Institute* ve *Jerusalem Institute for Israel Studies* (2017), https://en.idi.org.il/articles/20439, 1 Ocak 2018'de erişildi.

3. ÖZGÜRLÜK

1. Margaret Thatcher, "Interview for *Woman's Own* ('no such thing as society')", Margaret Thatcher Foundation, 23 Eylül 1987, https://www.margaretthatcher.org/document/106689, 7 Ocak 2018'de erişildi.
2. Keith Stanovich, *Who Is Rational? Studies of Individual Differences in Reasoning* (New York: Psychology Press, 1999).
3. Richard Dawkins, "Richard Dawkins: We Need a New Party – the European Party", *NewStatesman*, 29 Mart 2017, https://www.newstatesman.com/politics/uk/2017/03/richard-dawkins-we-need-new-party-european-party, 1 Mart 2018'de erişildi.
4. Steven Swinford, "Boris Johnson's allies accuse Michael Gove of 'systematic and calculated plot' to destroy his leadership hopes", *Telegraph*, 30 Haziran 2016, http://www.telegraph.co.uk/news/2016/06/30/boris-johnsons-allies-accuse-michael-gove-of-systematic-and-calc/, 3 Eylül 2017'de erişildi; Rowena Mason ve Heather Stewart, "Gove's thunderbolt and Boris's breaking point: a shocking Tory morning", *Guardian*, 30 Haziran 2016, https://www.theguardian.com/politics/2016/jun/30/goves-thunderbolt-boris-johnson-tory-morning, 3 Eylül 2017'de erişildi.
5. James Tapsfield, "Gove presents himself as the integrity candidate for Downing Street job but sticks the knife into Boris AGAIN", *Daily Mail*, 1 Temmuz 2016, http://www.dailymail.co.uk/news/article-3669702/I-m-not-great-heart-s-right-place-Gove-makes-bizarre-pitch-Downing-Street-admitting-no-charisma-doesn-t-really-want-job.html, 3 Eylül 2017'de erişildi.
6. 2017'de bir Stanford takımı homoseksüel olup olmadığınızı sadece birtakım fotoğraflarınızı analiz ederek yüzde 91 kesinlikle belirlediği iddia edilen bir algoritma geliştirdi. (https://osf.io/zn79k/). Ancak algoritma insanların eş bulma sitelerine kendi yükledikleri fotoğraflar esas alınarak oluşturulduğu

için aslında kültürel ideallerin farklılığını tespit ediyor olabilir. Homoseksüel insanların suratlarının heteroseksüellerinkinden farklı olduğu söylenemez. Ama homoseksüel eş bulma sitelerine fotoğraf yükleyen homoseksüel erkekler heteroseksüel eş bulma sitelerine fotoğraf yükleyen heteroseksüel erkeklerden farklı kültürel ideallere uygun görünmeye çalışıyorlar.

7. David Chan, "So Why Ask Me? Are Self-Report Data Really That Bad?", Charles E. Lance ve Robert J. Vandenberg (eds.), *Statistical and Methodological Myths and Urban Legends* (New York, Londra: Routledge, 2009) içinde, s. 309–36; Delroy L. Paulhus ve Simine Vazire, "The Self-Report Method", Richard W, Robins, R. Chris Farley ve Robert F. Krueger (eds.), *Handbook of Research Methods in Personality Psychology* (Londra, New York: The Guilford Press, 2007) içinde, s. 228–33.
8. Elizabeth Dwoskin ve Evelyn M. Rusli, "The Technology that Unmasks Your Hidden Emotions", *Wall Street Journal*, 28 Ocak 2015, https://www.wsj.com/articles/startups-see-your-face-unmask-your-emotions-1422472398, 6 Eylül 2017'de erişildi.
9. Norberto Andrade, "Computers Are Getting Better Than Humans at Facial Recognition", *Atlantic*, 9 Haziran 2014, https://www.theatlantic.com/technology/archive/2014/06/bad-news-computers-are-getting-better-than-we-are-at-facial-recognition/372377/, 10 Aralık 2017'de erişildi; Elizabeth Dwoskin ve Evelun M. Rusli, "The Technology That Unmasks Your Hidden Emotions", *Wall Street Journal*, 28 Haziran 2015, https://www.wsj.com/articles/startups-see-your-face-unmask-your-emotions-1422472398, 10 Aralık 2017'de erişildi; Sophie K. Scott, Nadine Lavan, Sinead Chen ve Carolyn McGettigan, "The Social Life of Laughter", *Trends in Cognitive Sciences* 18:12 (2014), s. 618–20.
10. Daniel First, "Will big data algorithms dismantle the foundations of liberalism?", *AI & Soc*, 10.1007/s00146-017-0733-4.
11. Carole Cadwalladr, "Google, Democracy and the Truth about Internet Search", *Guardian*, 4 Aralık 2016, https://www.theguardian.com/technology/2016/dec/04/google-democracy-truth-internet-search-facebook, 6 Eylül 2017'de erişildi.
12. Jeff Freak ve Shannon Holloway, "How Not to Get to Straddie", *Red Land City Bulletin*, 15 Mart 2012, http://www.redlandcitybulletin.com.au/story/104929/how-not-to-get-to-straddie/, 1 Mart 2018'de erişildi.
13. Michelle McQuigge, 'Woman Follows GPS; Ends Up in Ontario Lake', *Toronto Sun*, 13 Mayıs 2016, http://torontosun.com/2016/05/13/woman-follows-gps-ends-up-in-ontario-lake/wcm/fddda6d6-6b6e-41c7-88e8-aecc501faaa5, 1 Mart

2018'de erişildi; "Woman Follows GPS into Lake", News.com.au, 16 Mayıs 2016, http://www.news.com.au/technology/gadgets/woman-follows-gps-into-lake/news-story/a7d362dfc4634fd094651afc63f853a1, 1 Mart 2018'de erişildi.

14. Henry Grabar, "Navigation Apps Are Killing Our Sense of Direction. What if They Could Help Us Remember Places Instead?", *Slate*, http://www.slate.com/blogs/moneybox/2017/07/10/google_and_waze_are_killing_out_sense_of_direction_what_if_they_could_help.html, 6 Eylül 2017'de erişildi.
15. Joel Delman, "Are Amazon, Netflix, Google Making Too Many Decisions For Us?", *Forbes*, 24 Kasım 2010, https://www.forbes.com/2010/11/24/amazon-netflix-google-technology-cio-network-decisions.html, 6 Eylül 2017'de erişildi; Cecilia Mazanec, "Will Algorithms Erode Our Decision-Making Skills?", *NPR*, 8 Şubat 2017, http://www.npr.org/sections/alltechconsidered/2017/02/08/514120713/will-algorithms-erode-our-decision-making-skills, 6 Eylül 2017'de erişildi.
16. Jean-Francois Bonnefon, Azim Shariff ve Iyad Rawhan, "The Social Dilemma of Autonomous Vehicles", *Science*, 352:6293 (2016), s. 1573–76.
17. Christopher W. Bauman vd., "Revisiting External Validity: Concerns about Trolley Problems and Other Sacrificial Dilemmas in Moral Psychology", *Social and Personality Psychology Compass* 8:9 (2014), s. 536–54.
18. John M. Darley ve Daniel C. Batson, "'From Jerusalem to Jericho': A Study of Situational and Dispositional Variables in Helping Behavior", *Journal of Personality and Social Psychology* 27:1 (1973), s. 100–8.
19. Kristofer D. Kusano ve Hampton C. Gabler, "Safety Benefits of Forward Collision Warning, Brake Assist, and Autonomous Braking Systems in Rear-End Collisions", *IEEE Transactions on Intelligent Transportation Systems* 13:4 (2012), s. 1546–55; James M. Anderson vd., *Autonomous Vehicle Technology: A Guide for Policymakers* (Santa Monica: RAND Corporation, 2014), özellikle s. 13–15; Daniel J. Fagnant ve Kara Kockelman, "Preparing a Nation for Autonomous Vehicles: Opportunities, Barriers and Policy Recommendations", *Transportation Research Part A: Policy and Practice* 77 (2015), s. 167–81.
20. Tim Adams, "Job Hunting Is a Matter of Big Data, Not How You Perform at an Interview", *Guardian*, 10 Mayıs 2014, https://www.theguardian.com/technology/2014/may/10/job-hunting-big-data-interview-algorithms-employees, 6 Eylül 2017'de erişildi.
21. Son derece aydınlatıcı bir tartışma için bkz. Cathy O'Neil, *Weapons of Math Destruction: How Big Data Increases Inequality and Threatens Democracy* (New York: Crown, 2016). Algoritmaların toplum ve siyaset üzerine etkisiyle ilgilenen herkes için olmazsa olmaz bir kitap bu.

22. Bonnefon, Shariff ve Rawhan, "Social Dilemma of Autonomous Vehicles".
23. Vincent C. Müller ve Thomas W. Simpson, "Autonomous Killer Robots Are Probably Good News", University of Oxford, Blavatnik School of Government Policy Memo, Kasım 2014; Ronald Arkin, *Governing Lethal Behaviour: Embedding Ethics in a Hybrid Deliberative / Reactive Robot Architecture*, Georgia Institute of Technology, Mobile Robot Lab, 2007, s. 1–13.
24. Bernd Grainer, *War without Fronts: The USA in Vietnam*, çev. Anne Wyburd ve Victoria Fern (Cambridge, MA: Harvard University Press, 2009), s. 16. Askerlerin duygusal durumuna ilişkin en azından bir referans için bkz. Herbert Kelman ve V. Lee Hamilton, "The My Lai Massacre: A Military Crime of Obedience", Jodi O'Brien ve David M. Newman (eds.), *Sociology: Exploring the Architecture of Everyday Life Reading* (Los Angeles: Pine Forge Press, 2010) içinde, s. 13–25.
25. Robert J. Donia, *Radovan Karadzic: Architect of the Bosnian Genocide* (Cambridge: Cambridge University Press, 2015). Ayrıca bkz. Isabella Delpla, Xavier Bougarel ve Jean-Louis Fournel, *Investigating Srebrenica: Institutions, Facts, and Responsibilities* (New York, Oxford: Berghahn Books, 2012).
26. Noel E. Sharkey, "The Evitability of Autonomous Robot Warfare", *International Rev. Red Cross* 94 (886) 2012, s. 787–99.
27. Ben Schiller, "Algorithms Control Our Lives: Are They Benevolent Rulers or Evil Dictators?", *Fast Company*, 21 Şubat 2017, https://www.fastcompany.com/3068167/algorithms-control-our-lives-are-they-benevolent-rulers-or-evil-dictators, 17 Eylül 2017'de erişildi.
28. Elia Zureik, David Lyon ve Yasmeen Abu-Laban (der.), Surveillance and Control in Israel / Palestine: Population, Territory and Power (Londra: Routledge, 2011); Elia Zureik, Israel's Colonial Project in Palestine (Londra: Routledge, 2015); Torin Monahan (der.), Surveillance and Security: Technological Politics and Power in Everyday Life (Londra: Routledge, 2006); Nadera Shalhoub-Kevorkian, "E-Resistance and Technological In / Security in Everday Life: The Palestinian case", *British Journal of Criminology*, 52:1 (2012), s. 55–72; Or Hirschauge ve Hagar Sheizaf, "Targeted Prevention: Exposing the New System for Dealing with Individual Terrorism", *Haaretz*, 26 Mayıs 2017, https://www.haaretz.co.il/magazine/.premium-1.4124379, 17 Eylül 2017'de erişildi; Amos Harel, "The IDF Accelerates the Crisscrossing of the West Bank with Cameras and Plans to Surveille all Junctions", *Haaretz*, 18 Haziran 2017, https://www.haaretz.co.il/news/politics/.premium-1.4179886, 17 Eylül 2017'de erişildi; Neta Alexander, "This is How Israel Controls the Digital and Cellular Space in the Territories", 31 Mart 2016, https://www.haaretz.co.il/magazine/.premium-MAGAZINE-1.2899665,

12 Ocak 2018'de erişildi; Amos Harel, "Israel Arrested Hundreds of Palestinians as Suspected Terrorists Due to Publications on the Internet", *Haaretz*, 16 Nisan 2017, https://www.haaretz.co.il/news/politics/.premium-1.4024578, 15 Ocak 2018'de erişildi; Alex Fishman, "The Argaman Era", *Yediot Aharonot, Weekend Supplement,* 28 Nisan 2017, s. 6.

29. Yotam Berger, "Police Arrested a Palestinian Based on an Erroneous Translation of 'Good Morning' in His Facebook Page", *Haaretz*, 22 Ekim 2017, https://www.haaretz.co.il/.premium-1.4528980, 12 Ocak 2018'de erişildi.
30. William Beik, *Louis XIV and Absolutism: A Brief Study with Documents* (Boston, MA: Bedford / St Martin's, 2000).
31. O'Neil, *Weapons of Math Destruction*, age.; Penny Crosman, "Can AI Be Programmed to Make Fair Lending Decisions?", *American Banker*, 27 Eylül 2016, https://www.americanbanker.com/news/can-ai-be-programmed-to-make-fair-lending-decisions, 17 Eylül 2017'de erişildi.
32. Matt Reynolds, "Bias Test to Prevent Algorithms Discriminating Unfairly", *New Scientist*, 29 Mayıs 2017, https://www.newscientist.com/article/mg23431195–300-bias-test-to-prevent-algorithms-discriminating-unfairly/, 17 Eylül 2017'de erişildi; Claire Cain Miller, "When Algorithms Discriminate", *New York Times*, 9 Temmuz 2015, https://www.nytimes.com/2015/07/10/upshot/when-algorithms-discriminate.html, 17 Eylül 2017'de erişildi; Hannah Devlin, "Discrimination by Algorithm: Scientists Devise Test to Detect AI Bias", *Guardian*, 19 Aralık 2016, https://www.theguardian.com/technology/2016/dec/19/discrimination-by-algorithm-scientists-devise-test-to-detect-ai-bias, 17 Eylül 2017'de erişildi.
33. Snyder, *The Road to Unfreedom*, age.
34. Anna Lisa Peterson, *Being Animal: Beasts and Boundaries in Nature Ethics* (New York: Columbia University Press, 2013), s. 100.

4. EŞİTLİK

1. "Richest 1 Percent Bagged 82 Percent of Wealth Created Last Year – Poorest Half of Humanity Got Nothing", *Oxfam*, 22 Ocak 2018, https://www.oxfam.org/en/pressroom/pressreleases/2018-01-22/richest-1-percent-bagged-82-percent-wealth-created-last-year, 28 Şubat 2018'de erişildi; Josh Lowe, "The 1 Percent Now Have Half the World's Wealth", *Newsweek*, 14 Kasım 2017, http://www.newsweek.com/1-wealth-money-half-world-global-710714, 28 Şubat 2018'de erişildi; Adam Withnall, "All the World's Most Unequal Countries Revealed in

One Chart", *Independent*, 23 Kasım 2016, http://www.independent.co.uk/news/world/politics/credit-suisse-global-wealth-world-most-unequal-countries-revealed-a7434431.html, 11 Mart 2018'de erişildi.

2. Tim Wu, *The Attention Merchants* (New York: Alfred A. Knopf, 2016).
3. Cara McGoogan, "How to See All the Terrifying Things Google Knows about You", *Telegraph*, 18 Ağustos 2017, http://www.telegraph.co.uk/technology/0/see-terrifying-things-google-knows/, 19 Ekim 2017'de erişildi; Caitlin Dewey, "Everything Google Knows about You (and How It Knows It)", *Washington Post*, 19 Kasım 2014, https://www.washingtonpost.com/news/the-intersect/wp/2014/11/19/everything-google-knows-about-you-and-how-it-knows-it/?utm_term=.b81c3ce3ddd6, 19 Ekim 2017'de erişildi.
4. Dan Bates, "YouTube Is Losing Money Even Though It Has More Than 1 Billion Viewers", *Daily Mail*, 26 Şubat 2015, http://www.dailymail.co.uk/news/article-2970777/YouTube-roughly-breaking-nine-years-purchased-Google-billion-viewers.html, 19 Ekim 2017'de erişildi; Olivia Solon, "Google's Bad Week: YouTube Loses Millions As Advertising Row Reaches US", *Guardian*, 25 Mart 2017, https://www.theguardian.com/technology/2017/mar/25/google-youtube-advertising-extremist-content-att-verizon, 19 Ekim 2017'de erişildi; Seth Fiegerman, "Twitter Is Now Losing Users in the US", CNN, 27 Temmuz 2017, http://money.cnn.com/2017/07/27/technology/business/twitter-earnings/index.html, 19 Ekim 2017'de erişildi.

5. TOPLULUK

1. Mark Zuckerberg, "Building Global Community", 16 Şubat 2017, https://www.facebook.com/notes/mark-zuckerberg/building-global-community/10154544292806634/, 20 Ağustos 2017'de erişildi.
2. John Shinal, "Mark Zuckerberg: Facebook can play a role that churches and Little League once filled", CNBC, 26 Haziran 2017, https://www.cnbc.com/2017/06/26/mark-zuckerberg-compares-facebook-to-church-little-league.html, 20 Ağustos 2017'de erişildi.
3. http://www.cnbc.com/2017/06/26/mark-zuckerberg-compares-facebook-to-church-little-league.html; http://www.cnbc.com/2017/06/22/facebook-has-a-new-mission-following-fake-news-crisis-zuckerberg-says.html.
4. Robin Dunbar, *Grooming, Gossip, and the Evolution of Language* (Cambridge, MA: Harvard University Press, 1998).
5. Bkz. Pankaj Mishra, *Age of Anger: A History of the Present* (Londra: Penguin, 2017).

6. Genel bir inceleme ve eleştiri için bkz. Derek Y. Darves ve Michael C. Dreiling, *Agents of Neoliberal Globalization: Corporate Networks, State Structures and Trade Policy* (Cambridge: Cambridge University Press, 2016).
7. Lisa Eadicicco, "Americans Check Their Phones 8 Billion Times a Day", *Time*, 15 Aralık 2015, http://time.com/4147614/smartphone-usage-us-2015/, 20 Ağustos 2017'de erişildi; Julie Beck, "Ignoring People for Phones Is the New Normal", *Atlantic*, 14 Haziran 2016, https://www.theatlantic.com/technology/archive/2016/06/ignoring-people-for-phones-is-the-new-normal-phubbing-study/486845/, 20 Ağustos 2017'de erişildi.
8. Zuckerberg, "Building Global Community", age.
9. *Time Well Spent*, http://www.timewellspent.io/, 3 Eylül 2017'de erişildi.
10. Zuckerberg, "Building Global Community", age.
11. https://www.theguardian.com/technology/2017/oct/04/facebook-uk-corporation-tax-profit; https://www.theguardian.com/business/2017/sep/21/tech-firms-tax-eu-turnover-google-amazon-apple; http://www.wired.co.uk/article/facebook-apple-tax-loopholes-deals.

6. MEDENİYET

1. Samuel P. Huntington, *The Clash of Civilizations and the Remaking of World Order* (New York: Simon & Schuster, 1996); David Lauter ve Brian Bennett, "Trump Frames Anti-Terrorism Fight As a Clash of Civilizations, Defending Western Culture against Enemies", *Los Angeles Times*, 6 Temmuz 2017, http://www.latimes.com/politics/la-na-pol-trump-clash-20170706–story.html, 29 Ocak 2018'de erişildi. Naomi O'Leary, "The Man Who Invented Trumpism: Geert Wilders' Radical Path to the Pinnacle of Dutch Politics", *Politico*, 23 Şubat 2017, https://www.politico.eu/article/the-man-who-invented-trumpism-geert-wilders-netherlands-pvv-vvd-populist/, 31 Ocak 2018'de erişildi.
2. Pankaj Mishra, *From the Ruins of Empire: The Revolt Against the West and the Remaking of Asia* (Londra: Penguin, 2013); Mishra, *Age of Anger*, age., Christopher de Bellaigue, *The Muslim Enlightenment: The Modern Struggle Between Faith and Reason* (Londra: The Bodley Head, 2017).
3. "Treaty Establishing A Constitution for Europe", European Union, https://europa.eu/european-union/sites/europaeu/files/docs/body/treaty_establishing_a_constitution_for_europe_en.pdf, 18 Ekim 2017'de erişildi.
4. Phoebe Greenwood, "Jerusalem Mayor Battles Ultra-Orthodox Groups over Women-Free Billboards", *Guardian*, 15 Kasım 2011, https://www.theguardian.

com/world/2011/nov/15/jerusalem-mayor-battle-orthodox-billboards, 7 Ocak 2018'de erişildi.

5. http://nypost.com/2015/10/01/orthodox-publications-wont-show-hillary-clintons-photo/
6. Simon Schama, *The Story of the Jews: Finding the Words 1000 BC – 1492 AD* (New York: Ecco, 2014), s. 190–7; Hannah Wortzman, "Jewish Women in Ancient Synagogues: Archaeological Reality vs. Rabbinical Legislation", *Women in Judaism* 5:2 (2008), http://wjudaism.library.utoronto.ca/index.php/wjudaism/article/view/3537, 29 Ocak 2018'de erişildi; Ross S. Kraemer, "Jewish Women in the Diaspora World of Late Antiquity", Judith R. Baskin (der.), *Jewish Women in Historical Perspective* (Detroit: Wayne State University Press, 1991) içinde, özellikle s. 49; Hachlili Rachel, *Ancient Synagogues – Archaeology and Art: New Discoveries and Current Research* (Leiden: Brill, 2014), s. 578–81; Zeev Weiss, "The Sepphoris Synagogue Mosaic: Abraham, the Temple and the Sun God – They're All in There", *Biblical Archeology Society* 26:5 (2000), s. 48–61; David Milson, *Art and Architecture of the Synagogue in Late Antique Palestine* (Leiden: Brill, 2007), s. 48.
7. Ivan Watson ve Pamela Boykoff, "World's Largest Muslim Group Denounces Islamist Extremism", CNN, 10 Mayıs 2016, http://edition.cnn.com/2016/05/10/asia/indonesia-extremism/index.html, 8 Ocak 2018'de erişildi; Lauren Markoe, "Muslim Scholars Release Open Letter To Islamic State Meticulously Blasting Its Ideology", *Huffington Post*, 25 Eylül 2014, https://www.huffingtonpost.com/2014/09/24/muslim-scholars-islamic-state_n_5878038.html, 8 Ocak 2018'de erişildi; mektup için bkz. "Open Letter to Al-Baghdadi", http://www.lettertobaghdadi.com/, 8 Ocak 2018'de erişildi.
8. Chris Perez, "Obama Defends the 'True Peaceful Nature of Islam'", *New York Post*, 18 Şubat 2015, http://nypost.com/2015/02/18/obama-defends-the-true-peaceful-nature-of-islam/, 17 Ekim 2017'de erişildi; Dave Boyer, "Obama Says Terrorists Not Motivated By True Islam", *Washington Times*, 1 Şubat 2015, http://www.washingtontimes.com/news/2015/feb/1/obama-says-terrorists-not-motivated-true-islam/, 18 Ekim 2017'de erişildi.
9. De Bellaigue, *The Islamic Enlightenment*, age.
10. Christopher McIntosh, *The Swan King: Ludwig II of Bavaria* (Londra: I. B. Tauris, 2012), s. 100.
11. Robert Mitchell Stern, *Globalization and International Trade Policies* (Hackensack: World Scientific, 2009), s. 23.
12. John K. Thornton, *A Cultural History of the Atlantic World, 1250–1820* (Cambridge: Cambridge University Press, 2012), s. 110.

13. Susannah Cullinane, Hamdi Alkhshali ve Mohammed Tawfeeq, "Tracking a Trail of Historical Obliteration: ISIS Trumpets Destruction of Nimrud", CNN, 14 Nisan 2015, http://edition.cnn.com/2015/03/09/world/iraq-isis-heritage/index.html, 18 Ekim 2017'de erişildi. 106- Kenneth Pomeranz, *The Great Divergence: China, Europe and the Making of the Modern World Economy* (Princeton, Oxford: Princeton University Press, 2001), s. 36–8.
14. Kenneth Pomeranz, The Great Divergence: China, Europe and the Making of the Modern World Economy (Princeton, Oxford: Princeton University Press, 2001), s. 36–8.
15. "ISIS Leader Calls for Muslims to Help Build Islamic State in Iraq", CBCNEWS, 1 Temmuz 2014, http://www.cbc.ca/news/world/isis-leader-calls-for-muslims-to-help-build-islamic-state-in-iraq-1.2693353, 18 Ekim 2017'de erişildi; Mark Townsend, "What Happened to the British Medics Who Went to Work for ISIS?", *Guardian*, 12 Temmuz 2015, https://www.theguardian.com/world/2015/jul/12/british-medics-isis-turkey-islamic-state, 18 Ekim 2017'de erişildi.

7. MİLLİYETÇİLİK

1. Francis Fukuyama, *Political Order and Political Decay: From the Industrial Revolution to the Globalization of Democracy* (New York: Farrar, Straus & Giroux, 2014).
2. Ashley Killough, "Lyndon Johnson's 'Daisy' Ad, Which Changed the World of Politics, Turns 50", CNN, 8 Eylül 2014, http://edition.cnn.com/2014/09/07/politics/daisy-ad-turns-50/index.html, 19 Ekim 2017'de erişildi.
3. "Cause-Specific Mortality: Estimates for 2000–2015", World Health Organization, http://www.who.int/healthinfo/global_burden_disease/estimates/en/index1.html, 19 Ekim 2017'de erişildi.
4. David E. Sanger ve William J. Broad, "To counter Russia, US signals nuclear arms are back in a big way", *New York Times*, 4 Şubat 2018, https://www.nytimes.com/2018/02/04/us/politics/trump-nuclear-russia.html, 6 Şubat 2018'de erişildi; US Department of Defense, "Nuclear Posture Review 2018", https://www.defense.gov/News/Special-Reports/0218_npr/ 6 Şubat 2018'de erişildi; Jennifer Hansler, "Trump Says He Wants Nuclear Arsenal in 'Tip-Top Shape', Denies Desire to Increase Stockpile", CNN, 12 Ekim 2017, http://edition.cnn.com/2017/10/11/politics/nuclear-arsenal-trump/index.html, 19 Ekim 2017'de erişildi; Jim Garamone, "DoD Official: National Defense Strategy Will Enhance Deterrence", *Department of Defense News, Defense Media Activity*, 19 Ocak 2018, https://www.defense.gov/News/Article/Article/1419045/dod-official-

national-defense-strategy-will-rebuild-dominance-enhance-deterrence/, 28 Ocak 2018'de erişildi.

5. Michael Mandelbaum, *Mission Failure: America and the World in the Post-Cold War Era* (New York: Oxford University Press, 2016).

6. Elizabeth Kolbert, *Field Notes from a Catastrophe* (Londra: Bloomsbury, 2006); Elizabeth Kolbert, *The Sixth Extinction: An Unnatural History* (Londra: Bloomsbury, 2014); Will Steffen vd., "Planetary Boundaries: Guiding Human Development on a Changing Planet", *Science* 347:6223, 13 Şubat 2015, DOI: 10.1126/science.1259855.

7. John Cook vd., "Quantifying the Consensus on Anthropogenic Global Warming in the Scientific Literature", *Environmental Research Letters* 8:2 (2013); John Cook vd., "Consensus on Consensus: A Synthesis of Consensus Estimates on Human-Caused Global Warming", *Environmental Research Letters* 11:4 (2016); Andrew Griffin, "15,000 Scientists Give Catastrophic Warning about the Fate of the World in New 'Letter to Humanity'", *Independent*, 13 Kasım 2017, http://www.independent.co.uk/environment/letter-to-humanity-warning-climate-change-global-warming-scientists-union-concerned-a8052481.html, 8 Ocak 2018'de erişildi; Justin Worland, "Climate Change Is Already Wreaking Havoc on Our Weather, Scientists Find", *Time*, 15 Aralık 2017, http://time.com/5064577/climate-change-arctic/, 8 Ocak 2018'de erişildi.

8. Richard J. Millar vd., "Emission Budgets and Pathways Consistent with Limiting Warming to 1.5 C", *Nature Geoscience* 10 (2017), s. 741–7; Joeri Rogelj vd., "Differences between Carbon Budget Estimates Unraveled", *Nature Climate Change* 6 (2016), 245–52; Akshat Rathi, "Did We Just Buy Decades More Time to Hit Climate Goals", *Quartz*, 21 Eylül 2017, https://qz.com/1080883/the-breathtaking-new-climate-change-study-hasnt-changed-the-urgency-with-which-we-must-reduce-emissions/, 11 Şubat 2018'de erişildi; Roz Pidcock, "Carbon Briefing: Making Sense of the IPCC's New Carbon Budget", *Carbon Brief*, 23 Ekim 2013, https://www.carbonbrief.org/carbon-briefing-making-sense-of-the-ipccs-new-carbon-budget, 11 Şubat 2018'de erişildi.

9. Jianping Huang vd., "Accelerated Dryland Expansion under Climate Change", *Nature Climate Change* 6 (2016), s. 166–71; Thomas R. Knutson, "Tropical Cyclones and Climate Change", *Nature Geoscience* 3 (2010), s. 157–63; Edward Hanna vd., "Ice-Sheet Mass Balance and Climate Change", *Nature* 498 (2013), s. 51–9; Tim Wheeler ve Joachim von Braun, "Climate Change Impacts on Global Food Security", *Science* 341:6145 (2013), s. 508–13; A. J. Challinor vd., "A Meta-Analysis of Crop Yield under Climate Change and Adaptation", *Nature Climate Change*

4 (2014), s. 287–91; Elisabeth Lingren vd., "Monitoring EU Emerging Infectious Disease Risk Due to Climate Change", *Science* 336:6080 (2012), s. 418–19; Frank Biermann ve Ingrid Boas, "Preparing for a Warmer World: Towards a Global Governance System to Protect Climate Change", *Global Environmental Politics* 10:1 (2010), s. 60–88; Jeff Goodell, *The Water Will Come: Rising Seas, Sinking Cities and the Remaking of the Civilized World* (New York: Little, Brown and Company, 2017); Mark Lynas, *Six Degrees: Our Future on a Hotter Planet* (Washington: National Geographic, 2008); Naomi Klein, *This Changes Everything: Capitalism vs. Climate* (New York: Simon & Schuster, 2014); Kolbert, *The Sixth Extinction*, age.

10. Johan Rockström vd., "A Roadmap for Rapid Decarbonization", *Science* 355:6331, 23 Mart 2017, DOI: 10.1126/science.aah3443.
11. Institution of Mechanical Engineers, *Global Food: Waste Not, Want Not* (Londra: Institution of Mechanical Engineers, 2013), s. 12.
12. Paul Shapiro, *Clean Meat: How Growing Meat Without Animals Will Revolutionize Dinner and the World* (New York: Gallery Books, 2018).
13. "Russia's Putin Says Climate Change in Arctic Good for Economy," CBS News, 30 Mart 2017, http://www.cbc.ca/news/technology/russia-putin-climate-change-beneficial-economy-1.4048430, 1 Mart 2018'de erişildi; Neela Banerjee, "Russia and the US Could be Partners in Climate Change Inaction," *Inside Climate News*, 7 Şubat 2017, https://insideclimatenews.org/news/06022017/russia-vladimir-putin-donald-trump-climate-change-paris-climate-agreement, 1 Mart 2018'de erişildi; Noah Smith, "Russia Wins in a Retreat on Climate Change", *Bloomberg View*, 15 Aralık 2016, https://www.bloomberg.com/view/articles/2016-12-15/russia-wins-in-a-retreat-on-climate-change, 1 Mart 2018'de erişildi; Gregg Easterbrook, "Global Warming: Who Loses—and Who Wins?", *Atlantic* (Nisan 2007), https://www.theatlantic.com/magazine/archive/2007/04/global-warming-who-loses-and-who-wins/305698/, 1 Mart 2018'de erişildi; Quentin Buckholz, "Russia and Climate Change: A Looming Threat", *Diplomat*, 4 Şubat 2016, https://thediplomat.com/2016/02/russia-and-climate-change-a-looming-threat/, 1 Mart 2018'de erişildi.
14. Brian Eckhouse, Ari Natter ve Christopher Martin, "President Trump slaps tariffs on solar panels in major blow to renewable energy", 22 Ocak 2018, http://time.com/5113472/donald-trump-solar-panel-tariff/, 30 Ocak 2018'de erişildi.
15. Miranda Green ve Rene Marsh, "Trump Administration Doesn't Want to Talk about Climate Change", *CNN*, 13 Eylül 2017, http://edition.cnn.com/2017/09/12/

politics/trump-climate-change-silence/index.html, 22 Ekim 2017'de erişildi; Lydia Smith, "Trump Administration Deletes Mention of 'Climate Change' from Environmental Protection Agency's Website", *Independent*, 22 Ekim 2017, http://www.independent.co.uk/news/world/americas/us-politics/donald-trump-administration-climate-change-deleted-environmental-protection-agency-website-a8012581.html, 22 Ekim 2017'de erişildi; Alana Abramson, "No, Trump Still Hasn't Changed His Mind About Climate Change After Hurricane Irma and Harvey", *Time*, 11 Eylül 2017, http://time.com/4936507/donald-trump-climate-change-hurricane-irma-hurricane-harvey/, 22 Ekim 2017'de erişildi.

16. "Treaty Establishing A Constitution for Europe", European Union, https://europa.eu/european-union/sites/europaeu/files/docs/body/treaty_establishing_a_constitution_for_europe_en.pdf, 23 Ekim 2017'de erişildi.

8. DİN

1. Bernard S. Cohn, *Colonialism and Its Forms of Knowledge: The British in India* (Princeton: Princeton University Press, 1996), s. 148.
2. "Encyclical Letter Laudato Si' of the Holy Father Francis on Care for Our Common Home", *The Holy See*, http://w2.vatican.va/content/francesco/en/encyclicals/documents/papa-francesco_20150524_enciclica-laudato-si.html, 3 Aralık 2017'de erişildi.
3. İlk olarak Freud tarafından 1930 tarihli "Civilization and Its Discontents" adlı yazıda ortaya atılmıştır: Sigmund Freud, *Civilization and Its Discontents*, çev. James Strachey (New York: W. W. Norton, 1961), s. 61 [Türkçesi: *Uygarlığın Huzursuzluğu*, çev. Haluk Barışcan, (İstanbul: Metis Yayınları, 6 basım, 2018).
4. Ian Buruma, *Inventing Japan, 1853–1964* (New York: Modern Library, 2003).
5. Robert Axell, *Kamikaze: Japan's Suicide Gods* (Londra: Longman, 2002).
6. Charles K. Armstrong, "Familism, Socialism and Political Religion in North Korea", *Totalitarian Movements and Political Religions* 6:3 (2005), s. 383–94; Daniel Byman ve Jennifer Lind, "Pyongyang's Survival Strategy: Tools of Authoritarian Control in North Korea", *International Security* 35:1 (2010), s. 44–74; Paul French, *North Korea: The Paranoid Peninsula*, 2. ed. (Londra, New York: Zed Books, 2007); Andrei Lankov, *The Real North Korea: Life and Politics in the Failed Stalinist Utopia* (Oxford: Oxford University Press, 2015); Young Whan Kihl, "Staying Power of the Socialist 'Hermit Kingdom'", Hong Nack Kim ve Young Whan Kihl (eds.), *North Korea: The Politics of Regime Survival* (New York: Routledge, 2006) içinde, s. 3–36.

9. GÖÇ

1. "Global Trends: Forced Displacement in 2016", *UNHCR*, http://www.unhcr.org/5943e8a34.pdf, 11 Ocak 2018'de erişildi.
2. Lauren Gambini, "Trump Pans Immigration Proposal as Bringing People from 'Shithole Countries'", *Guardian*, 12 Ocak 2018, https://www.theguardian.com/us-news/2018/jan/11/trump-pans-immigration-proposal-as-bringing-people-from-shithole-countries, 11 Şubat 2018'de erişildi.
3. Tal Kopan, "What Donald Trump Has Said about Mexico and Vice Versa", CNN, 31 Ağustos 2016, https://edition.cnn.com/2016/08/31/politics/donald-trump-mexico-statements/index.html, 28 Şubat 2018'de erişildi.

10. TERÖRİZM

1. http://www.telegraph.co.uk/news/0/many-people-killed-terrorist-attacks-uk/; National Consortium for the Study of Terrorism and Responses to Terrorism (START) (2016), Global Terrorism Database [Veri dosyası]. https://www.start.umd.edu/gtd adresinden çekildi; http://www.cnsnews.com/news/article/susan-jones/11774–number-terror-attacks-worldwide-dropped-13–2015; http://www.datagraver.com/case/people-killed-by-terrorism-per-year-in-western-europe-1970-2015; http://www.jewishvirtuallibrary.org/statistics-on-incidents-of-terrorism-worldwide; Gary LaFree, Laura Dugan ve Erin Miller, *Putting Terrorism in Context: Lessons from the Global Terrorism Database* (Londra: Routledge, 2015); Gary LaFree, "Using open source data to counter common myths about terrorism", *Criminologists on Terrorism and Homeland Security*, ed. Brian Forst, Jack Greene ve Jim Lynch, (Cambridge: Cambridge University Press, 2011), s. 411–42; Gary LaFree, "The Global Terrorism Database: Accomplishments and challenges", *Perspectives on Terrorism* 4 (2010), s. 24–46; Gary LaFree ve Laura Dugan, "Research on terrorism and countering terrorism", *Crime and Justice: A Review of Research* (Chicago: University of Chicago Press, 2009), ed. M. Tonry, s. 413–77; Gary LaFree ve Laura Dugan, "Introducing the global terrorism database", *Political Violence and Terrorism* 19 (2007), s. 181–204.
2. "Deaths on the roads: Based on the WHO Global Status Report on Road Safety 2015", World Health Organization, 26 Ocak 2016'da erişildi; https://wonder.cdc.gov/mcd-icd10.html; "Global Status Report on Road Safety 2013", World Health Organization; http://gamapserver.who.int/gho/interactive_charts/road_safety/road_traffic_deaths/atlas.html; http://www.who.int/violence_injury_prevention/road_safety_status/2013/en/;

http://www.newsweek.com/2015–brought-biggest-us-traffic-death-increase-50-years-427759.

3. http://www.euro.who.int/en/health-topics/noncommunicable-diseases/diabetes/data-and-statistics; http://apps.who.int/iris/bitstream/10665/204871/1/9789241565257_eng.pdf?ua=1; https://www.theguardian.com/environment/2016/sep/27/more-than-million-died-due-air-pollution-china-one-year.
4. Bu savaş için ayrıntılı bilgi için bkz. Gary Sheffield, *Forgotten Victory: The First World War. Myths and Reality* (Londra: Headline, 2001), s. 137–64.
5. "Victims of Palestinian Violence and Terrorism since September 2000", Israel Ministry of Foreign Affairs, http://mfa.gov.il/MFA/ForeignPolicy/Terrorism/Palestinian/Pages/Victims%20of%20Palestinian%20Violence%20and%20Terrorism%20sinc.aspx, 23 Ekim 2017'de erişildi.
6. "Car Accidents with Casualties, 2002", Central Bureau of Statistics [İbranice], http://www.cbs.gov.il/www/publications/acci02/acci02h.pdf, 23 Ekim 2017'de erişildi.
7. 'Pan Am Flight 103 Fast Facts", CNN, 16 Aralık 2016, http://edition.cnn.com/2013/09/26/world/pan-am-flight-103-fast-facts/index.html, 23 Ekim 2017'de erişildi.
8. Tom Templeton ve Tom Lumley, "9/11 in Numbers", *Guardian*, 18 Ağustos 2002, https://www.theguardian.com/world/2002/aug/18/usa.terrorism, 23 Ekim 2017'de erişildi.
9. Ian Westwell ve Dennis Cove (ed.), *History of World War I*, Cilt 2 (New York: Marshall Cavendish, 2002), 431. Isonzo için bkz. John R. Schindler, *Isonzo: The Forgotten Sacrifice of the Great War* (Westport: Praeger, 2001), s. 217–18.
10. Sergio Catignani, *Israeli Counter-Insurgency and the Intifadas: Dilemmas of a Conventional Army* (Londra: Routledge, 2008).
11. "Reported Rapes in France Jump 18% in Five Years", France 24, 11 Ağustos 2015, http://www.france24.com/en/20150811-reported-rapes-france-jump-18-five-years, 11 Ocak 2018'de erişildi.

11. SAVAŞ

1. Yuval Noah Harari, *Homo Deus: A Brief History of Tomorrow* (New York: HarperCollins, 2017), s. 14–19; "Global Health Observatory Data Repository, 2012", World Health Organization, http://apps.who.int/gho/data/node.main.RCODWORLD?lang=en, 16 Ağustos 2015'te erişildi; "Global Study on Homicide, 2013", UNDOC, http://www.unodc.org/documents/gsh/pdfs/2014_GLO-

BAL_HOMICIDE_BOOK_web.pdf; 16 Ağustos 2015'te erişildi; http://www.who.int/healthinfo/global_burden_disease/estimates/en/index1.html.

2. "World Military Spending: Increases in the USA and Europe, Decreases in Oil-Exporting Countries", *Stockholm International Peace Research Institute*, 24 Nisan 2017, https://www.sipri.org/media/press-release/2017/world-military-spending-increases-usa-and-europe, 23 Ekim 2017'de erişildi.
3. http://www.nationalarchives.gov.uk/battles/egypt/popup/telel4.htm.
4. Spencer C. Tucker (der.), *The Encyclopedia of the Mexican-American War: A Political, Social and Military History* (Santa Barbara: ABC-CLIO, 2013), s. 131.
5. Ivana Kottasova, "Putin Meets Xi: Two Economies, Only One to Envy", CNN, 2 Temmuz 2017, http://money.cnn.com/2017/07/02/news/economy/china-russia-putin-xi-meeting/index.html, 23 Ekim 2017'de erişildi.
6. Gayrisafi yurtiçi hasıla, Uluslararası Para Fonu'nun (IMF) istatistiklerine göre, satın alma gücü paritesi temel alınarak hesaplanır: International Monetary Fund, "Report for Selected Countries and Subjects, 2017", https://www.imf.org/external/pubs/ft/weo/2017/02/weodata/index.aspx, 27 Şubat 2018'de erişildi.
7. http://www.businessinsider.com/isis-making-50–million-a-month-from-oil-sales-2015–10.
8. Ian Buruma, *Inventing Japan* (Londra: Weidenfeld & Nicolson, 2003); Eri Hotta, *Japan 1941: Countdown to Infamy* (Londra: Vintage, 2014).

12. ALÇAKGÖNÜLLÜLÜK

1. http://www.ancientpages.com/2015/10/19/10–remarkable-ancient-indian-sages-familiar-with-advanced-technology-science-long-before-modern-era/; https://www.hindujagruti.org/articles/31.html; http://mcknowledge.info/about-vedas/what-is-vedic-science/.
2. Bu sayılar ve oran aşağıdaki linkte yer alan grafikte açıkça görülebilir: Conrad Hackett ve David McClendon, "Christians Remain World's Largest Religious Group, but They Are Declining in Europe", Pew Research Center, 5 Nisan 2017, http://www.pewresearch.org/fact-tank/2017/04/05/christians-remain-worlds-largest-religious-group-but-they-are-declining-in-europe/, 13 Kasım 2017'de erişildi.
3. Jonathan Haidt, *The Righteous Mind: Why Good People Are Divided by Politics and Religion* (New York: Pantheon, 2012); Joshua Greene, *Moral Tribes: Emotion, Reason, and the Gap Between Us and Them* (New York: Penguin Press, 2013).

4. Marc Bekoff ve Jessica Pierce, "Wild Justice – Honor and Fairness among Beasts at Play", *American Journal of Play* 1:4 (2009), s. 451–75.
5. Frans de Waal, *Our Inner Ape* (Londra: Granta, 2005), 5 Bölüm.
6. Frans de Waal, *Bonobo: The Forgotten Ape* (Berkeley: University of California Press, 1997), 157.
7. Bu hikâye, 2010 yılında Disneynature tarafından yayınlanan *Chimpanzee* başlıklı belgeselin konusu oldu.
8. M. E. J. Richardson, *Hammurabi's Laws* (Londra, New York: T&T Clark International, 2000), s. 29–31.
9. Loren R. Fisher, *The Eloquent Peasant*, 2. baskı (Eugene: Wipf & Stock Publishers, 2015).
10. Bazı hahamlar, yine Talmud'un tipik söylemlerinin marifetine yaslanarak, Yahudi olmayan birinin hayatını kurtarmak için Şabat kurallarının ihlal edilmesine izin vermiştir. Bu hahamlar, Yahudilerin Yahudi olmayanların hayatını kurtarmaktan geri durdukları takdirde, bunun Yahudi olmayanları kızdırarak onların Yahudilere saldırmalarına ve Yahudileri öldürmelerine neden olacağını iddia etmiştir. Ne var ki, bu iddia bile Yahudilerin ve Yahudi olmayanların hayatlarına atfedilen farklı değerleri bir kere daha vurgular.
11. Catherine Nixey, *The Darkening Age: The Christian Destruction of the Classical World* (Londra: Macmillan, 2017).
12. Charles Allen, *Ashoka: The Search for India's Lost Emperor* (Londra: Little, Brown, 2012), s. 412–13.
13. Clyde Pharr vd. (der.), *The Theodosian Code and Novels, and the Sirmondian Constitutions* (Princeton: Princeton University Press, 1952), s. 440, 467–71.
14. Age., özellikle s. 472–3.
15. Sofie Remijsen, *The End of Greek Athletics in Late Antiquity* (Cambridge: Cambridge University Press, 2015), s. 45–51.
16. Ruth Schuster, "Why Do Jews Win So Many Nobels?", *Haaretz*, 9 October 2013, https://www.haaretz.com/jewish/news/1.551520, 13 Kasım 2017'de erişildi.

13. TANRI

1. Lillian Faderman, *The Gay Revolution: The Story of the Struggle* (New York: Simon & Schuster, 2015).
2. Elaine Scarry, *The Body in Pain: The Making and Unmaking of the World* (New York: Oxford University Press, 1985).

14. LAİKLİK

1. Jonathan H. Turner, *Incest: Origins of the Taboo* (Boulder: Paradigm Publishers, 2005); Robert J. Kelly vd., "Effects of Mother-Son Incest and Positive Perceptions of Sexual Abuse Experiences on the Psychosocial Adjustment of Clinic-Referred Men", *Child Abuse & Neglect* 26:4 (2002), s. 425–41; Mireille Cyr vd., "Intrafamilial Sexual Abuse: Brother-Sister Incest Does Not Differ from Father-Daughter and Stepfather-Stepdaughter Incest", *Child Abuse & Neglect* 26:9 (2002), s. 957–73; Sandra S. Stroebel, "Father–Daughter Incest: Data from an Anonymous Computerized Survey", *Journal of Child Sexual Abuse* 21:2 (2010), s. 176–99.

15. CEHALET

1. Steven A. Sloman ve Philip Fernbach, *The Knowledge Illusion: Why We Never Think Alone* (New York: Riverhead Books, 2017); Greene, *Moral Tribes*, age.
2. Sloman ve Fernbach, *The Knowledge Illusion*, age., s. 20.
3. Eli Pariser, *The Filter Bubble* (Londra: Penguin Books, 2012); Greene, *Moral Tribes*, age.
4. Greene, *Moral Tribes*, age.; Dan M. Kahan, "The Polarizing Impact of Science Literacy and Numeracy on Perceived Climate Change Risks", *Nature Climate Change* 2 (2012), s. 732–5. Aksi yönde bir görüş için bkz. Sophie Guy vd., "Investigating the Effects of Knowledge and Ideology on Climate Change Beliefs", *European Journal of Social Psychology* 44:5 (2014), 421–9.
5. Arlie Russell Hochschild, *Strangers in Their Own Land: Anger and Mourning on the American Right* (New York: The New Press, 2016).

16. ADALET

1. Greene, *Moral Tribes*, age.; Robert Wright, *The Moral Animal* (New York: Pantheon, 1994).
2. Kelsey Timmerman, *Where Am I Wearing?: A Global Tour of the Countries, Factories, and People That Make Our Clothes* (Hoboken: Wiley, 2012); Kelsey Timmerman, *Where Am I Eating?: An Adventure Through the Global Food Economy* (Hoboken: Wiley, 2013).
3. Reni Eddo-Lodge, *Why I Am No Longer Talking to White People About Race* (Londra: Bloomsbury, 2017); Ta-Nehisi Coates, *Between the World and Me* (Melbourne: Text Publishing Company, 2015).

4. Josie Ensor, '"Everyone in Syria Is Bad Now", Says UN War Crimes Prosecutor as She Quits Post', *New York Times*, 17 Ağustos 2017, http://www.telegraph.co.uk/news/2017/08/07/everyone-syria-bad-now-says-un-war-crimes-prosecutor-quits-post/, 18 Ekim 2017'de erişildi.
5. Örneğin Helena Smith, "Shocking Images of Drowned Syrian Boy Show Tragic Plight of Refugees", *Guardian*, 2 September 2015, https://www.theguardian.com/world/2015/sep/02/shocking-image-of-drowned-syrian-boy-shows-tragic-plight-of-refugees, 18 Ekim 2017'de erişildi.
6. T. Kogut ve I. Ritov, "The singularity effect of identified victims in separate and joint evaluations", *Organizational Behavior and Human Decision Processes* 97:2 (2005), s. 106–16; D. A. Small ve G. Loewenstein, "Helping a victim or helping the victim: Altruism and identifiability", *Journal of Risk and Uncertainty* 26:1 (2003), s. 5–16; Greene, *Moral Tribes*, age., s. 264.
7. Russ Alan Prince, "Who Rules the World?", *Forbes*, 22 Temmuz 2013, https://www.forbes.com/sites/russalanprince/2013/07/22/who-rules-the-world/#63c9e31d7625, 18 Ekim 2017'de erişildi.

17. HAKİKAT SONRASI

1. Julian Borger, "Putin Offers Ukraine Olive Branches Delivered by Russian Tanks", *Guardian*, 4 Mart 2014, https://www.theguardian.com/world/2014/mar/04/putin-ukraine-olive-branches-russian-tanks, 11 Mart 2018'de erişildi.
2. Serhii Plokhy, *Lost Kingdom: The Quest for Empire and the Making of the Russian Nation* (New York: Basic Books, 2017); Snyder, *The Road to Unfreedom*, age.
3. Matthew Paris, *Matthew Paris' English History*, çev. J. A. Gyles, 3. cilt (Londra: Henry G. Bohn, 1854), s. 138–41; Patricia Healy Wasyliw, *Martyrdom, Murder and Magic: Child Saints and Their Cults in Medieval Europe* (New York: Peter Lang, 2008), s. 123–5.
4. Cecilia Kang ve Adam Goldman, "In Washington Pizzeria Attack, Fake News Brought Real Guns", *New York Times*, 5 Aralık 2016, https://www.nytimes.com/2016/12/05/business/media/comet-ping-pong-pizza-shooting-fake-news-consequences.html, 12 Ocak 2018'de erişildi.
5. Leonard B. Glick, *Abraham's Heirs: Jews and Christians in Medieval Europe* (Syracuse: Syracuse University Press, 1999), s. 228–9.
6. Anthony Bale, "Afterword: Violence, Memory and the Traumatic Middle Ages", *Christians and Jews in Angevin England: The York Massacre of 1190, Narrative and Contexts*, ed. Sarah Rees Jones ve Sethina Watson (York: York Medieval Press, 2013), s. 297.

7. Bu alıntı, duruma uygun bir şekilde, Goebbels'e atfedilse de ne ben ne de araştırma asistanlarım Goebbels'in böyle bir şey söylediğini ya da yazdığını teyit edebildik.
8. Hilmar Hoffman, *The Triumph of Propaganda: Film and National Socialism, 1933–1945* (Providence: Berghahn Books, 1997), s. 140.
9. Lee Hockstader, "From A Ruler's Embrace To A Life In Disgrace", *Washington Post*, 10 March 1995, 29 Ocak 2018'de erişildi.
10. Thomas Pakenham, *The Scramble for Africa* (Londra: Weidenfeld & Nicolson, 1991), s. 616–17.

18. BİLİMKURGU

1. Aldous Huxley, *Brave New World* (Londra: Vintage, 2017), XVII. Bölüm [Türkçesi: *Cesur Yeni Dünya*, çev. Ümit Tosun, İstanbul: İthaki Yayınları, 24. Baskı, 2018].

19. EĞİTİM

1. Wayne A. Wiegand ve Donald G. Davis (der.), *Encyclopedia of Library History* (New York, Londra: Garland Publishing, 1994), s. 432–3.
2. Verity Smith (der.), *Concise Encyclopedia of Latin American Literature* (Londra, New York: Routledge, 2013), s. 142, 180.
3. Cathy N. Davidson, *The New Education: How to Revolutionize the University to Prepare Students for a World in Flux* (New York: Basic Books, 2017); Bernie Trilling, *21st Century Skills: Learning for Life in Our Times* (San Francisco: Jossey-Bass, 2009); Charles Kivunja, "Teaching Students to Learn and to Work Well with 21st Century Skills: Unpacking the Career and Life Skills Domain of the New Learning Paradigm", *International Journal of Higher Education* 4:1 (2015). P21'in internet sayfası için bkz. "P21 Partnership for 21st Century Learning", http://www.p21.org/our-work/4cs-research-series, 12 Ocak 2018'de erişildi. Ynei pedagojik yöntemlerin uygulanmasına ilişkin bir örnek için örneğin bkz. US National Education Association'ın yayınladığı doküman: "Preparing 21st Century Students for a Global Society", NEA, http://www.nea.org/assets/docs/A-Guide-to-Four-Cs.pdf, 21 Ocak 2018'de erişildi.
4. Maddalaine Ansell, "Jobs for Life Are a Thing of the Past. Bring On Lifelong Learning", *Guardian*, 31 Mayıs 2016, https://www.theguardian.com/higher-education-network/2016/may/31/jobs-for-life-are-a-thing-of-the-past-bring-on-lifelong-learning.

5. Erik B. Bloss vd., "Evidence for Reduced Experience-Dependent Dendritic Spine Plasticity in the Aging Prefrontal Cortex", *Journal of Neuroscience* 31:21 (2011): s. 7831–9; Miriam Matamales vd., "Aging-Related Dysfunction of Striatal Cholinergic Interneurons Produces Conflict in Action Selection", *Neuron* 90:2 (2016), s. 362–72; Mo Costandi, "Does your brain produce new cells? A skeptical view of human adult neurogenesis", *Guardian*, 23 Şubat 2012, https://www.theguardian.com/science/neurophilosophy/2012/feb/23/brain-new-cells-adult-neurogenesis, 17 Ağustos 2017'de erişildi; Gianluigi Mongillo, Simon Rumpel ve Yonatan Loewenstein, "Intrinsic volatility of synaptic connections – a challenge to the synaptic trace theory of memory", *Current Opinion in Neurobiology* 46 (2017), s. 7–13.

20. ANLAM

1. Karl Marx ve Friedrich Engels, *The Communist Manifesto* (Londra, New York: Verso, 2012), s. 34-5 [Türkçesi: *Komünist Manifesto*, çev. Tanıl Bora, (İstanbul: İletişim Yayınları, 2018) s. 52].
2. Age., s. 35.
3. Raoul Wootlif, "Netanyahu Welcomes Envoy Friedman to 'Jerusalem, Our Eternal Capital'", *Times of Israel*, 16 Mayıs 2017, https://www.timesofisrael.com/netanyahu-welcomes-envoy-friedman-to-jerusalem-our-eternal-capital/, 12 Ocak 2018'de erişildi; Peter Beaumont, "Israeli Minister's Jerusalem Dress Proves Controversial in Cannes", *Guardian*, 18 Mayıs 2017, https://www.theguardian.com/world/2017/may/18/israeli-minister-miri-regev-jerusalem-dress-controversial-cannes, 12 Ocak 2018'de erişildi; Lahav Harkov, "New 80–Majority Jerusalem Bill Has Loophole Enabling City to Be Divided", *Jerusalem Post*, 2 Ocak 2018, http://www.jpost.com/Israel-News/Right-wing-coalition-passes-law-allowing-Jerusalem-to-be-divided-522627, 12 Ocak 2018'de erişildi.
4. K. P. Schroder ve Robert Connon Smith, "Distant Future of the Sun and Earth Revisited", *Monthly Notices of the Royal Astronomical Society* 386:1 (2008), s. 155–63.
5. Özellikle bkz. Roy A. Rappaport, *Ritual and Religion in the Making of Humanity* (Cambridge: Cambridge University Press, 1999); Graham Harvey, *Ritual and Religious Belief: A Reader* (New York: Routledge, 2005).
6. Hokus pokus sözü üzerine en yaygın yorum bu ama başka yorumlar da var: Leslie K. Arnovick, *Written Reliquaries* (Amsterdam: John Benjamins Publishing Company, 2006), s. 250, n.30.

7. Joseph Campbell, *The Hero with a Thousand Faces* (Londra: Fontana Press, 1993), s. 235.
8. Xinzhong Yao, *An Introduction to Confucianism* (Cambridge: Cambridge University Press, 2000), s. 190–9.
9. "Flag Code of India, 2002", Press Information Bureau, Government of India, http://pib.nic.in/feature/feyr2002/fapr2002/f030420021.html, 13 Ağustos 2017'de erişildi.
10. http://pib.nic.in/feature/feyr2002/fapr2002/f030420021.html.
11. https://www.thenews.com.pk/latest/195493-Heres-why-Indias-tallest-flag-cannot-be-hoisted-at-Pakistan-border.
12. Stephen C. Poulson, *Social Movements in Twentieth-Century Iran: Culture, Ideology and Mobilizing Frameworks* (Lanham: Lexington Books, 2006), s. 44.
13. Houman Sharshar (ed.), *The Jews of Iran: The History, Religion and Culture of a Community in the Islamic World* (New York: Palgrave Macmillan, 2014), s. 52–5; Houman M. Sarshar, *Jewish Communities of Iran* (New York: Encyclopedia Iranica Foundation, 2011), s. 158–60.
14. Gersion Appel, *The Concise Code of Jewish Law*, 2. baskı, (New York: KTAV Publishing House, 1991), s. 191.
15. Özellikle bkz. Robert O. Paxton, *The Anatomy of Fascism* (New York: Vintage Books, 2005).
16. Richard Griffiths, *Fascism* (Londra, New York: Continuum, 2005), s. 33.
17. Christian Goeschel, Suicide in the Third Reich (Oxford: Oxford University Press, 2009).
18. "Paris attacks: What happened on the night", BBC, 9 Aralık 2015, http://www.bbc.com/news/world-europe-34818994, 13 Ağustos 2017'de erişildi; Anna Cara, "ISIS expresses fury over French airstrikes in Syria; France says they will continue", CTV News, 14 Kasım 2015, http://www.ctvnews.ca/world/isis-expresses-fury-over-french-airstrikes-in-syria-france-says-they-will-continue-1.2658642, 13 Ağustos 2017'de erişildi.
19. Jean de Joinville, *The Life of Saint Louis* in M. R. B. Shaw (ed.), *Chronicles of the Crusades* (Londra: Penguin, 1963), 243; Jean de Joinville, *Vie de saint Louis*, ed. Jacques Monfrin (Paris, 1995), 319. Bölüm, s. 156.
20. Ray Williams, "How Facebook Can Amplify Low Self-Esteem/Narcissism/Anxiety", *Psychology Today*, 20 Mayıs 2014, https://www.psychologytoday.com/blog/wired-success/201405/how-facebook-can-amplify-low-self-esteemnarcissismanxiety, 17 Ağustos 2017'de erişildi.
21. *Mahasatipatthana Sutta*, 2. Bölüm, 1. Kısım, ed. Vipassana Research Institute

(Igatpuri: Vipassana Research Institute, 2006), s. 12–13.

22. Age., s. 5.

23. G. E. Harvey, *History of Burma: From the Earliest Times to 10 March 1824* (Londra: Frank Cass & Co. Ltd, 1925), s. 252–60.

24. Brian Daizen Victoria, *Zen at War* (Lanham: Rowman & Littlefield, 2006); Buruma, *Inventing Japan*, age.; Stephen S. Large, "Nationalist Extremism in Early Showa Japan: Inoue Nissho and the 'Blood-Pledge Corps Incident', 1932", *Modern Asian Studies* 35:3 (2001), s. 533–64; W. L. King, *Zen and the Way of the Sword: Arming the Samurai Psyche* (New York: Oxford University Press, 1993); Danny Orbach, "A Japanese prophet: eschatology and epistemology in the thought of Kita Ikki", *Japan Forum* 23:3 (2011), s. 339–61.

25. "Facebook removes Myanmar monk's page for 'inflammatory posts' about Muslims", *Scroll.in*, 27 Şubat 2018, https://amp.scroll.in/article/870245/facebook-removes-myanmar-monks-page-for-inflammatory-posts-about-muslims, 4 Mart 2018'de erişildi; Marella Oppenheim, "'It only takes one terrorist': The Buddhist monk who reviles Myanmar's Muslims", *Guardian*, 12 Mayıs 2017, https://www.theguardian.com/global-development/2017/may/12/only-takes-one-terrorist-buddhist-monk-reviles-myanmar-muslims-rohingya-refugees-ashin-wirathu, 4 Mart 2018'de erişildi.

26. Jerzy Lukowski ve Hubert Zawadzki, *A Concise History of Poland* (Cambridge: Cambridge University Press, 2001), s. 163.

21. MEDİTASYON

1. www.dhamma.org

2. Britta K. Hölzel vd., "How Does Mindfulness Meditation Work? Proposing Mechanisms of Action from a Conceptual and Neural Perspective", *Perspectives on Psychological Science* 6:6 (2011), s. 537–59; Adam Moore ve Peter Malinowski, "Meditation, Mindfulness and Cognitive Flexibility", *Consciousness and Cognition* 18:1 (2009), s. 176–86; Alberto Chiesa, Raffaella Calati ve Alessandro Serretti, "Does Mindfulness Training Improve Cognitive Abilities? A Systematic Review of Neuropsychological Findings", *Clinical Psychology Review* 31:3 (2011), s. 449–64; Antoine Lutz vd., "Attention Regulation and Monitoring in Meditation", *Trends in Cognitive Sciences* 12:4 (2008), s. 163–9; Richard J. Davidson vd., "Alterations in Brain and Immune Function Produced by Mindfulness Meditation", *Psychosomatic Medicine* 65:4 (2003), s. 564–70; Fadel Zeidan vd., "Mindfulness Meditation Improves Cognition:

Evidence of Brief Mental Training", *Consciousness and Cognition* 19:2 (2010), s. 597–605.

Dizin

Y

Z

Q

W

X